NAVES MANCAS

CLÍO
CRÓNICAS DE LA HISTORIA

Carlos Canales y Miguel del Rey

NAVES MANCAS

La armada española a vela de cabo Celidonia a Trafalgar

edaf

www.edaf.net

MADRID - MÉXICO - BUENOS AIRES - SANTIAGO
2019

EDITORIAL EDAF, S. L. U.
Jorge Juan, 68. 28009 Madrid, España
Tel. (34) 91 435 82 60
Fax (34) 91 431 52 81
http://www.edaf.net
edaf@edaf.net

ALGABA EDICIONES, S.A. de C.V.
Calle 21, Poniente 3323,
Colonia Belisario Domínguez (entre la 33 Sur y la 35 Sur)
Puebla, 72180, México
Telf.: 52 22 22 11 13 87
jaime.breton@edaf.com.mx

EDAF DEL PLATA, S.A.
Chile, 2222
1227 Buenos Aires (Argentina)
edaf4@speedy.com.ar

EDAF CHILE, S. A.
Coyancura, 2270, oficina 914 Providencia
Santiago -Chile-
comercialedafchile@edafchile. cl

Primera edición en esta colección, noviembre 2019
Seis ediciones con ISBN: 978-84-414-2879-9

Depósito legal:M-26718-2019

ISBN: 978-84-414-3979-5

IMPRESO EN ESPAÑA — PRINTED IN SPAIN

Gráficas Cofás, Pol. Ind. Prado Regordoño, Móstoles (Madrid)

ÍNDICE

INTERMEDIO

Cabo Celidonia
Chipre. 14 de julio de 1616

DESDE EL PUENTE DEL GALEÓN *CONCEPCIÓN*, el capitán Francisco de Ribera veía perfectamente a la clara luz del verano del Mediterráneo, toda la línea de las galeras enemigas que navegaban en boga de combate directamente hacia su bajel. Se apreciaban con claridad las banderas y estandartes rojos y verdes, con letras en alfabeto árabe y medias lunas de plata y oro bordadas. Era un espectáculo fascinante, pero también aterrador, al que se unía el sobrecogedor sonido de trompetas y tambores que traía el viento.

Podía parecer absurdo, pero aun siendo un castellano del interior, pues era natural de Toledo, el capitán español ya lo había visto antes. Cierto es que no en la realidad, pero lo había contemplado en sus ensoñaciones de niño, cuando con su imaginación, se transportaba a un mar lejano en el que centenares de naves turcas se echaban encima de su barco y él, en el puente de su galera, se preparaba para la batalla. Y lo había visto, porque al igual que todos los españoles de su generación, había conocido a veteranos de Lepanto que en las tabernas y las posadas, acompañados de una jarra de vino, contaban cargados de emocionantes fantasías sus hazañas en «la más alta ocasión que vieron los siglos», a todos los adultos que quisieran escucharlos, y a la turba de mocosos que se amontonaban a su alrededor y soñaban con duelos de espada y combates de galeras en un mar que muchos nunca habían visto y otros jamás llegarían a contemplar.

Ribera sabía que era tarde para evitar el enfrentamiento, que él mismo había buscado. Llevaba ya varias semanas depredando las costas de Chipre y, raro hubiera sido que el turco no reaccionase, cuando le estaban arrasando el tráfico comercial, en su casa, y delante de sus narices. Lo que Ribera y sus capitanes no habían supuesto era que las naves enemigas fuesen tantas. Al fin y al cabo, fiel cumplidor de las órdenes recibidas del duque de Osuna, había hecho lo que le pedían, llevar sus veleros al fondo del Mediterráneo y hacer el mayor daño posible al turco. Y a fe, que daño le estaban haciendo.

Siguiendo sus instrucciones, marineros, artilleros y soldados trabajaban frenéticamente. Los primeros, habían botado las grandes lanchas de salvamento y estaban desplegando las velas y montando los remos. Todos eran conscientes de que la única forma de escapar, era arrastrar a fuerza de brazos las pesadas naves redondas hasta que el impulso del viento, todavía muy débil, les ayudase a ganar distancia con respecto a la flota turca.

La colocación de los barcos españoles les permitiría usar los cañones de una de sus bandas con todo su poder de destrucción, pero aún así, por mucho esfuerzo que pusieran los remeros, si no soplaba el viento con la debida energía, los turcos les atraparían y, sin duda, eso sería el final.

Nunca se había producido un combate como el que iban a librar. Una flota solo de galeras, barcos con brazos, impulsados por el esfuerzo de galeotes condenados que sufrían encadenados a los remos, cargadas de feroces jenízaros, fruto de milenios de arquitectura y diseño náutico, herederos de una forma tradicional de combatir, contra una de naves mancas, bajeles de altas bordas, orgullo del ingenio naval del Renacimiento europeo, llenos de cañones que se asomaban por las portañolas como heraldos de la muerte, e impulsadas solo por la fuerza del viento.

Los artilleros se preparaban para lo peor. La diferencia numérica era tan grande que se hacían una idea del resultado que les esperaba. En su mayor parte eran combatientes experimentados, sabían que lo iban a pasar muy mal y que, salvo que tuviesen mucha suerte, iban a llevar la peor parte en la batalla que se avecinaba.

¡Que remedio! al menos, las galeras que los atacasen iban a quedar bien servidas.

Con meticulosa profesionalidad y diligencia, los servidores de los cañones situaron junto a las cureñas de las pesadas piezas de hierro los sacos de pólvora y la munición. Todo un compendio del ingenio humano para hacer daño a sus congéneres. Había balas macizas de hierro para abrir vías de agua en los cascos, balas con cuchillas para arrancar cables y antenas, pero perfectas para hacer lo mismo con brazos o cabezas, proyectiles de piedra caliza que se rompían al chocar volando sus restos por el aire como metralla, botes con clavos, trozos de metal y bolas de acero, e incluso proyectiles desarboladores, formados con bolas de hierro unidas por cadenas, que arrancaban palos, destrozaban velas, y tenían un efecto demoledor sobre las tripulaciones de las galeras y los soldados que se concentraban en las arrumbadas.

A diferencia de lo que ocurría en la flota turca, el Concepción estaba en silencio. Solo lo interrumpía las órdenes secas y cortas dadas a los marineros, el sonido del mar al golpear el casco del galeón, y el suave rumor del viento en las velas. Como era su costumbre, los duros y recios soldados de los tercios ni hablaban, ni mucho menos gritaban. No tenían necesidad de aumentar su valor con algarabía y los marineros y artilleros, prudentemente, los imitaban, mientras veían a los más jóvenes cubrir de arena la cubierta para que nadie resbalase con la sangre.

El humo de las mechas, encendidas por los arcabuceros y mosqueteros que se estaban desplegando en la cubierta y el puente, enrojecía los ojos de los oficiales que rodeaban al capitán Ribera, quien dedicó unos segundos a observarlos. Estaba a su derecha el duro Echániz, un guipuzcoano de Guetaria, seco y alto, que había servido en las flotas de Indias y conocía todos los mares del mundo. A su lado, Morilla, sargento en el Tercio de la Armada de Nápoles, un gaditano cetrino y pequeño que llevaba años combatiendo a los turcos, y había estado embarcado como mercenario en las galeras de Malta y, finalmente, Osorio el Rojo, un pelirrojo de Santoña de quien se decía que había practicado el corso con los flamencos de Dunkerque antes de huir a Italia por una pendencia.

Todos eran gente seria y peligrosa, experimentada en la guerra en la mar. Complicados rivales en un combate contra los turcos, o contra cualquiera. Ninguno podía imaginar, que la batalla que ya intuían y veían inevitable, duraría de forma intermitente los siguientes tres días, en los que se batirían con sus seis veleros contra toda la escuadra que se les venía encima. Mucho menos, que iban a realizar una de las más grandes hazañas que se registrasen en los anales de la historia del mar.

Marianillo, el paje, facilitó al capitán Ribera sus armas. Eligió peto, espaldar, brazales y guanteletes, además del morrión. Armamento defensivo, quizás pesado, pero aligerado al desechar la armadura de las piernas y no emplear quijotes ni grebas. Quería disponer de movilidad. Además de su espada, cogió una vizcaína, un cuchillo de remate de caza, dos pistolas de rueda y un cachorrillo. Parecía una exageración, pero viendo lo que se aproximaba, pensó que era mejor hacer caso a Osorio, que aseguraba que, a las malas, dada la contienda que se avecinaba y, para resolver las cosas, tarde o temprano habría que hacer como al cortejar a una dama, verse de cerca.

INTRODUCCIÓN

CUANDO EL 31 DE MARZO DE 1621 falleció el rey Felipe III, España era una monarquía universal, en la que jamás se ponía el sol. Tras un reinado en el que había predominado la búsqueda de la paz, algo que se había logrado con Francia en 1598, Inglaterra, en 1604, y las Provincias Unidas, cinco años después, parecía que, por fin, los grandes enemigos de España aceptaban que las relaciones con la que, sin duda, era la potencia más poderosa que el mundo había conocido, podían mantenerse siguiendo caminos que no empujasen necesariamente al uso de las armas.

Los sucesos finales de su buen gobierno parecieron quebrar la línea seguida en los primeros años del siglo y, el final de la tregua de nueve años con las Provincias Unidas, se unió a la progresiva implicación de España en la guerra que acababa de comenzar en Bohemia, que se convertiría en la más destructora del siglo, a la que la historia denominó de los Treinta Años.

La guerra se agravó durante el reinado de su hijo, Felipe IV, al dejar los asuntos de estado en las manos de su agresivo valido, el conde duque de Olivares, periodo en el que se inició una, aparentemente, imparable decadencia que culminaría, en lo que al poder naval se refiere, en el combate que se dio en Las Dunas en 1639, que apartaría a España para siempre de los mares del norte y convertiría en unos años a su rival, las Provincias Unidas, en la dueña del mar.

Es habitual leer en los libros de historia española, especialmente en los modernos, que, desde Las Dunas, nuestro poder naval se fue hundiendo lentamente para, tras una breve recuperación en el siglo XVIII, acabar en la desastrosa jornada de Trafalgar del año 1805, que supuso el final de España como potencia naval mundial. Pero eso no ocurrió exactamente así.

A partir del segundo decenio del siglo XVII, las armadas de España, que tenían el océano Atlántico casi libre, y prácticamente habían acabado con la presencia turca en el Mediterráneo, al vencer a su flota en cabo Celidonia, se enfrentaron a un desafío cada vez mayor. Parecía que los enemigos de la monarquía universal hispánica se multiplicaban de una forma asombrosa, hasta el extremo, de que por más que se superase un reto, aparecía de inmediato uno más grande.

A la guerra tradicional con los rebeldes de las Provincias Unidas, que se avivó de nuevo en 1618, se unió en 1635, la lucha contra Francia, lo que sumado a la rebelión de Portugal de 1640 y, las nuevas guerras con Inglaterra, colocó a España frente a todas las potencias atlánticas juntas.

Durante el resto del siglo, un país despoblado, empobrecido, agotado y débil, se vio, de forma angustiosa, acosado en el mar por todo tipo de enemigos. Desde las flotas reales y de corsarios de naciones de Europa con las que estaba en guerra y ambicionaban territorios a su costa, hasta piratas de todas las naciones que querían sus tesoros y riquezas, eso sin olvidar a sus tradicionales enemigos turcos y berberiscos que, ante la debilidad de su rival, no cesaron en su empeño de dañar su comercio y capturar el máximo número posible de esclavos. Fue una lucha sorda, oscura, difícil y olvidada, en la que las flotas de España combatieron año tras año sin descanso, logrando con un esfuerzo titánico mantener abiertas las rutas con América y Asia, esenciales para la supervivencia del imperio, de la monarquía y de la nación.

Con la instauración de la nueva dinastía borbónica y, el apoyo de la por entonces todopoderosa Francia de Luis XIV, unos problemas se sustituyeron por otros, pero, en cualquier caso, se produjo una notable recuperación. Puestos en el gobierno y en los cuadros de la administración hombres eficaces, trabajadores y brillantes, que buscaban algo más que el enriquecimiento propio, la primera mitad del siglo XVIII vio como el poder naval español se consolidaba como uno de los tres más importantes del mundo, alcanzando el segundo puesto, tras Inglaterra, al finalizar la guerra de independencia de sus colonias americanas en 1783. Fue un periodo brillante, pleno de aciertos, en el que se construyeron fábricas, fundiciones y astilleros, se mejoraron las técnicas de construcción naval y grandes expediciones científicas aumentaron y completaron nuestro conocimiento del mundo.

El gran esfuerzo constructor del reinado de Carlos III logró que España rivalizase con el de Inglaterra y Francia. A pesar de la pérdida de unidades navales que se produjo entre 1759 y 1782, en 1797, la armada española disponía de 239 buques, 76 de ellos navíos recios y poderosos, y 52 fragatas, la cifra más alta de todo el siglo. La inglesa, la célebre *Royal Navy* tenía por entonces 200 navíos de línea y Francia solo 86, aunque eran más sólidos y manejables que los británicos. La cantidad aún estaba lejana, pero no la calidad, España construía en ese momento navíos como el *Santísima Trinidad*, el más grande y potente del mundo, y el único de cuatro puentes que surcaba los mares.

Desgraciadamente, toda la gran obra de los gobiernos de la Ilustración se vino abajo tras las dos guerras navales con Inglaterra, a las que el país se vio arrastrado por las malas decisiones políticas de la monarquía y sus ministros. La primera, entre 1796 y 1803 y la segunda, un año después, de 1804 a 1808, sin que hubiera tiempo para la recuperación material o económica. En ambas hubo victorias, pero se sufrieron graves y dolorosas derrotas, en las que, como tantas otras veces, vidas, barcos y pertrechos, eran irremplazables.

Trafalgar, como Las Dunas o La Empresa de Inglaterra, no fueron batallas de las que la flota saliera deshecha o aniquilada, su principal repercusión fue económica. España acudió en las tres ocasiones con lo que tenía, no había más, ni capacidad para hacerlo. Si Inglaterra hubiese sido vencida en Trafalgar podría haber enviado otra escuadra, eso, para España, era imposible.

A pesar de todo, en contra de lo que se piensa, o muchas veces se lee, la armada española podría haberse recuperado de las consecuencias de Trafalgar[1], si a la falta de personal cualificado, desde maestros carpinteros a marineros con experiencia, no se hubiese unido una crisis permanente de gobierno que acabó abruptamente con la invasión francesa de 1808. Un desastre de tal magnitud, que dejó al país sin posibilidad de reacción hasta casi la mitad del siglo XIX.

Este libro trata de todos esos años en los que los marinos de las armadas de España se batieron en los océanos y mares del mundo, contra enemigos de toda nación, raza y condición imaginable, y afrontaron, en innumerables ocasiones, tempestades y vientos huracanados, sed y hambre. Lo hicieron en cumplimiento de su deber, de sus códigos de honor, o por pura y simple supervivencia, pero siempre manteniendo alto el pabellón de su nación.

Veremos sus combates en naves de vela, las llamadas en Castilla, y luego en toda España, «naves mancas»: buques artillados, sin remos, que usaban solo la fuerza del viento para impulsarse, según las reglas establecidas en la batalla a mar abierto de las islas Terceras. Bajeles con los que marinos de España destrozaron la flota turca en el cabo Celidonia, dando el primer paso para acabar de forma definitiva con una tradición

---

1 Hay que tener cuidado cuando se habla de «decadencia». En 1865, por ejemplo, la flota española era la quinta del mundo —tras Gran Bretaña, Francia, Estados Unidos, y Austria-Hungría—, y hoy es la sexta —después de Estados Unidos, Gran Bretaña, Francia, Japón y Rusia—, siendo una de las nueve únicas armadas capaz de proyectar su fuerza en su hemisferio —las otras son Italia, la India y Brasil—.

milenaria, la de las «naves con brazos», o remos, las galeras, que durante siglos habían sido las señoras de la guerra en el mar.

Seguiremos la lucha contra los piratas y filibusteros franceses, ingleses y holandeses, en el Caribe, en el mar del Sur y en las costas americanas. Hombres sin escrúpulos, ávidos del oro y la plata españoles con los que se mantuvo durante casi un siglo una guerra silenciosa.

Y, por último, conoceremos los grandes combates navales entre escuadras, por el dominio del mar y sus rutas comerciales, y los ataques para intentar apoderarse de las mejores islas y posesiones de España, donde establecer bases navales o abrir nuevos mercados, durante el apogeo de la navegación.

No pretende esta pequeña obra otra cosa que ampliar el conocimiento del público en general sobre lo que hicieron las naves mancas de las armadas de España en los años del predominio de la guerra naval con buques de vela. Se preguntará el lector por qué no se trata la expedición científica de Malaspina o que criterio se ha utilizado para incluir unos hechos y no otros. Es sencillo, el hito científico de Malaspina es tan importante, que el espacio del que podríamos disponer en un libro de estas características nos impediría tratarlo como se merece. En cuanto a un determinado criterio, es más fácil aún: ninguno. Hay cientos de hechos curiosos, interesantes o heroicos, en la armada española. Sería imposible enumerarlos todos ¿Qué criterio íbamos a seguir? ¿Cómo íbamos a darle más importancia a un hombre o a un barco, antes que a otro?

Sean los más significativos o no, sirvan como homenaje a los marinos de España, que hoy olvidados, lograron que el pabellón de su nación fuese siempre conocido y respetado, cuando no temido, en todos los mares del mundo.

1

Haciendo esclava a la fortuna

Don Pedro Téllez-Girón y Velasco Guzmán y Tovar, III duque de Osuna (1574-1624). Nombrado en 1610 virrey de Sicilia, pudo haber cambiado la historia naval de España. Inteligente, enérgico y audaz, tenía la mente despierta y gran cultura. Su política naval en Italia, basada en la guerra de corso, tuvo un éxito extraordinario. Los enemigos de España, sufrieron bajo los golpes de sus armadas, pero no pudo superar la envidia que sus éxitos suscitaban en la Corte. Fragmento de un cuadro atribuido a Bartolomé González, en el que el duque lleva la banda roja de la caballería española e imperial sobre una media armadura pesada, como las usadas en las compañías de lanzas, de las que mandó dos en Flandes. En el cuadro aparece con su pulgar derecho, que perdió en 1606 en el asalto a la fortaleza de Grol.
Colección privada.

De Asia fue el Terror, de Europa espanto y de la África rayo fulminante;
los puertos y los golfos de Levante, con sangre calentó, creció con llanto.

Inscripción en el túmulo de don Pedro Tellez de Girón, duque de Osuna Francisco de Quevedo

Ese que hiciste capitán famoso,
ese que el mundo por edades nombre, de cuyo aliento Marte está envidioso,
de cuyo nombre tiembla cualquier hombre; a quien se debe el triunfo victorioso,
a quien se le atribuye por renombre
ser vencedor de aquesta acción primera, ya sabes que es el Capitán Ribera.

El asombro de Turquía y el valiente toledano
Luis Vélez de Guevara, en honor al vencedor de cabo Celidonia

1.1 La guerra de Osuna

Don Pedro Téllez-Girón y Velasco Guzmán y Tovar, era un grande de España destinado a protagonizar el final de una época. Uno más de quienes, por su cuna, estaba destinado a ser educado y formado de la mejor manera posible en el mundo de su tiempo. Su patria era, cuando nació en 1574, la más poderosa del mundo, y dedicó su vida a que lo siguiera siendo. A pesar de que disponía de poder e inmensas riquezas, combatió con arrojo en los campos de batalla e hizo todo lo posible para mejorar la armada española y cambiar el adverso destino que parecía cernirse sobre el horizonte de su nación.

Magníficamente educado por su preceptor, Andrea Savone, estudió en Salamanca filosofía, retórica y leyes, pero eligió el oficio de las armas, sirviendo en la expedición contra los rebeldes de Aragón, en 1588. Luego, bajo la dirección de Alfonso Magara, aprendió historia, geografía, matemáticas, y elementos de mecánica y arquitectura aplicados a las fortificaciones. Se ejercitó también con la espada y las herramientas de su profesión, para mejorar su destreza, aunque ya de niño, su abuelo se había ocupado de que dicha formación no le faltase, y le había recomendado que «no había de criarse solamente en letras, porque no se hiciera flojo y descuidado en su particular provecto... y a quien convenía emplearse en la caza, así, para ejercitar el cuerpo como para revelar el ánimo de los cuidados y tristezas».

España estaba acostumbrada a las operaciones combinadas de mar y tierra y, desde el siglo XVI, contaba con una excelente infantería de marina. El duque de Osuna aprovechó al máximo las cualidades de sus soldados y la agresividad e iniciativa de sus marinos.

Tras residir unos años en Francia, acompañando al duque de Feria, que era el embajador ante la Corte de Enrique IV, regresó a España y se casó en 1594. Había tenido hasta entonces todo tipo de incidentes y pendencias, derivados de su carácter y de su orgullo, lo que acabó produciéndole problemas con la justicia, que, en 1600, lo ingresó preso en Arévalo. Logró escapar con la ayuda de su tío, el condestable de Castilla, y marchó a Flandes, donde acabó alistándose como soldado raso en el tercio de Simón Antúnez, antes de pasar a mandar dos compañías de caballería[2].

---

2 Hay algunos puntos oscuros en su biografía, nunca bien aclarados, pero que no afectan a lo esencial del relato en este libro.

Seis años pasó combatiendo en los Países Bajos, donde «sirvió sin diferencia de los demás soldados; gastó mucho dinero de su hacienda y fue tenido por padre, amparo, ejemplo de soldados y excelente capitán[3]». En 1604 fue a Londres, y allí pudo conocer con detalle el excelente sistema inglés de organización naval.

Opuesto a la paz con los holandeses, se le concedió el Toisón de oro por sus méritos de guerra y regresó de nuevo a España. En Madrid, después de una audiencia privada con Felipe III, el rey llamó al Consejo, que se reunió en su presencia. Durante dos horas los impresionó con sus explicaciones sobre la situación en que había quedado Flandes. Fue el empujón que necesitaba para que el rey le nombrara gentilhombre de cámara con plaza en el Consejo de Portugal y le convirtiera en su consejero personal sobre los negocios de Flandes y la tregua con las Provincias Unidas.

En 1610, expuso ante el Consejo los motivos por los que alegaba que él podía ser la persona idónea para ocupar el puesto vacante de virrey de Sicilia. Sostenía que los enemigos de España habían logrado poder y riqueza, gracias a que lentamente habían ido despojando a la nación de las suyas, realizando una permanente guerra corsaria, por lo que ahora, estaban en situación de iniciar una ofensiva. España, por el contrario, había renunciado a la guerra naval, y lo único que había conseguido, era debilitarse cada vez más. Citó como ejemplo el caso de la propia Sicilia que, desde Lepanto, había sufrido más de ochenta asaltos turcos y berberiscos, en los que miles de cristianos fueron llevados como esclavos sin haber recibido respuesta alguna. Su proposición era hacer, a mayor escala, una guerra corsaria ofensiva como la que los caballeros de Malta libraban sin descanso. Lo nombraron virrey y llegó a Sicilia en marzo de 1611. Inmediatamente, con su impresionante energía, demostró cómo iba a ser su gobierno: en los primeros tres días ahorcó a nueve bandoleros y quemó a otros dos. Luego se puso manos a la obra en el arreglo de las finanzas, algo esencial si se quería mejorar el gobierno de la isla.

En cuanto a la situación militar, era similar a la del resto del imperio. Faltaba el dinero, no cobraban puntualmente ni marineros ni soldados y la flota que le ofrecían se limitaba a nueve galeras. Dos no estaban en condiciones de navegar, y las otras siete carecían de remeros en el

---

3 Su historial en Flandes es impresionante. Demostró una y otra vez tener un valor fuera de lo común. Herido decenas de veces, un disparo de mosquete en la pierna, en Grave, le dejó dolencias de por vida, y en Grol, una bala le arrancó el pulgar de la mano derecha.

número suficiente para hacerse a la mar con garantías. Por si fuera poco, el general de las galeras de la Armada de Sicilia, Pedro de Leyva, estaba en Madrid, y no parecía tener intención de regresar a su puesto. Pidió galeras a la Corte, pero jamás se las enviaron y, las que había, se unieron a las de Nápoles, Génova y la Orden de Malta en la expedición a las Querquenes, en la que apenas lograron nada importante.

Sin embargo, Osuna no se desmoralizó, y decidió apoyar con naves y tropas[4] a un presunto descendiente del último emperador de Bizancio llamado Osarto Justiniano, al que ayudó en su rebelión contra las autoridades turcas del brazo de Mayna. Después de una dura lucha lograron hacerse con la fortaleza de Navarino, obteniendo una base en pleno territorio enemigo en solo dos meses de campaña.

Gracias a su energía y trabajo incansable, el virrey logró un tributo extraordinario con el que puso al día las soldadas y pagas atrasadas y mejoró y repuso todo tipo de materiales en los almacenes. Remozó las galeras disponibles e incluso construyó una nueva capitana para la flota, una excelente galera de fanal o lanterna pero, sobre todo, realizó un cambio sustancial al unificar la figura del capitán de mar con el de guerra, algo que en los decenios siguientes se convertiría en la norma común.

Las consecuencias de la iniciativa del virrey se notaron pronto en el arsenal de Sicilia, que no había tenido en mucho tiempo semejante actividad. La artillería, los pertrechos, todos los materiales —barriles, cuerdas, jarcias o velas— se almacenaban sin descanso; se creaban puestos de trabajo y se facilitaba un desarrollo nunca visto. Lo único evidente era que la Junta de las Armadas de España no había autorizado ni supervisado la creación de una flota que, por otra parte, era de creación privada.

Entre otras novedades[5], el duque estableció que el salario de los soldados y de la marinería no se viese afectado por el destino que tuviesen, lo que era un interesante antecedente de métodos que aplicarían los ingleses años más tarde.

Dispuesto a probar suerte lo antes posible, envió seis galeras al mando del general Antonio de Pimentel contra Túnez. La medianoche

---

4 Seis naves alquiladas a su costa, más artillería, municiones, armas y mercenarios. 500 de ellos españoles, 800 italianos y algunos griegos y albaneses.

5 Una curiosidad, recogida por Gerardo González de Vega, es que el duque de Osuna, obsesionado con equipar a sus hombres de la mejor manera posible, adquirió para sus capitanes por medio de su amigo Galileo Galilei varios «largavistas», es decir, catalejos, una innovación técnica de gran utilidad.

Un galeón español es atacado por varias galeras turcas. Lo ocurrido en aguas de Chipre, en cabo Celidonia, entre el 14 y el 16 de julio de 1616 merece ser destacado como una de las mayores hazañas de la historia de la guerra naval. Consagró para siempre, la superioridad de las naves mancas sobre las de remos. Óleo de Juan de la Corte. Museo Naval. Madrid.

del 23 de mayo de 1612, entraron en el puerto de Cartago cien soldados que se dirigieron en sus chalupas contra los barcos fondeados. Los destruyeron con bombas incendiarias con las «que se abrasaron sin poderse remediar unas a otras, hasta que todas se fueron al fondo hechas cenizas». El resto de los bajeles pequeños y galeras también fueron totalmente incendiados. Solo sacaron a mar abierto un navío de casi 1000 toneladas cargado de riquezas y mercancías y algunos más pequeños, dejando la ciudad, según cuentan las crónicas, «arruinada y deshecha», con su armada destruida y «sus naos abrasadas y muertos sus soldados y marineros pichilines y turcos y de otras naciones en muy gran cantidad».

Por si el éxito logrado fuera poco, se encontraron con las siete galeras de la flota de la armada de galeras de Nápoles del marqués de Santa Cruz, a las que se unieron para atacar el puerto de Bizerta —en Túnez—. Con solo diez bajas lo arrasaron en su totalidad, incluyendo sus nuevas atarazanas, haciendo centenares de cautivos.

El éxito de Osuna, que envió a la Corte magníficos regalos, comenzó a atraer a Sicilia a centenares de aventureros, muchos de ellos marinos y soldados con gran experiencia, verdaderos «caballeros de fortuna», que veían una nueva forma de lograr riquezas y fama. La mayoría eran españoles, como Alonso de Aguilar, Manuel Serrano o Francisco de Ribera[6], otros italianos, e incluso franceses, como Pierres o Langland. Con ellos y sus ideas, el duque estaba a punto de llevar adelante sus planes: cambiar el curso de la historia y enviar al olvido la supuesta decadencia de su nación, metiendo el miedo en el cuerpo a los enemigos de España.

Equipó tres galeras que acababa de construir y, en 1613, logró de forma sorprendente patente del rey Felipe para operar en corso con su flota privada, gracias a las gestiones realizadas ante el conde de Uceda, que se quedaría a cambio con una parte sustancial del botín. A comienzos de la primavera, las naves «privadas» de su flota, encabezadas por la Concepción, la capitana, y la Osuna, Peñafiel y Milicia, se unieron a las de la armada de galeras de Sicilia —Patrona, San Pedro, Escalona y Fortuna— para una acción militar contra las costas de Argelia, al mando de Octavio de Aragón[7]. Con solo dos muertos capturaron cerca de 800 enemigos y arrasaron Jijel, probando que la teoría del corso del duque funcionaba también en la práctica.

En agosto, cargadas de armas y bien equipadas, las galeras partieron hacia Oriente en misión de búsqueda y destrucción de cuanto mercante o nave de guerra se encontrase en su camino. Los éxitos se sucedieron y Aragón destruyó el día 29 cinco galeras otomanas, más dos que vararon sus tripulantes para escapar. Entre los prisioneros estaban Sinari Bajá, comandante de la flota y cómitre de la Sultana de Ali Bajá en Lepanto, y su hijo Mahamet, bey de Alejandría, junto a sesenta importantes personalidades. Los musulmanes perdieron en el combate cuatrocientos hombres por solo seis españoles muertos y treinta heridos.

En los meses siguientes continuaron los triunfos. Los hombres del duque descubrieron un intento turco de atacar Mesina con barcos disfrazados de venecianos y, si bien perdieron los puestos tomados en Morea, el duque siguió apoyando a los rebeldes griegos con armas y pertrechos. Por entonces, se unió al servicio del duque un aventurero más, un cojo y algo miope caballero, tan bueno en las letras como diestro con la espada: Francisco de Quevedo[8], quien con el tiempo se convertiría en uno de sus mayores admiradores.

---

6 Toledano de nacimiento estaba escapado de la justicia, y era realmente peligroso. Se decía que había acabado con su espada al menos con seis alguaciles, pero la historia le deparaba un lugar especial. Los otros, como el bretón Jacques Pierres —que luego desertó— no le iban a la zaga.

7 La flota de Osuna llevaba banderas negras con la imagen de la patrona de su casa, la Virgen de la Concepción y, al pie, su apellido en letras de plata.

Don Francisco de Sandoval y Rojas, duque de Lerma, marqués de Denia, marqués de Cea, sumiller de Corps, caballerizo mayor, y valido del rey Felipe III. Logro controlar España y tomar las principales decisiones políticas durante casi veinte años. Durante su gobierno, el duque de Osuna fue nombrado virrey de Sicilia y luego de Nápoles. Obra de Pedro Pablo Rubens realizada en 1603. Museo del Prado, Madrid.

Ese año repartió el duque más de 150 000 ducados en la Corte española, pero lo que parecía que iba bien se torció por una serie de problemas nuevos. El primero, que se le ordenó colaborar con las armadas reales en una operación conjunta con el hijo del duque de Saboya, el príncipe Filiberto. La misión no salió conforme a lo planeado y fue un fiasco, pues los turcos se retiraron, pero pudieron escapar sin problemas. Enfurecido con la actitud del saboyano, se encontró, además, con que Leyva había regresado a la isla y exigía el mando de la escuadra que tan bien dirigía Octavio de Aragón[9]. Por si fuera poco, la Corona no le apoyó en su intento de reforzar a los rebeldes de Justiniano en Grecia.

La demoledora eficacia de los hombres del virrey no solo no impresionó en la Corte, sino que los celos y envidias que empezaba a suscitar, junto a la tradicional miopía de los administradores españoles, provocaron que se le advirtiese en el sentido de no continuar con sus acciones corsarias, ya que «la infantería española no quiere Su Majestad que se acostumbre a piratear» y, en 1615, el Consejo prohibió a los virreyes el ejercicio del corso. A Osuna se le prohibió específicamente mandar naves armadas a Levante, y las de Leyva, al fin y al cabo, reales, fueron destinadas a Génova. A veces parecía que el mejor general turco estaba en Madrid y no en Estambul.

8 *Vida de don Francisco de Quevedo Villegas*. Pablo Antonio de Tarsia. Madrid, 1792.

9 Osuna le nombró comandante de su flota privada, y el eficaz marino no le defraudó. Capturó entera la flota mercante de Egipto en su viaje a Estambul, diez caramuzales con más de un millón de ducados.

No le quedó otro remedio al duque que dedicarse al soborno de la ya envilecida y corrupta Corte española. Las sumas entregadas fueron inmensas. Uceda, Calderón, Aliaga, y otros nobles de la camarilla real de Felipe III comenzaron a recibir tanto dinero y joyas que, en palabras de Quevedo, «estaban ya más untados que brujas». No obstante, de algo sirvió soltar oro de forma tan generosa. El 26 de diciembre de 1615, Osuna fue nombrado virrey de Nápoles.

1.1.1 Tres días de julio: la batalla del cabo Celidonia

El duque intuía que, si debía de sacarse alguna ventaja de la guerra en el mar contra el turco y los berberiscos, era preciso sorprender al enemigo de alguna manera. Si bien el prestigio de las armas de España se apoyaba desde hacía más de cien años en el buen uso de las galeras, y a su armada no le iban mal las cosas, tal vez la poderosa artillería de los barcos redondos, o naves mancas, podía servir para decidir encuentros cercanos contra enemigos muy superiores. Por este motivo se ordenó la construcción de seis naves redondas. Un renegado cristiano, Simón Daucer, había enseñado a los argelinos la construcción de barcos redondos, y las ventajas de estos se habían hecho notar en algunos encuentros aislados. Tal vez mereciese la pena probarlos en el tipo de guerra a la que ya se estaba acostumbrado.

Para hacerlos, continuó con su imaginativa idea moderna y liberal, más propia de los enemigos herejes de España, que de la conducta del reino católico. Su construcción se llevó a cabo sin afectar a las rentas de la Corona, lo que le permitió eliminar el engorro que constituían los administradores e interventores de cuentas de la burocrática y lenta maquinaria del imperio. No es de extrañar que el duque se refiriese a su recién nacida armada como si fuera suya, pues en efecto así era.

Una vez botados, correspondió al capitán Francisco de Ribera probarlos. El virrey le ordenó que se dirigiese contra la vieja fortaleza española de La Goleta, junto a Túnez, y ver el resultado. Con el mejor de los galeones, Ribera se presentó en el puerto y entró en él en medio de las descargas de la excelente artillería de la fortaleza. Perdió tres hombres, pero hundió un bajel berberisco y capturó otros tres. Estaba claro que el frío y duro capitán toledano prometía. Osuna, solicitó el ascenso de Ribera al Consejo, que le fue denegado por haber actuado en corso, diciéndole al duque que «como había ido en beneficio de Pedro Girón, a él le tocaba satisfacerlo».

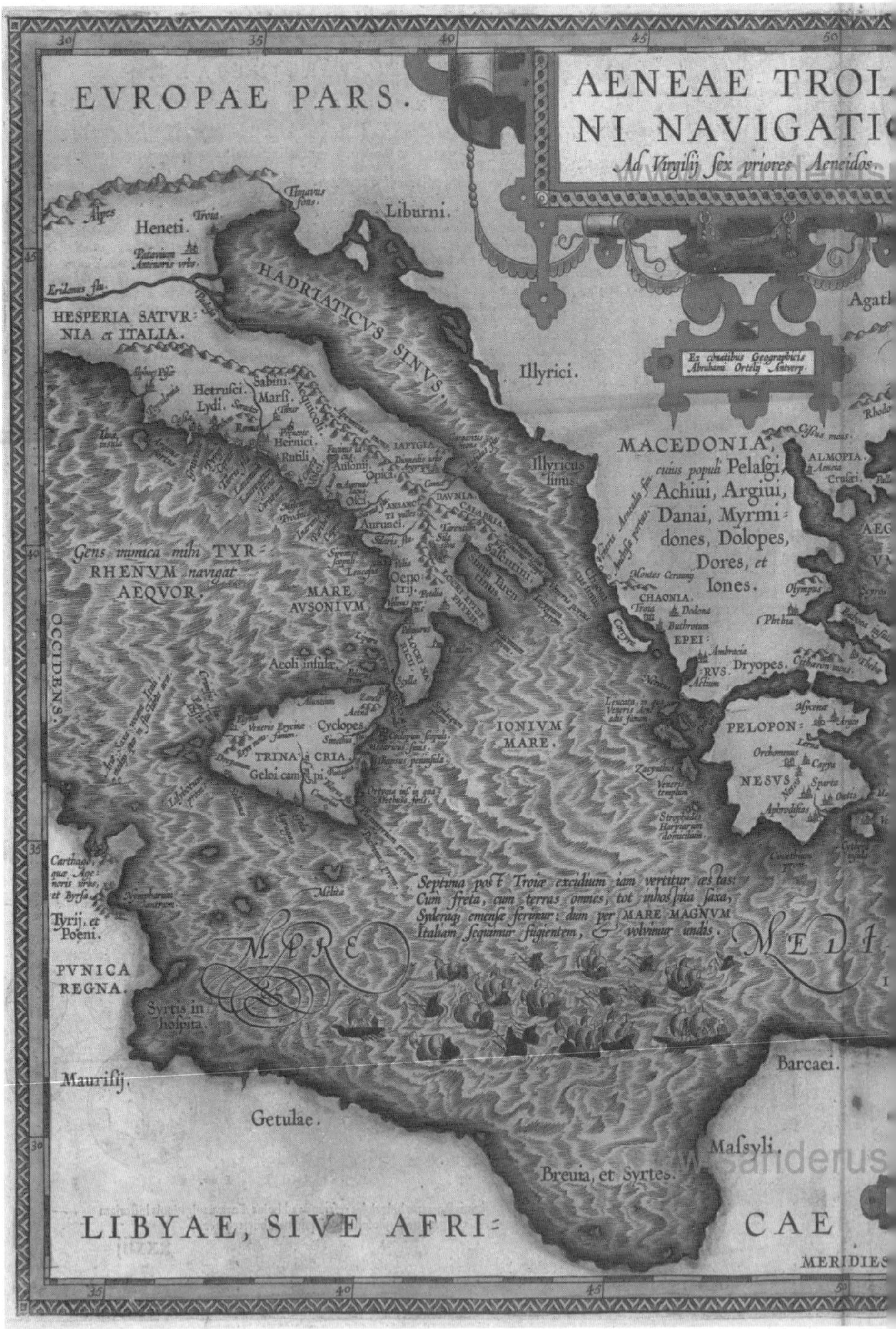
EVROPAE PARS.
AENEAE TROI
NI NAVIGATI
Ad Virgilij sex priores Aeneidos.
Ex conatibus Geographicis Abrahami Ortelij Antverp.
Liburni.
Heneti.
HADRIATICVS SINVS.
HESPERIA SATVR NIA et ITALIA.
Illyrici.
MACEDONIA, cuius populi Pelasgi, Achiui, Argiui, Danai, Myrmidones, Dolopes, Dores, et Iones.
Gens inimica mihi TYRRHENVM nauigat AEQVOR.
MARE AVSONIVM
OCCIDENS.
Aeoli insulae.
TRINACRIA
IONIVM MARE.
PELOPONNESVS
Septima post Troiae excidium iam vertitur aestas: Cum freta, cum terras omnes, tot inhospita saxa, Syderaque emensae ferimur: dum per MARE MAGNVM Italiam sequimur fugientem, et volvimur undis.
MARE
MEDI
PVNICA REGNA.
Tyrij, et Poeni.
Syrtis inhospita.
Maurisij.
Getulae.
Barcaei.
Masyli.
Breuia, et Syrtes.
LIBYAE, SIVE AFRICAE
MERIDIES

El teatro de operaciones del Mediterráneo oriental. Obra de Abraham Ortelius publicada en 1601 en Theatrum Orbis Terrarum Abrahami Ortelii Antverp. Geographi Regii.

Dicho y hecho. Las seis naves mancas del duque quedaron a las órdenes del capitán Ribera; dos galeones, *Concepción*, capitana, de 52 cañones y *Almiranta*, de 34, al mando del alférez Serrano; dos naos, *Buenaventura*, de 27, con el alférez Iñigo de Urquiza y *Carretilla*, de 34, con el alférez Valmaseda; una urca, *San Juan Bautista*, de 30, con Juan de Cereceda, y el patache *Santiago*, de 14, al mando del alférez Garraza. Las órdenes eran claras y simples: llegar hasta el fondo del Mediterráneo, buscar a la armada del turco donde quiera que se encontrase y hacerle todo el daño posible[10].

El 1 de julio por la mañana, se capturó un barco griego de cabotaje y, gracias a la información de su tripulación, Ribera supo que, en la isla de Quíos, en el Dodecaneso, se estaba concentrando una flota de galeras turcas para ir en su busca. Él decidió dar el primer golpe. Ordenó abandonar Chipre y dirigirse hacia el cabo Celidonia, el punto por el que las galeras turcas debían de pasar necesariamente, y donde podía sorprenderlas.

Comenzaba a amanecer el 14 de julio, cuando los vigías de Ribera avistaron velas en el horizonte que parecían corresponder a las galeras otomanas. Sin embargo, lo que vieron no era lo esperado. No se trataba de «una flota» turca, era, literalmente, «la flota». Pasmado en el puente de su capitana, Ribera fue informado con precisión del número exacto de naves enemigas: cincuenta y cinco, que navegaban en boga de combate directamente a su encuentro, desplegándose en formación abierta para arrasar a los barcos españoles.

La única solución, viendo la disparidad de fuerzas, era intentar escapar, pero antes se podía intentar, al menos, dar un pequeño escarmiento a los turcos. Así pues, una vez dada la voz de todos a las armas, los navíos españoles comenzaron a desplazarse para situarse como su capitán había decidido. Maniobrando para tomar barlovento, se aproximaron, como si fueran a embestir a las galeras turcas que avanzaban hacia ellos y, en cuanto pudieron, viraron dándolas la popa ante el asombro de las tripulaciones turcas, que estupefactas, habían contemplando con sorpresa como los grandes barcos redondos de los cristianos se les echaban encima.

---

10 Muchos autores discrepan al entrar en detalle de la composición exacta de la flota de Francisco de Ribera, desde Fernández Duro, a González de Vega o Blanca Carlier. En realidad, los galeones eran solo dos. González de Vega cita una urca, a la que llama *Urqueta*, y Blanca Carlier no dice nada sobre el *San Juan Bautista*, que era una urca ligera.

Dispuestos en dos grupos, cada uno con tres barcos, las grandes lanchas de socorro, que podían llevar una pequeña vela, pero que contaban con remos, fueron botadas y situadas en la proa, para que sus remeros pudiesen ayudar a los barcos a escapar. Una vez en la posición buscada, era evidente para el almirante turco que los españoles querían huir, por lo que aumentó el ritmo de boga para intentar atrapar a sus enemigos ante de que lograsen alejarse, ahora que tenían el viento a favor. Sin embargo, los veleros seguían manteniendo una posición perpendicular frente a la media luna de las galeras que avanzaban sobre ellos, lo que demostraba claramente que iban a intentar algo, aunque pareciese del todo imposible.

Ribera había decidido disparar a la «española», es decir, en vez de lanzar su andanada a la máxima distancia posible, esperó hasta que las galeras estuviesen lo suficientemente cerca como para asegurar un impacto certero de los proyectiles[11]. Obviamente, los barcos españoles no pensaban suicidarse y Ribera no quería dar a las galeras la posibilidad de que le abordasen. Por ello, había decidido usar solo artillería de choque —proyectiles que hiciesen daño al enemigo en su estructura— que, al fin y al cabo, era lo más eficaz dada la disparidad de fuerzas.

Uno tras otro, los barcos españoles lanzaron sus «pelotas rasas» con sus cañones más potentes de su banda de estribor, mientras que algunas de las galeras turcas, usando sus cañones de crujía, comenzaban a devolver el fuego. Los impactos de los proyectiles esféricos de hierro, volando casi a la velocidad del sonido, hicieron daño a las galeras turcas que iban en vanguardia, destrozando sus cascos y abriendo algunas vías de agua. En la segunda andanada, las «balas rojas», proyectiles lanzados al rojo vivo, y las «desarboladoras», dos bolas de hierro unidas por una cadena, alcanzaron a las galeras, destrozando remeros, velas, palos, antenas y jarcias. La lluvia de fuego debió de ser realmente demoledora para la moral de los turcos, con las bancadas de remos y la arrumbada llenas de muertos y heridos despedazados, pues frenaron su impulso.

A base del esfuerzo de los remeros de las fragatillas que iban en la proa y, con la fuerza del viento, al cabo de unas horas, cuando ya anochecía, la pequeña flotilla de Ribera rompió el contacto y se alejó de la

11 El disparo a máxima distancia se llamaba a la «otomana», pues era la forma en la que actuaban las galeras turcas y berberiscas. Cuando se disparaba a «tocapenoles» o, lo que es lo mismo, con el buque enemigo casi encima, se llamaba a la «veneciana».

flota turca. No había sufrido ni una baja, pero tampoco había logrado nada especial. Ocho de las galeras otomanas estaban seriamente dañadas y habían perdido sus palos o tenían las velas destrozadas, otras tenían vías de agua, al resultar alcanzadas bajo la línea de flotación y, en total, habían perdido unas decenas de hombres entre muertos y heridos, muchos de ellos galeotes, pero en conjunto, toda la inmensa flota turca seguía plenamente operativa. Su almirante debió de pensar que se le había escapado una buena ocasión para atrapar a la pequeña escuadra corsaria que estaba dañando la navegación comercial en la zona, pero es seguro que no podía imaginar lo que iba a suceder, pues nadie en su sano juicio hubiese actuado como lo iba a hacer Ribera.

Durante la noche, en los barcos españoles hubo una intensa actividad. El capitán Ribera no estaba en absoluto de acuerdo con el resultado del combate y, en un consejo de guerra celebrado en el *Concepción*, decidió que la cosa no podía quedar así. Había que virar para ir contra la flota turca. Durante toda la noche, con suave viento a favor, los barcos españoles dieron un rodeo de treinta millas náuticas y, al amanecer del día 15, los veleros de Ribera se presentaron de improviso a popa de la inmensa formación turca.

La posición de las galeras les impedía utilizar su sistema habitual de combate, que consistía en embestir la amura del barco enemigo de proa, para poder usar el espolón forrado de hierro y, una vez trabada la nave, abordarla. Aprovechando la sorpresa, los seis buques españoles se adentraron en la formación turca para poder disparar a estribor y babor toda su artillería pesada, evitando aproximarse demasiado a los turcos. Durante el combate, los artilleros fueron usando diferentes tipos de proyectiles en función de la posición y distancia de sus naves mancas con respecto a los «brazos» o remos de las galeras que, desesperadamente, trataban de maniobrar para dar la proa a los barcos enemigos e intentar trabarlos para luego abordarlos.

La flota turca era tan grande que los barcos más alejados no podían ayudar a los que se encontraban en la zona de combate, en la que los dos galeones españoles iban en vanguardia, seguidos por las urcas y con la nao y el patache como apoyo. La lluvia de fuego que lanzaban sobre las galeras, era realmente sobrecogedora, «pelotas rasas», «pelotas de puyas», «linternas de pedernal» y «balas de piedra», se empleaban a larga distancia. A media se disparaban «desarboladoras», «estoperoles» y «cabezas de clavos», y a corta, «dardos con cabeza armada de hierro y revestidos de estopa bañada en pez» o «botes de metralla». El efecto era espantoso, brazos, cabezas y piernas eran arrancados de cuajo. Se mezclaban con las astillas de madera que volaban como metralla, destrozando a remeros, soldados y tripulaciones. Arrasando bancales y remos. Haciendo trizas la pavesada que cubría las bandas y barriendo la arrumbada en la que se concentraba la infantería turca.

Las galeras, desesperadas, no lograron en ningún momento superar la línea de distancia artillera, sufriendo un terrible castigo que se prolongó hasta las cuatro de la tarde, momento en que Ribera decidió dar un merecido descanso a sus artilleros y rompió de nuevo el contacto, retirándose, pero manteniendo las velas turcas a la vista. Los daños en las galeras eran enormes. Diez de ellas tenían graves averías, estaban escoradas, con vías de agua y desarboladas. Las bajas se contaban ya por centenares y, durante toda la jornada, no habían logrado ni siquiera abordar a uno de los navíos cristianos.

El 16 de julio, dos días después, los barcos españoles volvieron a la carga y se acercaron otra vez a los sorprendidos turcos, que de nuevo veían cómo una lluvia de fuego les caía encima sin poder dar una respuesta efectiva. Como en la jornada anterior, las galeras trataron de aproximarse a los barcos españoles, pero la altura de las bandas de las naves mancas les impedía abordarlas con eficacia. Aunque llegaron a lanzar sus arpones con cadenas de sujeción, la artillería menuda y giratoria de las naves españolas, formada por falcones y falconetes, lanzó descargas de metralla que tuvieron un efecto devastador sobre los jenízaros, que, con un valor rayano en el fanatismo, intentaban desesperadamente asaltar los galeones y naos. Cuando faltaba una hora para mediodía, los buques de Ribera, faltos de munición, comenzaron a tener problemas. El cansancio y el agotamiento de sus tripulaciones eran patentes, pero para entonces, los castigados turcos no podían ya más. La *Real* turca se retiró con la proa destrozada a cañonazos y, tras ella, el resto de su flota. A las tres de la tarde no quedaba ninguna galera turca a la vista y los barcos españoles se agruparon para darse apoyo mutuo y evaluar los daños.

Los turcos habían perdido 11 galeras en los tres días de batalla, pero otras 15 estaban literalmente hechas picadillo, y de ellas, 8 se hundieron camino de las costas del Líbano, lugar al que se retiró la flota turca para reponerse. En total, 1200 jenízaros y combatientes turcos estaban muertos y, con ellos, casi 2000 galeotes. Por su parte, la flota española había perdido 43 soldados y 28 marineros. Los dos galeones quedaron destrozados, sin un solo palo ni verga entera y cortada la jarcia y, todas las demás naves, muy dañadas[12]. El galeón *Concepción* y el patache *Santiago* estaban tan mal que tuvieron que ser remolcados. No obstante, la victoria de Ribera, que había resultado herido en la cara, había sido asombrosa e iba a cambiar para siempre la guerra en el mar.

Ya nadie podía dudar de la superioridad técnica de los galeones y otras naves redondas en los combates navales a larga y media distancia. No solo maniobraban mejor, sino que además su potente artillería causaba en las galeras enemigas un daño inmenso, ante el que nada podían oponer.

Con la moral por las nubes, la flota de Ribera marchó a Candia, en la costa cretense, para reparar daños y recuperarse. Lo hicieron con tranquilidad, libre el mar de enemigos, y aprovechando el material que había en las presas hechas en las semanas anteriores. Cuando estuvo listo, sus barcos reparados y las tripulaciones descansadas, puso proa a Brindisi, en Italia, donde llegó con 15 naves capturadas y cargado de oro.

El inmenso triunfo de Ribera fue objeto de debate entre especialistas durante años. Se hicieron todo tipo de versiones sobre lo sucedido en Celidonia. La fama del capitán español alcanzó cotas increíbles, muy semejante a la obtenida en su momento por don Álvaro de Bazán tras la batalla de las Terceras. Era el héroe del momento. El rey le otorgó el hábito de la Orden de Santiago y el título de almirante y Luis Vélez de Guevara escribió una comedia en su honor: *El asombro de Turquía y el valiente toledano*.

Unos días después de su victoria inmortal, el duque de Osuna hizo su entrada triunfal en Nápoles, para ocupar el cargo de virrey. En las semanas siguientes, con su habitual eficacia, se dedicó a poner en orden el reino y a preparar la flota, a la que consideraba inútil y de escaso valor. Así que solicitó a la Corte doce galeones con los que reemplazar la fuerza de choque de la armada de Nápoles, que solo contaba con galeras. Ahora ya no tenía dudas de donde estaba el futuro.

12 Los datos de bajas difieren notablemente en las fuentes. Las *Memorias de Matías de Novoa*, citadas por Gerardo González de Vega en *Mar brava*, dicen que «muchas se echaron al fondo y veintitrés quedaron imposibilitadas para poder navegar». Por su parte, José María Blanca Carlier, en *La marina del duque de Osuna*, dice que «una nave se fue al fondo, dos quedaron desarboladas; diecisiete malparadas». Por parte española cita 34 muertos y 93 heridos. El propio Francisco de Ribera habla en su carta de relación unas veces de una galera hundida, y en otras, de cinco.

Su demanda fue rechazada, y se le reiteró la prohibición de realizar el corso con sus naves, algo que el valeroso duque, por supuesto, ignoró. De hecho, una de sus primeras medidas fue armar en corso cinco galeones nuevecitos, que pagó él mismo, para enviarlos a las costas de Levante, donde durante medio año, hasta la llegada del invierno, depredaron sin misericordia toda vela que tuvieron a la vista hasta dejar el mar desierto.

Durante el otoño, mientras sus galeones arrasaban las costas de Líbano, Siria y Turquía, sus galeras fueron enviadas contra el corsario Assan, un peligroso renegado calabrés que andaba por Malta. El 2 de septiembre localizaron su flota de 12 galeras y, tras dos días de lucha, las destrozaron, obteniendo un nuevo triunfo. Pero Osuna quería más, mucho más.

1.1.2 Misión de audaces: el cañoneo de Estambul

Un día de octubre de 1616, el general Octavio de Aragón, comandante de las galeras del duque de Osuna, recibió la orden de marchar contra los turcos con sus nueve naves. Entre los expedicionarios estaba el duque de Estrada, don Diego, uno de los más conocidos «guzmanes»[13], pariente lejano del virrey y, como los castellanos de la época, vanidoso, fanfarrón y pendenciero. Eso sí, un combatiente de primera.

Tras dirigir sus galeras hasta el Dodecaneso, atravesaron las islas griegas y pusieron proa a Estambul. Allí, navegando a la «turquesa», es decir disfrazadas de naves musulmanas, se presentaron en el mar de Mármara, entre los Dardanelos y el Bósforo, atravesándolo, y llegando a las puertas de la vieja Constantinopla. Conscientes de que estaban en la capital de los temidos y odiados enemigos turcos, se aproximaron a la costa y, como dijo Estrada: «llegamos hasta los castillos de Constantinopla, los cuales con mucho desenfado acañoneamos». A continuación, escaparon antes de que los alucinados y sorprendidos otomanos reaccionaran. Pero no lo lograron. Los turcos movilizaron, según Estrada, sesenta galeras —ya serían menos—, con las que bloquear la salida de los Dardanelos.

Las naves de Aragón, esperaron hasta la noche y, agrupadas, embistieron al grueso de la flota turca. Tras un duro combate, lograron

13 Término de origen germánico —godo—, que significa literalmente «los hombres buenos». Se llamaba así a los nobles castellanos, hidalgos duros y atrevidos, que convirtieron a España en la dueña del mundo.

La lucha en el Mediterráneo en la primera mitad del siglo XVII *fue una constante puesta a prueba de las bondades y defectos de naves de brazos frente a las naves mancas. Las batallas de cabo Celidonia y Ragusa demostraron, claramente, que el futuro estaba en el galeón y su heredero natural, el bajel de línea.* Galeón y galeaza, por Monleón. Museo Naval. Madrid.

abrirse paso y escapar a mar abierto y, a fuerza de brazos y con algo de suerte, lograron huir. Dice Estrada:

> Tomamos el viento en popa, que era recio, y apagando los fanales pequeños, que por señal llevábamos en las proas, quedó solo la de la capitana, la cuál dio orden que las ocho galeras fuesen la vuelta de los Fornos, camino de Alejandría, que ella seguiría.

Tras hacerlo así, la capitana, con su fanal encendido, atrajo a los turcos. Al cabo de unas horas lo apagó, logrando escapar, para reunirse con el resto de la flota, según lo convenido, unos días después. La entrada de la flota corsaria de Octavio de Aragón en el mar de Mármara había sido una hazaña valerosa y extraordinaria. No tenía efectos prácticos, pero su cañoneo de los castillos costeros demostró a Europa que la flota del duque de Osuna no se detenía ante nada.

La escuadrilla continuó su raid por el Mediterráneo oriental, con eficacia y valor. Después de unos días de navegación sin sobresaltos, lograron capturar luego de un duro combate a diez caramuzales turcos cargados de riquezas[14] y, posteriormente, conocieron la victoria de Ribera y la noticia de que la flota otomana estaba deshecha. La reacción del sultán, indignado por las humillaciones sufridas, no se hizo esperar: encarceló a varios religiosos cristianos a los que consideraba espías.

Visto que la situación diplomática podía ser grave, temiendo causar más problemas que beneficios a su señor el virrey, Octavio de Aragón decidió regresar a Italia. Su descanso duraría poco, pues el atrevido duque de Osuna había puesto sus ojos de halcón en una nueva presa.

1.1.3 Afeitando al León: contra la Señoría de Venecia

Si había dos naciones en la Europa cristiana que se miraban con rencor, eran España y Venecia. La república adriática necesitaba de los turcos para poder mantener su lucrativo comercio con Asia y, por lo tanto, intentaba mantener en lo posible buenas relaciones con el imperio otomano, lo que iba en contra de los intereses de los Habsburgos, ya fueran españoles o austriacos. Además, el comercio con Oriente, muy debilitado desde que los portugueses abrieran la ruta de la India, seguía siendo la fuente principal de sus ingresos y no se podían permitir el lujo de perderle.

La rivalidad con España se agravó a lo largo del siglo XVI, cuando por efecto de las conquistas españolas, ambas naciones se convirtieron en vecinas mal avenidas. En el caso del virreinato de Nápoles, su costa adriática estaba demasiado próxima a un área que la república veneciana consideraba esencial para su supervivencia. Dispuestos a perjudicar a España todo lo que pudiesen, los venecianos entregaron enormes sumas de dinero a Saboya y Francia durante la guerra del Piamonte, intentando de esa forma dañar el tránsito por la esencial vía terrestre española de Lombardía a Flandes, el famoso Camino español, abierto en el siglo XVI.

El duque de Osuna y sus consejeros, se dedicaron por lo tanto a ver qué medidas podían tomar para contrarrestar las actividades venecianas. Las ideas del virrey eran como siempre acertadas, pero la torpe política del gobierno de Felipe III dio al traste con sus excelentes

14 Capturaron un millón y medio de ducados, una auténtica fortuna, si bien en su relación, Aragón afirma haber tomado solo tres caramuzales. ¿Quién miente, él o Estrada? ¿se quedó con parte del botín no declarado? La verdad es que no lo sabemos.

iniciativas. El duque quería rehabilitar el puerto de Brindisi y convertirlo en una escala esencial del comercio de Levante con Italia, para así debilitar a los venecianos, también estaba de acuerdo con la Corte en la idea de apoyar con hombres y dinero al Milanesado.

Finalmente ideó un plan a la medida de sus ambiciones. Dejarse de historias y atacar el comercio de Venecia con una guerra corsaria que cortara sus rutas de suministro, obligando a la república a plegarse a los deseos de España. Sin dudar, el 7 de diciembre de 1616, los cinco bajeles de Ribera, acompañados de tres más que acababa de incorporar a la flota, rompieron la irreal e inexistente barrera que desde hacía más de medio milenio los orgullosos y duros venecianos consideraban su mar, y entraron en el Adriático. El sueño veneciano de invulnerabilidad se había roto para siempre.

Divididos en dos grupos, uno al mando del propio Francisco de Ribera, y otro a las órdenes del impetuoso capitán Manuel Serrano, los corsarios del duque de Osuna comenzaron una campaña de destrucción del comercio veneciano como la Señoría no había visto en siglos. Todos los mercantes que caían a su alcance fueron detenidos y abordados y los puertos dálmatas de Zara y Espalatro —Zadar y Split— atacados a cañonazos por los buques españoles. Por supuesto, los capitanes de Osuna solicitaron el apoyo de Ragusa, la tradicional aliada de España en la región[15].

Ribera, tras esta primera incursión, volvió a Brindisi para carenar los barcos, pero en cuanto estuvieron listos, salió a la busca de las naves venecianas que habían salido desafiantes a enfrentarse con la amenaza. Fue un gran error. Ribera las atacó sin piedad, hundió una galeota, apresó otra y, después, atacó y abordó otras tres naos. Dos eran venecianas, y la otra holandesa, pero eso no le importó demasiado.

Al terrible Ribera y sus naves mancas, se unió el frío y hábil Octavio de Aragón con sus treinta galeras, una flota que realmente debía dar miedo al más duro capitán del Mediterráneo. Su misión, buscar, atacar y destruir a la armada de Venecia, donde quiera que estuviese, sin importar su fuerza y tamaño. Si los venecianos habían oído hablar de lo ocurrido en el cabo Celidonia y el puerto de Estambul —y a fe

15 Ragusa, hoy Dubrovnik, en Croacia, era amiga de los españoles desde el siglo XIV, y así había seguido. El Senado de la ciudad-estado decidió apoyar a Osuna, pues solo debían favores al rey de España, al que, en 1588, incluso apoyaron con sus naves en la Empresa de Inglaterra.

que lo habían oído— deberían de estar preocupados. No lo estaban. La inmensa fuerza de su flota, al mando del general Belegno, formada por treinta galeras, catorce naves redondas de todos los tamaños y seis gigantescas galeazas, les daba confianza para pensar que no se les podía escapar una victoria segura. Sin duda, no habían comprendido aún a que clase de tipos se enfrentaban.

1.1.4 Ragusa y Segnia, formas de conocer el acero español

Los dos toledanos que dirigían el núcleo principal de la flota de Osuna, Ribera y Estrada, despreciaban profundamente a sus adversarios, por lo que resolvieron adoptar una postura ofensiva desde el primer momento[16]. Para que no hubiese dudas de cuál sería el destino de los enemigos de España, en el primer choque los venecianos perdieron dos galeras, por lo que Belegno, que no era tonto y veía lo que se le venía encima, dejó el mar libre a las naves del virrey de Nápoles.

Los enviados de Osuna intentaron llegar a un acuerdo con los rebeldes uscoques de la costa dálmata que, en su fortaleza de Segnia, constituían una comunidad libre de la que los españoles podían obtener grandes beneficios si usaban bien su amistad, pues a pesar de su escaso número, sus ágiles barcos podían hacer un daño considerable a la navegación comercial de Venecia. En esa línea, los enviados de Osuna llegaron incluso a permitirse algún guiño con los turcos[17].

La ofensiva veneciana contra los uscoques, de un salvajismo brutal incluso para los parámetros del siglo XVI, provocó graves roces entre la Señoría y los soberanos nominales de la costa dálmata: la Casa de Austria y los reyes de Croacia y Hungría. Los austrias centroeuropeos se vieron apoyados por la decisión del virrey de Nápoles de poner bajo su bandera negra a las naves uscoques. Con su ayuda, don Pedro podía apretar la soga que ahogaba a Venecia y le impedía vivir de su comercio. Era un bloqueo que, si los venecianos no

16 No era nada especial contra los venecianos, despreciaban a todos los que no eran como ellos, es decir, castellanos viejos.

17 A pesar de la que la mayor parte de la flota napolitana de Osuna estaban en el Adriático, las naves de Pimentel y la Orden de Malta barrieron del mar, en la campaña de 1617, a los corsarios de Mahomat Asán, que cayó en combate ante la capitana maltesa. No había solución, con bajeles o galeras, la flota del virrey le había tomado la medida a los turcos y berberiscos.

rompían, los destruiría[18]. Los gobernantes de Venecia pensaron que la solución sería esa que siempre eligen las naciones comerciantes, el uso del oro, por lo que decidieron sobornar a los turcos para que sus galeras rompieran el asfixiante bloqueo que les estaba matando poco a poco. Lo único que lograron fue que los 400 000 ducados y las tres galeras enviadas en busca de socorro cayesen en manos de las galeras de la Armada de Nápoles. Realmente, con su campaña corsaria, el duque de Osuna estaba llenando sus arcas.

El Senado de Venecia aceptó la negociación con España ofreciendo casi cualquier cosa, con tal de que los bajeles y galeras de los terribles Ribera y Aragón dejasen libre al comercio de las naves de la Señoría el mar Adriático. Desde dejar de ayudar al molesto duque de Saboya, hasta cesar de hostigar las costas de los uscoques. Por supuesto, el despliegue diplomático de los hábiles negociadores venecianos iba acompañado de todo tipo de descalificaciones contra el virrey de Nápoles y sus capitanes, a los que se acusaba de piratas y de todo tipo de barbaridades.

Podía parecer a primera vista, que las acusaciones de los venecianos no eran muy diferentes a las que los españoles habían formulado contra Hawkins, Frobisher o Drake[19], y la verdad, por repulsivo que parezca a muchos, en parte era cierto. Al igual que la reina Isabel de Inglaterra, Osuna era un hombre inteligente y calculador, que buscaba lo mejor para su nación y que no se detenía ante nada. Ejemplo de ello fue el ataque a la flota turca que llevaba de regreso a Estambul al bajá de Chipre que cesaba en el cargo. Los corsarios del virrey, con sus galeras a la turquesa y usando todo tipo de hábiles tretas, lograron otra victoria demoledora sobre los turcos, capturando miles de cequíes de oro y todo tipo de joyas, además de al antiguo bajá, y produciendo centenares de bajas al enemigo sin sufrir ninguna propia.

Entre tanto, a pesar de las maquinaciones venecianas en su contra, las galeras corsarias de Nápoles, al mando de Leyva[20], y los galeones de Ribera, siguieron su implacable campaña de destrucción del tráfico comercial veneciano. Finalmente, las flotas se reunieron en Brindisi. Nada menos que dieciocho naves mancas, treinta galeras y

18 No es de extrañar que el duque dijese: «Cuatro uscoques y el miedo de mis bajeles les hacen hoy estar temblando».

19 Ver nuestra obra *Las reglas del viento*.

20 El duque de Osuna se seguía oponiendo a su nombramiento, pero la verdad, es que Leyva lo hacía muy bien.

Ragusa, hoy Dubrovnik, en Croacia, era amiga de los españoles desde el siglo XIV, y así había seguido. El Senado de la ciudad-estado decidió apoyar a Osuna, pues solo debían favores al rey de España, al que, en 1588, incluso apoyaron con sus naves en la Empresa de Inglaterra.

cuatro bergantines. Quince de las naves redondas eran las de Ribera, todas de la armada privada del duque, y cuatro de las galeras, al mando de Aragón, también. El objetivo esta vez era buscar al grueso de la flota veneciana y acabar el trabajo definitivamente.

La flota veneciana era muy digna de ser tenida en cuenta. El *San Marcos* y el *Capitán* de Venecia eran superiores a los mejores galeones españoles, pero, además, contaban con otros veinte, con un desplazamiento total, muy superior al de la armada de Girón y, como ya hemos comentado, cuarenta galeras más, seis pesadas galeazas y cuatro barcos costeros albaneses de apoyo. Su moral no lo era tanto. Fue suficiente ver enfrente a la flota de Ribera, para que después de unas pocas horas de intercambio lejano de disparos de artillería, se retirasen a Zara. La concentración de los barcos venecianos hizo que sufrieran bastante más que los españoles, pero en conjunto, el daño que sufrieron fue pequeño. Aunque el general Zane, que ostentaba el mando, fue destituido, la flota veneciana seguía intacta.

En Madrid no se apoyaba al duque. Osuna se enfureció con sus mandos y Leyva se llevó las galeras reales a Mesina. Además, desde España, se le ordenó abandonar el Adriático y llevar sus bajeles a Génova, para colaborar en las operaciones militares contra Saboya. Desesperado, dimitió.

No le sirvió de nada, el rey no aceptó su cese. Además, le ordenó devolver a Venecia las presas hechas y todas sus riquezas. La decisión de Madrid, unida a la precaria paz lograda con el duque de Saboya, hicieron creer a los venecianos que, en la práctica, habían ganado, y se aprestaron a usar la fuerza para volver a tomar el control del Adriático, empezando por ocupar la isla de Santa Cruz, posesión de la República de Ragusa, la vieja aliada de España. Por supuesto, no podían pensar que el virrey había decidido actuar según su conciencia y había mandado llamar a Ribera, para que «cruzase a la entrada del Adriático —el canal de Otranto— con objeto de atacar a los venecianos siempre que se presentara la ocasión favorable, e impidiera a la vez, el paso de refuerzos holandeses; pero cuidando siempre de no enarbolar la bandera real, sino solamente pabellón virreinal». El 20 de noviembre de 1617 ambas flotas se encontraron frente a frente.

La noche anterior habían intercambiado insultos y cañonazos, pero por la mañana, quedó claro que iba a producirse una gran batalla.

El agresivo Ribera no iba a perder la oportunidad. Convencido de saber lo que había que hacer, él mismo dice: «me determiné a correr por medio, por obligarlos a que con brevedad se acabase el pleito». Dirigió su galeón contra el centro de la flota veneciana, a la que sorprendió, pero no más que a los propios españoles, que no fueron capaces de seguirlo. Los venecianos, al ver que un solitario galeón se les echaba encima, pensaron que era una trampa y que podía ser un brulote o ir cargado de explosivos, por lo que se apartaron de su camino todo lo que pudieron. Eso impidió al galeón de Ribera hacer mucho daño con sus 68 cañones a sus enemigos, pero a cambio rompió el despliegue de la formación veneciana.

Poco a poco, el resto de los buques españoles se fueron acercando y entrando en combate, justo cuando parecía que el galeón de Ribera iba a sucumbir abrumado por el número de enemigos. Según algunos testigos como el duque de Estrada, el hecho de que tantos barcos enemigos acosasen al buque insignia español garantizó que no desperdiciara munición, pues todos los venecianos acabaron bien servidos de hierro, metralla y fuego.

La masa de galeras y bajeles apiñados también benefició al resto de los navíos de la armada de Nápoles, que, a cañonazos, machacaron a la acorralada flota veneciana sin que pudiera defenderse bien. Los salvó el viento, que soplaba en contra de los españoles, y les impedía acercarse para culminar, al abordaje, la superioridad que mostraban con su artillería.

El intercambio de disparos se prolongó por catorce horas, pero ninguno de los dos bandos logró una ventaja decisiva. Finalmente, a pesar de que perdieron cuatro galeras y de que el *San Marcos*, su mejor galeón, quedó desarbolado y maltrecho, lograron aguantar y escapar, de forma vergonzosa a juicio de Ribera, demostrando una notable incapacidad a pesar de su superioridad numérica. Los españoles solo habían tenido doce muertos y treinta heridos, por varios miles de los venecianos, cuyas galeras y naves redondas estaban muy dañadas.

Una fuerte tormenta sacudió la zona al poco de terminar el combate. Los barcos de Ribera lograron refugiarse sin pérdidas en el puerto de Manfredonia, pero para los venecianos fue un desastre. Aunque los galeones lograron superar bien la tormenta, varias de las galeras acabaron en las rocas de la costa de Dalmacia[21].

Tras su victoria, la flota del duque siguió atacando de forma intensa y sistemática tanto a turcos y berberiscos como a los derrotados y asustados venecianos, pero lo que no iban a lograr sus enemigos en el exterior, lo iban a conseguir los del interior.

1.2 La oportunidad perdida

En Venecia comenzaron a circular una serie de rumores que decían que el virrey Osuna estaba detrás de una oscura conjura y, el 19 de mayo de 1618, se produjo un levantamiento popular, en el que se intentó asaltar la embajada española. Se decía que el duque de Osuna, el gobernador de Milán —el marqués de Villafranca—, junto con el embajador español —el marqués de Bedmar—, habían sobornado a un grupo de mercenarios franceses, entre ellos algunos protestantes, para que se alzasen en armas y facilitasen a la flota española del Adriático, o sea, la del virrey de Nápoles, intervenir en la propia ciudad de Venecia. El tumulto acabó con el asesinato o ejecución de los franceses, pero lo más grave para España fue la enorme difusión propagandística que tuvo el asunto por toda Europa, alimentando la Leyenda Negra protestante.

Por si fuera poco, algunos enemigos del duque llegaron a acusarle de buscar la separación de Nápoles de la Corona de España. La

21 Los ragusanos afirmaron haber contado trece galeras y una galeaza, pero los venecianos solo reconocieron la perdida de seis. En cuanto a los muertos, es posible que subiesen en otro par de miles.

caída de Lerma en 1618 y su sustitución por su hijo, el duque de Uceda, había iniciado un proceso contra los miembros destacados de la administración de su padre. En 1620, Osuna fue llamado a España para responder de las acusaciones y se le cesó como virrey. Abandonó el cargo el 28 de marzo y su flota pasó a la Armada Real. Eran veinte galeones, veinte galeras y treinta buques menores, que no habían costado nada a la Corona y la habían cargado de oro.

En España expuso sus argumentos ante el Consejo, pero la muerte del rey aceleró su caída y fue detenido, tal vez por ser conocida su oposición a don Baltasar de Zúñiga y a su sobrino, el conde de Olivares. Muy enfermo, entristecido y amargado, para alegría de turcos, protestantes y venecianos, murió, como si fuese un bandolero, en una oscura celda, uno de los más grandes hombres de la historia de España. Como dice acertadamente Blanca Carlier:

> De la casa de la Alameda fue trasladado a la casa de don Iñigo de Cárdenas situada entre los dos Carabancheles. Enfermo de gota y con fiebre alta, se le pasó a la llamada huerta del Condestable y, por último, a la casa de Gilimón de la Mota. La agitación de espíritu, el veneno de la envidia y de la ingratitud minaron aquel cuerpo fuerte, que murió, edificando con su serenidad a cuantos le rodeaban, el 24 de septiembre de 1624, sin que recayese sentencia sobre los cargos que se le habían formulado, ni hubiese entre sus más encarnizados enemigos, quien en conciencia creyese merecía aquella muerte.

Con el fallecimiento del gran duque de Osuna, España perdió a uno de los hombres más clarividentes de su historia naval, alguien que entendió a la perfección para que se hace y sirve una escuadra y, como usarla, para mejorar la posición de su nación. Revolucionó el arte de la guerra naval y podía haber cambiado para siempre el destino de España.

Al morir su obra, se perdió también el magnífico equipo que había formado. Tampoco nadie en España ha hecho justicia a hombres como Ribera, Aragón, Estrada o Serrano, duros, valientes y abnegados, grandes navegantes que supieron llevar sus galeras al máximo nivel de eficacia, pero que descubrieron en las naves mancas una nueva forma de hacer la guerra en el mar. Tenían pocos medios, pero les sobraba ingenio, pericia y valor, lo que les permitió cosechar triunfos asombrosos que solo en una nación ingrata, como España, pueden pasar desapercibidos. Nadie hoy recuerda su memoria, nadie les conoce, ningún colegio o calle lleva su nombre, nadie sabe que ellos llevaron el pabellón de España a las costas de Levante, a las orillas de Egipto, a las costas de Anatolia, a las islas griegas, o la propia capital otomana, a la que humillaron con el fuego de sus cañones como ninguna nación pudo hacer jamás.

Fueron un grupo de capitanes asombroso, liderados por un hombre cabal, habilidoso, inteligente y patriota, el duque de Osuna, al que su nación injustamente abandonó, y con cuya caída, las hazañas de sus guerreros del mar, acabaron lamentablemente en el olvido. Valgan pues las palabras en su honor de su subordinado fiel y amigo, Francisco de Quevedo, que escribió en su *Memoria inmortal de don Pedro Girón*:

Falto pudo su patria al grande Osuna,
pero no a su defensa sus hazañas,
diéronle muerte y cárcel las Españas,
de quien él hizo esclava la Fortuna.

Con su desgracia, nunca fue más cierta la frase de «que buen vasallo si hubiera buen señor».

2

HOMBRES Y NAVES DE MAR Y GUERRA

La explosión de la nave capitana española en la batalla de Gibraltar, 25 de abril de 1607. El combate, en el que una escuadra holandesa destruyó durante la Guerra de los Ochenta Años a los navíos españoles que estaban en la bahía de Gibraltar, aunque le costó la vida al almirante Jacob van Heemskerk, su mejor navegante, marcó el inicio del declive de la armada española, que permitió a los marinos de las provincias unidas llegar hasta aguas de la Península Ibérica.
Obra realizada por Cornelis Claesz van Wieringen en 1622.
Rijksmuseum, Amsterdam.

No se olvide, a título de resultado, que España, gracias a su Marina y a la acción coordinada de los diversos tipos de buque que la integran, preserva, durante los siglos XVI *y* XVII, *su integridad territorial, su imperio ultramarino, y aún sus posesiones mediterráneas, frente a holandeses, franceses, ingleses y turcos.*

La marina oceánica de los Austrias
Francisco Felipe Olesa Muñido

2.1 Las armadas de España y las ordenanzas de construcción naval

Durante el siglo XVII, la Armada española y las del resto de las naciones marítimas de Europa evolucionaron hacia la constitución de poderosas flotas permanentes, con tipos de barcos normalizados, que evitasen las diferencias que había en arboladuras, materiales y formas de construcción. Los diferentes modelos de naves mancas siguieron existiendo y los galeones, naos, carracas, urcas y pataches, continuaron navegando, pero el nacimiento de la Europa de los Estados, en 1648, después de la paz de Westfalia, y la consolidación posterior de las armadas nacionales, abrió el camino al bajel de línea, antecedente de los navíos divididos en clases según sus puentes, que se convertiría en una forma de clasificación universal a partir del siglo XVIII.

La corrupta corte de Felipe III y su valido el duque de Lerma contaba, a pesar de todo, con personas brillantes que continuaron la tradición naval española con eficacia y notable éxito. Aunque siguieran presentes las derrotas y desastres sufridas por las flotas españolas enviadas contra Inglaterra, a comienzos del siglo XVII, al menos por su número, la Armada española era más fuerte que nunca.

Los conflictos con los rebeldes holandeses y los ingleses, habían demostrado que era preciso articular la Armada de la Mar Océano en varias agrupaciones separadas que, cuando fuese necesario, operasen en colaboración. El cometido más importante al que hacer frente era dotarle de competencias claramente logísticas y orgánicas, sin que abandonara la función básicamente operativa que había desempeñado hasta entonces.

Dice Francisco Felipe Olesa que «estas escuadras, que eran en principio temporales, tendieron con el tiempo a hacerse permanentes, con lo que adquirieron igualmente una estructura estable en su composición y fuerza». El proceso fue lento, y se puede decir que comenzó en 1606, cuando por orden real se dispuso que «en las costas de estos Reinos se formasen tres escuadras de navíos de alto bordo para limpiar de corsarios la dicha costa y asegurar la navegación». La orden establecía también en qué zonas debían operar y cuales serían sus bases[22]. El plan disponía la creación de las siguientes escuadras:

---

22 «...Distritos do se armasen y lo que habían de correr y donde había de residir e invernar».

- Escuadra de Vizcaya y Guipúzcoa. Con 15 galeones, para la zona que iba desde el cabo Finisterre hasta el Canal de la Mancha y las Sorlingas.
- Escuadra de Portugal, con base en Lisboa y 13 galeones, para cubrir el área de cabo San Vicente a Galicia y las Azores. Llevaría el estandarte de la Armada de la Mar Océano.
- Escuadra de Andalucía. Con 12 galeones cuya misión era guardar el estrecho de Gibraltar.

Desde el primer momento quedó claro que se trataba de naves de guerra, no de mercantes armados, y nacía con voluntad de permanencia. No obstante, con el paso de los años y el restablecimiento de las hostilidades con los holandeses, se creo un grupo separado de galeones que actuase como núcleo de operaciones de la Armada de la Mar Océano, para apoyar a cualquiera de las tres escuadras, algo parecido a lo que hoy llamaríamos una *Task Force* o fuerza operacional.

En 1613, la Corte de Madrid, celebró una junta en la que reunió a los mayores especialistas que había en los reinos de España en «fábrica de navíos, navegación del Mar Océano y Carrera de Indias Orientales y cargazón de las flotas de ellas». El objetivo de esta especie de «congreso» era intentar, por vez primera, establecer un sistema normalizado de construcción naval, de forma que las características de los diferentes tipos de naves redondas de alto bordo, fuesen iguales, lo que redundaría en una mayor eficacia, por ser del mismo tipo el velamen, la arboladura o las jarcias. Ello permitiría que los galeones y otras naves mancas se construyeran por «patrones», es decir, planos, creándose así modelos tipo de buque, como hacían los ingleses ya desde finales del siglo anterior[23].

Como consecuencia de las propuestas de la Junta, se modificó la Ordenanza de 1607 que establecía las normas para la fabricación de «navíos de guerra y merchante», por lo que se reforzó la estructura de los principales tipos de naves mancas, a fin de hacerlas más resistentes y sólidas.

El aspecto más interesante es que separa con claridad los galeones «de merchante» de los galeones «de armada», primer intento de buscar una diferencia entre barcos dedicados en exclusiva al comercio —aunque estuviesen armados— y los que tenían como misión la guerra en el mar[24].

---

23 Ver *Las reglas del viento*, en esta misma colección.

24 Olesa cita «pataches de 10 toneles y medio, 55 toneles y 94 toneles y medio de porte; navíos de 148 toneladas, 207 toneladas y tres cuartos, y 258 toneladas

Los galeones «de armada» debían tener, al menos, entre 15 y 30 toneladas más que los dedicados al comercio y, progresivamente, el término fue, según Olesa, haciéndose sinónimo de navío de guerra.

En este sentido, nosotros nos permitimos discrepar, ya que consideramos que se trata de un problema de extensión del significado de una palabra, más allá de lo que meramente significa. La palabra «galeón» había alcanzado un gran prestigio en España, pues se consideraba que eran la culminación de años de investigación en tecnología naval. Galeones eran las naves principales de la «Empresa de Inglaterra», galeones eran los buques más importantes de la Carrera de las Indias y galeones eran los mejores barcos de los exploradores y navegantes, que seguían abriendo el mundo desconocido para las monarquías española y portuguesa. El prestigio de la palabra era tal, que en los sucesos de la batalla del cabo Celidonia se hablaba de «galeones», a pesar de que lo ocurrido en realidad fue aún más asombroso, pues de los cinco barcos españoles de Ribera, solo dos lo eran[25].

La naturaleza de la navegación en los mares occidentales, en especial del Caribe, hizo que los asesores del conde duque de Olivares, estudiasen detenidamente las características de tan deseados buques, quedando, solo en esa época, unida la palabra «navío» a barco mercante, y «galeón», a barco de guerra. Asimismo, durante esos años, por razón de las necesidades de los conflictos bélicos, las armadas reales no dejaron de crecer en poder y fuerza absorbiendo, cada vez, más y más recursos.

Entre 1630 y 1647, durante los años centrales de la Guerra de los Treinta Años, cuando España se jugaba su destino, combatiendo contra alemanes protestantes, daneses, suecos, finlandeses, bálticos, húngaros, checos, holandeses, franceses y, también, portugueses y rebeldes catalanes, en el teatro de operaciones del Atlántico, no menos importante, el sistema de defensa quedó definitivamente compuesto por:

- La Armada de la Carrera de Indias, con 6 galeones. Que debía de proteger la ruta de América y las Azores, zona de descanso y aguada. Hasta 1640 tuvo base en Lisboa, y después en La Coruña.

---

y un octavo; galeoncetes de 316 toneladas», etc., describiendo toda una serie de categorías que anteceden al sistema dieciochesco de clasificación en función del tonelaje y los puentes.

25 Da igual, casi todas las referencias en Internet citan en general solo «galeones», a pesar de que en la batalla de cabo Celidonia había naos, un patache, y puede que una urca o carabela.

- La Armada de la Mar Océano, con 56 galeones y la misión de proteger las rutas del Atlántico Norte. Tenía base en Lisboa, y después de 1640, también en La Coruña.
- La Armada del Almirantazgo de Dunkerque, con 22 galeones. Debía de cubrir el Canal de la Mancha y las aguas aledañas. Tenía base en Dunkerque y Ostende.
- La Armada de Barlovento, con 12 galeones, que protegía el Caribe y Costa Firme. Tenía su base en La Habana, pero destinó de forma cada vez más frecuente un escuadrón a Cartagena de Indias.
- La Escuadra de la Guarda de la Mar del Sur, o Escuadra del Pacífico, con base en El Callao. Tenía solo 4 galeones para proteger toda la costa Sudamericana del Pacífico.
- La Escuadra de la Guarda del Estrecho, con 18 barcos entre galeras y galeones. Debía proteger, desde su base en Cádiz, el estrecho de Gibraltar.
- La Escuadra de Galeras de España, con 20 galeras. Su misión era proteger el mar de Alborán y las costas de Andalucía, Levante y Murcia. Tenía base en Cartagena.
- La Escuadra de Galeras del duque de Tursi, tomadas en asiento al duque genovés y con base en esa ciudad. Eran 12 y cubrían el mar hasta el Golfo de León.
- Escuadra de la Armada de Nápoles y Sicilia, con base en Nápoles. 42 galeras destinadas a la protección y vigilancia del Mediterráneo Central.
- Escuadra de Pancos y Galeras de las Filipinas, con 10 unidades. Su misión era proteger las miles de islas que forman el archipiélago. Tenía base en Manila.

Desgraciadamente, esta relación no era más que una ilusión, aunque demostraba la increíble ambición española y su verdadera e indiscutible presencia como poder mundial. En la práctica, el número de naves y sus características dependía muchas veces de la disponibilidad real de buques, dinero y, sobre todo, hombres.

Durante el siglo XVII, se intentó mantener este sistema, perfecto sobre el papel, pero complicado de aplicar por problemas de todo tipo.

Para que funcionase con la eficacia deseada, no solo exigía tener las ideas claras, sino que precisaba de tripulaciones adecuadas, oficiales competentes y dinero en cantidades que, dadas las exhaustas finanzas de la agotada España, no siempre era posible obtener.

Algunos de los cambios iniciales, derivaron de la experiencia obtenida por los portugueses en las aguas del Índico, donde se enfrentaron primero a holandeses y después a ingleses, de forma cada vez más intensa. La influencia portuguesa se notó en los galeones españoles hasta 1640, a veces con grave perjuicio para los intereses de España, pues la doctrina lusitana de construcción de galeones, con altos castillos y popa, palos de tres partes, macho mastelero y mastelerillo, velamen alto o de juanete en el trinquete, en el mayor y hasta en el mesana, impedían que el viento corriese con facilidad por las bandas, y hacía a los galeones más lentos y menos maniobrables. Su diseño seguía las líneas fundamentales de las viejas carracas de la Carrera de las Indias orientales del siglo anterior, como si sus viejos éxitos, les impidiesen adaptarse a las necesidades que dictaba la modernidad.

El estilo portugués de construcción naval tuvo influencia también en Holanda, algo que habitualmente no reconocen los investigadores de los países protestantes, pero que es evidente, lo quieran o no. Como bien dice Olesa:

> Los galeones holandeses del siglo XVII tienen reminiscencias portuguesas. Sus alterosas y talladas popas y su también alteroso aparejo de proa con cebadera y sobrecebadera, dan a los galeones de Tromp un indefinible aire manuelino.

Los galeones españoles de guerra, antecedentes en nuestra Armada del bajel de línea del XVIII, sobrios y funcionales, eran mucho mejores de lo que habitualmente se suele decir y, puede afirmarse, que incluso se adelantaron a los holandeses en diseño y calidad. Con la altura de sus castillos más baja, para perder pantalla frente al viento, se construyeron con líneas más estilizadas. Eran más rápidos y veleros, con palos y juanetes de trinquete y de mayor, y le daban más trapo al aparejo para coger mejor los vientos largos.

Sin embargo, estas características innovadoras, plenas de ingenio y soluciones náuticas eficaces y prácticas, chocaron con un hecho que impidió, a lo largo del siglo, que los galeones españoles pudiesen evolucionar en la misma dirección que los bajeles de línea ingleses o franceses: la permanente necesidad de ampliar sus prestaciones como mercantes.

Tener que contar con buques de transporte para mantener el tráfico de mercancías y metales preciosos de América, obligó a aumentar su calado y su peso, en detrimento de sus ventajas marineras, de su rapidez y agilidad, y de su capacidad de carga artillera.

Para Olesa, los buques de guerra del final del reinado de Felipe IV y de Carlos II, tenían una estructura «eminentemente funcional; fruto de la preocupación que constructores y utilizadores tienen por lograr, a nivel de buque, y también a nivel de flota, escuadra y armada, que la fuerza constituya un conjunto equilibrado». No le falta razón, pero en realidad había algo más, la pura y simple imposibilidad de hacer otra cosa.

Es justo reconocer el esfuerzo casi sobrehumano que siguieron haciendo algunos de los responsables de la administración española. El Plan de 1678 fracasó en su intento de reglamentar de nuevo la construcción naval modificando el sistema de asientos. En 1691, en plena Guerra de los Nueve Años, o de la Liga de Ausburgo, Francisco Antonio Garrote intentó de nuevo normalizar la construcción de buques que sirviesen para los dos cometidos que precisaba la monarquía hispánica: el transporte de mercancías y metales preciosos, y la guerra. Quería Garrote naves de poco calado, que pudiesen entrar bien en la barra de Sanlúcar y en la de Veracruz, rápidas, ágiles, sólidas, de fácil manejo y con más artillería y marineros. Su idea era dividirlas en varios órdenes o grupos:

- Primer orden: patache ligero.
- Segundo orden: galeoncete.
- Tercer orden: galeón sencillo.
- Cuarto orden: galeón de bandera.
- Quinto orden: galeón insignia de capitán general o de su segundo, almirante o gobernador de la infantería.
- Sexto orden: galeón real o buque insignia de la Armada de la Mar Océano.

La idea de Garrote no fructificó, y la Real Armada continuó su lenta decadencia. Después de 1698, en los años que siguieron al final de la guerra, con la vista de toda Europa puesta en la nueva contienda que se avecinaba, fue ya imposible poner en marcha plan alguno, y grandes galeones, como el *Santa Rosa* o el *San Felipe*, se mantuvieron en activo hasta 1718 y 1732 respectivamente, porque, pura y simplemente, no había otra cosa de la que echar mano.

Como conclusión, conviene decir que las necesidades de tener barcos de «todo uso», tuvo su origen solo en la escasez que había de buques, producto de la decadencia y de las dificultades económicas de la monarquía española en la segunda mitad del siglo xvii, donde sus acosados navíos tuvieron que hacer frente a un desafío insoportable que, poco a poco, fue reduciendo la flota como quien deshoja una margarita. Cuando murió Carlos II, en el momento más grave para el reino desde la muerte de Fernando el Católico, la armada solo tenía, en todo el mundo conocido, 13 galeones y bajeles en condiciones de combatir. Se había tocado fondo.

En España, el problema del reclutamiento de tripulaciones adecuadas para los barcos de las armadas era tan complicado como siempre, pero fue empeorando a lo largo del siglo xvii. El primer gobierno del conde duque de Olivares hizo un enorme esfuerzo por evitar el despoblamiento del país, un hecho que de por sí ya era grave, por la emigración a las Indias y la pérdida de brazos en el campo a raíz de la expulsión de los moriscos, y emitió normas para evitar la emigración y favorecer la llegada de extranjeros[26].

Durante el final del reinado de Felipe IV, y en el de Carlos II, las flotas, como los ejércitos, dependían del reclutamiento de grandes cantidades de marineros, para lo que se utilizó frecuentemente criminales y penados, a los que se castigaba a servir en los buques, especialmente galeras. A veces, como en la campaña de 1693-94, estas tuvieron que quedar en puerto por falta de chusma para el remo, por lo que se dictó una orden que acelerase los procesos judiciales a fin de garantizar nuevas remesas de marineros.

Como es lógico, la mayor parte no tenían ni idea de las labores del mar y, salvo los que eran condenados al remo, los que servían en otras labores no solo precisaban aprender, sino que es de suponer que no veían con muy buenos ojos su situación. En cuanto a los reclutados para labores de marinería y los artilleros, la escasez era tremenda, pues se exigía un cierto nivel técnico y eso no era algo que en la pobre España de la época sobrase.

Las diferencias sociales entre los capitanes, oficiales y marineros siguieron siendo inmensas. Era tal el abismo que había en educación,

---

26 Llegaron algunos italianos y flamencos, pero siempre en escaso número. La mayor parte eran trabajadores especializados, desde artesanos a fundidores de cañones, como las sesenta familias flamencas que se establecieron en La Cavada (Cantabria), para trabajar en la Real Fábrica de Armada. De uno de ellos, de apellido Cubría, desciende uno de los autores de este libro.

alimentación y forma de vida, que, si alguien se acercase hoy a un barco español del siglo XVII, le parecería que sus integrantes pertenecían a naciones distintas, o casi a razas diferentes.

La vida en el mar seguía siendo extremadamente dura, la paga escasa, la alimentación mala, y los peligros inmensos, lo que, unido a una brutal disciplina, hacía que embarcar no fuese una elección más que para personas desesperadas, gentes que huían del hambre o de la justicia, o algunos aventureros incautos que pensaban que así podrían ver mundo.

Respecto a las naves de la flota, siguieron manteniendo, con la excepción vista del duque de Osuna, capitanes de mar y guerra hasta el siglo XVIII, pero España siguió contando con una notable ventaja frente a sus enemigos, su infantería de marina. El Tercio Viejo de la Mar Océano, se mantuvo como una fuerza de élite en comparación con lo que tenían sus enemigos y, si bien todas las grandes naciones europeas fueron formando unidades similares[27], disponer de una tropa entrenada para dar apoyo en caso de lucha al abordaje o para acciones en tierra, resultó muchas veces decisivo.

2.2 Holanda: el éxito por la ambición

La historia de los neerlandeses y el mar, es enormemente interesante. Lo que comenzó siendo una necesidad, en la lucha de sus primeros corsarios, los «Mendigos del mar», contra el poder español, se fue convirtiendo, por la vía del comercio, en la fuente de la riqueza de la nueva nación. En los ochenta años de su enfrentamiento con la monarquía española, los holandeses se fueron endureciendo y haciendo lentamente con el control de los océanos del mundo.

La unión de Portugal con España en la persona de Felipe II, convirtió en su objetivo los asentamientos portugueses de América, África y Asia, apoderándose poco a poco de una parte considerable del viejo imperio del país vecino. Dirigidos por hombres ambiciosos, en un entorno calvinista, serio, libre y competitivo, el éxito de las Provincia Unidas fue espectacular. A principios del XVII, los barcos de los Países Bajos seguían con la pesca tradicional del arenque en el mar

---

27 Francia, por ejemplo, creó las *Compagnies Ordinaires de la Mer*, en 1622. Inglaterra fue más lenta, y el antecedente más antiguo es el *Duke of York and Albanys Maritime Regiment of Foot*, de 1644.

Infantería española hacia 1675. El Tercio de la Armada de la Mar Océano era una fuerza muy bien entrenada y eficaz, que siguió siendo una ventaja importante para las armadas de la monarquía de Carlos II. Incluso en el armamento, se mostraron mucho más avanzados que la infantería del ejército de tierra y, a finales de la década de los setenta, al igual que la caballería, estaban ya equipados con modernos «arcabuces con piedra», el antecedente del fusil de chispa, por lo que las bandoleras con los doce apóstoles[28]*, desaparecieron. Album de la infantería española,* Conde de Clonard.

del norte y de la ballena en Svaldbard, y comerciaban con el Báltico y el Mediterráneo, pero, además, disponían ya de factorías y puestos comerciales en la India e Indonesia. Poco después se establecerían en Brasil y África, y convertirían a su país en uno de los más prósperos y avanzados de Europa.

Para proteger el origen de su riqueza, las Compañías de las Indias Orientales y Occidentales crearon armadas propias, privadas, que defendían sus territorios comerciales de las ambiciones de otros competidores europeos y aumentaban cada día los lucrativos negocios de los mercaderes de la República[29]. Los marineros de las empresas holandesas eran gente recia y de trato difícil. Duros y levantiscos, se enfrentaban a los peligros de la navegación en todo el mundo, pero exigían que una parte de las riquezas que daban a sus compañías comerciales redundasen en su beneficio. En ese aspecto, no hay comparación con los españoles o franceses, y se parecían mucho más a lo que ocurría en otras naciones protestantes, como Inglaterra.

---

[28] Los doce recipientes para la pólvora que llevaban colgados del correaje.

[29] A finales del siglo XVII, tras la fundación en 1652 del mayor asentamiento holandés, la Colonia del Cabo, la Compañía Holandesa de las Indias Orientales llegó a tener 15 000 marineros a su servicio y nada menos que 200 navíos.

A pesar de que muchos holandeses eligieron el mar para buscar su destino[30], una parte considerable de los marineros eran de la más baja extracción social, pero a diferencia de los que sucedía en España o Francia, e incluso en Inglaterra, los oficiales no eran mucho mejores, y las tripulaciones de los buques de las Provincias Unidas constituían una masa de chusma al mando de un pequeño grupo de patanes insolentes. No es de extrañar, que poco después de la batalla de Las Dunas, el almirante Maarten Tromp rechazase una invitación de *sir* John Pennington, avergonzado de la imagen que de su país iban a dar sus victoriosos capitanes de mar y guerra.

El trato habitual que se daba a los marineros era el mismo que a las «bestias», y así se los denominaba. A bordo se actuaba con ellos de forma inhumana y salvaje, superando incluso la brutalidad de los ingleses. Los latigazos estaban a la orden del día y la pena de muerte, pasando al reo por la quilla, era algo habitual. Con semejante situación, parece obvio que se produjeran constantes motines y que, cuando tenían ocasión, los marineros bebiesen todo lo que pudieran y gastasen todo lo que tenían en prostitutas y diversión.

Como es lógico, según fue aumentando la prosperidad de su nación, los holandeses, que ya eran renuentes a servir en el ejército en tierra y dar la cara ante los tercios, primero, y los franceses después, se fueron oponiendo al servicio en el mar, por lo que la República se vio obligada a contratar marineros en otros lugares, especialmente en el reino aliado de Dinamarca-Noruega, cuyos nacionales llegaron a ser mayoría en los barcos de las Provincias Unidas. Las «bestias» procedentes de Escandinavia, los llamados *ostlanders*, eran buenos conocedores del mar y de las duras condiciones de vida a bordo, por lo que resultaron ser una excelente elección.

Sin embargo, a pesar de la brutalidad de los oficiales, y de «detalles», como el no dar a los marineros ropas de abrigo porque iban a servir en los trópicos, donde hace calor, el comportamiento de los responsables de las compañías comerciales era, para la época, mejor de lo que podemos imaginar. La comida era aceptable, se disponía de carne al menos dos veces a la semana y fruta, incluyendo naranjas y manzanas y

---

30 Durante todo el siglo XVI y una parte muy notable del XVII, la fuerza militar de las Provincias Unidas se basó en tropas mercenarias, principalmente alemanes, ingleses y escoceses, pero también correligionarios —franceses protestantes, o sea hugonotes—, muchos de los cuales emigrarían a la colonia del Cabo —hoy en día un notable porcentaje de los *boers* desciende de ellos—.

verduras, por lo que resultaba más equilibrada que la de otras armadas. Además, la paga era buena y sus barcos los más limpios, lo que atrajo cada vez más a gentes de los países vecinos, que querían probar fortuna en los navíos de las compañías de la floreciente república.

En este entorno de éxito, los holandeses se iban a encontrar, en la década de 1630, con una sorpresa. España intentó usar contra ellos sus mismas armas y estuvo cerca de vencer. En la campaña que culminó en 1639 con la batalla de Las Dunas, los holandeses se jugaron todo su futuro a una carta. Su apuesta salió bien y, en las dos décadas siguientes, se convirtieron en la mayor potencia naval del mundo. Esa posición de predominio, los haría enfrentarse primero a las flotas de Inglaterra, y luego a las de Francia, contra las que, en ocasiones, navegarían con sus viejos enemigos españoles de aliados. Cosas de la historia y el destino.

2.3 Francia: la excelencia de la buena Hacienda

Cuando el gran Armand di Plessis, más conocido en la historia como el cardenal Richelieu, alcanzó el poder, la armada francesa no era gran cosa, y aún no se había recuperado de la demoledora derrota en las Terceras de 1582. Además, para Francia, a diferencia de lo que ocurría en los Países Bajos o Inglaterra, el mar no era esencial para su supervivencia. Dotados de una mentalidad continental, y siendo el país más poblado del continente[31], los franceses habían confiado tradicionalmente en su ejército y, para sus dirigentes, los océanos no eran sino el lugar en el que hacer frente a las potencias marítimas, dueñas del comercio de ultramar. Y las flotas, el medio para hacerse con ricas colonias.

El progresivo interés, más que auténtica necesidad, de hacerse con una fuente propia de riquezas en ultramar, fue empujando a los franceses al mar, pero al igual que España, tenía un problema estratégico sin resolver. ¿Qué hacer? Francia tenía interés en el Atlántico y el Canal de la Mancha, pero también en el Mediterráneo y, según se fue implicando en asuntos coloniales, en el Caribe y el Índico, además de en Canadá, donde iba construyendo un asentamiento cada vez más grande.

---

[31] Con más de doce millones de habitantes, en 1650 la población francesa era comparable a la de Rusia. Eso, unido a un territorio rico en recursos y no disperso, dio a los autocráticos soberanos franceses, una vez que la administración fue mejorada y puesta al día, un poder inmenso.

Las dudas estratégicas exigían tener claro donde debía concentrarse el punto de interés principal y, la incapacidad francesa para hacerlo, fue, a la postre, lo que terminó por impedir que Francia sucediese a las Provincias Unidas como mayor potencia naval del mundo al final del siglo XVII.

En los años que antecedieron a la entrada de Francia en la Guerra de los Treinta Años, el cardenal Richelieu se puso manos a la obra para convertir a Francia en una potencia naval. Desde 1626 era gran maestre y superintendente general de la Armada, uniendo en su persona el mando de los cuatro almirantazgos de los distritos históricos de la marina francesa: Francia, Guyena y Bretaña —en el Atlántico—, y Provenza, en el en Mediterráneo.

Como veremos, el plan de Richelieu pasaba por dotar a su país de una flota moderna, labor para la que eligió al arzobispo de Burdeos, Henri de Sourdis, que hizo un trabajo a la medida de lo que se esperaba de él. A pesar de la guerra con España y el Imperio, la armada se fue fortaleciendo paso a paso, contando a su muerte, en 1642, con nada menos que 65 navíos y 22 galeras, incluido el galeón *La Couronne*, que con sus 2000 toneladas de desplazamiento era el mayor barco del mundo.

Los problemas de reclutamiento, que eran típicos de todas las naciones marítimas de Europa, en Francia fueron casi tan graves como en España, y hubo que recurrir a la fuerza, las amenazas y el secuestro, para poder completar las tripulaciones. La baja nobleza, que formaba los cuadros de oficiales del ejército, no gustaba de servir en el mar, lejos de su patria, en largos y peligrosos viajes. La flota mercante, debido al tamaño muy limitado de sus colonias y asentamientos en América y Asia, jamás fue muy grande, por lo que sus armadas siempre adolecieron de la falta de marinos experimentados en los momentos de necesidad.

Sin embargo, a pesar de estas limitaciones, la flota francesa se fue fortaleciendo cada vez más y, en 1683, a la muerte de Colbert, era la mayor del mundo. Tenía nada menos que 112 bajeles, 25 fragatas, 7 brulotes, 6 corbetas, 20 filibotes y 40 galeras, lo que daba un total de 260 buques, 45 por encima de la *Royal Navy*.

¿Cómo fue posible semejante éxito?

Todo el mérito del engrandecimiento de la Armada de Francia corresponde a un hombre. Un trabajador incansable, enérgico y metódico, que acabaría falleciendo de puro estrés y agotamiento: el gran Jean-Baptiste Colbert, nombrado ministro de Marina en septiembre de 1661. Al tomar posesión del cargo, se encontró solo con 9 navíos, 3 fragatas y un puñado de galeras.

Con el apoyo del poderoso Luis XIV, con las finanzas saneadas, y su impresionante energía y determinación, Colbert puso manos a la obra e inició el mayor programa de construcción naval que había visto Europa —y puede que el mundo—. En solo cinco años se construyeron 65 barcos para la marina de guerra, entre los que se encontraban los primeros bajeles de línea de tres cubiertas, algo que los holandeses e ingleses, y para que decir los decaídos españoles, no podían igualar.

El logro de Colbert es aún más notable si tenemos en cuenta que Francia jamás pudo resolver algunos de los problemas esenciales que tenía el mantenimiento de una armada poderosa, como las tripulaciones, la madera, los depósitos, los almacenes o los puertos y bases adecuadas. Lo que hizo para poder compensar esas debilidades, fue crear, organizar y dirigir con mano de hierro, una administración que disponía de burócratas eficaces, inspectores que controlaban las inversiones y las instalaciones, y escuelas para formación de los trabajadores de los astilleros y los arsenales reales.

El método de trabajo de Colbert no solo era eficaz, sino que además sirvió para dotar a Francia de una base industrial notable. Se seleccionaban con cuidado las mejores maderas, por medio de inspectores de los astilleros, y se cuidaba que la calidad de la construcción fuese la mejor posible. La calidad de los barcos era cada vez más alta, y se vigilaba que los que mejor resultado se diesen en el mar y fuesen los que inspirasen los siguientes modelos. Como resultado, los astilleros, los talleres de fabricación de cordeles, madera o telas para velas y las fundiciones de hierro para cualquier elemento desde clavos a cañones, tuvieron un desarrollo espectacular. Tanto, que, a finales del siglo xvii, se habían convertido en la base de una poderosa industria nacional.

El mayor problema derivó de una iniciativa política, la revocación por Luis XIV, en 1685, del Edicto de Nantes, que produjo la marcha de 200 000 hugonotes a Holanda, Alemania e Inglaterra, y sirvió para reforzar a los enemigos de Francia. Muchos de ellos procedían de zonas atlánticas con gran experiencia en la navegación, como el puerto de La Rochela, por lo que su falta obligó a levas cada vez más brutales e injustas, que cubrían la necesidad de hombres de la armada, pero a quienes no lograron nunca implicar en los objetivos de la marina, algo que, más mal que bien, sí consiguieron los holandeses y, sobre todo, se dio entre los ingleses.

2.4 Inglaterra: las nuevas reglas de la batalla

El siglo XVII vio el declive de España como nación dominante en los mares del mundo, el ocaso completo de Portugal, y el nacimiento del poder naval francés, pero si hubo dos naciones que de disputaron el control de los océanos, esas fueron las Provincias Unidas e Inglaterra.

Para la *Royal Navy*, que había tenido su momento de máxima gloria en el enfrentamiento con la Armada Española de 1588, la primera mitad del siglo XVII fue una época compleja. A la paz con España, siguió un periodo de consolidación del embrión de su primer imperio colonial, aún de pequeña escala, con la creación de asentamientos en Virginia y Massachussets, ambos en América del Norte —en 1607 y 1620 respectivamente—, la ocupación de pequeñas islas en el Caribe y la exploración de las costas de la India, donde, en Surat, tras la creación en 1600 de la Compañía de las Indias Orientales, la Honourable East India Company, lograron en 1608 su primer puesto comercial.

Las cruentas guerras civiles que se produjeron entre 1642 y 1645 y, poco después, entre 1648 y 1649, que a la postre le costaron la cabeza al depuesto rey Carlos I, apartaron a los ingleses de los problemas continentales, pero con la llegada de Cromwell al poder cambiaron las cosas. El reformista político inglés, fue el creador del llamado Nuevo Modelo de Ejército —*New Model Army*—, la base del ejército que llegaría hasta nuestros días, cuyo bautismo de fuego en el exterior de sus fronteras lo recibió participando en la larga confrontación franco-española que se extendió de 1635 a 1659. Una intromisión interesada, para intentar hacer el mayor daño posible a España, que si bien fracasó en su intento de conquistar la isla de La Española —Santo Domingo—, tuvo éxito en Jamaica, en 1655, y en Flandes, especialmente junto al ejército francés, en la decisiva batalla de Las Dunas de 1658.

Igualmente, Cromwell, consciente de que eran los barcos los que garantizaban la soberanía de su nación, decidió cambiar también la estructura de la marina de guerra. Pensaba, con razón, que Inglaterra debía mantener una fuerte y poderosa armada nacional, y dio el primer paso con la promulgación del *Acta de navegación*, un documento legal que prohibía que los cargamentos y mercancías inglesas fuesen embarcados en naves de bandera diferente a la propia.

El segundo, fue fortalecer la importante tradición inglesa de ingeniería naval, y continuar en la línea consolidada a principios de siglo en los astilleros de Chatham, de construir grandes y poderosos buques de guerra. Los especialistas ingleses en guerra naval y los comandantes que dirigían sus naves, como Robert Blake o George Monck, eran hombres audaces y resolutivos que iban a cambiar la forma de combatir en el mar. Seguían los criterios de los grandes proyectistas y constructores de barcos, como Peter Pett, capaces de crear buques de tres puentes y cien cañones. Máquinas de guerra soberbias, que podían destrozar los grandes buques de la Compañía Holandesa de las Indias Orientales, que, si bien eran igual de pesados y poderosos, al dedicar un enorme espacio a la carga, no podían llevar el impresionante armamento de los nuevos barcos ingleses.

Pero la gran aportación de Inglaterra a la guerra naval en el siglo xvii fue la introducción de un sistema de organización que luego fue copiado por Europa entera, de una forma u otra. Formulados a sugerencia de Robert Blake, los *Artículos de guerra* establecieron de forma clara un código de disciplina y conducta en los buques de la *Royal Navy* práctico y eficaz. Se establecieron nuevos métodos de señales por medio de banderas y cañonazos, se dispuso cuál era el mejor modo de ataque y defensa, y se organizaron las flotas en tres grupos o divisiones, que tenían cada una un almirante al frente, que se distinguían por un color distintivo en la bandera que izaban en el palo mayor. Así, el comandante de la escuadra iba en la división central y llevaba bandera roja, el vicealmirante ocupaba la vanguardia y la tenía blanca, y el contraalmirante dirigía la retaguardia e izaba bandera azul.

Por último, la reorganización total de la armada inglesa incluyó la aparición, de forma clara, de un sistema normalizado de clasificación de los buques que se estableció en función de varios parámetros, como el número de cañones o de puentes. Quedó de la forma siguiente:

- Primera clase: De 90 a 100 cañones, o más, y tres puentes.
- Segunda clase: De 70 a 90 cañones en dos puentes.
- Tercera clase: De un solo puente, como las fragatas.

Los buques de las dos primeras clases ocupaban las líneas de batalla; las fragatas se empleaban para exploración, descubierta y ataques al comercio enemigo, y el resto de naves menores quedaron para comunicación y enlace. Había comenzado el final de la épica del galeón y se iniciaba la época del bajel de línea.

La nueva táctica de guerra naval exigía enorme disciplina a los capitanes, que debían de situar sus buques en líneas, para aprovechar

El buque inglés Saint Andrews, *diseñado por Christopher Pett y botado en 1670. La* Royal Navy *mantuvo durante el siglo* XVII *una notable fuerza. Desde el desafío que representó la Armada española en 1588, los ingleses eran conscientes de que solo una fuerte flota les podía proteger de sus enemigos continentales. Las guerras a lo largo del siglo con españoles, holandeses y franceses, les dieron la razón.* Obra de Willem van de Velde the Younger. National Maritime Museum. Greenwich.

al máximo la artillería de las bandas. De esa forma, las naves se cañoneaban al pasar en paralelo, para luego virar y volver a hacer lo mismo. Finalmente, la revolución naval iniciada al situar la flota cristiana las pesadas galeazas venecianas en vanguardia durante el combate de Lepanto, en 1571, para machacar a los turcos a cañonazos y frenar su ímpetu, se había completado. Ahora, las batallas navales entre los poderosos barcos de las naciones europeas, seguían un complicado baile, en el que vencía el que más resistía el intercambio brutal de cañonazos.

Esta doctrina fue probada por los ingleses, mejorada, y depurada, durante sus épicos enfrentamientos con las flotas de las Provincias Unidas entre los años 1652 a 1654, 1664 a 1667 y, 1772 a 1774. Se impusieron en el primero, perdieron en el segundo, y vencieron en el tercero gracias a que los holandeses fueron invadidos por tierra.

En los años siguientes, como enemigos, o como ocasionales aliados de España, los ingleses mejoraron sus tácticas y corrigieron poco a poco los errores detectados, creando un modelo que todas las potencias copiaron en el siglo XVIII. Luego, tras su victoria sobre los franceses en la batalla de Barfleur-La Hogue, en la que acabaron con la magnífica marina creada por Colbert, se convirtieron en los nuevos dueños y señores del mar.

BREVE DICCIONARIO DE TÉRMINOS NAVALES

Abarloar: Situar un buque al lado de otro o de un muelle, etc., de modo que esté en contacto con su costado.

Abatir: Desviarse un buque de su rumbo, por efecto del viento.

Abordar: Chocar una embarcación a otra.

Abrigo: Lugar defendido de los embates del mar, vientos o corrientes.

Acoderar: Dar una codera, cuando el barco está fondeado, para presentar un costado.

Aguada: Provisión de agua dulce. Sitio en tierra donde se toma el agua dulce.

Bajío: Bajo de arena o piedra en forma de banco, donde se corre el riesgo de varar.

Barlovento: La parte de donde viene el viento, con respecto a un punto o lugar determinado.

Bolina: Navegar de bolina: Ceñir.

Cabuyería: Conjunto de cabos, y por consiguiente todos los del barco.

Coronamiento: La borda en la parte de popa del barco.

Demora: Ángulo comprendido entre el eje de crujía y la marcación de un punto notable.

Derrota: Trayectoria descrita por una embarcación.

Eslora: Longitud del barco tomada del extremo de la roda al extremo del codaste.

Fanal: El farol o linterna de los faros, para aviso de los navegantes.

Jarcia: Aparejos y cabos de una embarcación.

Manga: Ancho máximo de una embarcación.

Obenque: Cada uno de los cables que sujetan los palos por los costados.

Obra muerta: La parte del casco que va de la borda a la línea de flotación. Obra viva: La parte del casco que va sumergida.

Pañol: Cualquiera de los compartimentos que se hacen en diversos lugares del buque, para estibar objetos.

Sotavento: El lado contrario a donde viene el viento. Antónimo de Barlovento.

Además de los navíos y fragatas, la Armada Española contaba con un gran número de embarcaciones que rindieron muy buenos servicios. Sus características más importantes serían las siguientes:

Bergantín: Era un barco de dos palos que tenía todo su aparejo formado por velas cuadradas. Apareció en la segunda mitad del siglo XVI y se empleó de forma generalizada hasta el siglo XIX.

Bombarda: De dos palos, con dos morteros situados por delante de palo mayor, se utilizaba para bombardear plazas marítimas o escuadras fondeadas; otro tipo, el Queche también montaba morteros de la misma forma y tenía aparejo redondo. Fueron utilizadas por primera vez durante el bombardeo de Argel en 1689.

Bombo: Era una embarcación sin arboladura que se empleaba en los puertos armada con cañones o morteros como batería flotante.

Brulote: Del francés *brûlot*, una bebida alcohólica de Aquitania que se flambeaba, era una embarcación cargada de materiales explosivos, combustibles e inflamables y dotada de garfios para poder engancharse a los buques que atacaba. Se utilizaba también para destruir las obras de los puertos y los puentes tendidos sobre los ríos.

Corbeta: Embarcación con aparejo semejante a los navíos y fragatas, era de menor tamaño, y portaba un número de cañones inferior a dieciséis por banda. Las denominadas corbetas de puente llevaban además otra batería debajo de la cubierta superior.

Falucho: Embarcación de un solo palo, con vela latina, destinada al servicio de guardacostas; muy maniobrable y con la posibilidad de utilizar remos si la ocasión lo requería. Los faluchos de 1.ª llevaban 60 hombres de dotación y los de 2.ª, 40. El laud era similar al falucho, pero más pequeño y estrecho, la dotación podía ser de 16 a 25 hombres y se usaba sobre todo como guardacostas en el Mediterráneo.

Fragata: Buque de tres palos, más ligero que el navío de línea. Formaban el núcleo principal de las escuadras y disponía, como máximo, de dos cubiertas. Una de ellas iba artillada, y la otra contaba normalmente con una pequeña batería. En total, el número de piezas artilleras disponibles estaba entre 30 y 50.

Galeota: era una galera menor que constaba a lo sumo de dieciséis o veinte remos por banda y llevaba un hombre en cada uno. Tenía, normalmente, dos palos, algunos cañones pequeños y una sola cubierta sin ninguna obra para defensa.

Goleta: Eran embarcaciones no muy grandes, unos 100 pies de eslora, con dos palos y velas cangrejas, aunque su diseño podía variar agregándole otro palo a popa de menor dimensión o masteleros; llevaban de 6 a 8 cañones normalmente, aunque las había que portaban 16 cañones por banda.

Jabeque: Tenía tres palos y su uso era propio del Mediterráneo, montaban 24 cañones y los más grandes hasta 32.

Lancha: Podían ser cañoneras, bombarderas y obuseras según el tipo de armas con que estuviesen equipadas; propulsadas a remo o a vela era la más grande de las embarcaciones menores.

Místico: Embarcación de dos o tres palos con aparejo similar al latino que se utilizaban para el servicio de guardacostas y que iban armados con de cuatro a diez cañones.

Paquebote: Semejante al bergantín. Se diferenciaba en sus líneas más anchas y que llevaba vela mayor redonda, como las fragatas.

Patache: De dos palos, se dedicaba en las escuadras para hacer descubiertas, llevar avisos, guardar las entradas de los puertos, o reconocer las costas.

Polacra: Era una embarcación de dos palos, algunas veces tres, de casco semejante al jabeque y aparejo redondo.

Urca: Embarcación, similar a la fragata, muy ancha en su centro y de unos 40 m de largo. De carga o de guerra, se utilizó hasta finales del siglo XVIII.

3

EN MARES DE TORMENTA

La flota española en la hora decisiva. La nave capitana del almirante Hoces en 1634. Tras la ruptura de la tregua con las Provincias Unidas y el comienzo de la Guerra de los Treinta Años, las flotas de España se vieron envueltas en un enfrentamiento mortal para mantener abiertas las comunicaciones con las Indias y para reforzar a las tropas que combatían en Flandes. Su desesperada lucha contra unos enemigos cada vez más numerosos y poderosos, a lo largo y ancho de todos los mares del mundo, es una de las páginas olvidadas de nuestra historia.
Archivo Museo de Viso del Marqués.

Lo que en otros perdió la cobardía
cobro armado y prudente su denuedo
que sin victorias no contó algún día
esto fue don Fadrique de Toledo
hoy nos da, desatado en sombra fría
llanto a los ojos, y al discurso, miedo.

Oda mortuoria al vencedor de la batalla de Gibraltar.
Francisco de Quevedo.

3.1 Un reino de fantasía

El 31 de marzo de 1621 fallecía en Madrid el rey Felipe III, tras veinte años en el trono de la nación más poderosa del orbe. El monarca había sido un hombre pacífico y atormentado que jamás gustó del ejercicio directo del poder, y dejó los asuntos de gobierno en manos de su valido, que se esforzó en lograr acuerdos y paces internacionales que permitiesen la recuperación de la decaída España.

Lerma delegó en su valido personal, Rodrigo de Calderón, e incluso trasladó durante unos años, de 1601 a 1606, la capital a Valladolid, tal vez para intentar alejar al monarca de la influencia de su dura y enérgica tía María, hermana de Felipe II y mujer de carácter fuerte y recto.

Durante su mandato, en medio del Siglo de Oro de las letras españolas, años en los que Cervantes publicó *El Quijote*, y hombres de la talla de Luis de Góngora y Lope de Vega, realizaban sus inmortales obras, la picaresca y la corrupción fueron la norma. Ya por entonces alcanzó España el dudoso honor de ser una de las naciones más corruptas de Europa, y eso que el listón estaba alto. Existía toda una camarilla de nobles, cortesanos y funcionarios que vivían a costa de un sistema que solo funcionaba con las prebendas, el nepotismo y los favores, pero el estado de inmoralidad en el que se desenvolvía la corte se extendía a la totalidad de la nación, donde los honrados comerciantes, labriegos o burgueses —que los había—, estaban sometidos a todo tipo de arbitrariedades que la justicia, igual de corrupta que el resto del país, no estaba en condiciones de corregir.

Tal vez, el mayor error de los Austrias fue la creación de una estructura administrativa gigantesca, unida a una corte costosa, ineficaz y abúlica, en cuyo mantenimiento se dejaban los reinos de la monarquía una verdadera fortuna. Una multitud de cargos de nombres rimbombantes —mayordomos, caballerizos, monteros del rey, de la reina, de los infantes, guardamanxieres, buxieres, costilleres, sumilleres, valets, meninas, etc.— poblaban las estancias reales y los palacios, en medio de una turba de enanos, bufones, pícaros y golfines, que pasaban su existencia en salones, cocinas, caballerizas y pasillos de los palacios, viviendo como podían de la riqueza que había en la corte y que todos, poco a poco esquilmaban.

En medio de este aparente caos, una etiqueta extrema alejó al rey para siempre del pueblo. Dejó de ser un apersona accesible, e incluso conocida, para convertirse en una figura lejana, que jamás abandonaba

Naumaquia realizada en 1637 en el estanque del Buen Retiro, en Madrid. Grabado realizado hacia 1660 por el francés Louis Meunier.

los Reales Sitios y que no se dejaba ver. Esta situación absurda sometía a unas reglas delirantes al monarca y a su familia, que su entorno intentaba combatir con un permanente estado de fiesta que vaciaba las arcas del tesoro[32]. La nobleza, antaño la base del poder español, estaba ociosa, corrompida y sin ideales y, el pueblo, analfabeto y supersticioso, se encontraba en un estado miserable, envilecido y obsesionado solo por la supervivencia.

La corrupción llegó a alcanzar cotas tan escandalosas que, en 1618, el rey se vio obligado a cesar a Lerma y a nombrar a su hijo, el duque de Uceda, que ordenó el arresto de Rodrigo de Calderón. Ya daba igual, el daño estaba hecho, y los años en los que España debía de haberse recuperado y fortalecido, se habían perdido inútilmente. Sin embargo, esa no era la imagen que proyectaba España al exterior. La monarquía hispánica había aumentado sus territorios en América y en África, se mantenía fuerte en Italia, el Franco Condado y Flandes, y sus armadas y ejércitos, parecían tan eficaces y combativos como de costumbre. Las modas y la etiqueta española se extendieron por Europa, pero los gastos que realizaba la Corona no se concretaron en nada útil, y se dejó perder la riqueza de las Indias de forma absurda y estéril.

---

[32] Según la gaceta *Las noticias de Madrid*, del 20 de febrero de 1637, solo en la fiesta de máscaras en honor de la elección del cuñado del rey como emperador de Sacro Imperio, se gastaron 300 000 ducados, y en una fiesta náutica en el estanque del Retiro se llegó a los 800 000, en un momento en el que los ejércitos de España combatían a la desesperada en Europa entera.

El interés del rey, y de Lerma, de llegar a paces y acuerdos había permitido alcanzar la paz con la Inglaterra del rey Jacobo —Tratado de Londres, en agosto de 1604— y con las Provincias Unidas, a las que no reconocía aún la independencia de la que gozaban *de facto*, pero con las que se estableció la Tregua de los Doce Años, en 1609. Respecto a Francia, la paz de Vervins, firmada en 1598, que había logrado el rey Felipe II poco antes de su muerte, se vio reforzada, tras el asesinato del firme y antiespañol Enrique IV en 1610, por la inestabilidad reinante en el país vecino. Esta circunstancia facilitó que se llegase a un acuerdo por el que, en 1615, se fijaron los matrimonios del rey francés, Luis XIII, con una infanta española y, del príncipe de Asturias —el futuro Felipe IV— con Isabel de Borbón.

En la propia España, la medida más importante del reinado de Felipe III fue, sin duda alguna, la expulsión de los moriscos, que supuso la salida de nuestro país de casi 300 000 personas, dañando considerablemente la economía del reino de Valencia, y la huerta murciana, pero también, la de las vegas de Aragón. Su expulsión disminuyó la mano de obra y hundió las rentas de los propietarios de tierras en esas zonas[33].

3.1.1 Guerra en la paz

Los últimos años del reinado de Felipe III vieron la inutilidad del esfuerzo de la política de apaciguamiento que había guiado las directrices de su política internacional[34] pero, antes incluso del estallido de la terrible y destructora Guerra de los Treinta Años, en 1618, y del vencimiento, en 1621, de la tregua con las Provincias Unidas, España no había podido mantenerse en paz.

En 1615, los holandeses armaron y equiparon una flota que, al mando del veterano Joris van Spilerbergen, fue enviada al Mar del Sur, alcanzando las costas del Perú a mediados de julio. Su escuadra, formada

33 La oposición a la expulsión fue escasa. El pueblo desconfiaba de los moriscos y se temía que se aliaran con los turcos como había ocurrido en la rebelión de las Alpujarras el siglo anterior. El miedo que inspiraban se ve reflejado incluso en *El Quijote*.

34 Es una pena, pero es una regla al parecer natural al ser humano que, cuando una nación goza de poder y riqueza, se convierte en el objetivo de la ambición de sus vecinos. Por más que hiciese España por estar en paz, las naciones que rodeaban el imperio no estaban dispuestas a considerar permanente ese estado de cosas.

por cinco naves, estaba muy equilibrada en fuerza y armamento para la misión que se le había encomendado. Dos eran poderosos galeones de altura de 600 toneladas y 28 cañones, el *Grote Zoon* y el *Grote Maan*, otros dos, galeones de 400 toneladas y 22 cañones, el *Eolus*, y el *Neeuew*, y el último, un patache para descubierta y enlace, el *Morgenstern*.

Aunque en su periplo por las costas chilenas capturaron tres mercantes, cuando se presentaron ante El Callao, el virrey Montesclaros no sabía aún de su presencia en el Pacífico. Con celeridad, ordenó que se aprestase una flota para hacer frente a la amenaza, pero la inferioridad de los barcos españoles no les daba otra alternativa que intentar tomar al abordaje las naves holandesas, pues no tenían ninguna posibilidad de victoria si se limitaban a un intercambio de cañonazos. Dos eran galeones, el *Jesús María*, de 22 cañones, y el *Santa Ana*, de 12. Solo el primero tenía alguna posibilidad de medirse con los buques enemigos. El *Santa Ana* era en realidad un galeoncete, y la nao de apoyo, la *Carmen*, montaba únicamente 8 cañones. Los otros tres barcos preparados, el *San Diego*, el *Rosario* y el *Santiago*, ni siquiera llevaban cañones.

A pesar de las escasas probabilidades de éxito, el capitán de guerra de la flotilla, Rodrigo de Mendoza, y su almirante, Pedro Álvarez del Pulgar, no vacilaron y se echaron a la mar dispuestos a enfrentarse a los holandeses. El resultado fue el imaginado.

Nada más empezar el combate, el pequeño *Rosario*, machado a cañonazos, se hundió. El resto de los barcos españoles, liderados por el *Jesús María* se lanzó contra la flota enemiga, llegando, a pesar de la prohibición de su capitán, a abordar al *Grote Zoon*. Sobre su cubierta saltaron siete soldados españoles, que quedaron aislados en el alcázar cuando el *Jesús María*, con tantos daños que podía perderse, rompió el contacto con el galeón holandés.

Los siete se defendieron con bravura, pero solo se salvó uno, Martín Flores, que arrancó la bandera de proa y se lanzó con ella al mar, logrando llegar hasta el *Jesús María*. Fue una hazaña individual que no salvó la situación. El *Santa Ana*, sin ningún apoyo ante toda la flota enemiga, aunque llegó a abordar a la capitana holandesa y en su cubierta se trabó una violenta lucha en la que cayó abatido a golpes de pica el capitán español. Tuvo que rendirse.

En el que luego se conoció como combate del Cañete, los españoles perdieron casi 300 hombres y no pudieron impedir la entrada en El Callao de los holandeses. La brillante defensa de las baterías de la plaza, que con un acertado cañonazo alcanzaron el palo mayor del *Grote Zoon*, obligó a Spielbergen a retirarse. Durante las semanas siguientes vagó por la costa peruana sin gran éxito y, desilusionado, decidió atravesar el Pacífico, llegando hasta las Filipinas. Allí en el combate de Playa Honda, en abril de 1617, la flota española bajo el mando de Juan Ronquillo, aunque perdió el galeón *San Marcos*, de Juan Manuel de la Vega, que lo encalló intencionadamente y lo incendió cuando era perseguido por dos barcos holandeses, destruyó a la de Spielbergen, que, con tres de sus barcos hundidos, abandonó el archipiélago.

Esta incursión, que vulneraba claramente lo establecido en el acuerdo con las Provincias Unidas, inclinó a los indecisos en la Corte española hacia el bando de los que pensaban, y no sin razón, que había que hacer una política más agresiva con los rebeldes de Flandes y no ceder ante sus desafíos[35].

La muerte del rey dejó el paso libre al poder a la cabeza visible de los partidarios de la política de dureza, el conde de Olivares —luego duque—, Gaspar de Guzmán y Pimentel, sobrino de Baltasar de Zúñiga y Velasco, el primer valido del nuevo monarca, Felipe IV, que había encabezado la oposición a Lerma y Uceda.

El fallecimiento de Zúñiga poco después de haber sido elegido para el cargo, convirtió a Olivares en el nuevo dueño y señor de los destinos de España. Había nacido en Roma y, hasta los doce años, se crió en Italia. Era ambicioso, envidioso de los éxitos ajenos, y megalómano, pero culto, muy preparado y un trabajador incansable. Se entregó en cuerpo y alma a mantener a España como poder dominante en Europa.

Continuó la política iniciada por su tío, y se dedicó con energía a detener el proceso de decadencia de España. Combatió la asombrosa corrupción del reinado anterior y, si bien no logró acabar con ella, al menos puso algo de orden en el caos en que se había convertido la corte. Obligó por decreto a que quienes alcanzaran un cargo público tuviesen que hacer un inventario de sus bienes y creó la Junta de Reformación para cuidar la administración pública española. A pesar de sus esfuerzos, fracasó en la reforma de la hacienda pública de los reinos de España.

Don Gaspar de Guzmán intentó por todos los medios que su nación mantuviese su posición en el concierto de las naciones y, para ello, no conoció límites en su ambición y no le importó asumir riesgos, por

[35] Otra expedición, de carácter privado, fue la llevada a cabo por Le Maire y Schouten, con los buques Concordia y Hoorn, muy importante para la historia naval del mundo, pues abrió el paso del sur, el cabo de Hornos.

peligrosos que estos fuesen. No es de extrañar que sus proyectos acabasen en un inmenso fracaso y que viviera lo suficiente como para ver rota la unión con Portugal y la pérdida de la Cerdaña y el Rosellón, en la Paz de los Pirineos que se firmó con Francia. Es, sin embargo, injusto que la historia le recuerde solo por eso.

3.2 LA DEFENESTRACIÓN DE PRAGA Y EL FIN DE LA TREGUA DE LOS DOCE AÑOS

ANTES DE LA LLEGADA AL PODER DE BALTASAR DE ZÚÑIGA o del conde duque de Olivares, que volvieron de nuevo a una política en la que primaba la defensa activa de los intereses de España mediante el uso de la fuerza de las armas, e incluso antes del final de la Tregua de los Doce Años, comenzó un terrible ciclo de guerras que supusieron el final de la corta época de paz que había vivido España y de la política de apaciguamiento promovida por Lerma.

Todo comenzó en la lejana Bohemia, donde la elección del católico Fernando II como emperador del Sacro Imperio Romano Germánico, puso a la nobleza checa, en su mayoría protestante, en una situación en la que la rebelión podía empezar en cualquier momento. Como, además, el cargo de rey de Bohemia era electo, los nobles checos eligieron a Federico V del Palatinado, cuyo antecesor, Federico IV, había sido el creador de la poderosa Liga de la Unión Evangélica. El elector del Palatinado, envió a dos de sus emisarios a Praga, en mayo de 1618, ambos católicos, que fueron arrojados por las ventanas del castillo de Hradcany.

El incidente, conocido como la Defenestración de Praga, dio paso al mayor conflicto del siglo, que arrasaría Alemania y agotaría las energías de media Europa[36]. La revuelta, convertida pronto en una guerra abierta, se extendió por Silesia, Moravia y Lusacia, ya muy divididas por el conflicto religioso entre católicos y protestantes y, la debilidad de Fernando II y del propio Imperio, provocó que se fuese extendiendo por toda Alemania. Alarmado por lo que estaba ocurriendo, Fernando II

[36] Para el Sacro Imperio la guerra fue un desastre de proporciones apocalípticas y, en proporción, fue más devastadora que las dos guerras mundiales juntas. Alemania quedó arrasada y perdió el 30% de su población —hubo lugares en los que murieron dos tercios de los habitantes—, falleciendo casi la mitad de la población masculina.

pidió ayuda a su sobrino y yerno, el rey Felipe III, que no vaciló en darle su apoyo, tanto económico como militar.

Paulatínamente, España se vio envuelta en la guerra y, al cabo de unos pocos años, las tropas de la monarquía española —italianos, valones, flamencos, alemanes y españoles— combatían en el centro de Europa. En 1621, el general Ambrosio de Spínola invadió el Palatinado, al tiempo que el embajador español en Viena, Íñigo de Oñate, implicaba a su nación, cada vez más, en el avispero alemán. Todo ello mientras volvían a rugir las armas en las fronteras de las Provincias Unidas con los Países Bajos españoles.

3.2.1 El juego del Conde Duque

En los años anteriores al final de la tregua con las Provincias Unidas, el conde duque de Olivares, que era un notable estratega, había identificado correctamente cuál era el punto débil de la próspera república de comerciantes: su economía. Para poder mantener sus inmensas flotas, Holanda y el resto de las provincias no tenían gente suficiente ni recursos, por lo que se veían obligados a contratar marineros en Escandinavia y Alemania. Igualmente, para mantener el complejo entramado de fortificaciones que defendían sus fronteras del temible e invencible ejército de Flandes, y pagar a los mercenarios que sostenían su ejército, los holandeses necesitaban mucho dinero. Dinero que lograban con el comercio marítimo.

Olivares y sus asesores, estaban seguros de que, si dañaban la red comercial holandesa, atacando sus barcos y destruyendo sus rutas comerciales, producirían un daño terrible a la república y, la debilitarían lo suficiente, como para que las tropas de Flandes aplastasen sus reductos, ocupasen sus fortalezas y ciudades, y les obligasen a firmar la paz.

La verdad es que, el análisis estratégico del conde duque era correcto, ambicioso y factible. La mejor solución era aislar el territorio de las Provincias Unidas con una guerra corsaria, que convirtiese la navegación en sus costas en una empresa arriesgada y peligrosa. La Armada de Barlovento podía operar no solo en América, sino desde Cádiz, para entorpecer las rutas navales holandesas desde las Indias Orientales, con independencia de sus acciones contra los piratas, que comenzaban a infestar el Caribe.

El fin de la tregua con las Provincias Unidas permitió la puesta en marcha de los agresivos planes del valido y, en agosto de 1621, la Armada

Don Gaspar de Guzmán y Pimentel Ribera y Velasco de Tovar, conde duque de Olivares, durante un tiempo el hombre que rigió con mano de hierro los destinos de España. Dotado de talento y buena visión estratégica, pero vanidoso y egocéntrico. Su agresiva política y su falta de medida del poder real de España, acabó enfrentándola a, prácticamente, el mundo entero. En retrato ecuestre, el que se utilizaba para reyes, Velázquez lo representa con la armadura pavonada y la banda roja típica de los generales españoles e imperiales. Museo del Prado. Madrid.

de la Mar Océano, al mando de Fadrique de Toledo, con seis galeones y tres naos pesadas, interceptó un inmenso convoy de la Compañía Holandesa de las Indias Orientales, de nada menos que treinta veleros mercantes, escoltados por una veintena de galeones de guerra[37].

Los agentes españoles en Venecia sabían que los holandeses estaban concentrando una gran flota para marchar hacia las costas de su país desde el puerto italiano. El convoy iba a ser escoltado por barcos de guerra, a fin de evitar a los peligrosos corsarios de Berbería, lo que hizo que también se le unieran varias naves danesas. De esa forma, correrían menos peligros y harían juntos el viaje. Olivares vio la oportunidad que se le presentaba y ordenó concentrar todas las naves posibles en la bahía de Algeciras para interceptarlos, pues no podían ir por otro camino.

Los cuatro barcos de Martín de Vallecilla, Fajardo, Francisco de Acevedo, y su hermano Juan, con nueve navíos de la Flota del Cantábrico, no acudieron a tiempo a la cita y, preocupado por la posibilidad de perder la oportunidad, las naves de don Fadrique salieron el 31 de julio con rumbo al cabo San Vicente, con la esperanza de reunirse con los refuerzos del Atlántico. Al ver que no llegaban, se dirigió con lo que tenía a las costas de Málaga.

---

37 Según David Goodman en *Spanish Naval Power, 1589-1665: Reconstruction and Defeat*, había también varios buques daneses y noruegos.

Don Fadrique, hombre recio y uno de los marinos más capacitado de Europa, contaba con el *Santa Teresa*, quizá el mejor galeón de su tiempo, de casi 800 toneladas. Ágil y marinero, una nave excelente. Disponía también de tres más, de cerca de 450 toneladas, otros tres de unas 330, y dos pataches, rápidos y maniobreros, pero incapaces de enfrentarse con los poderosos buques de la compañía holandesa. Obviamente, si la flota enemiga era de la dimensión que se decía, poco daño se le podría hacer con semejante fuerza, pero, al menos podía intentarlo para cumplir con la misión encomendada. Cuando el 6 de agosto, Gaspar Ruiz de Preda, alcalde de Málaga, informó a don Fadrique que habían avistado frente a la ciudad un inmenso convoy de más de medio centenar de velas, no vaciló. Marchó contra él.

Una vez conocida la posición real de los holandeses, don Fadrique se dio cuenta que si dejaba que el convoy siguiese su marcha, sin intentar detenerlo, sus buques de escolta se encontrarían con los cuatro barcos de Vallecilla, que con su armamento incompleto y sin estar preparados, serían barridos del mar. En un consejo de guerra celebrado en el *Santa Teresa*, los capitanes españoles estuvieron todos de acuerdo en combatir. Eran el maestre de campo Gerónimo Augusto y los comandantes Carlos Ibarra, Alonso Mújica, Roque Centeno y Juan de Burrundia. El 9 de agosto, desde Ceuta, se informó a la flota española que había dos velas enemigas a la vista. Los pataches de reconocimiento navegaron hacía la zona en la que se suponía que estaba el grueso del convoy y, tras localizarlo, se retiraron para informar a su comandante, dedicando la noche a seguir a prudente distancia a la inmensa flota.

La mañana del 10 se vio que el convoy navegaba con la ventaja de barlovento —el viento a favor—, en dos grupos separados. El de vanguardia, formado por veinticuatro naves, lo encabezaban doce barcos de escolta listos para repeler cualquier agresión y, aunque los grandes mercantes parecían poderosos y bien armados, era evidente que su misión principal era hacer llegar a puerto su preciosa carga y no combatirían salvo que fuese muy necesario.

Tras evaluar su fuerza, don Fadrique decidió atacar. Su galeón era el mejor barco de ambas armadas y los galeones medianos podían superar a cualquiera de los barcos de guerra enemigos. Incluso los pequeños podían batirse bien. Si los capitanes de los pataches le echaban valor, podrían entre todos medirse con los doce barcos de escolta.

Es posible que el comandante de la flota de la Compañía de las Indias holandesas, Willem Haultain de Zoete, pensase que los españo-

La flota de Fadrique de Toledo se cubrió de gloria el 10 de agosto de 1621 ante los holandeses de Willem Haultain de Zoete que protegían un enorme convoy de buques holandeses y daneses procedentes de Venecia, al sorprenderlo junto a las costas andaluzas. En el cuadro se aprecia a su buque insignia, el poderoso galeón Santa Teresa, en combate con el bloque principal de la escolta enemiga. Segunda vista del cuadro La batalla de Gibraltar de Enrique Jácome y Brocas. Museo Naval. Madrid.

les no se iban a atrever a atacarlo, o al menos, que no le podrían hacer mucho daño, por lo que debió de sorprenderle ver que se le echaban encima. En medio del humo de la pólvora, el *Santa Teresa* se lanzó sobre el grueso de la flota enemiga barriendo a cañonazos a los galeones que intentaban acercársele.

El galeón del almirante Mújica abordó a uno de los del enemigo, y el capitán Ibarra, del *Santa Ana*, hizo lo mismo con otro. Hasta el pequeño patache de Domingo de Hoyo llegó a abordar a uno de los bajeles holandeses que le doblaba el tamaño. Al *Santa Teresa* nadie fue capaz de detenerlo y, abriéndose paso, alcanzó a los mercantes. Incendió uno de ellos, pero tuvo que retirarse al ver que el fuego se extendía a su galeón y que los daños que tenía por haberse batido contra varios barcos enemigos al tiempo eran muy grandes. Aunque lograron apagar los incendios tras un duro trabajo, sin su apoyo, la flota española tuvo que abandonar la desigual lucha.

El premio al valor mostrado por los hombres de don Fadrique fue el resultado más notable de la batalla. Habían hundido o quemado cinco naves enemigas y capturado otras dos. Por su parte, salvo los daños evidentes en los barcos y las bajas, no perdieron ningún buque, aunque el *Santa Teresa* quedó convertido en una ruina flotante. Los primeros combates en la frontera de los Países Bajos habían sido favorables al ejército de Flandes, pero el complejo dispositivo de defensa de las Provincias Unidas, estructurado en una maraña de fuertes y reductos fortificados en torno a plazas artilleras magníficamente dotadas, convertía la guerra en una tediosa y monótona serie de costosos asedios. Además, el hecho de que una parte de las poco numerosas tropas españolas dedicadas a las operaciones de maniobra, estuviesen implicadas en los combates que se libraban en Alemania, a raíz de la invasión del Palatinado por el general Spínola, daba a los neerlandeses un respiro que supieron aprovechar.

Tras la victoria española en Gibraltar, los holandeses intentaron responder con un nuevo ataque contra las costas del Pacífico, donde presentían que tenían más posibilidades de éxito, y comenzaron a planificar acciones de gran envergadura contra los puestos portugueses en Brasil, una de sus obsesiones a lo largo del siglo, pues creyeron que ante los portugueses les saldrían las cosas en América tan bien como en Asia[38].

La expedición contra el Pacífico la llevó a cabo Jacques L'Hermitte, un protestante francés que navegaba para las Provincias Unidas, que en la primavera de 1623 partió de Texel rumbo al Mar del Sur. La flota española de la plata se les escapó por solo tres días, por lo que se tuvieron que limitar a lanzar una serie de ataques en la costa que, en líneas generales, les salieron mal, volviendo a Europa con las manos casi vacías.

Más éxito tuvieron en Brasil. Tras tomar Pernambuco en 1623 se dirigieron al año siguiente contra San Salvador —Bahía—, que era la ciudad más importante y el primer puerto exportador de azúcar. Jacob Willekens, al mando de la flota, y Johann van Dort, de las tropas de tierra, no sabían cuál era su destino, y rompieron los sellos lacrados del sobre en el que estaban sus órdenes cuando navegaban a la altura de cabo Verde. Se presentaron ante el puerto con su inmensa flota de cuarenta buques y 3000 hombres y se apoderaron de la plaza. Una vez asegurada, se prepararon para la defensa. Temían, con razón, una respuesta feroz de España. Así fue.

[38] La Compañía Holandesa de las Indias Orientales, —Vereenigde Oostindische Compagnie, o VOC—, creada en 1602, logró tomar el fuerte portugués de Amboyna, en las Molucas, en 1605. Malaca cayó en 1641, Achem en 1667, Macassar en 1669 y, finalmente, Bantam en 1682.

3.2.2 1625: El asombroso Annus mirabilis

Olivares ordenó una réplica contundente e inmediata. La monarquía hispana no podía permitirse perder los magníficos ingenios azucareros de San Salvador y, además, dejar a los más contumaces enemigos de España una base desde la que amenazar todo el imperio español en América. En medio año, España y Portugal reunieron la flota más grande que jamás había cruzado el Atlántico. La formaban 37 barcos de las escuadras de Vizcaya y Nápoles, al mando de Juan Fajardo de Guevara; la Armada de la Mar Océano de Fadrique de Toledo, el vencedor de Gibraltar, con 7000 hombres, y la de Portugal, con 26 barcos y 4000 hombres, con Francisco de Almeida al frente. En noviembre de 1624 partieron rumbo a las costas del Brasil.

Los holandeses conocieron los planes hispano-portugueses gracias a su red de espías. Dispuestos a impedirlos como fuera, y gracias a los inmensos recursos de la república, consiguieron preparar una poderosa contraarmada, que al mando de Boudewijn Hendrijks, con 38 naves de altura, partió para ayudar a los defensores de San Salvador.

La impresionante carrera que se desarrolló en el Atlántico la ganaron los hispano-portugueses, que bloquearon a los dieciocho barcos holandeses que estaban en el puerto y, tras atacarlos, se apoderaron de siete de ellos intactos, hundiendo e incendiando los otros once. La guarnición apenas resistió. Se rindió el 1 de mayo de 1625. Por si fuera poco, cuando los defensores acababan de entregar sus armas, llegó la flota de socorro de Hendrijks, que se limitó a escapar y refugiarse en Pernambuco.

La derrota afectó a los holandeses, que seguían disponiendo de una poderosa flota, pero que no habían logrado nada. Decidieron separarse en tres divisiones: la primera se dirigió a la costa Occidental de África para atacar los puestos portugueses, la segunda volvió a Europa, y la última, con diecisiete barcos, navegó hacia el norte en busca de riquezas y nuevas presas. Esa fue la que puso sus ojos sobre San Juan de Puerto Rico.

El gobernador, Juan de Haro, que conocía bien a los holandeses, contra los que había combatido en Europa, se negó a entregar el fuerte de El Morro, a pesar de que los barcos enemigos habían penetrado en el puerto sin sufrir apenas daños y saqueado la ciudad, abandonada a merced de los atacantes.

Los defensores del Morro no solo resistieron heroicamente todos los ataques holandeses, sino que incluso en una audaz salida, abordaron el *Medemblink*, impidiendo que el buque enemigo, varado para ser volado contra las defensas, explotase. Ante el fracaso, Hendrijks decidió a comienzos de 1626 retirarse. España había vencido una vez más.

Unos meses antes, el 5 de junio, el general Ambrosio de Spínola había logrado rendir Breda después de un sitio de once meses. Ese éxito, rompía un punto importante en el dispositivo defensivo de las Provincias Unidas. Por si fuera poco, aún hubo un éxito más en aquel maravilloso año de 1625, y no es de extrañar que se dijese algo como que «Dios es español y lucha por nuestra nación en estos días».

Acompañado por su inseparable amigo Jorge de Villiers, duque de Buckingham, el príncipe de Gales hizo un absurdo viaje de incógnito a España en 1623, buscando casarse con la hija menor del rey Felipe III, la infanta María, para así conseguir consolidar la alianza entre Inglaterra y España. No lo logró, por su negativa a convertirse al catolicismo, requisito que, conociendo la España de la época, podía haber imaginado desde el primer momento. En cualquier caso, despechado y ofendido, el príncipe, exigió al rey Jacobo que declarase la guerra a España.

Consultados los holandeses, sobre si apoyarían una acción naval de represalia inglesa contra España, éstos, encantados y aún dolidos por la caída de Breda, pusieron veinticuatro naves a las órdenes de Guillermo de Nassau, para que colaborasen con los ingleses de *sir* Edwar Cecil y Robert Devereux, que tenían ochenta y ocho barcos de todos los tamaños. La poderosa flota reunida disponía de 10 000 soldados y 5400 marinos con los que saquear su objetivo, Cádiz, el puerto que constituía la puerta de las Indias.

Los errores estratégicos de los aliados fueron enormes y, en general, los ingleses actuaron con extrema torpeza. Entre el 1 y el 7 de noviembre, malgastaron sus fuerzas en inútiles ataques en los que lo único que lograron fue perder treinta barcos y más de 1000 hombres, en solo seis días[39]. Si Dios no era español, como bien dice Geoffrey Parker, desde luego parecía tener predilección por la Casa de Austria.

3.2.3 Planes en el Báltico

En guerra ya abierta con los príncipes protestantes de Alemania del Norte, contra los que se combatía desde el comienzo de la revuelta de Bohemia en 1618, y con los holandeses, desde 1621, la intervención en el Palatinado, en la guerra de los Treinta Años, aceleró los planes

[39] La guerra duró hasta 1630, pero no hubo ningún otro encuentro de importancia en el mar.

La flota anglo-holandesa bajo el mando de sir Edward Cecil ataca Cádiz en noviembre de 1625. El gobernador, Fernando Girón, da órdenes a sus oficiales, mientras al fondo, la flota enemiga ataca el fuerte del Puntal. Defensa de Cádiz contra los ingleses. Obra de Francisco de Zurbarán. Museo del Prado. Madrid.

españoles. Las cosas se complicaron ese año, cuando Hamburgo fue obligado a aceptar las condiciones impuestas por el rey Cristián IV de Dinamarca, que sometió a la ciudad-estado a un auténtico protectorado. El rey danés, había sido un competente administrador y sus finanzas estaban saneadas. Contaba además con una inmensa fortuna personal, con la que pagó un ejército mercenario de 20 000 hombres con el que entró en Alemania.

La guerra fue desastrosa para los daneses, que se vieron abandonados por sus teóricos aliados, y sus tropas acabaron aplastadas por el conde de Tilly y el competente general imperial Albrecht von Wallenstein. Privada del apoyo de Hamburgo, y habiendo tenido choques con las tropas danesas en Alemania, a España le daba igual la posición de los daneses, que tras sus derrotas en el puente de Dessau y Lutter, vieron su país invadido por las tropas imperiales. Servían nada más para poner en marcha otra de las fases del conde duque de Olivares contra las Provincias Unidas.

Los holandeses necesitaban el comercio con las naciones del Báltico para sobrevivir. La madera de sus barcos, pero también la brea, el alquitrán y el cáñamo provenían de sus costas, por lo que, si se les privaba de ello, tendrían serios problemas, pues en esa época sus puestos en ultramar eran aún muy limitados. Por si fuera poco, el trigo de las llanuras polacas y ucranianas era esencial para que la población de las Provincias Unidas no falleciese de hambre[40].

40 En las décadas siguientes los holandeses buscaron como obtener otras fuentes de suministro y nuevas zonas en las que conseguir todo lo que necesitaban, pero en la década de 1620 su posición era aún muy débil.

Lo que buscaba ahora, era una alianza con las naciones católicas de la región báltica, o lo que es lo mismo, con la Recz Pospolita, la aún poderosa comunidad polaco-lituana, que podía facilitar puertos amigos a la flota española en Riga —Letonia— o en Dantzig —Polonia—, desde donde los corsarios podrían obstaculizar el tráfico comercial de los neerlandeses. El acuerdo que se pretendía proponer a los polacos, estaba en consonancia con la política del Imperio, cuyas tropas habían ocupado Jutlandia, pero no podían tomar la capital danesa, Copenhague, al no poder desplazar su ejército a Seelandia por la falta de una flota.

Los polacos no aceptaron la propuesta española e imperial, y lo que quedaba de la Liga Hanseática, tampoco, pero aún así, los diplomáticos españoles intentaron crear una base en Weimar, o bien en Stralsund[41]. Todo se fue al traste cuando el rey Gustavo Adolfo de Suecia intervino en Alemania con su ejército para apoyar la decaída causa protestante.

El contratiempo no desanimó al Conde Duque. Las flotas españolas eran fuertes y estaban bien organizadas y, en todos los mares del mundo, la suerte parecía acompañar a los soldados y marinos de España. Si no se podía cortar el flujo comercial holandés con las naciones bálticas, se podía destruir directamente su comercio, usando el oro de América para pagar a quien se encargase de hacer el trabajo en nombre del rey: los corsarios.

La elección era sencilla. Desde hacía décadas, los corsarios de Dunkerque habían provocado, a pesar de sus pobres medios, un daño considerable a los neerlandeses, por lo que, si se les apoyaba de verdad, con dinero y medios, podrían convertirse en un enemigo temible de la república. En 1621, se les asignó 20 000 ducados para mejorar los astilleros, acondicionar el puerto y equipar una flota de calidad. En España, se dio la orden de construir nada menos que 20 galeones de todos los tamaños, para que, en 1636, se contase en el puerto flamenco con al menos 40[42].

Los corsarios de Dunkerque llevaron a cabo una campaña metódica de destrucción llena de éxitos. Con audacia y valor, atacaban a las naves aisladas de la Compañía holandesa al llegar de las Indias orientales, a los mercantes que comerciaban con Inglaterra, Francia,

---

41 Durante las guerras napoleónicas, tropas españolas colaborarían con las francesas en el sitio de Stralsund en 1807, participando en el asalto contra las defensas suecas.

42 A pesar de la falta de carpinteros de ribera y de personal técnico especializados, los astilleros españoles seguían manteniendo un buen ritmo de construcción, y podían poner a disposición de las Reales Armadas el número de buques requeridos.

Escandinavia o las naciones bálticas, e incluso a las pesquerías de arenques en el mar del Norte.

Con su veintena de galeoncetes y fragatas, la flota de Flandes se convirtió en la pesadilla de los holandeses, y sus corsarios, dieron poco a poco la vuelta a la guerra en el mar incluso a las puertas de las Provincias Unidas, llevando a sus comerciantes a la desesperación. Su presencia puso ante un gran desafío a las flotas de la república, pues llegaron a capturar la enorme cantidad de 1835 presas de todos los tamaños, entre 1626 y 1634, perdiendo en la lucha quince de sus galeones, pero solo un centenar de hombres. Los corsarios de Dunkerque pusieron en un auténtico aprieto a los holandeses, combatiendo sin descanso hasta la pérdida de prácticamente todos sus buques y, probablemente[43], ninguna nación del mundo hubiese resistido tal presión, lo que demuestra el poder y la riqueza de las Provincias Unidas.

Durante al menos una década, Olivares tuvo que esperar. La guerra se había complicado extraordinariamente en Alemania. Los éxitos iniciales del bando católico se habían visto contrarrestados por la entrada del moderno y eficaz ejército sueco dirigido por su monarca, que demostró ser una competente general, y sus tropas, unidas a las de los príncipes protestantes del norte, derrotaron a las imperiales en Breitenfeld (1631) y Lützen (1632), donde el rey perdió la vida.

Axel Oxenstierna, el apto canciller sueco y su aliado principal, el príncipe Bernardo de Sajonia-Weimar, continuaron con eficacia la guerra e invadieron el sur de Alemania. Parecía que la causa católica naufragaba sin remedio, lo que obligó a Olivares a implicarse más aún en la guerra en el centro de Europa. Partiendo de Milán con el objetivo de llegar a Bruselas y, abriendo de nuevo el Camino español, el cardenal-infante don Fernando, unido a las tropas imperiales, barrió al ejército combinado sueco-alemán de Gustav Horn y el príncipe de Sajonia en Nördlingen, en 1634.

La victoria desintegró la Liga de Heilbronn, la principal alianza protestante, y eliminó la amenaza sobre Baviera y Austria. Parecía claramente que la suerte de las armas se inclinaba definitivamente hacía el bando católico y, al cardenal Richelieu, ya no le valían los subsidios. Si Francia quería detener a los Habsburgo debía combatir, así que se quitó la careta y, un cardenal católico del cristianísimo rey de Francia, puso

43 Le cogieron gusto al trabajo, y cuando Dunkerque pasó a Francia en 1662, sus corsarios siguieron atacando a las naves holandesas e inglesas de forma implacable, destacando Jean Bart, uno de los más grandes capitanes corsarios de la historia de Francia.

todo el poder de la nación más grande y poblada de Europa en el platillo de la balanza protestante.

Un día de mayo de 1635, un heraldo francés entró en Bruselas y clavó en la Grand Place la declaración de guerra de Francia a España. Llovía y hacía mal tiempo, por lo que había poca gente en la calle y nadie hizo caso al galante desafío. La suerte estaba echada.

3.3 La fortuna de los lobos

Durante 1626, la flota española, triunfante en Puerto Rico, estaba lista para participar en nuevas acciones contra los holandeses. En Madrid se autorizó a que se emitieran patentes de corso masivas en Dunkerque, y comenzó la campaña de acoso a los mercantes y pesqueros de las Provincias Unidas a las mismas puertas de su casa.

Para apoyar los intereses portugueses en la costa de Marruecos, se ocupó la Mamora a comienzos de 1627. Ese año, la flota de Piet Heyn, que aún seguía tercamente en el Caribe y se negaba a regresar a su patria con las manos casi vacías, se marcó un objetivo a la medida de sus grandes ambiciones: apoderarse de la flota de la plata española. El tesoro más grande que capitán alguno pudiese imaginar, algo que convertiría a quien lo lograse en una leyenda. La misión no estaba al alcance de cualquiera, la Casa de Contratación de Sevilla no dejaba nada al azar, y, no era sencillo descubrir la derrota que seguirían los barcos. Para tener éxito, no bastaba con ser un gran marino y un buen capitán, capaz de estar durante meses en el mar, había también que tener una paciencia infinita y el instinto depredador de un cazador. Por si fuera poco, había que rastrear con paciencia miles de millas náuticas, confiar en que la información disponible fuese la correcta y, además, tener mucha suerte. Lo cierto, es que Piet Heyn tenía todo eso.

Con calma, seguro de que podía lograrlo, sus naves se mantuvieron atentas en el Paso de Bahamas, pero fueron localizadas navegando cerca de la costa norte de Cuba. Alarmadas por la presencia de la manada de lobos neerlandeses, que acechaban a su presa en espera de que pasara por delante de la zona en que vigilaban, las autoridades españolas enviaron tres rápidos buques, uno a Cartagena de Indias, otro a Veracruz, y el tercero a Portobelo, donde se estaban aprestando las flotas, para que no saliesen del puerto o retrasasen su partida hasta que pasase el peligro.

LA FLORIDA
Lacus & Insula Sarrope
Golfo Mexicano
Sinus Ioãnis Ponce
Insulæ dictæ Testudines
CALOS
Calos
Scopuli dicti Martires
Circulus Cancri
Rio de flores
CVBA INSVLA
Portus Matancas
Hauana
S. Trinitas
Bava honda
Iardines scopuli nauigantibus formidabiles
C. Cateche
Atalia
Merida
Champaton
Ins. Mulierum
IAMAICA
Hoc loco prima dissensio orta, et pugna commissa inter Hispanos
Vipera
Serrana
Huc quarta & postrema Navigatione peruenit Columbus.
CAP. S.
FON DV RA
Trugillo
Quicuri
S. Iacques
HISPANIA NOVA
Cap de Honduras
Guanaxo
GOLFA D'VRAVA
NICARAGVA
Leon
Granada
Olanchio
Nombre de Dios
PANAMA
La Castille de l'or.
S. Miguel
Popayan
Cabo de baxas
Pº de Peru
C. de S. Francisco
Villa Viciosa
Cartago
Costa braua
Quicare
C. Berica
Mapelo
Comagre
Caribana
Antiochi
Arma
Past
Chira
Nicoya

El mar Caribe, refugio de piratas y un grave problema para las flotas de Indias, que llenas de tesoros, se dirígían hacia los puertos de la Península Ibérica. Obra de Theodor De Bry realizada en 1594.

El almirante Larraspuru, que estaba en Cartagena de Indias, recibió el mensaje de Cuba cuando ya se disponía a partir con las riquezas que enviaba el virreinato del Perú, pero tanto la flota de Costa Firme, en Portobelo, como la de Nueva España, en Veracruz, salieron con rumbo a Europa. ¿Por qué motivo? Pura y simplemente, porque los barcos de Heyn habían atrapado a los dos buques de aviso y, por lo tanto, los generales Álvaro de la Cerda y Juan de Benavides, no sabían, cuando partieron hacia la Península, que iban directos a la trampa urdida por el paciente y metódico holandés.

Al llegar a La Habana, los pesados mercantes de la flota de Portobelo, que llevaba dos galeones de guerra como escolta, fueron repentinamente atacados por los holandeses. Con enorme habilidad y gran valor, los galeones de Álvaro de la Cerda se interpusieron entre los atacantes y los mercantes, que lograron entrar en el puerto, pero embarrancaron junto al castillo de La Punta.

El combate fue durísimo, las tripulaciones y soldados de los mercantes resistieron heroicamente[44] y lograron escapar, pero los galeones, que se sacrificaron por ellos, se perdieron. Heyn había sido vencido en el primer asalto, pero no se desesperó, las bajas no eran altas y seguía contando con veinte buques[45]. Aún tenía una oportunidad con la flota de Nueva España que había partido de Veracruz, y él era un hombre paciente.

Localizadas las naves españolas, el astuto holandés logró colocar sus barcos entre la costa de Cuba y la flota del tesoro, para que cuando comenzara la lucha, la única alternativa por la que pudieran optar fuese el mar abierto, donde sus rápidos veleros la atraparían. Los comandantes españoles, el almirante Juan de Leoz, y el general Juan de Benavides, vieron la maniobra del holandés y trazaron un plan. La idea era que los cuatro galeones de guerra se enfrentaran al enemigo abriendo un paso a los once mercantes a la bahía de Matanzas, donde podrían refugiarse. Luego, los galeones cerrarían la bahía para que diese tiempo a soldados y tripulantes a descargar las riquezas a tierra[46].

---

44 Un soldado de nombre Francisco Isidro, que sobrevivió al encuentro, hizo la misma hazaña de Martín Flores en la batalla de Cañete, arrancando la bandera de la nave capitana de Heyn.

45 Algunas fuentes elevan el número a 32. Fernández Duro dice que eran 29.

46 Hay que tener en cuenta que en la flota viajaban comerciantes, religiosos, soldados y funcionarios que regresaban a España, la mayoría de ellos con sus familias, por lo que iban también muchas mujeres y niños.

El debate sobre lo que ocurrió luego se ha mantenido durante siglos, y sigue sin estar claro del todo. Se han escrito cientos de páginas sobre el tema en todos los idiomas, por lo que es difícil poder llegar a cualquier conclusión sin tenerlas presentes. Cuenta Alfredo Martínez:

> Amanecía el 8 de septiembre de 1628, fue un día gris acompañado de aguaceros y mar picado, mal presagio de lo que se avecinaba, habiéndose avistado la potente escuadra y cundido la inquietud en las filas españolas se tomaron decisiones apresuradas, unos querían, luchando, forzar el paso hacia La Habana, y otros, refugiarse en la bahía de Matanzas, opción esta última escogida por la capitana y hacia donde se dirigió a toda velocidad seguida por el resto de los barcos, salvo seis que habían logrado escapar hacia La Habana, y uno comandado por Andrés Felipe de Rojas, que ya había sido apresado.
>
> Entrando en la bahía, encallaron la capitana y otros navíos, de manera tal, que se encontraban desamparados e incapaces de ofrecer una defensa eficaz. Unido a este hecho el amontonamiento de mercancías que bloqueaban las aspilleras, y al uso frecuente de criados en lugar de los soldados que habrían de llevar, el combate casi había terminado antes de comenzar, y Benavides, embarcando en una chalupa, escapó por el río hasta el ingenio de don Diego Díaz Pimienta.
>
> Por su parte, la almiranta, conducida por Juan de Leoz, seguía la misma suerte de la capitana y se rendía casi sin oponer resistencia. Lanzando su hábito de caballero de Santiago por la borda, Leoz fue hecho prisionero, consumándose la derrota militar y la pérdida de un cuantioso tesoro.

Los holandeses acusaron a Benavides y a Leoz de cobardía, y los defensores de la actuación de los españoles, sostuvieron que los galeones vararon al intentar bloquear la entrada a la bahía de Matanzas. Lo cierto, es que la nave de Leoz se incendió, y la capitana pudo navegar de nuevo y unirse a los mercantes, siendo machacada a cañonazos por los holandeses, y abandonada por sus pasajeros, soldados y tripulantes, perdiendo la vida al menos 300 de ellos en una verdadera masacre.

Tres de los mercantes escaparon y llegaron finalmente a La Habana. Entre los supervivientes, estaban los dos responsables del desastre, Leoz y Benavides. Leoz fue condenado a prisión perpetua, y al general Benavides la derrota acabó por costarle la cabeza. Fue un impacto enorme al prestigio de España, no solo por el daño económico, ya grande de por sí, sino por el golpe dado al orgullo de la primera potencia del mundo, y más aún, por el eco que tuvo en toda Europa el

El éxito en Matanzas y la captura de la Flota de la Plata, dio al capitán Piet Heyn fama universal. Su triunfo fue una mezcla de valor, perseverancia y pericia náutica. No es de extrañar que siga siendo uno de los héroes legendarios de los Países Bajos. Retrato realizado por Jan Daemen Cool en 1629. Rijksmuseum, Amsterdam.

éxito holandés. Dice Víctor San Juan que el rey Felipe IV consideró el hecho como una afrenta personal: «se levantaba por las noches cubierto de sudor, después de haber gritado a Heyn, en el delirio de un mal sueño, que le devolviera su tesoro».

Fernández Duro comenta por su parte:

> A la hora en que llegó la nueva a Madrid por conducto de los Países Bajos, «atormentó al reino, hizo temblar á los hombres de negocios y confundió el caudal de todos, poniendo en suma congoja a los más, no tanto por la falta que al Tesoro hiciera, como por la afrenta con que se engrosaban los enemigos para acabarnos de destruir». Por vez primera desde que las Indias se descubrieron y poblaron se perdía una flota, habiendo estado perpetuamente acechadas y perseguidas por todo el poder de Inglaterra y de Francia.

El valor de la plata y mercancías fue estimado en 11 499 176 reales, y unido el de los 15 bajeles con artillería, se elevó la cifra de pérdidas a 4 millones de ducados de a 12 reales. El daño era considerable, pero lo peor es que estimuló las ambiciones de muchos otros capitanes.

3.3.1 Duelo en el Atlántico

El siguiente marino holandés en probar suerte se llamaba Cornelius Jol, y ha pasado a la historia, más que por sus hechos de armas en el mar, por el apodo con el que era conocido, Houtebeen, o lo que es lo mismo, Pata Palo.

Tras navegar con una poderosa escuadra con rumbo a las costas de América, no tuvo suerte, las alarmas llegaron a las flotas españolas que esta vez no cayeron en la trampa. Desilusionado por su fracasado intento de desembarco en La Habana, Jol, convencido de que podía lograrlo, continuó con sus buques merodeando por el Caribe con la esperanza de que la diosa Fortuna le sonriera. No fue así, y regresó a su patria sin haber apenas sacado botín. Pero era un hombre terco y pronto volvería.

Los marinos de las Provincias Unidas, después del éxito de Heyn, actuaron como habían hecho los franceses tras la captura de una parte del tesoro de Moctezuma en la centuria anterior, y, convencidos de que al otro lado del mar estaba la fortuna y la gloria, y que con un poco de suerte su vida cambiaría para siempre, se lanzaron a por los tesoros que los galeones del rey de España guardaban en sus bodegas. Eran hombres duros, conocedores de todos los mares del mundo, y disponían de dotaciones dispuestas a arriesgar la vida a cambio de oro, por lo que dirigieron sus flotas al Caribe en pos de un sueño al que se habían aferrado y al que no iban a renunciar.

Sin embargo, los hoy olvidados capitanes españoles, no eran unos advenedizos ni estaban por debajo de su nivel. Eran una de las mejores generaciones de marinos de la historia de la armada española, a pesar del injusto olvido en el que han caído sus nombres. Antonio de Oquendo, Lope de Hoces, Fadrique de Toledo o Carlos de Ibarra, eran hombres de un temple forjado a la medida del reto que tenían ante ellos, y supieron responder adecuadamente con los medios que tenían. Al mando de sus esbeltos y hermosos galeones, los capitanes de las flotas de España combatieron durante décadas en duras y oscuras batallas en los mares tormentosos del Atlántico, en las azules aguas del Caribe y junto a las doradas playas de Costa Firme. Fue una lucha épica, en la que ambos bandos sabían que se jugaban la supremacía naval.

El primer golpe lo dieron los holandeses, aún dolidos de la derrota en Bahía. Una poderosa flota al mando de Hendrick Cornelisszoon Loncque se apoderó de Recife y Pernambuco, al tiempo que los barcos de Johan Adriaan Jannszoon-Pater atacaban Costa Firme, en Venezuela, tomando Santo Tomé y Santa María, que fueron saqueadas y arrasadas.

La flota española, con Antonio de Oquendo como almirante y Fadrique de Toledo como general, se había reforzado y organizado militarmente, de manera que los navíos de la Casa de Contratación tenían ahora misiones únicamente comerciales, dejando en manos de los competentes marinos y navíos de la Armada de la Mar Océano las operaciones bélicas. En Madrid, Olivares hizo algo más, ordenó que se buscara a los «piratas» —holandeses, ingleses y franceses— en sus nidos y madrigueras de las islas del Caribe y se les destruyera sin piedad. Los sucesos de 1629 habían dolido en la Corte, y España no podía permitirse volver a tener un tropiezo semejante.

La flota partió de Cádiz con rumbo a Santo Domingo, que sería su base de operaciones. Al mando del navarro Tiburcio Redín y Cruzat, barón de Bigüezal, el rápido galeón *Jesús María* fue enviado en misión de reconocimiento al laberinto de islas de las Pequeñas Antillas. Debía de proporcionar información sobre las costas, tomar medidas de los fondos y cartografiar ensenadas, bahías y puertos con precisión, para poder fijar la ruta al grueso de la flota, y especialmente a los galeones de Martín de Vallecilla, que tenían por objetivo la isla de Nieves.

El ataque español fue un éxito absoluto. Sorprendidos en el puerto, los piratas perdieron seis buques, escapando solo tres. Un pelotón de asalto tomó el fuerte y capturó a 700 piratas y corsarios, destruyendo toda la artillería que tenían. Luego, le llegó el turno a San Cristóbal —actual Saint Kitts—. Sus tres fuertes —Charles, Basse Terre y Richelieu— tenían 47 cañones y, tras un intercambio de disparos con la flota de Fadrique de Toledo, los piratas y bucaneros, franceses en su mayoría, tuvieron que hacer frente a los hombres del Tercio de la Armada de la Mar Océano, algo para lo que, sinceramente, no estaban en condiciones. El botín fue notable: siete buques, 171 cañones, 1350 arcabuces y mosquetes y 3200 prisioneros con todas las riquezas que habían atesorado.

A pesar de la victoria, a los tres días de la partida desde La Habana con rumbo a Florida de la flota de Oquendo y Toledo, llegó la noticia de los ataques holandeses en Brasil, por lo que se ordenó a la armada recuperar los puestos perdidos. La escuadra de Cantabria, con seis galeones al mando de Vallecilla, los siete de la de Castilla, al mando de Nicolás de Massibradi, y la de Portugal, con cinco, era todo lo que se tenía para atacar a los holandeses, que habían tomado las villas brasileñas con 67 naves de todos los tamaños y 6000 soldados. Un hueso duro de roer. Más, cuando se había unido a sus compatriotas Jannszoon-Pater, que había terminado su periplo por la desembocadura del Orinoco.

Dada la situación, la flota española fue reforzada, pero no podía compararse en número y potencia de fuego con la de los holandeses, por lo que don Fadrique, que no estaba conforme, dimitió en favor de

Don Tiburcio de Redín y Cruzat, barón de Bigüezal. Muchos de los capitanes españoles eran como este navarro, duros, valientes e impulsivos, prontos a tirar de espada si se sentían ofendidos en su honor, lo cual por otra parte era fácil. Óleo atribuido a fray Juan Andrés Ricci. Museo del Prado. Madrid.

Oquendo. Alegó incompatibilidad, pero en realidad es posible que no estuviese de acuerdo con la situación y no quisiese arriesgarse a fracasar en una empresa que veía harto complicada. Cierto es que Oquendo sí estuvo dispuesto desde el primer momento a ir contra los holandeses, por lo que tal vez hubiese otras razones en la decisión de don Fadrique que se nos escapan. En cualquier caso, el incidente retrasó la contraofensiva hispano-portuguesa que iba a expulsar a los holandeses de Brasil, y para don Fadrique supuso la ruina. Su renuncia a comandar la expedición contra Pernambuco y Recife enfureció al conde duque de Olivares, que sometió a juicio de desobediencia al valiente militar español. Tras pasar por la cárcel, murió abandonado por todos en 1634.

Oquendo había partido en la primavera de 1631 con rumbo a Brasil con veinte galeones, en general de entre 600 y 800 toneladas, entre los que destacaba el suyo, el *Santiago* y, tras sesenta y ocho días en el mar, los ocho que navegaban como exploradores le informaron de la magnitud de la flota enemiga. Con tranquilidad, metódicamente, fue cumpliendo las órdenes que llevaba. Primero, desembarcar las tropas en Bahía, y después, cargar valiosas mercancías en buques de transporte para llevarlas a Europa. En total, el convoy de regreso, lo constituían once galeones españoles, cinco portugueses y treinta y dos mercantes. Doce de ellos carabelas, y los otros veinte, urcas, cargados de ricas maderas tropicales y azúcar.

Los agentes holandeses que pululaban en los puertos brasileños tuvieron noticia de la llegada a Bahía de la flota de Oquendo e informaron de su presencia a la poderosa escuadra concentrada en Pernambuco. Emocionados por la posibilidad de infligir un golpe de muerte al más peligroso de los almirantes españoles, los mandos holandeses aprestaron para la batalla sus mejores naves —17 de un total de más de ochenta—, que pusieron al mando de Jannszoon-Pater, con el galeón *Príncipe*, una magnífica nave de guerra de 1000 toneladas y 50 cañones. Su segundo, era el experimentado vicealmirante Thys, cuyo bajel de 900 toneladas era también superior al *Santiago*. Ambos eran hombres combativos agresivos y audaces, que querían plantear el combate de una forma diferente a lo habitual.

Los 17 buques que partieron de Pernambuco para atrapar a la flota de Oquendo, eran verdaderas obras maestras de la técnica naval y constituían una fuerza peligrosa y equilibrada. Todos desplazaban más de 800 toneladas, y se prepararon para combatir a corta distancia, embarcando en total a 1500 soldados. La lucha que deseaba el coriáceo Jannszoon-Pater era distinta a lo que hasta el momento habían hecho los holandeses y los ingleses. Tenía más cañones, mejores barcos, y sabía que Oquendo ni siquiera tenía sus tripulaciones al completo. Esta vez, los holandeses buscaban el combate al abordaje, al estilo de lo que gustaba a los españoles, una lucha feroz, cuerpo a cuerpo, en la que verse las caras. Confiaba en sus hombres, en su valor, y en su capacidad para vencer a los españoles en las cubiertas de sus buques, y deseaba acabar con Oquendo y su flota de una vez por todas.

Oquendo logró partir rumbo a España el 3 de septiembre. Como sabía Jannszoon-Pater, no había logrado el número suficiente de marineros, y fue fácilmente descubierto por los veleros holandeses que rastreaban el mar como tiburones en busca de presas. El 12, a 240 millas al este de la costa de Brasil, en los Abrolhos, los vigías del *Santiago* vieron velas blancas a barlovento. Eran los holandeses.

Maniobrando para situarse entre el enemigo y los cargueros y mercantes a los que debían proteger, los galeones españoles siguieron las órdenes de Oquendo y formaron en línea de batalla, salvo tres de Massibradi, que no la entendieron o no la recibieron, por lo que Oquendo se quedó con sus ocho galeones castellanos y los cinco portugueses —que eran muy pequeños—. La flota holandesa se dividió en dos grupos para poder atacar tanto a los galeones como a los mercantes, dado que su superioridad numérica les daba de sobra para ello. Solo hubo un problema, los españoles parecían mostrarse más agresivos de lo que se imaginaban.

Con sus estandartes blancos con el toisón de oro y los castillos y leones al viento, y la bandera roja con Santiago, el patrón de España blandiendo su espada a popa, el galeón de Oquendo se lanzó contra el *Príncipe* de Jannszoon-Pater, disparándole toda su artillería para intentar hacerle el mayor daño posible antes del choque. El duelo fue intenso, pues los holandeses respondieron con eficacia, pero el *Santiago*, logró situarse a barlovento, y con los holandeses cegados por el humo, lanzó los garfios quedando ambos barcos enredados. Antes del abordaje, de cerca, una devastadora andanada del *Santiago* hizo saltar casi en el agua al *Príncipe*. Si los holandeses querían una lucha cuerpo a cuerpo, la iban a tener.

Una vez más ocurrió lo que el lector se imagina, pero jamás verá en el cine, una demostración de eficacia en el cuerpo a cuerpo de la formidable infantería española. Dirigidos con destreza, los terribles infantes de marina del Tercio de la Armada pasaron al buque enemigo y barrieron toda oposición. En medio del caos, con los palos destrozados y caídos sobre el puente, entre una maraña de cables, cuerdas, maderas y fardos, a través de restos de cañones, escaleras, pasamanos, balaustradas, y de seres humanos, resbalando en la sangre que corría por la cubierta, y con los ojos enrojecidos por el humo, los soldados españoles se abrieron paso a golpes de pica, tiros de mosquete y pistola, y a cuchilladas, entre los desesperados holandeses.

Un intento de ayuda a la capitana holandesa fue evitado por un audaz capitán portugués, Cosme de Couto, que interpuso su pequeño galeoncete, el *Nuesra Señora de los dos Placeres Menor*, entre el *Santiago* y el *Príncipe*, al que destrozó su costado menos castigado, antes de ser machacado por los enfurecidos holandeses que lograron hundirlo, cayendo en la lucha el valeroso De Couto.

Justo cuando el galeoncete portugués sufría el ataque, llegaron las naves de Massibradi como refuerzo, logrando que el galeón holandés más próximo a su capitana no pudiera hacer nada para ayudarle. En otra parte de la línea, las cosas no iban tan bien para las armas hispano-portuguesas. El galeón de Vallecilla, de la escuadra de Cantabria, estaba ardiendo —se hundiría después de la batalla— y el *San Buenaventura* había sido capturado tras una dura lucha. Mientras, un cañonazo afortunado del *Santiago* alcanzó la santabárbara del *Príncipe* e inició un gran incendio y, en medio de un auténtico infierno, logró separarse del barco holandés con la ayuda de Massibradi. Otro de los galeones de Cantabria, el *Cuatro Villas*, logró interponerse entre el galeón de Oquendo, aún en llamas y los holandeses que intentaban aproximarse. Incluso lo intentarían una vez más, impidiéndolo esta vez el *San Pedro*.

La feroz batalla había durado más de ocho horas y, poco a poco, los barcos que aún se batían a cañonazos en la distancia, fueron alejándose.

El *Príncipe* se hundió con su almirante a bordo y, poco después, lo haría otro de los maltrechos galeones holandeses. Sus banderas las recogieron los botes españoles y se las entregaron a Oquendo. Las pérdidas hispano-portuguesas fueron graves, pero el enemigo tuvo más de 2000 bajas y tres naves hundidas.

Desde el punto de vista estratégico puede que la batalla quedase en tablas, pues los holandeses siguieron en Brasil, pero Oquendo podía estar satisfecho. Había salvado el cargamento y logrado un triunfo defensivo en manifiesta inferioridad, demostrando que, si se mantenía junta y agrupada, una flota de galeones más pequeña podía resistir la embestida de otra que la superase en tonelaje y artillería, si esta lo hacía en desorden y sin concierto alguno, vamos, como lo había hecho la de Jannszoon-Pater.

No obstante, los holandeses no se rindieron. En los días siguientes, el vicealmirante Thys, ahora al mando, intentó impedir sin éxito que Oquendo dejase refuerzos en Parayba, y, aprovechando un temporal que había separado de la formación al maltrecho *Cuatro Villas*, lo capturó. A pesar de la expresa prohibición de ayudarle de Oquendo, que ya lo había dado por perdido, dos capitanes, Francisco de Veli y Pedro Valdés, fueron en su apoyo con el *San Carlos* y el *San Bartolomé* y lograron liberarlo. Vieron poco después como se hundía, pero en manos españolas.

Tras su entrada en Lisboa, Oquendo fue premiado por el rey con una encomienda en Trujillo, y recibido como un héroe en San Sebastián. Poco después vería la construcción de un nuevo *Santiago*, más rápido y ágil, de 700 toneladas, que se convertiría en su buque insignia.

El proyectado contraataque contra Recife, que había quedado en suspenso por la dimisión de Fadrique de Toledo, lo llevó adelante Lope de Hoces, que llegó allí en noviembre de 1635. Sus galeones, por su calado, no pudieron penetrar en el puerto, y ni siquiera desembarcar las tropas. En todo momento los holandeses evitaron el combate directo, y solo logró intercambiar cañonazos en dos escaramuzas, regresando a España sin conseguir nada.

Un tercer intento, en 1637, acabó con el procesamiento y tortura del conde de Linhares, que conocía bien a los holandeses, pues había sido gobernador del estado de la India, y se negó a dirigir la escuadra a un fracaso seguro. Finalmente, Pedro de Mascarehnas, no se atrevió a discutir al despótico Olivares y, tras ser derrotado en alta mar, acabaría procesado y en la cárcel.

En cuanto a Oquendo, seguiría brillantemente comandando las flotas de Indias, mientras el duelo hispano-holandés continuaba y el gobierno de las Provincias Unidas veía que España estaba cada vez más débil, con sus múltiples enemigos haciéndose día a día más fuertes, y pensando que bastaría con capturar otra vez la flota de la plata para colocarla contra las cuerdas. En 1638, el almirante Cornelius Jol partió con diez bajeles de la bahía de Texel con rumbo al oeste. Su destino: el puerto de Pernambuco, en Brasil, donde se le unieron otras seis poderosas naves de guerra, y unas cuantas más tripuladas por corsarios y piratas, que, al olfatear el botín, una vez conocida cual era su misión, se ofrecieron a Jol para lo que hiciese falta.

Como el secreto era prácticamente la única garantía de éxito, Jol tomó la decisión más arriesgada, convencido tal vez de que la suerte ayuda a los valientes: navegar hasta su objetivo por el peligrosísimo canal de Bahamas, una ruta con bajíos poco conocidos y arrecifes traicioneros. Sin embargo, la fortuna que buscaba con ansía le fue esquiva de nuevo, pues una dura tempestad envío contra las costas de Cuba a algunos de sus barcos, permitiendo a las autoridades españolas conocer los planes de Pata Palo y dar aviso a las flotas de Indias. Sin embargo, como en una maldición, e igual que había sucedido diez años antes, la noticia llegó bien a Veracruz, pero no así a Portobelo, por lo que la flota de Carlos Ibarra partió hacia España ignorando que el enemigo acechaba en la ruta.

Con habilidad, Jol situó sus barcos en la línea de arrecifes conocidos como «los Colorados», en el actual puerto de Cabañas. Un punto de observación excelente que le permitía cubrir la aproximación de cualquiera de las dos flotas de Indias. Se trataba de tener la paciencia de un cazador y esperar.

Carlos Ibarra, natural de Eibar, era un hombre valeroso pero prudente, y condujo a los cuatro mercantes que iban con él —tres fragatas y una urca—, protegidos por ocho galeones de guerra, que, al seguir su ruta habitual, se dieron de bruces con la poderosa flota holandesa. Sin embargo, a diferencia de Benavides, Ibarra decidió enfrentarse a sus enemigos por muy superiores que fueran. Antes de partir, había advertido a sus capitanes que disparasen solo cuando el enemigo estuviese encima, a «la española». Como se sabía bien resolver las cosas.

En la práctica la idea de Ibarra funcionó. Ni siquiera tres galeones holandeses unidos pudieron contra el del marino vasco, que respondió a sus enemigos con una brutal andanada que aturdió a sus agresores y, rápidamente, se desaferraron del barco español. El resto de los buques holandeses no lograron en ningún momento «ablandar» a los recios galeones españoles, y se retiraron de mala gana, tras lo cual, los capitanes corsarios abandonaron la flota de las Provincias Unidas y dejaron solo a Jol con sus buques.

El terco holandés no se dio por vencido y, con trece barcos, volvió a intentarlo, pues por la falta de viento, los españoles seguían a la vista. Con prudencia, para no verse envueltos en un cuerpo a cuerpo en el que los ibéricos les mojaran la oreja, como casi siempre, Jol atacó a un galeón que tomó por la capitana española. Craso error. Era el *Carmen de Sancho*, del capitán vasco Urdanivia. Con el auxilio de los buques de Ibarra, el galeón se salvó, pero en tan mal estado, que se separó del grupo y marchó a bahía Honda, de donde sería finalmente rescatado. El resto de la flota no estaba mucho mejor y, casi todos los capitanes, querían regresar. Solo Ibarra, herido por una granada en uno de los combates, se opuso. Serio y responsable, sabía perfectamente que España necesitaba el oro, que sus ejércitos sobrepasados en número y recursos de forma abrumadora, se morían, y el reino podía colapsar. Sin embargo, se impuso el sentido común, y la flota regresó a Veracruz.

El valiente Ibarra sabía lo que se jugaba España y lo que pretendía era casi imposible. El oro se había salvado, pero no llegaría a España hasta el año siguiente. Dos meses separaron su llegada, en 1639, de la partida de las naves de Oquendo rumbo al Canal de la Mancha, de forma que no pudo usarse para equipar en condiciones a la flota que se iba a jugar en Las Dunas el destino de la nación. Al final, Pata Palo, que no había obtenido ningún botín y veía como el triunfo más grande de su vida se le escapaba entre los dedos, había entregado a su país algo más valioso que el oro: tiempo. Lo primero puede recuperarse si se pierde, lo segundo, nunca.

3.3.2 Nos contra todos y todos contra nos

«O lo perdemos todo o Castilla se convierte en la cabeza del mundo». Con esta frase respondía el conde duque de Olivares al conocer la declaración de guerra en la primavera de 1635. Ahora que las cosas estaban claras, pensaba el valido que había que demostrar al enorme pero inexperto ejército francés, quienes eran los dueños y señores de los campos de batalla y, a su igualmente novata armada, que los herederos de los vencedores de las Terceras todavía podían ajustarles las cuentas en el ancho mar.

En la actualidad podría parecer una locura que tanto Olivares como el rey Felipe tuviesen una confianza tan ciega en las posibilidades de una nación que combatía ya en todos los teatros de operaciones imaginables y que, de golpe, tenía que enfrentarse a otra que le abría tres nuevas zonas de guerra: la frontera del franco-condado, el sur de Flandes, que ahora quedaba rodeado de enemigos, y la propia España, por ser naciones vecinas. En palabras de Víctor San Juan:

> En el transfondo del plan de Olivares vemos, en realidad, cómo el famoso lema «Nos contra todos, todos contra Nos» del rey Felipe IV, un desconocedor absoluto del arte de la guerra, adquiere su verdadera, suicida y terrorífica dimensión.

Sorprendentemente la primera campaña pareció dar la razón al conde duque. Richelieu había tratado al principio de llevar a cabo una «guerra de diversión», mientras sus bisoñas tropas adquirían experiencia y se fogueaban en operaciones de alcance limitado. Esa idea era buena sobre el papel, siempre y cuando los españoles, enredados en mil lugares hiciesen lo mismo, pero para desgracia de Francia no fue así.

El comandante en jefe del Ejército de Flandes, el experimentado y competente hermano del rey Felipe, el cardenal infante don Fernando de Austria, no pudo actuar durante el año 1635, y se limitó a proteger las fronteras de su territorio, pero al año siguiente, dejando bien cubiertos los frentes holandés y alemán, dirigió lo mejor de su ejército a la Picardía, para llegar al corazón de Francia, Tas vencer en La Capelle, Châtelet y Vervins, las tropas españolas tomaron un puente en Corbie, sobre el Somme a menos de 120 kilómetros de París y, si la ofensiva prevista para 1637 contra La Provenza, hubiese podido llevarse a cabo, es posible que Francia hubiese sido obligada a pedir una paz humillante.

Sin embargo, para su suerte, Francia aguantó, y a lo largo de 1637 fue recuperándose, gracias en parte a que los holandeses aumentaron la presión, logrando reconquistar Breda, en tanto que las tropas españolas, muy escasas, tenían que combatir en dos frentes.

La notable flota francesa, al menos por su tamaño, no realizó en los dos primeros años de guerra, ninguna acción que mereciese los elogios del cardenal Richelieu, que tanto empeño había puesto en fortalecerla. A pesar de contar entre sus buques con los impresionantes bajeles, *Le Vaisseau du Roy*, de 1000 toneladas y *La Couronne*, con 2000, aún no habían mostrado su poder a los españoles, ni habían destacado por mostrar una actitud ofensiva y agresiva que demostrase la voluntad francesa de imponer su poder en el mar.

Por fin, en 1638, se decidió a actuar, aprovechando la invasión de Guipúzcoa por el ejército del príncipe de Condé, el futuro vencedor de

Rocroi, que, tras atravesar la frontera por Irún con 20 000 hombres, sitió la plaza de Fuenterrabía —Hondarribia—, dispuesto a avanzar a lo largo de la costa, apoyado por el bloqueo que estableció su armada.

La flota, al mando del arzobispo Henri D'Escoeblau de Sourdis, actuó esta vez en plena cooperación con las tropas terrestres y se dirigió directamente contra Pasajes, incluyendo entre sus barcos al gigantesco *La Couronne*. Tomadas las escasas defensas por sorpresa, los franceses destruyeron todos los galeones en construcción y capturaron los que ya estaban botados o se encontraban en el puerto.

El nerviosismo en Madrid fue enorme. Los franceses estaban intentando llevar la guerra a España, y lo que es peor, no había apenas fuerzas que pudiesen detener su avance, comprometido como estaba el ejército en otros teatros de operaciones a lo largo y ancho de Europa. Se ordenó equipar a toda prisa catorce galeones al mando de Lope de Hoces en el puerto de La Coruña para enfrentarse a la amenaza, e igualmente se dieron instrucciones al almirante Feijo y a Oquendo para que dirigiesen sus escuadras contra los franceses.

La primera escuadra en llegar a la zona de bloqueo fue la de Lope de Hoces, que entró en la bahía de Guetaria fondeando en la península que forma con la isla de San Antón. Los exploradores franceses la descubrieron y comprendieron que tenían una increíble oportunidad. No solo los franceses se dieron cuenta del peligro que corría, también muchos españoles, como Nicolás de Judici Fiesco, que urgió a Lope de Hoces a salir como fuera de la trampa en la que él mismo se había metido, y viendo que Hoces no le escuchaba, tomó sus dos galeones y salió del puerto.

La terrible y desgraciada noche del 22 de agosto de 1638, las naves de De Sourdis atacaron Pasajes enviando sus brulotes[47] contra los amontonados barcos españoles, que comenzaron a hacer explosión según las llamas alcanzaban las santabárbaras y las municiones. Hubo 3000 muertos y heridos y decenas de galeones abrasados, sin una sola víctima por el lado francés, en uno de los más exitosos ataques de una flota, contra otra refugiada en un puerto.

47 Los brulotes de la época eran un arma muy peligrosa, que no tenían nada que ver con los de la época de la Invencible. Eran barcos viejos, a los que se retiraba la artillería y se sustituía por maderos pintados de negro para parecer buques normales. Iban cargados de pólvora, nitrato sódico, aceite de linaza y azufre, con garfios y vergas para enredarse en el barco enemigo. Cuando se activaban los explosivos, sus efectos eran devastadores.

Sin embargo, la gran victoria del arzobispo de Burdeos se vio empañada por un error estratégico. Tras destruir la flota de Lope de Hoces, se retiró a las costas de Francia, evitando la batalla con el grueso de la armada española, que al mando de Oquendo llegó a la zona unos pocos días después. Encontró los restos de los barcos de Hoces, pero ni rastro de las velas francesas. Era un regalo, y no iba a desaprovechar la oportunidad. Los cañones de los galeones apoyaron desde el mar a las tropas sitiadas en Fuenterrabía hasta lograr que los franceses levantaran el sitio y regresasen tras sus fronteras.

De Sourdis continuó en los años siguientes con su táctica de atacar puntos aislados en la costa española, como en agosto de 1639, unos pocos meses antes del desastre de Las Dunas, cuando lo hizo sobre Santoña, cuya minúscula guarnición de 150 soldados no pudo evitar la destrucción de sus fortificaciones.

El almirante-arzobispo no estuvo mucho tiempo en el cargo, cayó en desgracia dos años después, cuando dirigió sus bajeles al Mediterráneo para colaborar con los insurrectos catalanes a tomar Tarragona, y la eficaz ayuda a la guarnición sitiada de la flota de cuarenta galeras de García de Toledo, evitó que cayese en manos de los rebeldes, a pesar de que De Sourdis contaba con treinta y dos bajeles y catorce galeras.

El sucesor del arzobispo, cesado por Richelieu por su fracaso, fue el marqués de Bréze, un bisoño y valeroso noble de solo 27 años de edad, al que el experimentado almirante Idiáquez obligó a levantar el asedio de Barcelona.

A pesar del grave quebranto sufrido, podía pensarse que las armadas españolas podían todavía responder al ataque, y que debían hacerlo de inmediato en Burdeos, La Rochela o Brest, o incluso intentar alguna acción terrestre contra Bayona. Sin embargo, ya no era posible. El ataque holandés de Jol provocaba la necesidad de que las dos flotas de importancia de las Indias, en Veracruz y La Habana, tuviesen que ser auxiliadas por la Armada de la Mar Océano, lo que limitaba mucho su capacidad de actuar, y, la destrucción de los astilleros de Guetaria y Santoña, impedía reponer los galeones perdidos durante el ataque, al menos en un plazo breve. Sin embargo, los estrategas de Madrid, dirigidos por el conde duque, tenían aún un as en la manga: los veinte galeones de altura del almirante Oquendo, los herederos de los de Álvaro de Bazán. Si Olivares lograba reforzar ese duro y experimentado grupo, podría ponerse en práctica un ambicioso plan que hacía tiempo rondaba en la mente del poderoso valido: llevar la guerra a las propias costas holandesas, y allí, con la colaboración del todavía impresionante ejército de Flandes, clavar una daga en el corazón de las Provincias Unidas.

3.4 La jornada funesta de Las Dunas

Para la guerra declarada por Francia, agentes del conde duque de Olivares, inspectores, y un ejército de funcionarios, hicieron durante meses un metódico trabajo para comprobar cuántos galeones y otros grandes navíos podían ser aprestados en una campaña naval de envergadura. Se recorrieron dársenas, astilleros, puertos, y casi cualquier lugar en el que pudiese encontrarse una nave a vela. Luego se evaluaban las condiciones en las que estaba y, si era susceptible de incorporarse a la flota que se estaba organizando. Se llegó incluso a extraer del lodo del puerto de Guetaria al galeón *Nuestra Señora del Caro*, del que además se consiguió recuperar la artillería.

A pesar de las dificultades económicas, el resultado del enorme esfuerzo dio pronto sus frutos. La idea de Olivares era sencilla sobre el papel: Lope de Hoces debía poner en condiciones de navegar una flota en La Coruña, que debería de unirse a la Armada de la Mar Océano de Oquendo. Igualmente, en Portugal y las costas cántabra y vasca, se debían armar y preparar todos los bajeles que se encontrasen y, finalmente, en Cádiz se reunirían algunos más. Era un trabajo ímprobo, pero, en teoría, se dispondría de nuevo de una escuadra temible.

En realidad, la idea de Olivares consistía en aprovechar las supuestas debilidades estratégicas de las Provincias Unidas. Después de Nördlingen, aunque se continuaba usando temporalmente el Camino español, la entrada en la guerra de Francia había anulado el gran éxito de la campaña de 1634-35 y, si bien en los primeros años los resultados habían sido favorables, el hecho de combatir en multitud de frentes estaba debilitando la posición española.

La supuesta «debilidad» holandesa en la que se basaba el Conde Duque para pensar que aún había una oportunidad seguía siendo, como en la década de los años veinte, su comercio. De él vivían, obtenían las riquezas con las que armaban flotas que depredaban el imperio hispano-portugués y equipaban y pagaban a sus ejércitos mercenarios. El objetivo, por lo tanto, para acompañar el éxito de los corsarios de Dunkerque, era usar la nueva flota puesta al mando de Antonio de Oquendo, para conducir un poderoso ejército a Flandes, y luego controlar el Canal de la Mancha, desde el fondeadero de los Downs —Las Dunas—, en Inglaterra, hasta Mardwyck, en la orilla opuesta.

La verdad es que los historiadores —prácticamente todos— han sido siempre muy críticos con semejante desatino, y no es para menos, ya que olvidaba dos cuestiones realmente importantes. La primera ¿por qué iba la neutral, pero orgullosa Inglaterra dejar a España el dominio del mar delante de sus costas?; y la segunda ¿iba Francia a dejar que España destruyese la flota holandesa sin hacer nada?

Si ya los dos primeros problemas tenían difícil solución, había un tercero aún más importante ¿alguien había valorado el verdadero tamaño y calidad de la flota, o mejor, flotas de las Provincias Unidas? Es cierto que los españoles sabían que el punto débil de los holandeses era su comercio marítimo, pero ellos mismos también eran conscientes de esa debilidad, y no estaban dispuestos a permitir que nadie les disputase la soberanía de los mares aledaños a sus costas, que tanta sangre y esfuerzo les había costado conseguir. Con sus enormes recursos industriales y financieros habían sido capaces de levantar dos flotas poderosísimas, la primera al mando del almirante Maarten Tromp, con cincuenta navíos; la segunda, la del vicealmirante Evertz, con cuarenta navíos, a los que se reforzó con diez urcas bien armadas para la guerra.

La armada holandesa era pues, en principio, muy superior a la española en tonelaje, número y, por qué no decirlo, calidad, material y condición humana. Los holandeses eran en su mayoría experimentados marinos, acostumbrados a recorrer todos los mares del mundo y los españoles, por el contrario, si bien disponían de magníficos marinos y capitanes, contaban con una flota menos equilibrada, en la que había barcos y tripulaciones reunidas a toda prisa, mezclados con otros excelentes, tripulados por marineros tan buenos como los mejores del mundo. Asimismo, era lógico que el espionaje holandés y el francés, especialmente activo en España, tuviese conocimiento de lo que se estaba cociendo en Madrid y, lo normal, hubiera sido que los agentes transmitiesen a Ámsterdam y París informes alarmantes sobre el proceso de concentración de fuerzas navales en los puertos españoles y de su preparación para algo importante.

La conclusión es fácil, el conde duque, con un notable esfuerzo, iba a enviar a la última gran armada de España a una misión absurda y peligrosa, en la que corría el riesgo de perder, dejando las costas peninsulares y americanas a merced de los depredadores que hacía ya décadas que ambicionaban sus riquezas. Como acertadamente dice Víctor San Juan:

> ¿Qué demonios de estratega mandó la última flota que España podía reunir a ser cercada y aniquilada en las costas inglesas? Todo, en este plan, y en la campaña de Las Dunas, hace pensar en una precipitación improvisada tan absurda como derrochadora de vidas y medios de los que España tenía perentoria necesidad[48].

La primera de las escuadras, pues en realidad la flota de Oquendo se formó de la unión de varias, era la de Lope de Hoces, que se organizó en La Coruña, puerto en el que se había concentrado la construcción naval española en la costa norte después del exitoso ataque de De Sourdis contra las costas vasco-cántabras y, en su formación, se vieron claramente las limitaciones de actuar de esta manera. El galeón insignia, el *Santa Teresa*, era bastante bueno, pero sus otros seis barcos presentaban problemas de armamento, y sus dotaciones, muy inexpertas, estaban lejos de poder compararse con las de los buques enemigos a los que iban a enfrentarse.

La segunda escuadra de Galicia era aún peor. Fruto del incansable trabajo de Andrés de Castro y Gómez de Sandoval, hijo del conde de Lemos, tenía media docena de galeones de calidad más bien mala, con tripulaciones de escasa preparación y, con el agravante, de que don Andrés exigió para sí mismo el nombramiento de general en dicha escuadra, lo que se le concedió para desgracia de todos, pues ser un competente administrador no es lo mismo que ser un competente militar. Afortunadamente, el almirante era Francisco de Feijoo y Sotomayor, un experto navegante. Su buque insignia, el galeón *Santiago de Galicia*, era un excelente barco de 596 toneladas.

La tercera escuadra de Galicia era en realidad la magnífica flota de Dunkerque, con siete galeones de primera, al mando del eficaz Miguel de Horna, que llevaba de almirante a Martín Rombau[49]. Magníficamente tripulada, con años de experiencia en la guerra contra los holandeses, había causado un daño tremendo a su comercio.

48 Su obra sobre Las Dunas es de consulta obligatoria para quien quiera entrar en profundidad en la última campaña española en el Canal de La Mancha, aclarando algunas cuestiones que la bibliografía clásica sobre el asunto deja en el aire o no explica bien.

49 Eran los siguientes: *San José*, *San Vicente*, *San Gedeón*, *San Martín*, *San Carlos*, *Salvador* y *San Juan Evangelista*.

Al mando de Francisco Sánchez Guadalupe, la cuarta escuadra formada en Galicia contaba con algunos galeones muy modernos, como el poderoso *Santo Cristo de Burgos*, de 700 toneladas, construido hacía un año, pero en general, presentaba los mismos defectos que la segunda y la tercera.

Finalmente, Oquendo contaba con la excelente flota que se formó en Cádiz, tomando como núcleo la Armada de la Mar Océano. La primera de sus escuadras, bajo su mando, contaba con la capitana real, el galeón *Santiago de Castilla* —también llamado *Santiago de España*—. La segunda era de la Martín Ladrón de Guevara, igualmente de gran calidad, la tercera, la de Nápoles, de Pedro Vélez de Medrano y la cuarta la de Jerónimo Massibradi. La mayor parte de sus barcos eran buenos, incluso los mercantes artillados para servir en «Armada», si bien estos últimos, la mayor parte urcas, no se podían comparar con los mejores y más modernos galeones.

A pesar de que era una locura, el plan del conde duque de Olivares siguió adelante. Un total de 30 naves de transporte, incluyendo 7 alquiladas a armadores ingleses[50], llevarían a las tropas, acompañados por 51 naves de guerra, la mayoría galeones. Concentrados todos en La Coruña, Oquendo esperó con ansia la llegada de la flota de Dunkerque, y, cuando por fin sus barcos estuvieron en Galicia, decidió embarcar con él en la capitana real a Horma, experto piloto conocedor de las costas a las que iban, dejando la flota de Flandes al mando de Rombau.

En un consejo de guerra en el *Santiago de Castilla*, quedó claro el plan. La flota entraría en el Canal de la Mancha siguiendo las directrices de Horma, buscaría el encuentro con los holandeses, y Oquendo se enfrentaría con su buque a la capitana enemiga. La seguirían todos los demás, que mantendrían la formación cerrada y en bloque. Si bajo cualquier circunstancia adversa no se pudiera llegar a las aguas del Canal, el punto de reunión sería Santander.

El 6 de septiembre partieron con rumbo al norte. Tardaron una semana en llegar a las costas de Bretaña más próximas al Canal de la Mancha y entraron en él por una ruta diferente a la que tomó la Armada en 1588, navegando directamente hacia el fondeadero de los Downs. Fueron descubiertos por las naves de avanzada de las Provincias Unidas en las proximidades de Selsey Bill.

---

50 Víctor San Juan dice que los transportes ingleses eran 12, más media docena españoles.

Para el almirante holandés, Maarten Tromp, las cosas resultaban más sencillas. Tenía sus bases y puertos seguros en su propia nación y, al partir al encuentro de la flota española, sabía que podía contar con el apoyo francés al sur, y nada debía de temer de los neutrales ingleses. Por lo tanto, su objetivo era simple: aproximarse a la flota española, atacarla, y evitar, ante todo, que las tropas de refuerzo del Ejército de Flandes llegasen a su destino, pues en un momento en que la feroz guerra seguía indecisa en tierra, y teniendo en cuenta los éxitos militares de las Provincias Unidas en su ofensiva de los años anteriores, todo podía estropearse si los españoles lograban aportar tropas a los experimentados pero agotados tercios. Los diez mejores navíos de Tromp, marchaban en vanguardia prestos a chocar con la flota de Oquendo, pero como los ingleses en 1588, las órdenes eran impedir que la lucha llegara al abordaje, y evitar el cuerpo a cuerpo, pues en ese caso —de nuevo no se crean lo que aparece en las películas americanas e inglesas—, como les había ocurrido a Janszoon Pater y Cornelius Jol, vencer a los españoles era casi imposible[51]. Hombre frío, reflexivo e inteligente, Tromp era un excelente táctico naval, y sabía que sus posibilidades de éxito bajarían mucho si aceptaba un combate «a la española» contra los galeones de Oquendo.

No obstante, también conviene recordar, sobre todo a los historiadores holandeses, que insisten tercamente en ello, que la artillería de la época, si bien lanzaba proyectiles que superaban el kilómetro y medio de alcance, no «demolía» un galeón así como así. Era preciso tener mucha suerte para que un galeón español «machacado» a cañonazos no pudiera retirarse y, tras reparar las averías más graves, volver a la lucha. Por lo tanto, esa táctica jamás decidía una batalla, la dejaba siempre en tablas, salvo que algo inesperado cambiase la suerte de una de las flotas.

Así pues, el éxito de Tromp se basaba principalmente en impedir la llegada de las tropas de infantería, pues en el resto, tenía que ser consciente de que sus logros serían muy limitados. Eso fue en realidad lo que ocurrió, pues una parte de la flota española pudo escapar, y lo hubiese hecho la otra, de no haber embarrancado en los bancos de arena.

El 16 de octubre en Beachy-Head, en los South Downs, los españoles, que tenían ya a la vista a la vanguardia de 17 navíos de Cornelius

51 Las cosas no habían cambiado nada. En el uno contra uno, los españoles eran, todavía en 1639, muy superiores a holandeses, franceses e ingleses. Véase en esta misma colección *Las reglas del viento*.

de Witt, intentaron aproximarse a ellos, mientras los holandeses, tal y como les habían ordenado, rehuían el combate. Tenían que hostigar a los galeones con fuego artillero a distancia para impedir que entrasen en el estrecho y, si era posible, lograr que fondearan en los Downs.

Oquendo se dio cuenta de que, si seguía todo así, se podía repetir lo sucedido durante la Empresa de Inglaterra[52], por lo que resolvió hacer algo realmente inusual, atacar en solitario con el *Santiago de Castilla* a la flota holandesa en bloque, dirigiéndose contra el *Aemilia* de Tromp, en busca de un combate singular. Tromp, con una gran sangre fría, evitó caer en la trampa de intentar abordar el galeón español con la ayuda de sus compañeros, pues sabía que, si lo hacía, tardaría horas en tomar el barco de Oquendo, tiempo de sobra para que el resto de la flota española acudiese en su ayuda. Tras dispararle todo lo que pudo, evitó una y otra vez enredarse con él[53], aunque Oquendo estuvo a punto de atrapar con sus garfios a un bajel holandés que se aproximó demasiado.

Al llegar la noche, los españoles tenían solo 43 muertos y su flota estaba intacta, pero los holandeses rompieron el contacto y se retiraron. Se habían librado de cometer un gran error.

El día 17 amaneció sin viento, y eso, junto a la llegada de más barcos enemigos, malogró el intento de Oquendo de atacar a una línea de naves holandesas que cerraba el paso a la armada española. Ideó un plan para el día siguiente, atacaría a la línea holandesa por uno de sus extremos.

El 18, con todo sin resolverse, el galeón de Hoces, el *Santa Teresa*, y otros de su flota, se aproximaron al de Oquendo para acercarse a la línea enemiga. Entablaron un duelo artillero, que, tras prolongarse por varias horas, no decidió nada, hasta que, al atardecer, el *San Carlos*, de la escuadra de Cádiz, logró lanzar los garfios a uno de los barcos enemigos. Seis barcos holandeses acudieron en su auxilio, mientras que nadie ayudó al *San Carlos*, a cuyo capitán, el valiente Mateo de Ulajaní, le arrancó la cabeza una bala de cañón. El galeón se rindió y, tras un nuevo combate, Oquendo, logró recuperarlo, aunque en la refriega, a base de cañonazos, los holandeses lograron hundir un patache español de enlace.

---

52 Antonio de Oquendo era el hijo de Miguel de Oquendo, capitán general de la armada guipuzcoana, que había combatido en las Terceras y la Empresa de Inglaterra.

53 Si lo hubiese hecho, Tromp podía haberse encontrado en una situación similar a lo ocurrido con el *San Mateo* en Terceras (1582), pero él no era Strozzi, y supo aguantar la tentación. Véase de nuevo *Las reglas del viento*.

Antes de la batalla de las Dunas. *Al mando de su buque insignia el* Aemilia, *el almirante Maarten Tromp dirige sus naves a la victoria en la batalla de Las Dunas el 21 de octubre de 1639, una de las más importantes y decisivas de la historia de Europa, pues alejó para siempre a España de los mares del norte.* Obra de Reinier Nooms. National Maritime Museum. Greenwich, Londres.

Durante varios días la lucha se mantuvo indecisa. La armada española seguía avanzando, aunque más despacio, y, como ambos bandos necesitaban recuperarse, Tromp se dirigió a Boulogne para recoger municiones y pertrechos que los franceses ponían a su disposición. Los españoles avanzaron a la vista de los acantilados de Dover y, poco a poco, recalaron en el fondeadero de los Downs, justo donde los holandeses querían que entrasen.

Un malentendido entre el orgulloso Oquendo y el puntilloso almirante inglés, *sir* John Penigton, encargado del puerto, por causa de los saludos debidos a la *Royal Navy*, enturbió las relaciones entre ambos, y, aunque no sabemos de que hablarían previamente Tromp y Penigton cuando se encontraron en una conferencia para evitar daños mayores y un enfrentamiento entre ingleses y holandeses, cabe presumir, según lo sucedido, que no sería nada bueno para los intereses españoles[54]. No obstante, gracias a las intensas gestiones del embajador español en Londres, los barcos de Oquendo, en cumplimiento de las órdenes de estricta neutralidad dadas por el rey Carlos I, fueron aprovisionados.

54 Algunos autores incluso insinúan la posibilidad de un soborno, pero nos parece excesivo.

Tromp y sus oficiales sabían lo mismo que el gobierno de su nación, si eliminaban a Oquendo, se quitaban de encima al último gran comandante español y a la última gran flota de su «enemigo hereditario», por lo que se convertirían en los dueños del mar. Curiosamente, después de varios días, tanto los españoles como los holandeses decidieron que había que tomar una decisión. Ni se podía permanecer eternamente fondeados en un puerto que no era propio, reduciéndose el agua y las provisiones, ni se podía mantener un bloqueo durante largos meses.

El 21 de octubre de 1621, cuando la flota española decidió salir, una veintena de galeones quedó atrapada en los bancos de arena de Goodwin, por una mezcla de mala suerte e impericia, lo que obligó a Oquendo a afrontar la batalla decisiva con la mitad de sus efectivos. No les pasó lo mismo a los holandeses, que tenían sus filas bien organizadas, sus brulotes listos, y la ventaja de barlovento. Aún así, sin viento a favor, el *Santiago de Castilla*, o *de España*, se enfrentó al *Aemilia*, de Tromp, y a los bajeles que le rodeaban con decisión y valentía. Recibió una lluvia de fuego destructor realmente aterradora, que se estima que pudo llegar a 1500 proyectiles de todos los calibres.

El grupo de Hoces, con siete galeones nada airosos y su propia nave, el *Santa Teresa*, estaba recibiendo un duro castigo. Además, le lanzaron tres brulotes, que el general español apenas pudo evitar. Primero se enganchó uno y, poco después, se enredó otro. A pesar de todo, Hoces, herido en una pierna, siguió combatiendo hasta el final mientras el *Santa Teresa* se convertía en una gigantesca pira y se iba a pique con su valeroso comandante a bordo. El *Santiago de Galicia*, de Feijoo, buque insignia de la armada de Galicia, desarbolado y agujerado a cañonazos logró rechazar un intento de abordaje de dos barcos holandeses que le habían lanzado sus garfios. Finalmente, con la ayuda de un tercero, lograron rendirlo.

Los intentos españoles de romper el bloqueo fueron totalmente infructuosos. Al mediodía, tres de los galeones estaban hundidos, seis habían sido capturados, y los doce restantes con los que Oquendo podía combatir estaban muy dañados. La infantería del *Santiago de España*, atrincherada entre las maderas de los palos que habían caído y los restos de lo que quedaba del casco, hombro con hombro, sin ceder ni un metro, logró rechazar el intento de abordaje de cuatro barcos holandeses que rodeaban a la capitana española, en el momento supremo de la batalla, cuando diez navíos holandeses combatían contra ocho maltrechos galeones españoles.

Maarten Tromp. El gran almirante holandés fue un soberbio táctico, partidario de los modernos sistemas de guerra que buscaban evitar el abordaje y concentrarse en el poder de la artillería. En Las Dunas tuvo su momento de mayor gloria. Retrato de Jan Lievensz del que hay una copia en el almirantazgo de Rotterdam.

A pesar de la superioridad y del brutal cañoneo, Tromp llegó a la conclusión de que Oquendo, como Hoces, no se iba a rendir jamás, por lo que, si quería destruir a los ocho enemigos que resistían, debería de intentar abordarlos a riesgo de tener centenares de bajas. Sabía que había vencido y que ya no era necesario, por lo que decidió retirarse, dejando a los agotados y destrozados españoles mar abierto hacia Dunkerque. El *Santiago de España*, a punto de hundirse, llegó a Mardyck, con los restos de la flota también en pésimas condiciones. Oquendo, al abandonar su barco, se limitó a decir: «ya no me queda más que morir, pues he traído a puerto, con reputación, la nave y el estandarte».

Dicen que Tromp ató una escoba en el palo mayor del *Aemilia*, para demostrar que había «barrido» a los españoles del mar, cuando fue recibido en su país como un héroe. Lo cierto es, que, tras la victoria, las Provincias Unidas iban a convertirse en la nación soberana y señora de los océanos y mares del mundo. No les duraría mucho, en unas décadas deberían enfrentarse al desafío de la *Royal Navy* en tres duras guerras. En una de ellas perdería la vida el vencedor de Las Dunas.

Con gran esfuerzo, el marqués de Velada, embajador español en Londres, logró que se devolvieran los galeones varados en la costa inglesa, que ahora pasaban a tener un valor inmenso para desgracia de España, que había perdido su última gran flota y recibido un golpe del que no se recuperaría jamás.

Bien pronto, las limpias aguas del Caribe se llenarían de piratas de la peor especie, asesinos enfermos y enloquecidos, que cometieron todo tipo de brutalidades en un tiempo en que vieron que la, otrora poderosa España, ya no podía hacer prácticamente nada contra ellos.

Respecto a Flandes, perdido el Camino español, y cerrada la vía marítima, jamás pudo recibir ya refuerzos en gran número y, las tropas que se enviaron, llegaron en un desesperante goteo. A pesar de todo, para mantener la soberanía española, se mantendrían combatiendo metro a metro, en un territorio llano como la palma de la mano, siempre en inferioridad numérica, hasta principios del siglo XVIII.

Reparadas las naves de Mardyck, una flota de veinte unidades partió para La Coruña transportando a unos 3000 hombres de infantería valona. En ella iba un agotado y consumido Oquendo, que falleció en la primavera de 1640.

4

COMBATIENDO CONTRA UNA HIDRA

Calma mediterránea. *Tras la batalla de Las Dunas, al duelo hispano-holandés siguió la creciente amenaza francesa en el mar, que constituían las formidables flotas creadas por el genio de Colbert, incluyendo a los corsarios de Saint Malo y, después de 1662, también de los del puerto flamenco de Dunkerque. Sin embargo, la feroz ambición de Luis XIV, acabaría haciendo que los holandeses combatieran aliados de España en varias de las guerras de finales del siglo XVII.* Obra de Gaspard van Eyck, pintada hacia 1650. Óleo sobre lienzo. Museo del Prado. Madrid.

Aquel que desee familiarizarse con la anatomía morbosa de los gobiernos,
aquel que desee conocer hasta qué punto se puede debilitar y arruinar un gran Estado,
debe estudiar la historia de España.

Thomas Macaulay

4.1 Una guerra sin fin

Cuando se firmaron los días 15 de mayo y 14 de octubre de 1648 los tratados de Osnabrück y Munster, conocidos como Paz de Westfalia, que ponían final a la destructora Guerra de los Treinta Años, que desde 1618 había ensangrentado y arruinado Alemania, y a la larga contienda de ochenta años entre España y las Provincias Unidas, nació un nuevo orden político en Europa, basado en el concepto jurídico de soberanía nacional, que establecía el nacimiento del estado-nación. O con más exactitud, de la Europa de los Estados, que con cambios y modificaciones se mantiene vigente todavía hoy.

Para España, que reconocía oficialmente la independencia de los Países Bajos —que era un hecho evidente desde hacía décadas—, la guerra continuó en Cataluña y Portugal, alzadas en armas en 1640 y, también en las fronteras de los Pirineos, Flandes, Franco-Condado y Luxemburgo, pues el gobierno de Madrid se negó a acordar una paz con Francia, una nación que buscaba la ruina de la monarquía de los Austrias, apoyaba a los rebeldes a la Corona y ambicionaba quedarse con parte considerable de sus territorios.

Sin embargo, la situación, que era grave, mejoró en parte gracias a las desdichas de Francia, en concreto, con las sublevaciones conocidas como La Fronda, que dieron un respiro a los tercios. Obviamente se intentó apoyar al bando opuesto al cardenal Mazarino, el principal enemigo de España. Se acordó una alianza con la duquesa de Longueville y el mariscal Turenne en abril de 1650, decidiéndose atacar a las tropas reales hasta conseguir la paz general, facilitándoles soldados, barcos y apoyo.

España incorporó a las negociaciones directas con los franceses al gobernador de San Sebastián, un caballero natural del Franco-Condado, don Carlos, barón de Vatteville, un magnífico soldado con gran experiencia diplomática. Dado que la oposición al gobierno de Mazarino se centraba en el Parlamento de Burdeos, y en la Guyena, se consideró en Madrid que sería interesante hacer un esfuerzo en la costa atlántica de Francia, pues interesaba a los insurrectos mantener abiertas sus salidas al mar para asegurar su comercio.

Debido a que la campaña de Barcelona absorbía las energías de la mayor parte de la escasa armada disponible en las costas españolas, se ordenó a José Osorio que llevase tres fragatas a la costa vasca para organizar una acción de apoyo a los rebeldes de Burdeos. Era un refuerzo ridículo, pero en unos meses pudo contarse en Pasajes con ocho navíos y algunas pinazas, con las que el barón de Vatteville tomó Talmont y Bourg-Sur-Dordogne, rechazando a las naves de Vendôme, que eran muy superiores en número.

Poco después, el gobernador de los Países Bajos españoles, el archiduque Leopoldo, que había sitiado Dunkerque tras reconquistar Mardyck y Gravelinas, organizó un plan para atraer a la flota francesa hasta la ciudad. Cuando los navíos franceses, al menos 20 bajeles, 8 brulotes y 15 transportes con tropas, quisieron levantar el sitio, se encontraron de bruces con la flota española de Flandes y la inglesa de Robert Blake, que la machacaron de forma inmisericorde, perdiendo todos los buques menos 13 de los más pequeños. Dunkerque se rindió el 10 de septiembre de 1652, con lo que la campaña en Flandes siguió siendo favorable a las armas españolas.

Parecía que todo se inclinaba hacia el lado del conde-duque, pero la continua oferta de prebendas y de honores fue ganando al oro español, pues además, los que se oponían a Mazarino alegaban que las naves de España seguían en San Sebastián y que faltaban medios y dinero. A pesar de la enérgica defensa de Osorio, Bourg-sur-Dordogne se rindió el 4 de julio de 1653, y Burdeos aceptó negociar con las tropas reales francesas que la cercaban. Este hecho provocó, por fin, una reacción española, y se aprestó para la lucha la escuadra reunida en Pasajes, dándose órdenes al marqués de Santa Cruz para que dirigiese al norte a la flota de la Armada de la Mar Océano.

Las naves españolas llevaban a aguerridos soldados del Tercio de la Armada, que, en combinación con el apoyo naval, desembarcaron en las costas de Guyena y, a pesar de la oposición de la caballería francesa, arrasaron los bergantines y naos que encontraron en su camino, cañoneando la costa para ayudar al desembarco de 1600 infantes del marqués de Santa Cruz. Sin embargo, una acción de las que hoy llamaríamos de comando, fracasó en la isla de Re. Las intervenciones de apoyo a los rebeldes continuaron en tanto estos mantuvieron la revuelta, pero poco a poco, la lucha fue decayendo en intensidad. Finalmente, el marqués de Santa Cruz se retiró con la flota a Pasajes y, cuando llegó, fue arrestado por carecer de órdenes para ello.

Según disminuía la revuelta de La Fronda, surgió una nueva alarma que pondría a prueba a la flota de alta mar española. Los agentes del rey Felipe descubrieron que se estaba produciendo una notable concentración de buques, pertrechos y hombres en el puerto de Tolón y en todos los de la Provenza, con el duque de Vendôme al frente. Para oponerse a un posible ataque, se ordenó a Melchor de la Cueva y al duque de Veragua que unieran la flota de Nápoles, desplegada en las costas de Cataluña, con la del Atlántico, que estaba todavía en Pasajes.

La flota francesa se presentó ante Barcelona a finales del verano de 1655 y, la española, salió para enfrentársele al mando del ragusano Jerónimo de Massebradi, con seis galeones, apoyada por cuatro ágiles fragatas de Dunkerque dirigidas por el enérgico Luis Fernández de Córdoba, comendador de Alcántara. El 29 de septiembre se encontraron con los diecisiete bajeles franceses que, acompañados de cuatro brulotes, tenían la ventaja de barlovento y eran superiores en número. La flota francesa atacó con dureza, cañoneando a los barcos españoles que fueron gravemente dañados. El *San Martín*, de Massebradi, perdió todos sus palos, pero los dos barcos incendiarios lanzados contra él y contra la fragata capitana de Dunkerque fallaron y, la flota española, perdió el contacto con los franceses y regresó a Barcelona, donde se le unieron seis galeras.

El 1 de octubre ambas flotas se encontraron de nuevo. Vendôme lanzó sus bajeles contra la línea española, en la que solo cinco barcos aguantaron el cañoneo, y volvió a ocurrir lo mismo. Sin embargo, los franceses no aprovecharon por segunda vez su ventaja y evitaron un combate decisivo, retirándose a Tolón para pasar el invierno. El resultado no quedó claro, españoles y franceses se consideraron vencedores. Los primeros, al quedar dueños del mar, aunque habían tenido 60 muertos y 86 heridos; los segundos, porque sus bajas eran muy inferiores.

Los combates en Cataluña y el Mediterráneo continuaron, pero una novedad vino a alterar la situación: Oliver Cromwell, el *lord* protector de la mancomunidad inglesa, estaba a punto de entrar en guerra con España, añadiendo un enemigo más a su Católica Majestad.

4.1.1 Intermedio inglés

Mientras en el continente europeo se libraba la feroz y destructora Guerra de los Treinta Años, en Inglaterra se produjo un grave conflicto social conocido en la historia como Guerras Civiles Inglesas, que se libraron en realidad en los reinos de Inglaterra, Escocia e Irlanda, unidos por un mismo monarca, pero separados aún políticamente.

Sus consecuencias, entre 1649 y 1653, fueron la deposición y ejecución del rey Carlos I, el exilio de Carlos II, su hijo, y el reemplazo de la monarquía como forma de gobierno por la denominada Commonwealth de Inglaterra, seguida del «protectorado» de Oliver Cromwell, un auténtico dictador, que se propuso fortalecer la posición de su país en el mundo al tiempo que introducía profundas reformas en la sociedad y la política inglesas.

Tras su victoria, Cromwell se dedicó a eliminar a la oposición monárquica a la que persiguió sin tregua, incluyendo a la armada, que al mando del competente príncipe Roberto de Baviera, se vio privada de puertos amigos y de bases seguras, convirtiéndose en una flota errante que no tenía nación ni señor. Su situación desesperada les hizo amenazar a los puertos españoles en busca de demanda de beligerancia. No solo se les negó, si no que se detuvo a cinco de sus bajeles.

Enviados del gobierno de Cromwell, alegando que eran los verdaderos representantes de Inglaterra, exigieron con arrogancia la entrega de cualquier barco que arbolase la enseña real de su nación, llegando a la intimidación directa al enviar una flota a Santander. El gobierno español actuó con sensatez, pero con firmeza, pues si bien estaba decidido a defender sus aguas territoriales, no estaba dispuesto a buscarse un nuevo enemigo por causa de un incidente menor, por lo que aguantó la presión intentando convencer a los ingleses de que no debían de ver en España a una nación enemiga. Los ingleses parecieron estar de acuerdo con las declaraciones de amistad y paz de España, pero exigieron libertad de comercio con las Indias, privilegio en la compra de lanas y libertad religiosa, impensable, éste último punto, para la rígida y católica monarquía española.

La paz que Cromwell firmó con los holandeses le permitió a aumentar su presión en el sur. Envío una flota al Mediterráneo contra los piratas berberiscos y los bajeles rebeldes de Roberto de Baviera, y otra con destino al Caribe, al tiempo que reconocía la independencia y soberanía de Portugal, nación considerada de nuevo como el más antiguo aliado de Inglaterra.

Obviamente, los movimientos ingleses se percibieron en España como una amenaza, por lo que se aceleró la puesta a punto de la Armada de Guarda de la Carrera de Indias, que partió en agosto de 1655 con 28 barcos de guerra y 6 brulotes, al mando del general Pablo Fernández de Contreras, con Juan Castaños como almirante. Lo hizo en el momento idóneo, pues a lo largo del verano las acciones hostiles de los ingleses se incrementaron y comenzaron los asaltos y ataques a naves españolas.

El final de la guerra de los Treinta Años no supuso la paz para la monarquía española, que continuó en guerra con Francia, Portugal, y los rebeldes catalanes y, poco después, también con la Inglaterra de Cromwell. Ratificación de la Paz de Westfalia de 1648 en Münster. Óleo sobre cobre de Gerard ter Borch. Rijksmuseum. Amsterdam.

El gobierno español, indignado por lo que estaba sucediendo, dio carta de represalia contra las naves y bienes de los ingleses y rompió las relaciones diplomáticas. Cromwell al saberlo se mostró indignado y aseguró que su forma de actuar era justa, a la vista del daño causados a sus compatriotas y a su religión en España, desde el reinado de Felipe II.

La consumida, pequeña y agotada flota española, apenas tenía medios para responder a la agresión, por lo que la inglesa, bajo el mando combinado de Robert Blake y Edward Montagu, sin ninguna experiencia pero amigo personal de Cromwell, logró fácilmente embotellar en Cádiz a lo poco que quedaba de valor en la armada, para enseguida, realizar una serie de raids contra poblaciones costeras como Ayamonte, Sanlúcar, Marbella, Motril y Cartagena, mientras esperaban la llegada de su ambicionada presa: las naos de Indias. La población y las escasas guarniciones, acostumbradas a los ataques berberiscos, respondieron con eficacia, pero no pudieron impedir, especialmente en Málaga, la destrucción de los almacenes de productos para la exportación, como pasas o vino, y la quema de varios cargueros de países neutrales y decenas de edificios.

Pronto se tuvo noticias de las flotas. La de Costa Firme, que contaba con dos galeones, dos urcas armadas y tres naos mercantes artilladas, para proteger a once transportes y, navegaba confiada, pero como siempre alerta, rumbo a Cádiz, al no haber recibido la noticia de la declaración de guerra, fue asaltada por los ingleses.

Se perdieron una de las naos, las dos urcas, que embarrancaron, y uno de los galeones, el de don Juan de Hoyos, que hacía de almirante y fue apresado con, según los ingleses, más de 1 000 000 de pesos.

A la otra, la de la plata de México, al mando del general Diego de Egüés y Beamont se la pudo avisar cuando se dirigía de La Palma a Cádiz y regresó a las islas Canarias, arribando a Santa Cruz de Tenerife el 27 de febrero de 1657. Llegó escoltada por solo dos galeones, por lo que se dio la orden de desembarcar todo el oro, pues el puerto, abierto y mal defendido, no era un obstáculo para una flota moderna. Blake descubrió por barcos neutrales hacía donde se habían dirigido los navíos españoles y, obcecado por la fortuna que llevaban, cuyo valor se había estimado en unos 10 000 0000 de libras, salió tras ellos.

La plácida tarde del 29 de abril un barco de cabotaje que se dirigía a Santa Cruz, desde Las Palmas avistó velas en el mar y se aproximó para ver quienes eran los visitantes. Tras contar 36 barcos en las que flameaba la bandera con la cruz roja de Inglaterra, viró en redondo y navegó todo lo rápido que pudo para prevenir del inminente ataque. Los dos galeones, ocho mercantes y un patache, que se encontraban en los muelles, se colocaron en línea lo más próximo posible a las baterías costeras, para compensar algo la inmensa superioridad inglesa, y esperaron. A las ocho de la mañana, doce fragatas enfilaron la entrada del puerto situándose junto a los barcos españoles, las siguieron otros dieciséis navíos de todos los tamaños y ocho, quedaron en retaguardia. Antes del ataque, Blake, cuyo bajel no intervino en la acción, intentó lograr la rendición española, recibiendo como respuesta de Egüés la famosa frase desafiante de: «Venga acá si quiere». Inmediatamente después, abrieron fuego.

El espíritu en Tenerife era magnífico y hasta los pasajeros habían exigido embarcar para poder combatir. La lucha sin embargo no tenía color y, tras intercambiar cañonazos por espacio de ocho horas —mucho más allá de lo imaginable—, los mercantes, destrozados, fueron abandonados, y la almirante y capitana minadas y voladas para evitar su captura. Los intentos ingleses de asaltar la incendiada capitana para arrancarle el estandarte fracasaron y, de las tres lanchas con las que lo

Robert Blake, pintado por Henry Perronet Briggs en 1829. Para Cromwell, nombrado en 1653, lord Protector, el uso de su flota contra España, tras derrotar a los poderosos holandeses, era una forma más de obtener ventajas comerciales y territoriales. National Maritime Museum. Greenwich.

intentaron, una fue abordada por los soldados españoles y las restantes huyeron. Insatisfecho por el fracaso, Blake decidió finalmente lanzar casi 5000 proyectiles contra el castillo y las fortificaciones, acción que causó mucho ruido pero tuvo poco éxito.

En Inglaterra se consideró que había sido un gran triunfo, y Blake fue honrado por Cromwell. Los historiadores ingleses, con su particular punto de vista, siempre lo han corroborado, haciendo mención al equilibrio de fuerzas presentes, cuando es obvio que su superioridad era inmensa. El rey Felipe, agradecido, donó a la ciudad los cañones de los barcos incendiados y dio una encomienda de indios a don Diego y al almirante Centeno, resolviendo, además, que el tesoro quedase en Tenerife.

La victoria defensiva obtenida no podía hacer olvidar en Madrid que los ingleses eran los dueños de los océanos, y que la flota española, embotellada en Cádiz, no podía intentar salir a mar abierto sin arriesgarse a sufrir una catastrófica derrota, por lo que se decidió que siguiese en el puerto mientras la inmensa fuerza de 60 bajeles de la flota de bloqueo se debilitaba. Con suerte, debería de acabar agotada tras meses y meses en el mar.

Mientras, el gobierno comenzó a dictar medidas para estimular en las provincias marítimas la construcción naval, solicitando a cada una un galeón y otorgando beneficios fiscales y honores a quien, a su costa, ayudase a reforzar la Armada. Muchos nobles respondieron a la llamada, como Miguel de Oquendo, que entregó seis galeones y un patache, o Facundo Cabeza de Vaca, que armo una flota de idéntico porte. Además, se intentó comprar barcos en Holanda, el viejo enemigo, que ahora estaba en malas relaciones con los ingleses y, por supuesto, se abrió de manera general la concesión de patentes de corso.

Esta vez, la llamada al corso no tuvo las habituales restricciones y complejos que tanto habían perjudicado en el pasado la defensa de los intereses de España y, desde armadores expertos, buenos conocedores de la guerra en el mar, a linajudos nobles, fueron muchos los que se apuntaron a lo que percibían como un deber patriótico, pero también, como un lucrativo negocio, al igual que ocurría en Holanda, Inglaterra o Francia. Hay constancia escrita de los casos del marqués de Villarubia, que armó en corso ocho fragatas de 30 cañones, y del capitán Antonio de Veroiz, que formó una escuadrilla semejante, siendo muchos los que aprestaron una o dos naves.

Además de al corso español, se dio patente a los flamencos de Ostende, como era habitual, pero también se autorizó a contratar holandeses, aún escocidos de su derrota ante los ingleses en la guerra recién finalizada, e incluso se extendió la autorización a los barcos daneses. Asimismo, se autorizó finalmente al príncipe Roberto de Baviera a arbolar la bandera de los Estuardo y combatir bajo patentes españolas, incluyendo a veinte fragatas irlandesas. Todos tenían autorizado entrar en puertos españoles para entregar sus presas.

Se preveía un magnífico negocio y, los corsarios al servicio de Su Católica Majestad, fuesen de la nación que fuesen, le hicieron probar a Inglaterra su propia medicina. Aunque se concentraron la mayor parte de los asaltos en los mares próximos a las costas de las islas británicas, el Canal de la Mancha, Azores, Canarias y el Mediterráneo occidental, los mercantes ingleses comenzaron a ser atacados en todos los mares del mundo.

Acosados, los ingleses, cuya flota seguía siendo muy superior a la española, tuvieron que organizar convoyes y dividir su armada para proteger el comercio. Aun así, el daño inflingido fue enorme, hasta el punto de que el número de navíos perdidos superó al de los capturados por ellos en la primera guerra angloholandesa dada entre 1652 y 1654. Las pérdidas se estiman en la asombrosa cifra de más de 1500 unidades de todos los tamaños.

La guerra, planteada por Cromwell al estilo de la librada contra Holanda, para sacar ventajas comerciales y territoriales de la agotada España, se estaba convirtiendo en un problema, y los comerciantes de Londres, comenzaron a exigir el final de la misma ante el volumen de las pérdidas. La complicada situación interior hizo que Cromwell ajustara una alianza con Francia y, en mayo de 1657, firmara el Tratado de París, por el que ambas naciones acordaban colaborar militarmente y actuar unidas contra el ejército de Flandes, en los Países Bajos españoles.

Para España, que ya combatía contra los franceses en una guerra casi eterna, la nueva situación en principio no le perjudicaba, al contrario, empujó a su bando a los realistas ingleses y escoceses, con todos sus partidarios, reforzando al ejército con buenos y experimentados soldados.

A pesar del esfuerzo de los corsarios, la guerra se iba a resolver en tierra. Con el apoyo del ejército de Cromwell, Enrique de la Tour D'Auvergne, vizconde de Turenne, que mandaba a las tropas de Luis XIV, tomó la ofensiva y, en mayo de 1658, con un ejército de 20 000 franceses y 6000 ingleses, sitió en Dunkerque a 2200 infantes y 800 jinetes del ejército de Flandes al mando del marqués de Leyde. El ejército de maniobra español, formado por unos 15 000 hombres, incluyendo los contingentes de realistas exiliados al mando del duque de Cork, hermano de Carlos II, y tropas francesas mandadas por el príncipe Condé —el vencedor de Rocroi—, se dirigió en apoyo de los sitiados alcanzando las posiciones anglo-francesas el 13 de junio, pero estaban escasas de suministro y no tenían todavía su artillería.

Turenne maniobró con habilidad y dirigió a 15 000 de sus hombres contra los españoles, dejando el resto en las trincheras que rodeaban la ciudad. El 14 de junio, en las dunas de Leffrinckoucke, ambos ejércitos se enfrentaron durante dos horas. La armada inglesa apoyó con sus cañones a las tropas de infantería y la derrota española fue total. Se contabilizaron 6000 bajas españolas y los franceses tomaron casi 4000 prisioneros. Dunkerque no resistió mucho más y se rindió al ejército combinado. España había perdido la ciudad flamenca para siempre y, en el futuro, sus corsarios combatirían a favor de Francia.

En Portugal, la muerte del rey Juan IV en 1656, pareció dar una oportunidad a Felipe IV, pues su sucesor, Alfonso VI, era un niño enfermizo, y su madre, Luisa de Guzmán, era española. En Madrid, se apostó todo por el frente portugués, y abandonando el proyecto de reconquista del Rosellón, se hizo un último intento para mantener las fronteras de la península tal y como las había dejado Felipe II. El inexperto y mal mandado ejército español, fue derrotado en Elvás el 14 de enero de 1659. Todavía podía realizarse un último esfuerzo si se concentraba todo el poder de España contra los portugueses, pero era casi imposible, estaba destrozada por una guerra que duraba ya cerca de

Jules Mazarin —nacido como Giulio Mazzarini—, y conocido en la historia como el cardenal Mazarino, fue un político hábil y astuto que, rodeado siempre de enemigos, supo en cada ocasión salir airoso. A pesar de que pasó años en España, en la Universidad de Alcalá y en la de Salamanca, continuó la política antiespañola de Richelieu. Retrato realizado por Pierre Louis Bouchart en 1877. Biblioteca Mazarina, París.

veinte años y, en Flandes y la frontera con Francia, continuaba combatiendo, exhausta, al límite de sus fuerzas. Finalmente, se llegó a un acuerdo y, el 7 de noviembre de 1659, se firmó la Paz de los Pirineos.

España fue tratada como un país vencido y Francia, que lograba el sueño de Mazarino, se engrandeció a costa de los territorios de la vieja herencia de los Austrias. En la frontera norte, obtuvo el condado de Artois y varias plazas fuertes en los territorios de Flandes, Henao y Luxemburgo, entre las que se encontraban Metz, Toul y Verdún. A cambio, devolvieron a España el Franco-Condado y las conquistas realizadas en Italia. En la frontera catalana del sur, se concertó la cesión a Francia del Rosellón, el Conflent, el Vallespir y una parte de la Cerdaña, todos ellos situados en la vertiente septentrional de los Pirineos, y que habían sido ocupados por tropas francesas en la década anterior.

La frontera con España se fijó desde entonces siguiendo los Pirineos, salvo en lo que se refiere al diminuto enclave de Llivia, que estaba y está, rodeado de territorio francés. El tratado definitivo se firmó un año después en la isla de los Faisanes, siendo los signatarios don Luis de Haro, representante del rey de España, y el cardenal Mazarino, representante del rey de Francia.

En una de sus cláusulas establecía la boda entre Luis XIV de Francia y María Teresa de Austria, hija de Felipe IV, cuya dote se fijó en medio millón de escudos de oro. La compensación económica no se pagó nunca y, como veremos, le serviría al rey de pretexto para intentar anular el tratado y volver a la guerra.

Con la Paz de los Pirineos llegó a su fin la supremacía continental de España, que se había iniciado en tiempos de Carlos I y se afirmó en 1559 con el Tratado de Château-Cambrésis. La monarquía hispánica seguía siendo un imperio mundial, sus ejércitos y marina respetados, pero su posición internacional, cada vez más débil. Sus gobiernos torpes e inoperantes, con una Corte llena de intrigas y una administración enorme e ineficaz, la convirtieron en el objetivo de todos aquellos que pensaban que sus aún enormes y ricos territorios podían, o debían, pasar a manos de estados prósperos y en crecimiento que supieran cuidarlos y conservarlos.

4.1.2 Una pica contra España

Por supuesto, el Tratado de los Pirineos no supuso la paz para España, que siguió en guerra en la frontera de Extremadura, donde las tropas desplegadas continuaban intentando, infructuosamente, evitar la independencia de Portugal.

Antes de la boda de Luis XIV con la infanta María Teresa, se obligó al monarca a firmar un documento de renuncia a la sucesión al trono español. Sin embargo, Luis sabía que solamente el enfermizo príncipe de Asturias, Carlos, y la infanta Margarita, le separaban de conseguirlo y, en consecuencia, años después de la boda, solicitó la nulidad de la cláusula que le impedía acceder a él. Justificó su petición alegando que no había recibido la dote prometida y la minoría de edad de su esposa cuando se celebró el matrimonio.

La verdad es que hubo momentos que incluso a Felipe IV no le disgustó demasiado la propuesta de su yerno, pero las ambiciones de Luis XIV eran tan exageradas que el acuerdo era imposible. Además, el continuo apoyo francés a los rebeldes portugueses irritaba profundamente al gobierno español y especialmente al rey. Poco a poco, aumento en Madrid la sensación de que el monarca francés acabaría intentando tomar por la fuerza las provincias y plazas que ambicionaba y que, además, lo haría al primer síntoma de debilidad de España.

El 17 de junio de 1665, en Villaviciosa, o Montesclaros, una de las batallas decisivas de la historia de España, se consumó lo que hacía ya 25 años era un hecho evidente, que Portugal se separaba definitivamente, y que el sueño de los Reyes Católicos se rompía para siempre. El rey Felipe IV no vivió lo suficiente para ver cómo se consumaba el desastre. Falleció el 17 de septiembre de 1665, dejando como heredero un niño enfermizo de solo cuatro años.

En realidad, la paz con Francia fue teórica, ya que entre 1659 y 1665 Luis XIV siguió apoyando descaradamente a los portugueses. Lo mismo que hicieron los ingleses, que en 1660 habían restaurado la monarquía devolviéndole el trono a Carlos II, que dos años después se había casado con Catalina de Portugal, recibiendo Tánger y Bombay como dote.

En consecuencia, una de las primeras medidas de la regencia de Carlos II de España, fue una recomendación a la Junta de las Armadas para aumentar el máximo posible el número de bajeles disponibles, a pesar de que el proyecto chocaba con la eterna falta de fondos, en un Estado en descomposición, con la Administración y la Hacienda en el caos y camino de la bancarrota, y en medio de una corrupción generalizada que, afectaba a todos los órdenes de la sociedad, ni siquiera se podía contar ya con el ejército, indisciplinado, mal armado y peor pagado.

Barcos había, pero no marineros. Su reclutamiento era muy complicado. En el interior no se conocían las artes de la mar y, en las costas, todo el mundo era refractario a embarcar, más aún, cuando se sabía que entre los oficiales comenzaban a escasear los que en verdad conociesen el oficio. Cada vez eran más una turba de lechuguinos y pisaverdes que obtenían los cargos merced a prebendas de familiares o amigos «andantes» en la Corte, y eso se sabía nada más pisaban la cubierta. En general, constituyeron, tal vez, el grupo más lamentable que la armada española haya tenido en su historia. Indignos muchos de ellos de ser los herederos de Recalde, Oquendo o Santa Cruz.

A la Armada se la dio una misión fundamental: aprovechar el periodo de «tranquilidad», para intentar liquidar la rebelión portuguesa con un último esfuerzo. El arruinado y empobrecido país luso, precisaba con urgencia grano para poder subsistir, por lo que se ordenó a Mateo Maes, almirante de la Escuadra de Flandes, que dejase Ostende y se dirigiese con sus naves a los puertos de Lisboa y Oporto, para bloquearlos, e impedir la llegada de los barcos cargados de trigo. Allí debía de unírseles la Armada de la Mar Océano de Diego de Ibarra, con base en Cádiz.

Desde finales del verano el bloqueo se estrechó, ante las narices de la escuadra francesa del almirante Beaufort, teóricamente neutral, que contempló cómo los bajeles españoles capturaban hasta 18 barcos mercantes cargados de trigo. Además, atacaron Lagos, Sagres y Cascaes y, aprovechando la ventaja que otorgaba a España el Tercio de la Armada, desembarcaron en las Berlingas y destruyeron el castillo, minaron las fortificaciones y volaron el muelle.

En aquellos momentos de penuria, valor no faltaba, y si bien muchos de los advenedizos oficiales eran personajes vacuos y sin experiencia naval, eran, al fin y al cabo, herederos de generaciones de soldados que se encontraban entre los mejores de la historia de la humanidad. Casi todos eran diestros con la toledana y amantes de las armas, que compraban a su costa, y estaban al día de las más modernas innovaciones, por lo que no era raro ver en sus manos modernas pistolas de rueda estanca e incluso de chispa, perfectas para abordajes y combates en desembarcos.

Continuando con su plan, el duque de Veragua, capitán general de la Armada, mantuvo la presión sobre las costas portuguesas. Era la única opción, actuar de la forma que se había hecho en Cataluña, al tiempo que se intentaba aislar diplomáticamente a los portugueses, algo difícil, pues ni ingleses ni franceses deseaban una vuelta a la unidad ibérica.

Mientras todas las miradas se volcaban en uno de nuestros vecinos, el otro, Luis XIV, aprovechó para publicar el Tratado de los derechos de la reina, en el que exigía, por el llamado «derecho de devolución», el condado de Bravante para la reina de Francia. Mariana de Austria, reina viuda y regente de España, se opuso, pero la respuesta francesa fue la de amenazar con invadir los Países Bajos. Los salvaron la nueva guerra que enzarzó a franceses e ingleses, pero, dos años después, a pesar de que el embajador francés en Madrid no dejaba de tranquilizar a la reina y al gobierno español, el rey Luis, al tiempo que negociaba la paz con los ingleses, estableció acuerdos y alianzas con las Provincias Unidas, Portugal y los príncipes alemanes vecinos, para ir preparando la invasión. La realizó, sin previa declaración de guerra, el 26 de mayo de 1667. Las lises de Francia se iban a convertir en lo que quedaba de siglo en una pica de tres hojas dirigida al corazón del imperio español en Europa.

En una verdadera guerra relámpago, antes de la mitad de junio, los invasores tomaron Charleroi, Ath, Armentiers, Bergues y Furnes, dejando aislada Cambrai que estaba mejor defendida. Durante los meses siguientes, la resistencia española, a pesar de las escasas tropas disponibles, se fue endureciendo, gracias en parte, al apoyo de la población valona y flamenca, harta de la brutalidad con la que se comportaban los invasores franceses.

El 12 de julio, una circular del gobierno de Madrid a los jefes de las escuadras, ponía de manifiesto la indignación de lo que estaba ocurriendo, algo que obviamente no solucionaba el problema tan grave al que se tenía que enfrentar la agotada armada española:

> Hemos atendido por nuestra parte a no faltar en cosa alguna a las estipulaciones; que se habían tolerado y disimulado los continuos socorros de gente y dinero que entraban en Portugal desde el mismo día de la conclusión de las paces, pasando en esto Francia tan adelante, que mientras daba su Embajador grandes seguridades amistosas, con la vana expresión de derecho en la Reina Cristianísima a algunas provincias de los Países Bajos, los había invadido violentamente sin previa declaración, a pesar de habérsele significado que se nombrarían personas de ambas partes para examinar la razón de las pretensiones, y rota la paz hacía guerra tan intempestiva como injusta.

El problema estratégico que se le planteaba a España era el mismo que en la década anterior, pues de nuevo se producía una guerra en dos frentes: Portugal y Francia. Se dio orden a la escuadra de galeras, concentrada en Mahón, para prepararse ante la nueva amenaza, y se intentó reforzar la Armada de la Mar Océano, pues la flota portuguesa, que contaba con 12 bajeles, no era en absoluto inferior a la española. Con todo, la noticia más preocupante era que el duque de Beaufort había partido de Francia con 30 navíos con la intención de interceptar a la Flota de Indias.

El mismo 12 de julio, se autorizó el embargo de los bienes franceses en España y se emitieron patentes de corso para poder atacar al comercio francés. De inmediato, las solicitaron los navíos de Ostende, que hicieron gran daño a la navegación francesa en el Canal de la Mancha y el mar del Norte.

Finalmente, se nombró a don Juan José de Austria comandante en jefe de Ejército de Flandes. Debía partir de La Coruña y Vigo, en la flota del almirante Fernando Carrillo, con tropas del Tercio de Valladares y dinero para levantar dos regimientos de alemanes y valones.

En Flandes la guerra iba de mal en peor, el 31 de julio se rendía Oudenarde, y al día siguiente Alost, que, sin guarnición, fue entregada por sus habitantes. Solo ante Dodermonde el poderoso ejército francés fracasó estrepitosamente, y el 5 de agosto tuvieron que levantar el sitio dejando 2000 prisioneros, que quedaron aislados al volar el puente del Escalda en su retirada.

Podía parecer que la guerra se inclinaba hacia el lado de España, pero no era así, y enseguida los franceses volvieron a poner las cosas en su sitio. En dos semanas el príncipe de Condé, otra vez al servicio de Luis XIV, conquistó el Franco-Condado, y el 28 de agosto cayó la plaza fuerte de Lille.

Don Juan José de Austria, hijo bastardo de Felipe IV, recibió de su padre, el 28 de marzo de 1647, a los 18 años, el título de Príncipe de la Mar, que llevaba unido el gobierno de todas las fuerzas marítimas: galeras, navíos de alto bordo o cualquier otra embarcación. Se embarcó en Sanlúcar de Barrameda y llegó en octubre a Nápoles, para controlar a los bajeles franceses, que enviados por Mazarino, pretendían que Nápoles se uniese a Francia. Retrato realizado por José Ribera en 1648. Palacio de El Pardo, Madrid.

La ambición y soberbia francesa preocupaban a otras potencias europeas, en especial a Inglaterra, Holanda y Suecia, que se coaligaron para detener la expansión francesa. La formación de la Liga fue un aviso para Francia, pero también sirvió para mediar entre Inglaterra y España, lográndose un acuerdo de paz que permitió a los ingleses hacer de intermediarios con Portugal, para firmar la paz en febrero de 1668. España reconocía su independencia y retenía la ciudad de Ceuta.

Francia firmó también la paz el 2 de mayo en Aquisgrán. España recuperaba el Franco Condado, pero cedía Lille, Tournai, Douai, Charleroi y otras plazas menores de los Países Bajos.

Con todos los medios disponibles se había combatido bien en mar y tierra, pero una vez más, la guerra terminaba con derrota y pérdida de territorios.

4.2 LOS VIENTOS CAMBIANTES DE LA HISTORIA

TRAS LA DERROTA EN LA GUERRA DE DEVOLUCIÓN, la Junta de las Armadas, se interesó acerca de cuál podía ser la mejor manera de mejorar y reforzar las flotas españolas, que seguían sin estar a la altura de lo que, desgraciadamente, la situación exigía. La primera medida fue formalizar asientos con armadores privados dispuestos a construir los bajeles necesarios. El problema, en la práctica, era el mismo de siempre. Se concedían títulos de almirantes y todo tipo de prebendas, como el derecho a nombrar capitanes, pero ninguno de los armadores se comprometía realmente en los desembolsos anticipados necesarios para abordar el contrato, pues sabían que la Corona no iba a cumplir su parte. Esto provocaba que los barcos, si se entregaban, no fuesen como debiesen, prefiriéndose el número a la calidad.

En los casos en los que no había más remedio que comprar en el extranjero, el desorden en las finanzas y las complicaciones administrativas convertían cada operación en un proceso carísimo. Las naciones proveedoras eran, en algunos casos, viejas amigas de España, como Génova, pero en otros comenzó a dependerse cada vez más de antiguos enemigos como las Provincias Unidas. Las compras afectaban a casi todo, desde telas y vestuario a jarcias, velas, arboladura e incluso toneles, lo que convertía la construcción de un bajel de altura en un trabajo complicado de verdad. Afortunadamente, la artillería que se producía en las maestranzas de Cantabria, especialmente en Liérganes y La Cavada, era bastante buena, pero siempre insuficiente.

A los problemas derivados de la situación política y económica de España se unió una verdadera racha de mala suerte. Fuertes tormentas, vientos huracanados e inundaciones afectaron a Cádiz, base de la Armada de la Mar Océano, en marzo de 1671, produciendo más de 600 víctimas. Destruyeron todos los almacenes, centenares de casas y embarrancaron a la totalidad de los barcos que había en la bahía. Al año siguiente, el duque de Veragua sufrió un violento temporal en el cabo Santa María cuando navegaba con la escuadra de la Mar Océano, perdiéndose un galeón con 400 hombres y produciendo daños de consideración en otros muchos.

Todas estas desgracias mermaron la fuerza de combate de la armada justo en el momento que Luis XIV, para quien la paz era un estado incómodo y casi antinatural, lanzó su siguiente zarpazo, esta vez contra las Provincias Unidas. Su enojo nacía de la negativa de la república a participar en la división de los Países Bajos españoles, que se habían convertido en una molestia que impedía al Rey Sol darle a Francia sus fronteras «naturales». El 17 de diciembre de 1671, a la vista de las amenazas francesas, España y las Provincias Unidas suscribieron un tratado de ayuda mutua. La respuesta francesa fue el tratado de White Hall, por el que Francia e Inglaterra constituyeron una alianza el 12 de febrero de 1672.

Francia, con su inmenso y preparado ejército de más de 120 000 hombres al mando del vizconde la Turenne y del príncipe de Condé, invadió las Provincias Unidas y tomó Maastricht, avanzando hacia el interior de Holanda, donde conquistaron Utrech. Previamente, la diplomacia y el oro francés habían servido para rodear a los holandeses mediante un sistema de alianzas con el arzobispado de Münster, el obispado de Colonia y varios príncipes alemanes. Pero también con los suecos, a quienes molestaba la alianza de los holandeses con algunos estados alemanes con costa en los mares del norte, como el pujante elector de Brandenburgo-Prusia, que rivalizaba con los suecos y daneses por el comercio en el Báltico. En este juego de alianzas con el objetivo de obtener territorios y ventajas comerciales, había un invitado más, una nación que, pura y simplemente estaba en medio: España, señora y soberana de Luxemburgo, el Franco-Condado y Flandes, que con sus viejos tercios, su escasa armada, y su voluntad de hierro, a pesar de todas sus derrotas y aparente decadencia imparable, seguía tercamente aferrada a los restos de la vieja Borgoña, atrincherada en sus ciudades fortificadas y en sus reductos artillados. Cabezota y terca, pero incapaz, por su historia y por su honor, de ceder un metro más. La monarquía española, que tanto había ayudado a sus parientes austriacos, comenzó en esta nueva guerra, la denominada Guerra Franco-Holandesa, a recibir apoyo del renacido imperio, que había reformado sus finanzas y su ejército, y disponía otra vez de competentes generales y eficaces administradores, que en poco tiempo, pusieron la vieja y oxidada maquinaria del imperio en condiciones de hacer frente a la todopoderosa Francia de Luis XIV.

El gobierno español, puesto de nuevo ante el reto de hacer frente a las flotas combinadas de Francia e Inglaterra, instó a la Junta de la Armada a realizar, una vez más, un inmenso esfuerzo para incrementar sus bajeles, y se recurrió, como de costumbre en la segunda mitad de siglo, a los corsarios. Aunque parezca increíble, España entró en la guerra con notable optimismo, y los primeros hechos de armas, milagrosamente, parecieron darle la razón. En Málaga, en el primer combate naval de la guerra, cuatro bajeles de línea franceses no fueron capaces de acabar, tras cuatro horas de lucha, con tres fragatas y un patache al mando del almirante Jacinto López Gijón.

Una de las razones del optimismo español era que, esta vez, los holandeses combatían como aliados y, su poderosa flota, podía ayudar a la escasa y reducida armada española. Dicho y hecho. Sesenta bajeles al mando de almirante Tromp, con tropas de infantería de marina mandadas por el conde Horn, llegaron a España, para poder reforzar a la flota del Mediterráneo, y hostigar los movimientos franceses en el golfo de Rosas y las fronteras del Rosellón. Para ayudarles, la Armada de la Mar Océano, con los nueve bajeles del almirante José Centeno y el capitán general Melchor de la Cueva y Enríquez, formaron una impresionante escuadra de 21 naves con un total de 11 819 toneladas, 874 cañones y 6461 hombres de mar y guerra. La capitana real era un bajel de 1250 toneladas, armado con 70 piezas de artillería y 892 tripulantes, contándose entre los componentes de la escuadra de Flandes, con cinco fragatas de 450 a 550 toneladas y 40 a 50 cañones.

Lamentablemente, la disciplina, el conocimiento de las labores náuticas, y la capacidad de lucha de las tripulaciones españolas, con dotaciones formadas por gentes sin experiencia y poco preparadas, no era la más adecuada para enfrentarse a la poderosa escuadra creada por el genio de Colbert.

España no tenía una política clara, con objetivos precisos y mucho menos servidores públicos y ministros competentes. La reina, con toda su autoridad y apoyada por la guardia de la «chamberga» repartía mercedes y prebendas entre mediocres cortesanos en un reino de envidias, en el que había aumentado el odio al partido «imperial», en una época en la que se necesitaba el apoyo del Imperio más que nunca. Finalmente, la sensatez se impuso, y el 30 de agosto de 1673, el Imperio, España, las Provincias Unidas y el duque de Lorena, firmaron una alianza antifrancesa.

La lucha fue durísima. Los holandeses, que habían destruido sus diques e inundado el país para detener a los invasores, se salvaron gracias a que Luis XIV dirigió su esfuerzo bélico principal contra España. Invadieron el Franco-Condado, Alsacia y el Palatinado. Allí, con graves pérdidas, las tropas imperiales y españolas lograron contener a los generales y soldados del Rey Sol.

4.2.1 La sublevación de Mesina y las batallas de Stromboli, Agosta y Palermo

Un intento del gobernador de Mesina, Luis de Hoyo, de modificar el régimen local de la ciudad, provocó una serie de tumultos que, al reprimirlos con dureza el nuevo gobernador, el marqués de Crispano, llevaron a que la población pidiese ayuda al rey de Francia.

Bloqueada por tierra y mar la plaza por los soldados y las naves de España, estaba a punto de rendirse cuando la escuadra de Luis Victor, duque de Vivonne, enviada por Luis XIV, rompió el cerco. La victoria naval, muy exagerada por Luis Victor, y por su hermana, Madame de Montespan, la amante del rey, le consiguieron el nombramiento de mariscal de Francia el 2 de abril de 1675. Desde el importante puerto de Tamn, los franceses comenzaron a extenderse por la isla, iniciando operaciones navales y terrestres para controlarla. Vivonne se presentó el 29 de agosto ante Agosta, con 29 navíos, 24 galeras y 12 brulotes. Tomó la plaza y obligó al virrey a proteger Siracusa con las pocas tropas que tenía. Los 15 navíos de la flota de Nápoles no ayudaron gran cosa y, lo cierto es, que no solo no se enfrentaron a la flota francesa que era algo menor, sino que, además, se perdieron siete en una tormenta el 6 de noviembre. La situación era tan grave, que se pensó en recurrir a la Flota de Indias, contratando navíos holandeses para la protección de los tesoros de América y enviando los mejores barcos de que se disponía en la Casa de Contratación de Sevilla, para llevar a Italia municiones, armas y pertrechos de guerra.

En Madrid, la reina no podía permitir que algo así sucediese, y ordenó a don Juan José de Austria marchar contra los invasores con las fuerzas disponibles en Sicilia.

Por supuesto, se contaba con el concurso de los bajeles de Michiel Andriaanszoon de Ruyter, uno de los más grandes marinos de su siglo. El mezquino don Juan José siguió con sus intrigas en España y se negó a embarcar en los buques holandeses, que partieron rumbo a Sicilia el 29 de noviembre de 1675. Debían unírsele seis navíos con don Juan José al frente, pero no fue así, y solo el galeón *Nuestra Señora del Rosario*, de Mateo Laya, se incorporó a la flota «aliada». El resto siguió ocupado en la campaña contra los musulmanes. Hasta diciembre no se uniría también el *Santa Cruz*, de Pedro Corbete.

Tras pasar por Cerdeña, De Ruyter se dirigió a Sicilia, y el día de Reyes de 1676, llegó a Mesina junto con el único bajel español y algunas galeras. En total disponía de 30 navíos, dos brulotes, una polacra, una saetia y algunas barcas de apoyo.

Encontró a la flota francesa del almirante Duquesne, a una milla de Stromboli. Los franceses tenían al menos 26 navíos de más de 80 cañones; 4 de 72 a 74; 5 de 60; 7 de 54 a 56; 3 de 50 y seis brulotes. Estaban divididos en tres grupos, al estilo de la época: vanguardia, al mando de Preully d'Humières; centro, a las órdenes del propio Duquesne y retaguardia, dirigida por Gabaret. Los holandeses tenían una formación similar: en vanguardia, Verschoor; en el centro De Ruyter y en retaguardia Haen.

Fue mala suerte para España, que tras obtener decenas de victorias, el gran almirante holandés tuviera su primer gran tropiezo justo cuando combatía a su favor. Tras tres horas de batalla, los franceses, que actuaron con pericia y orden, lo rechazaron. Las galeras españolas tuvieron un importante papel, al ayudar a los bajeles dañados remolcándolos fuera de la zona de combate.

Duquesne se vanaglorió de haberlo hecho retroceder, pero la realidad fue que ambas escuadras recibieron un notable daño. Aunque la mayor parte de los navíos seguían en condiciones de combatir, ambos bandos evitaron continuar la lucha en los días siguientes, dando por bueno el resultado, que a la postre, no había solucionado nada.

En España, la Junta de las Armadas intentó una vez más reforzar las escuadras, volviendo a la idea se usar incluso los galeones de la Flota de Indias en cuanto llegaran. Afortunadamente, la flota de De Ruyter seguía en Nápoles, por lo que aún quedaban posibilidades de expulsar a los franceses de la isla.

El 23 de abril de 1676, la flota conjunta, formada por 10 buques españoles y 17 holandeses, divisó velas correspondientes a 30 bajeles enemigos. Eran superiores a la flota de De Ruyter, pero se equilibraban un poco las cosas con las 9 galeras que les acompañaban. Los buques españoles se situaron en el centro, con los holandeses en la vanguardia y retaguardia. Se aproximaron manteniendo sus líneas hasta casi «tiro de pistola». A esa distancia, las descargas de las balas de hierro de los cañones navales hacían un daño terrible, destrozaban los cascos y arrancaban trozos de metralla y madera, mientras la artillería giratoria y los mosqueteros barrían con sus descargas las cubiertas enemigas. Cuatro barcos holandeses perdieron todos sus palos, arrancados a cañonazos y abandonaron la zona de lucha auxiliados por las galeras españolas.

Las dotaciones del *Santiago*, de Pedro Corbete, y el *San Bernardo*, de Agustín Guzmán, combatieron valerosamente en el centro de la «batalla» española, ya que aún perdiendo el *San Bernardo* el mastelero, volvió al combate, que se había convertido en duelos aislados de pelotones de barcos que se trituraban a cañonazos, en medio de un ruido ensordecedor y un humo intenso que apenas dejaba ver. El almirante holandés resultó herido gravemente y la flota aliada se retiró. Los franceses tuvieron unos 500 muertos y los hispano-holandeses, los que más sufrieron, sobrepasaron los 700.

La muerte a causa de las heridas de De Ruyter desmoralizó profundamente a sus oficiales y marineros, pero era un lance más, la guerra seguía su curso. El 1 de junio de 1676, la flota española se encontró con la francesa del duque de Vivonne. En ella iban también Duquesne, Tourville, Gabaret y Preuilly, con 28 navíos, 9 brulotes, 25 galeras y algunos navíos de pequeño porte. Los holandeses disponían de sus 17 navíos y los españoles continuaban con 10, a los que habían añadido 19 galeras y cuatro brulotes, que se quedaron detrás.

Un día entero utilizaron las flotas para observarse. El día 2, cerca de Palermo, se enfrentaron. Había viento de noreste, suave y en dirección a la costa. Los franceses se aproximaron y se centraron en los barcos holandeses, contra los que lanzaron tres brulotes fallidos. Cuatro más se enviaron contra la capitana española, el *Nuestra Señora del Pilar*, que logró hundir tres, pero fue alcanzada en la popa por el cuarto. Desesperados, intentaron cortar los cables y separarse, pero no lo lograron. Muy cerca, el *Santiago* destruyó otros dos y, el *San Bernardo* hizo lo mismo, pero de alguna forma el fuego acabó extendiéndose al hacer explosión los pañoles de pólvora. Se perdió la capitana, el *San Carlos*, el *San Antonio*, el *San Felipe*, la galera española *Patrona*, y la *San José*, napolitana. Los holandeses perdieron tres bajeles.

El desastre hispano-holandés se consumó en solo cuatro horas. Un cambio de viento permitió a la flota francesa romper contacto y alejarse de aquel infierno. Solo las galeras, aún a costa de la pérdida de dos de ellas, pudieron valerosamente acercarse para arrastrar a todos los bajeles que pudieron a mar abierto. Al menos 1200 hombres de la escuadra aliada habían muerto, entre ellos un almirante, Hen, al que una bala de cañón le arrancó de cuajo la cabeza, y un contralmirante, Middellant. Entre los españoles, el general Ibarra resultó herido grave y los almirantes Pereira Freire y Juan de Villarroel fallecieron, junto a decenas de nobles, caballeros y oficiales. Es cierto que los franceses exageraron mucho el triunfo, pero no lo es menos que el desastre aliado fue grave. El único respeto que mostraron a sus enemigos fue a su valor. En palabras del duque de Vivonne:

> Yo estaba a tiro de mosquete del almirante de España cuando voló, y admiré la firmeza extraordinaria de los 200 oficiales reformados, que no abandonaron un solo punto del navío, y dieron a la tripulación un ejemplo de morir batiéndose, sin que se viera tirar al agua un solo hombre entre 1000 o 1100 que eran.

La guerra continuó y los franceses mantuvieron el dominio del mar hasta el final. En tierra, las cosas fueron muy diferentes. Los sicilianos seguían sin tener el más mínimo cariño por los franceses, y los ingleses, cuyo monarca estaba disgustado por la imagen que estaba dando a Europa de títere de Luis XIV, y que, además, quería que su nación tuviese en el futuro un papel importante en el Mediterráneo, tampoco. No estaban dispuestos a que Francia ocupase una posición tan valiosa. Cuando comenzaron las negociaciones de paz, las presiones inglesas fueron tan intensas, que los franceses salieron de Mesina y Agosta el 16 de marzo de 1678, para evitar males mayores.

Francia, abandonada por Inglaterra, que había llegado a un acuerdo de paz por separado con los holandeses, accedió a firmar el Tratado de Nimega, o los Tratados de Nimega, pues fueron una serie de pactos concertados en dicha ciudad entre agosto de 1678 y febrero de 1679. Le devolvía a España Courtrai, Oudenaarde, Gante, Charleroi y Limburgo, a cambio del Franco-Condado y algunas plazas de los Países Bajos Españoles —Saint Omer, Ypres, Cambrai y Valenciennes—. Holanda recuperaba Maastricht y obtenía ventajas financieras y comerciales y, el Imperio, cedía Breisach y Friburgo a cambio de Philipsburg.

El Rey Sol no había logrado plenamente sus objetivos, pero podía estar satisfecho: Francia era la primera potencia militar, marítima y comercial de Europa.

4.3 En el Caribe. El nacimiento de los bucaneros y la «república» de La Tortuga

Durante los años treinta del siglo xvii, fueron cada vez más numerosos los aventureros de toda nación, ley y condición que se animaron a probar suerte en el Caribe. La mayor parte de ellos provenían de los restos de las expediciones más o menos privadas que habían iniciado los enemigos habituales de España, es decir, Francia, Inglaterra y las Provincias Unidas. Países con los que España estaba de forma intermitente en guerra. Sin embargo, la fuerza de las flotas españolas, en comparación, era aún considerable y cada vez que grupos de europeos intentaban instalarse en alguna isla, lo habitual era que fuesen expulsados por una acción militar española fulminante, en la que se destruía el asentamiento extranjero y, normalmente, se marchaban.

Como era obvio, mantener el control sobre las miles de islas, islotes, cayos y bancos que constituyen las Pequeñas Antillas era algo imposible. No deja de sorprender, que hasta 1655, cuando los ingleses logra-

La Paz de Nimega, por Charles le Brun. Museo de Budapest. La guerra Franco-Holandesa, nombre con el que se conoce la serie de conflictos encadenados que se libraron en Europa Occidental entre 1672 y 1679, supuso la culminación del poder de Luis XIV.

ron conquistar Jamaica, España mantuviese el control de todas las islas importantes y que, incluso después de esa fecha, solo se perdieran islas insignificantes, sin que las naciones europeas lograsen pellizcar territorios apreciables en Costa Firme o Nueva España[55].

La estrategia española era sencilla, pero muy eficaz. Al carecer de bases sólidas en América, las naves europeas debían procurarse ciertos materiales esenciales para poder regresar, el principal el agua dulce, por lo que los españoles intentaban controlar los puntos de aguada, para de esa forma, reducir la duración temporal de cualquier aventura que se intentase en América. Los bajíos, los arrecifes, y las épocas de temporales o huracanes, limitaban la navegación, por lo que el otro sistema fue establecer vigías, en tierra o en naves de patrulla, que informasen a las autoridades del paso de velas extrañas. De esa forma, si se controlaban los accesos esenciales, como el paso de Bahamas,

[55] Después de trescientos años, España solo perdió las Pequeñas Antillas, Jamaica, la parte oriental de la Española y las Bahamas. En tierra continental, una parte de Guayana y Belize, apenas nada. Este hecho, habitualmente olvidado, es de gran importancia, pues demuestra la solidez real del, a veces, denostado imperio español.

entre La Florida y Cuba, el paso entre Cuba y Yucatán o la costa de Cartagena, podía limitarse la eficacia de las acciones hostiles contra la navegación o los puertos más importantes.

En realidad, no era tan fácil asentarse en algunas de las islas o regiones que estaban libres de la presencia de las tropas o los colonos de España. Martinica, las Lucayas, y zonas continentales como el Darién, en Panamá, o la costa de los Mosquitos, en Honduras y Nicaragua, estaban habitadas por indios hostiles que, en ocasiones, eran caníbales, lo que no animaba mucho a intentar fundar un poblado.

De esta forma, a pesar de haber transcurrido mucho más de cien años de la llegada de Colón a América, España y Portugal, eran aún las únicas naciones que disponían de colonias y asentamientos en el nuevo continente[56], algo que, para el reducido, cuando no insignificante número de pobladores y, para los escasos medios empleados para controlar un territorio tan gigantesco, no deja de tener un mérito asombroso. De hecho, es un verdadero homenaje a la eficacia del sistema español, y también a la inmensa superioridad de sus navegantes, marineros, ingenieros náuticos y soldados, que trabajaron incansablemente para conocer cada isla, cala, bahía, arrecife o cayo y, de esa forma, localizar los puntos esenciales que había que ocupar o proteger, y las rutas y pasos que había que vigilar.

A partir de 1624, los cambios en la situación de Europa que hemos visto, se trasladaron también al continente americano. España, se enfrentada ahora a dos potencias navales de gran envergadura, Holanda e Inglaterra, lo que produjo el comienzo de operaciones a gran escala contra el comercio y las posesiones españolas al otro lado del Atlántico. A pesar de ello, la estrategia española pareció funcionar, al menos en lo relativo a los establecimientos enemigos en islas caribeñas, pues a cada ocupación seguía una destructora contraofensiva española, que expulsaba a los intrusos.

Era evidente que la situación no podría mantenerse así mucho más tiempo. Las principales naciones europeas comenzaban a crear compañías mercantiles, autorizadas para armar flotas y constituir auténticos ejércitos, dotadas de grandes sumas de dinero con las que afrontar los gastos que exigían las operaciones a larga distancia y, en muchos casos,

---

[56] El único asentamiento de importancia, el de los hugonotes franceses en la Florida, había sido destruido en 1565. Ver en esta misma colección *Banderas Lejanas*. Los ataques ingleses y franceses a partir de la segunda mitad del siglo XVI causaron muy poco daño.

con el apoyo de la corona, con independencia de que sus naciones respectivas estuviesen en guerra o no. Los precursores fueron los holandeses que, tras la ruptura de la tregua con España, como hemos expuesto en el capítulo anterior, iniciaron importantes operaciones militares en las Indias Orientales a costa de Portugal y, en las Occidentales, a costa de España en el Caribe y de Portugal en el Brasil.

A los neerlandeses se unieron franceses e ingleses. En el caso de los primeros el cardenal Richelieu, nombrado en 1626 gran maestro, jefe y superintendente de la Marina, muy interesado en fortalecer a Francia, acogió una propuesta de Pierre Belain D'Enambuc, un comerciante y aventurero que había residido en San Cristóbal entre 1621 y 1623, y tenía muy buenas relaciones con los ingleses que estaban en la isla, en especial con Thomas Warner, que había llegado en 1622. Como otros muchos ocupantes «ilegales» de las islas caribeñas, ambos se dedicaban al contrabando de maderas, y al cultivo de tabaco, productos que se vendían con gran beneficio en Europa. Por ello, cuando marcharon a Europa, su idea de constituir una compañía comercial fue bien recibida por el poderoso cardenal francés y, el 31 de octubre de 1626, nació la Asociación de los Señores de la Compañía de las Islas de América —conocida también como Compañía de San Cristóbal—, que, con un capital de 40 000 libras, de las que Richelieu aportó 10 000, daba a sus promotores autorización para establecer colonias en las islas de Barlovento, entre los grados 11 y 18 de latitud norte, sin que la opinión de España contase lo más mínimo.

Warner constituyó una compañía similar en Londres y en 1627, 300 franceses y 400 ingleses se establecieron en la isla de San Cristóbal, dividiéndosela y fortificándola. Como hemos visto de allí fueron expulsados por la flota de Fadrique de Toledo, pero no sirvió de nada. Los franceses volvieron en 1630 y se dirigieron a Tortuga, en la isla de la Española, donde se dedicaron al cultivo, la caza, el comercio del tabaco y al bucán[57], razón por la que fueron conocidos genéricamente como «bucaneros».

Durante los años siguientes, centenares de ingleses, franceses y holandeses, más o menos dependientes de compañías comerciales, o por su propia cuenta e iniciativa, se instalaron en la curva de islas de las Pequeñas Antillas y las islas de Barlovento, constituyendo comunidades bastante bien organizadas, que en general, intentaban dedicarse al contrabando y al comercio de cueros, ganado, maderas, azúcar y tabaco.

57 Un tipo de rejilla o trama de madera utilizada por los indígenas para ahumar la carne.

España, que no estaba en absoluto dispuesta a perder el ventajoso monopolio de todo comercio en las Indias, emprendió constantes acciones militares para desalojar las islas ocupadas y destruir los asentamientos, infructuosamente, ya que en poco tiempo nacía una colonia nueva en otra isla, sin que sirviesen de nada los raids españoles para destruir sus puestos. Por otra parte, España no podía resistir el poder económico de las naciones más pujantes de Europa y, según su poder naval se fue deteriorando por las constantes guerras, el número de islas «ocupadas» fue en aumento. Al final de la Guerra de los Treinta Años, España se rindió a la evidencia de que era imposible desalojar a las potencias europeas de las pequeñas islas en las que sus compañías comerciales o sus aventureros habían ido consolidando sus pequeñas colonias.

Al principio las represalias españolas fueron muy duras. El asentamiento bucanero de Tortuga fue arrasado en 1635 por Ruy Pérez de Montemayor, que hizo 39 prisioneros, capturó 30 esclavos y pasó a cuchillo a 195 colonos. Los bucaneros volvieron al año siguiente, y fueron atacados esta vez por los ingleses, que mataron a 50 franceses. De nuevo en 1638 otra expedición de castigo española, al mando de Carlos Ibarra, masacró a los bucaneros y colonos que habían vuelto otra vez.

El hecho de que España jamás dejase guarniciones permanentes en las islas que «liberaba», pues era imposible, hacía que las expediciones de castigo no tuviesen consecuencia alguna en el tiempo. De nuevo eran ocupadas, a veces incluso a las pocas semanas del ataque español. De esta forma, a principios de la década de 1640, tras muchas vicisitudes, la Tortuga acabó en manos de Francia, si bien, su comunidad de habitantes siguió siendo una curiosa mezcla de colonos, mercaderes, viejos corsarios y piratas. Allí los bucaneros vendían sus cueros y compraban mercancías con las que hacían contrabando. Formalmente era el caballero de la Orden de Malta, Felipe de Loinvilhiers de Poincy, el capitán general de las Islas de América, nombrado por el rey de Francia, pero en la práctica su lugarteniente Levasseur, con una mezcla de colonos hugonotes y bucaneros, se hizo fuerte en la fortaleza de la Roca e implantó un régimen de terror.

Durante esos años la isla se convirtió en una especie de república dedicada al libre comercio, mediante el que se obtenían gigantescos beneficios a los que aplicaban brutales impuestos[58], lo que acababa con

---

58 Levasseur llegó a construir una máquina de tortura, conocida como «el infierno», en su prisión de la fortaleza de la Roca, a la que se denominaba «el purgatorio».

algunos de los principios básicos de una curiosa sociedad, denominada Cofradía de los Hermanos de la Costa, comunidad pirática formada por hombres que, en la práctica, no reconocían soberano alguno y se regían por una serie de acuerdos que se habían constituido tiempo atrás en La Tortuga, y cuyos principios se basaban en cuatro reglas:

- No importaba la nacionalidad ni la religión.
- El botín se repartía a cada pirata según su rango, no existiendo derecho sobre el mismo, que era de todos, ni sobre la tierra. Las naves, eran de propiedad común y los cargos electos.
- No había impuestos, ni leyes. Las diferencias se resolvían mediante duelos y en asambleas.
- Solo admitían nativas, esclavas y prostitutas, pues buscaban que no se crearan lazos familiares.

En 1652, el caballero de Fontenay, que había llegado a la isla, llegó a un acuerdo con De Poincy y, aprovechando que Levasseur había sido asesinado, intentó reforzar de nuevo la autoridad de la compañía. Se emitieron patentes de corso, pero se evitó enviar colonos a la Española para no provocar a las autoridades españolas, algo que no sirvió de mucho, pues en 1654 las tropas españolas atacaron la isla y Fontenay capituló el 18 de enero, tras apenas ocho días de resistencia. Con solo dos bajas, los españoles capturaron 20 000 ducados, toda la artillería, y 500 prisioneros, entre hombres, mujeres y niños, incluyendo esclavos negros e indios. Esta vez se dejó una guarnición que rechazó con facilidad dos contraataques franceses, pero, en 1655, el presidente de la Audiencia de Santo Domingo dio órdenes de abandonar la isla, y los franceses regresaron al poco tiempo.

4.3.1 Jamaica, el gran cambio

Cuando acabó la Guerra de los Treinta Años, la ocupación de algunas de las Antillas Menores o Pequeñas Antillas por las Provincias Unidas, Francia e Inglaterra, era un hecho. Sin embargo, era evidente que la América española seguía siendo sólida y, a pesar de las actividades de los corsarios, el daño causado a las finanzas del imperio era aún muy pequeño. En los primeros años de la década de 1650, la rivalidad anglo-holandesa evitó que el agresivo gobierno de Cromwell utilizase toda su fuerza y ambición contra los odiados «papistas», pero el acuerdo con las Provincias Unidas tras la primera guerra anglo-holandesa, dio alas a los halcones ingleses que deseaban actuar contra España. El acuerdo comercial firmado en 1653 con los rebeldes portugueses y la alianza con Francia, que seguía en guerra con España, antecedió a la declaración de guerra a España y, en 1654, los ingleses iniciaron una impresionante campaña en Europa y América, enviando 25 bajeles al mando de Blake al Mediterráneo y 38 a las Indias Occidentales. Ya hemos visto los escasos éxitos de la flota de Blake, y a la de Venables, que era la enviada a América, las cosas no le fueron mejor. A pesar de llevar al mando de *sir* William Penn 3000 soldados, fueron gravemente derrotados en Santo Domingo, donde a pesar de su inferioridad, las tropas del conde de Peñalba, Bernardino Meneses y Bracamonte, obtuvieron una resonante victoria.

Al partir de Santo Domingo el 12 de mayo de 1655, la junta de oficiales tuvo que decidir qué hacer, si regresar a Inglaterra derrotados y humillados, o realizar un nuevo intento en alguna otra parte. Finalmente, se inclinaron por atacar Jamaica, desembarcando en la isla el 18 de mayo. Tomaron con facilidad la capital, Santiago de la Vega, y construyeron defensas en las que se atrincheraron para poder defenderse de alguna posible respuesta de los españoles, que habían huido con sus pertenencias y ganados a las montañas del interior, al mando del gobernador Cristóbal de Isasi[59].

Venables y Penn dejaron nueve barcos para proteger el establecimiento y volvieron a Inglaterra a dar noticia de lo sucedido. Allí los encarcelaron, pero poco después fueron puestos en libertad, una vez comprobado su éxito. En Jamaica, los ingleses se dedicaron a consolidar su nueva colonia y nombraron gobernador a Edward D'Oyley. La ocupación de Jamaica fue un hito de enorme importancia. Por vez primera una potencia europea lograba apoderarse de una de las islas de las Antillas Mayores. Ahora Inglaterra disponía de una base sólida desde la que atacar los puestos españoles en las islas o el continente. Allí había puertos seguros en los que hacer aguada y refugiarse, un lugar en que instalar colonos, crear plantaciones y prosperar. De hecho, durante muchísimos años, Jamaica, Barbados y otras islas de las Indias Occidentales fueron para Inglaterra colonias mucho más importantes que las de Norteamérica.

---

59 Con apenas unos centenares de soldados, los 1500 españoles, incluyendo mujeres y niños, se refugiaron en las montañas. Durante cinco años el gobernador libró una brillante guerra de guerrillas, atacando a los destacamentos ingleses y preparando constantes emboscadas. Al final, en 1660, fueron evacuados a Cuba.

El gobernador D'Oyley concedió decenas de patentes de corso y, en unos meses, multitud de armadores con iniciativa y caballeros de fortuna, se lanzaron al mar como lobos dispuestos a lograr riquezas y botín a cualquier precio. Con ellos y los viejos corsarios que pululaban por las islas del Caribe, convertidos en filibusteros, iba a comenzar la Edad de Oro de la piratería del Caribe.

Los nuevos enemigos de la América española eran conocidos como filibusteros —en francés *flibustier*, en inglés *freebooter*, y en holandés *vrijbuiter*—, término que parece derivar bien del inglés *fly-boat*, un tipo de velero rápido, o más bien del holandés, donde se traduciría como «el que se hace con botín libremente». Se conoció en general como filibusteros a los piratas que no se alejaban de la costa, la bordeaban y saqueaban ciudades y pueblos.

Durante los primeros años del reinado de Carlos II, la defensa de las Indias había quedado en uno de sus niveles más bajos. Las milicias apenas contaban con hombres, todos mal entrenados y mal armados y, las escasas armas de fuego de las que disponían, no podían compararse a los modernos mosquetes y arcabuces de chispa con los que estaban equipados los filibusteros. Además, cuando estos se enfrentaban a los españoles, rara vez combatían contra experimentados soldados, sino casi siempre contra pobres marineros sorprendidos por el asalto, comerciantes y mercaderes, o vecinos de las villas costeras que no tenían experiencia militar alguna. En ese estado de cosas proteger los inmensos territorios de la Corona de España era realmente complicado. Dice Fernández Duro:

> Grandemente cuadraba la ausencia de bajeles de guerra a los filibusteros acuartelados en Jamaica y en la parte Norte de la isla Española, siendo la certeza de no encontrar ninguno, equivalente a cédula de indemnidad, valedera para cuantas incursiones imaginaran, alargando el radio de las primitivas al mismo tiempo que la ambición con que se habían satisfecho de apropiarse algún barco cabotero, o el ganado y frutos de las estancias ribereñas.

El gobierno inglés en Jamaica se aprovechó de ello, y lanzó constantes ataques contra Costa Firme. Ciudades y pueblos costeros fueron asaltados y arrasados y se atacó a todo tipo de naves comerciales y de cabotaje, primero españolas, pero también holandeses en los periodos en los que Inglaterra y las Provincias Unidas estaban en guerra. La población inglesa de la isla se reforzó. Llegaron miles de colonos y esclavos, que pusieron en marcha una potente economía basada en los cultivos de azúcar y tabaco, el comercio de maderas, y la rapiña de lo que obtenían los corsarios de la isla.

El éxito obtenido y la prosperidad de la colonia fue retirando del mar a muchos filibusteros, que poco a poco, se fueron convirtiendo en colonos y prósperos plantadores. El 21 de agosto de 1662, *lord* Windsor, el nuevo gobernador, inició un proceso de institucionalización de la isla, ofreciendo tierras a los filibusteros y colonos que llevaran en ella doce años. Creó una asamblea local, una corte de justicia, y un almirantazgo, algo que permitía legalizar a los filibusteros y convertirlos en corsarios, dado que la corona inglesa le permitió otorgar patentes de corso «para subyugar a todos nuestros enemigos por tierra y mar, en todas las costas de América». Windsor buscó voluntarios para sus empresas más ambiciosas contra España que iban a ser lideradas por el comodoro Mings. En la más importante, dirigida contra Santiago de Cuba iba un joven oficial de solo 27 años destinado a hacer historia: Henry Morgan.

El ataque fue un éxito. Los ingleses tomaron la ciudad, volaron el castillo, la casa del gobernador, la catedral, el hospital y los edificios principales. Persiguieron a los fugitivos por los montes y lograron un inmenso botín. En los años siguientes los ingleses de Jamaica y sus aliados filibusteros realizaron centenares de acciones. Solo en el saqueo de Campeche, realizado en febrero de 1663 por Myngs y Mansfield, lograron tomar 300 toneladas de todo tipo de joyas y objetos de valor, lo que le valió a Myngs, que fue herido en la acción y se retiró a Inglaterra, el título de caballero.

4.3.2 Otra vez La Tortuga

Tras el abandono de La Tortuga por orden del conde de Peñalba[60], al objeto de reforzar Santo Domingo antes del ataque de Penn y Venables, en 1655, los franceses volvieron a la isla, que en 1649 había sido vendida, como el resto de las propiedades de la Compañía de las Islas de América, a compradores privados.

Luis XIV había nombrado gobernador a Jeremie Deschamps, señor Du Rausset, que repobló la isla con 500 personas y que, además, logró ser reconocido en su cargo por los ingleses, siendo aceptado por la Cofradía

60 La decisión fue muy criticada y, en 1656, Félix de Zúñiga, el nuevo gobernador de La Española, solicitó del rey Felipe IV autorización para expulsar a los franceses y dejar una guarnición permanente.

de los Hermanos de la Costa. Durante el poco tiempo que residió en la isla reconstruyó las fortificaciones y reorganizó el sistema defensivo, atrayendo a multitud de filibusteros que abandonaron Jamaica.

Los tratos con los ingleses no gustaron nada en Francia y, en 1662, Du Rausset, que había regresado por enfermedad, fue encarcelado. Se nombró para sucederle a Bertrand D'Ogeron, por parte de la Compañía de las Indias, que había comprado a Du Rausset la isla de La Tortuga por 15 000 libras. En 1665, ya en la isla, D'Ogeron logró también ser aceptado por los filibusteros de la Cofradía de los Hermanos de la Costa, aunque su objetivo y misión era, precisamente, acabar con el estado de cosas existente. Para ello transportó a La Tortuga a decenas de chicas francesas, cuyo primer contingente llegó en 1666, cambiando poco a poco la fisonomía y las costumbres de la isla. Este hecho, unido a las batidas del gobernador español en Santo Domingo contra los últimos bucaneros, a los que se acusaba de contrabando de ganado y cueros, provocó que estos huyeran a La Tortuga reforzando la población y estableciendo, por primera vez en la isla, plantaciones de cacao, maíz, tabaco y café.

El refuerzo de la colonia permitió a D'Ogeron llevar adelante algunos de sus ambiciosos proyectos, como el ataque a Santiago de los Caballeros, lo que le animó a pedir a Francia más recursos. Sin embargo, la prohibición de comercio que hizo la Compañía, y los impuestos, motivaron una revuelta, instigada por los holandeses, que solo se pudo sofocar mediante el envío de una poderosa fuerza naval desde Francia en 1671. El rey ofreció una amnistía general en la que los franceses habían comenzado ya a colonizar, la parte noroccidental de La Española, el futuro Haiti.

Uno de los más sanguinarios filibusteros de la época dorada de La Tortuga fue Jean-David Nau, apodado el Olonés, que llegó a las Antillas en 1660. Tras comprar su libertad —era lo que se llamaba un «enganchado»—, se hizo bucanero y se dedicó al comercio con La Tortuga, llegando a tener cedido un pequeño barco con una dotación de 20 hombres, pero con audacia, valor y dotes de persuasión, antes de pasar un año ya tenía ocho buques y más de 400 hombres a su cargo.

Tras fracasar en Campeche, logró apresar un navío español que iba tras él, y se comportó de forma brutal con los prisioneros, haciendo lo mismo en una incursión contra Gibraltar, en Venezuela, en agosto de 1667, donde quemó la ciudad y decapitó al gobernador, y en Maracaibo, donde tomó 20 000 reales y saqueo la población.

La fama del Olonés se extendió por todo el Caribe, donde era temido por los españoles y admirado por los filibusteros. En la isla de Vaca repartió el botín de los sacos de Gibraltar y Maracaibo, calculado en 260 000 reales, y joyas y mercancías valoradas en otras 100 000. Cuentan que las celebraciones en La Tortuga, donde gastaron lo tomado, duraron dos semanas.

Después de atacar Puerto Caballos, en Honduras, dedicó diez meses a construir un barco mejor que el bajel que tenía en el cabo de Las Perlas, donde se había refugiado y, luego, se dirigió al sur, hacía el Darién, donde atacó un poblado indígena para obtener provisiones. Su fama de cruel había llegado hasta allí, y los indios lograron apresarlo vivo tras derrotar a sus hombres. Todos los prisioneros, menos uno que logró escapar y contarlo, fueron asados vivos y devorados por sus captores.

El daño causado en ranchos, villas y ciudades por los filibusteros fue de gran importancia, pues las decenas de expediciones menores, llevadas a cabo por grupos y partidas de piratas que se comportaban de manera salvaje, arrasaron 200 haciendas de todo tipo, quemando casas, matando a esclavos y ganado, torturando a los prisioneros y violando a las cautivas, talando frutales y destruyendo las máquinas y útiles de labranza. No afectó en lo esencial al poder español en la zona, pues la soberanía no se vio resentida, pero convirtió la vida de los colonos en una pesadilla, a pesar de que en las acciones de represalia se ahorcó a más de 300 piratas. Decía Dávila Orejón en su carta a la corte:

> Cuantos golpes dieron estos desalmados, los emprendió la codicia, los ejecutó la osadía y los coronaron el descuido, la desunión y el desprecio que se hizo de este género de piratas.

Como siempre, en España se desestimó una vez más el recurso del corso en la Indias, algo que hubiese sido tan práctico como fructífero, pero al menos se decidió reconstruir la Armada de Barlovento, con tres fragatas que se pusieron al mando del general don Agustín Diustegui para «que las costas de Indias estuvieran resguardadas de la hostilidad de los ingleses». Esta flota debía completarse con bajeles construidos en Nueva España, pero era obvio, que barcos de 500 o 600 toneladas no eran prácticos para navegar entre cayos, isletas y canales, y se optó, con buen criterio, por armar fragatillas de menos de 200 toneladas con unos 150 hombres, sin necesidad de usar oficiales de la Armada.

Mientras tanto, recibida en Jamaica la noticia de que las Provincias Unidas e Inglaterra estaban otra vez en guerra, el gobierno británico intentó por todos los medios que los filibusteros de la isla se convirtiesen en la fuerza naval que se precisaba, pero eran desordenados, caóticos, impredecibles y generaban todo tipo de disturbios en Port Royal. Era preciso alejarlos cuanto antes de allí y buscarles una misión en la que resultasen de utilidad.

La idea fue atacar de inmediato las islas holandesas de Curaçao, Aruba y San Eustaquio. El encargado de convencer a los filibusteros fue el gobernador Modyford, con el que se llegó al acuerdo de que, solo si había botín, se podría contar con su concurso. De camino, la indisciplina fue constante y, pronto, los filibusteros llegaron a la conclusión de que era más rentable y menos arriesgado atacar el Caribe español. Justificando como razón que un grupo de ellos eran corsarios portugueses con patente francesa de La Tortuga[61], atacaron un barco español, en el que mataron a todos los tripulantes, y asaltaron la ciudad de Sancti Espíritus, en el interior de Cuba, que incendiaron, cobrando un rescate por los vecinos que se llevaron prisioneros. En Bocas de Toro se dividieron, dirigiéndose un grupo a Costa Rica y el resto al ducado de Veragua.

En enero de 1666, se insistió en Jamaica en la importancia de que se concedieran patentes de corso contra España —*letters of marque*—. En caso de no acceder a su propuesta, los filibusteros amenazaron con dirigirse en masa a La Tortuga y ponerse bajo patrocinio francés. Dado que la amenaza iba en serio, el líder de la protesta, Mansfield, presionó a Modyford hasta lograr su propósito, que se concedieran patentes de corso a naturales de cualquier nacionalidad y origen, siempre que sus acciones fuesen dirigidas contra los intereses españoles. En la práctica los ingleses acababan de legalizar la piratería.

Durante los meses siguientes, los bajeles de Mansfield se convirtieron en los dueños y señores del Caribe. Con su tropa de ingleses, franceses y algunos portugueses tomó Santa Catalina y quiso ofrecer Providencia al gobernador de Jamaica, pues ahora se premiaban en oro las capturas realizadas a los españoles, que estaban sin duda pasando su peor racha. No obstante, Modyford rechazó Providencia, por lo que Mansfield resolvió entregársela a las autoridades de La Tortuga. No llegó

---

61 Desde 1640, año de la sublevación contra Felipe IV, Portugal estaba en guerra con España, y por lo tanto sus naturales actuaban en corso contra las naves del monarca hispano.

a hacerlo pues falleció repentinamente. Aprovechando la situación, el gobernador de Panamá logró enviar una expedición a Providencia[62], que retomó la isla antes de que las fuerzas de Jamaica se establecieran y fortificaran.

En mayo de 1667, con la firma del primer Tratado de Madrid, para intentar evitar que España e Inglaterra siempre estuviesen al borde de una guerra, se intentó establecer un sistema de acuerdos, pero el resultado fue un fracaso absoluto.

La razón era que los ingleses, como les ocurría a los españoles, sabían perfectamente quien era su enemigo[63]. James Modyford recibió informes en febrero de 1668, según los cuales los españoles estaban preparando una expedición para acabar con la presencia inglesa en Jamaica. Ante la amenaza, encargó a Henry Morgan, un oficial de la milicia, agrupar a los corsarios, descubrir el plan español, e impedirlo. Morgan, que era un hombre astuto, frío y tenaz, se dio cuenta de que estaba ante la oportunidad de su vida. Llegó a la conclusión de que la mejor defensa era un buen ataque y con seis bajeles y 700 hombres, partió rumbo a Cuba, donde saqueó Puerto Príncipe y se hizo con 50 000 reales de a ocho[64].

Aunque en su retirada sufrió 200 bajas, logró algo muy importante, convencer a Modyford de que desde Cuba los españoles iban a atacar Jamaica. A partir de entonces se ganó su confianza y apoyo para cualquier empresa que quisiera emprender, por supuesto contra los españoles y, por supuesto, por dinero.

---

62 España aguantó en Providencia y Santa Catalina hasta el final del imperio. Hoy, a pesar de estar frente a la costa de Nicaragua, pertenece a Colombia. Tiene unos 5000 habitantes.

63 Horacio Nelson lo explicó a la perfección años más tarde: «Ningún capitán se equivoca cuando pone su barco al costado de otro».

64 Típica frase de las novelas y películas de piratas, el «real de a ocho», «peso fuerte» o «peso duro», fue una moneda de plata con valor de ocho reales acuñada por España después de la reforma monetaria de 1497 que había establecido el «real español». Por su difusión mundial se convirtió en la primera divisa de intercambio internacional en Europa, América y Asia. Fue la primera moneda de curso legal en los Estados Unidos, hasta que, en 1857, una ley desautorizó su uso, pero está en el origen de la expresión angloamericana *pieces of eigh* y el origen de los nombres *quarter* —un cuarto— y *two bites* — dos mordiscos— para las monedas de veinticinco centavos.

4.3.3 Henry Morgan y el saqueo de Panamá

Una vez seguro de que podía contar con el apoyo del gobernador, Morgan solicitó autorización para ir contra Portobello, eso sí, sin los filibusteros franceses, que estaban a disgusto con el reparto del botín. Partió de Port Royal con cuatro fragatas, ocho balandras y algo menos de 500 hombres. En Bocas de Toro los transbordó a todos a 23 piraguas artilladas y unos botes pequeños mejores para las aguas bajas y más discretos, y se presentó ante Portobello en cuatro días, el 10 de julio de 1668.

Tras lanzar un violento ataque con el fin de paralizar por el miedo a sus enemigos, volaron el polvorín del fuerte con las tropas españolas dentro y llegaron ante las defensas del fuerte de San Jerónimo, sin haber sufrido ni siquiera un herido. La fortaleza cayó al asalto al precio de 45 filibusteros muertos y 5 defensores, pero Morgan ahorcó a los 50 que se habían rendido. Luego colgó una bandera roja[65] en lo alto de la torre del fuerte y se dedicó a torturar a los vecinos para que confesasen donde tenían el dinero.

El gobernador de Panamá envió tropas que llegaron a tiempo, cuando Morgan aún estaba en Portobello, pero no lograron tomar la fortaleza bien defendida por los piratas. Al final pagaron 100 000 pesos más y dejaron partir a los ingleses. Morgan arribó a Port Royal victorioso, convirtiéndose en un filón para la futura industria de Hollywood, y un imán para los filibusteros, que ahora sabían que junto a él obtendrían riquezas y gloria.

Sin embargo, tanto este ataque como otros realizados por piratas mayoritariamente franceses en Veragua —Picard— y otros puntos del Caribe, convencieron finalmente al Consejo de la Regencia de doña Mariana de Austria que era preciso hacer algo. A regañadientes, se autorizaron, en abril de 1669, patentes de corso para atacar a los buques ingleses como se había hecho en Europa, con notable éxito, en tiempos de Cromwell.

---

65 Todo el mundo piensa en banderas negras con calaveras cuando imagina una bandera pirata. Sin embargo, la historia es más curiosa. Los corsarios franceses izaban banderas rojas cuando no estaban dispuestos a dar cuartel, y llamaban a esa bandera con ironía el «rojo bonito» —*le jolly rouge*—. Cuando a finales del siglo XVII comenzaron a aparecer, primero en rojo y luego en negro, banderas con calaveras, los ingleses hicieron con la palabra francesa un gracioso juego de palabras y las llamaron *jolly roger* —la alegre calavera—.

En enero de 1670, con una patente de Cartagena, el portugués Manuel Rivero Pardal, y una tripulación de portugueses renegados, españoles, y algunos franceses, atacó a toda vela inglesa que vio en el mar en las Caimán, destruyendo la navegación de cabotaje y el comercio a pequeña escala. Alarmado al ver lo que ocurría cuando era respondido con sus mismas artes, el gobernador Modyford intentó llegar a un acuerdo con las autoridades españolas, pero el portugués le había tomado gusto al negocio, y supo, por gentes siempre bien dispuestas a traicionar a su patria por dinero, que el gobernador de Jamaica había enviado al capitán Bart en el *Mary and Jane* con destino a Cuba, para ofrecer un pacto al gobernador. El *San Pedro*[66], de Rivero, localizó al velero inglés en alta mar —de solo seis cañones— y acabó con todos los ingleses.

En mayo, Pardal ya contaba con dos barcos, pues unió a su buque el Gallardina, una presa hecha a los franceses en 1668. Con ambos, y enarbolando bandera inglesa, se acercó a las costas jamaicanas, venció en combate singular a un buque inglés al mando del capitán William Harris y después procedió a la metódica destrucción y saqueo de todos los asentamientos ingleses de la bahía de Montego.

La indignación en Jamaica por el ultraje fue enorme, pero la audacia del portugués era tal, que cuando supo que Morgan había partido de Port Royal decidió ir a por él. No tuvo suerte, se encontró con el *Dolphin*, un poderoso navío al mando de John Morris ante el que el *San Pedro* no tenía ninguna oportunidad. Empujados ambos por una tormenta a las costas de Cuba, Rivero intentó bloquear al inglés en una bahía. No lo logró, y con su buque deshecho a cañonazos, fue abordado por los ingleses, que lo abatieron de un disparo en la garganta.

Por supuesto Morgan no controlaba a todos los filibusteros que operaban desde Jamaica, y muchos de ellos, Bradley, Brasiliano o Lecat, realizaron incursiones por su cuenta, en la que se comportaron con enorme crueldad, logrando atraer hacia ellos una dura respuesta española, que se mezcló con la dictada por Morgan en represalia a los ataques de Rivero Pardal. Hay quien afirma que fue la necesidad de obtener de nuevo liquidez, la que envío a Morgan al mar, aunque también pudo ser un motivo la llegada de Thomas Lynch a Jamaica con órdenes expresas de acabar con la piratería y sustituir a Modyford, a

66 En Cartagena el *San Pedro* era conocido como *Fama*. El valeroso portugués ganó con creces el mote de su navío.

quien se consideraba muy próximo a los intereses de los filibusteros. Lo que, evidentemente, era cierto.

Fuese cual fuese la causa, el 18 de diciembre de 1670, con 38 naves y 2000 hombres, Morgan partió rumbo a la aventura que le daría fama universal: Panamá. De camino, atacó otra vez Providencia para liberar a los prisioneros del presidio de Santa Catalina. Luego, Brasiliano atacó el castillo de San Lorenzo, en la boca del río Chagre. La lucha fue dura, le costó 400 hombres, un verdadero desastre, pues acabó únicamente con 250 defensores.

Ocupada la desembocadura del Chagre, y una vez que llegó el grueso de la expedición de Morgan, se quedaron 500 hombres. El resto partió hacia el este y remontó el río con siete pequeños barcos y 36 botes. Con un inmenso sufrimiento, lograron llegar a la vista de Panamá, donde los prisioneros que habían liberado en Santa Catalina, y conocían bien la zona, les sirvieron de guía. Atacaron por el sitio en el que la selva era más frondosa y desbarataron el plan defensivo de la ciudad, que esperaba que lo hicieran a campo abierto. La resistencia fue dura y, en apenas dos horas, las bajas españolas ascendían a 600 hombres. En cuanto cayó el polvorín la toma de la ciudad fue un hecho.

Morgan la incendió y embarcó todo lo que había de valor. Los fardos se llevaron hasta la costa atlántica, donde ya estaban el 26 de febrero, con más de medio millar de prisioneros a los que, en la forma habitual, fueron torturando para obtener información de las riquezas que pudieran esconder.

A su regreso a Jamaica, Morgan repartió el botín, del que le quedaron 400 000 pesos, más que suficiente para poder vivir como un lord terrateniente inglés lo que le quedaba de vida. Cuenta Cruz Apestegui, que Pérez de Guzmán, al llegar a Panamá, «encontró que su casa había sido vandalizada, con camas, espejos, muebles, y pinturas destrozadas y su librería personal con más de 500 volúmenes hecha trizas», o como dijo Alsedo:

> No se deben repetir las atrocidades cometidas, porque son manchas de la historia los horrores de la crueldad y de la torpeza de aquellas fieras con figura de racionales.

Thomas Lynch, tomó de nuevo posesión del cargo de gobernador de Jamaica el 1 de julio de 1671 y, deseoso de no buscarse un lío excesivo con España intentó reprimir a los piratas para que se comportasen de una manera más «decente», lo que dicho después de lo que

Henry Morgan, a la izquierda, protagoniza el ataque de sus piratas sobre Puerto Príncipe en 1668. En 1667 las relaciones diplomáticas entre los reinos de Inglaterra y España empeoraron, y comenzaron a circular rumores en Jamaica sobre una posible invasión española. El gobernador de la isla desde febrero de 1664, sir *Thomas Modyford, autorizó a los corsarios a tomar medidas contra los españoles, y emitió una patente a Morgan en la que le concedía el rengo de almirante. Según el francés Alexandre Exquemelin, quien navegó con Morgan y publicó en holandés en 1678,* Historia de los Bucaneros de América, *el almirante realizó todo tipo de excesos contra la población. A pesar de esa afirmación sea probablemente cierta, el estudio del libro de Exquemelin es complejo, pues, en general se aleja de la realidad.*

había ocurrido en Panamá, perecía una broma siniestra. En solo un mes preparó una proclama que permitía acceder a la *Royal Navy* a quienes dejasen la piratería o deseasen ser colonos en Jamaica. Muchos se negaron a aceptar la propuesta del gobierno inglés y se marcharon a La Tortuga, a otras islas, o a las Bahamas y las colonias de Norteamérica. Finalmente, algunos pensaron que no era más que un intento de lograr el apoyo de los filibusteros, como en otras ocasiones, y no se marcharon esperando que las aguas volviesen a su cauce. Estaba claro que no conocían el estilo inglés de hacer cumplir las leyes. Acabaron en la horca.

El embajador español en Londres protestó por el acto de piratería de forma enérgica y Morgan fue detenido y enviado a Inglaterra en abril de 1672. No fue muy útil, Inglaterra se había convertido en aliada de los franceses y enemiga de España y Holanda, y el rey Carlos II, lo nombró caballero y teniente gobernador de Jamaica. La historia naval de Inglaterra tenía otro héroe, a Drake, se le sumaba Morgan.

4.3.4 El Caribe de nuevo en guerra

La guerra en Europa tuvo su repercusión en América, y los filibusteros apoyaron a sus naciones, Inglaterra y Francia, pero esta vez, España tenía como aliado a Holanda, y eso equilibraba bastante las cosas. Jacob Bickens, enviado desde los Países Bajos, impartió instrucciones para que desde Curaçao se emitiesen patentes de corso contra franceses e ingleses. La campaña corsaria y de las armadas de las diferentes flotas de la federación que era las Provincias Unidas, tuvo un notable éxito y, en poco tiempo, apresaron 34 naves inglesas y francesas y destruyeron 150[67].

Los enemigos de Holanda y España eran muy poderosos, no se iban a quedar mucho tiempo de brazos cruzados. El gobernador de San Cristóbal, De Baas-Castelmore, recibió órdenes de atacar Curaçao, poco antes de la entrada española en la guerra, y envió a D'Ogeron, pero la expedición fracasó y acabó en Puerto Rico por una tormenta, donde todos fueron hechos prisioneros. D'Ogeron logró escapar y regresar a La Tortuga y, al poco tiempo, lideró una expedición de represalia contra Puerto Rico. Como consecuencia del ataque francés, el gobernador, Gaspar de Arteaga, ejecutó a 40 de los prisioneros y envió al resto a trabajos forzados.

En 1674, cuando los ingleses se retiraron de la guerra y acordaron la paz con los holandeses, Carlisle, el nuevo gobernador, tenía instrucciones de llegar a buenas relaciones con sus vecinos, pero tardó cinco años en tomar posesión del puesto. En ese tiempo su cargo lo ejerció lord Vaughan, que tenía como segundo a *sir* Henry Morgan, ahora un respetable súbdito de su Graciosa Majestad.

Por supuesto Morgan no tenía intención de hacer daño a sus amigos y colegas de correrías, e hizo todo lo que estuvo en su mano para proteger a los filibusteros, con los que confraternizaba públicamente en las calles, el puerto, e incluso en las tabernas. Tras el cese de Vaughan en 1677, todavía hubo que esperar a 1679 para que el duque de Carlisle ocupase su puesto, pero la Asamblea de Jamaica no estaba dispuesta a dejarse manejar fácilmente y, al cabo de poco tiempo, terminó deportado a Inglaterra.

Estas tribulaciones apartaron a los ingleses por un tiempo del escenario, en que los franceses, ahora solos, se enfrentaban a españoles y holandeses. Los holandeses, dueños de una escuadra formidable, y libres de la amenaza inglesa se concentraron en hacer todo el daño posible a los franceses, que respondieron muy bien, lanzando ataques a las islas holandesas. En 1676 Francia designó a Jacques Nepveu, caballero de Pouançay gobernador de La Tortuga. Con los refuerzos de que disponía y el apoyo de los filibusteros de De Grammont atacó y tomó Tobago,

67 En las operaciones se tomó también Nueva York, antigua Nueva Amsterdam, que volvió a manos holandesas. Luego la devolvieron.

muriendo en la defensa Bickens. El objetivo siguiente fue Curaçao, pero un error de los pilotos en los bajíos de la costa, provocó un desastre en la flota francesa en las islas Aves.

Tras el fracaso, los filibusteros quedaron libres para atacar el lugar que estimasen conveniente, pues el almirante al mando de las operaciones militares, el conde D'Estrées, regresó a Francia. Como era habitual, obsesionados con el botín, eligieron una plaza española y, con De Grammont al frente, marcharon una vez más contra la sufrida Maracaibo.

En junio de 1678, los vigías españoles dieron la voz de alarma al ver aparecer velas enemigas ante la barra del puerto. Eran más de 2000 hombres que, en seis bajeles y trece transportes, estaban dispuestos a sacar algo en claro de la guerra en la que estaban envueltos. Tras desembarcar, los piratas se dirigieron directamente contra el fuerte, pero Francisco Pérez de Guzmán, que mandaba la defensa, decidió enviar a 100 arcabuceros contra ellos. La flota pirata, aproximándose a la costa, los barrió a cañonazos, y el gobernador, Jorge Madureira, que era muy inexperto y no era aún de fiar para la población —llevaba quince días en el puesto—, no supo qué hacer. El 14 de junio, una vez más, Maracaibo caía en manos de los hombres de De Grammont.

Durante quince largos días, los filibusteros sometieron a la población a un sufrimiento atroz, y, cómo no, torturaron a todos aquellos de quienes sospechaban que podían ocultar riquezas. Cuando por fin llegaron a la conclusión de que no había nada más que saber, y que tenían todo el oro y la plata de los habitantes de la ciudad, marcharon contra Gibraltar, defendida por una veintena de soldados mal armados y peor dirigidos que no fue rival para los piratas.

Como los vecinos habían huido, De Grammont, que no veía peligro alguno, ordenó dirigirse hacía Trujillo, más de 50 millas tierra adentro. Encontraron la villa desierta y siguieron hasta Mérida, a más de 75 millas de la costa, donde los refugiados de Trujillo estaban protegidos por un recio fuerte defendido por 250 soldados con cuatro cañones. Los intentos de asalto fueron infructuosos y, a la vista de que iba a ser muy complicado tomarlo, y que, de hacerlo, las bajas serían muy altas, De Grammont ordenó la retirada, que se efectuó sin problema alguno el 1 de septiembre de 1678. Al pasar por Gibraltar, de regreso a los barcos, decidieron, frustrados, arrasar la villa, que ardió hasta los cimientos.

Ante la falta de respuesta española, De Grammont se mantuvo en la laguna de Maracaibo hasta el 3 de diciembre. Desde allí se fue a La Española cargado de cautivos y con 150 000 pesos de botín. El éxito había sido absoluto, y cuando llegó a Petit Goavé fue tratado como un héroe. Podía dedicarse a gastar lo ganado y a preparar el siguiente golpe contra los españoles.

Un día de primavera de 1680, un grupo de filibusteros al mando de Jan Willems que se encontraban en una playa cerca de Puerto Plata, en La Española, fueron localizados por una patrulla de la caballería española, que se retiró al contactar con ellos. Al cabo de unas horas llegó toda una compañía. Se temían lo peor cuando vieron que el oficial que mandaba los jinetes se acercó con bandera blanca, y les entregó un documento. Era la copia de la Real Cédula que ratificaba la Paz firmada en Nimega. La guerra entre España y Francia había terminado.

4.3.5 Por fin el corso

En el mismo año en que los ingleses se retiraron del conflicto, el gobierno de Madrid, aprobó, por fin, dar una respuesta eficaz a las depredaciones que sufrían los barcos españoles de forma casi impune por los franceses y los ingleses y, el Consejo, decidió aprobar una guerra corsaria sin restricciones contra los enemigos de Su Católica Majestad en los mares de las Indias.

Además, esta vez la lucha corsaria sería regulada de manera formal y en condiciones, por las llamadas Ordenanzas de 1674, emitidas el 22 de febrero. Las primeras que regulaban dicha actividad en América. En sus 19 artículos recogían los derechos y las obligaciones de los armadores que estaban dispuestos a aceptar las reglas de la Corona y que, por su parte, corrían con el riesgo y ventura de las operaciones navales:

- Las presas capturadas se repartirían al modo del uso de las costumbres de la mar de Vizcaya —una fórmula genérica, pues eran iguales para Guipúzcoa y Cantabria—. El sistema tenía tres tercios: el rey, el armador y el capitán, y la tripulación.

- Todo enemigo capturado debía ser reputado pirata, y por lo tanto tratado como tal —lo que habitualmente suponía su ejecución—.

- El Quinto Real, equivalente a la parte de la Corona de todo botín, se cedía a los armadores que corrían con el riesgo de la aventura.

- Los prisioneros debían de ser entregados a las autoridades de la Corona. Esta cláusula no estaba en contradicción con la segunda. Lo normal es que fueran ejecutados, pero la Administración española se reservaba el derecho tanto de decidir, como el de valorar la relevancia de las personas capturadas.

• Se garantizaba que ninguna autoridad virreinal o de las flotas reales, se beneficiaba de las presas. Esto era muy importante, pues alejaba cualquier sospecha de corrupción.

• Los corsarios, en tanto combatiesen bajo patente real, tendrían los mismos derechos que los oficiales de la armada española. Esta es otra norma obvia, si se quería atraer a los mejores y más audaces capitanes. Holanda e Inglaterra lo hicieron siempre e incluso Francia —con Jean Bart—, se dio cuenta de que era el único camino lógico.

• Se permitía la venta libre de las presas capturadas. Esta norma, por si sola, podía haber cambiado la historia de la piratería en América. Precisaba de una administración honesta, pero se aproximaba a la idea inglesa u holandesa del beneficio «empresarial»[68]. Ni que decir tiene que esta norma eximía del pago de impuestos.

• Todos los marineros tendrían la misma consideración que las gentes de la milicia. Otra norma lógica e indispensable, más aún en España, donde la escasez de gentes de mar era altísima.

• Se autorizaba a bordo el uso de pistoletes. Puede parecer ridículo, pero las pistolas se consideraban arma traidora, porque podían ocultarse en la ropa, y solo debían portarse por jinetes o caballeros. Sin embargo, al enfrentarse a tipos como los corsarios del Caribe, carecer de ellas — salvo los oficiales— era una debilidad que a menudo costaba la vida. Esta norma, aparentemente tan tonta, es el resumen de toda esta obra[69].

68 Es duro decirlo, pero en la España de hoy esto es algo aún difícil de entender. Solo en un entorno libre y justo se puede progresar, pues para hacerlo es necesario confiar en las leyes y la «seguridad jurídica». Cuando ambas cosas funcionan el éxito está asegurado. Inglaterra y Holanda cumplieron esta máxima a la perfección, Francia poco, España, nada.

69 España perdió básicamente por su falta de libertad. Los gobiernos españoles temían a su propio pueblo, en tanto que los ingleses y holandeses no. A los gobiernos autocráticos no les gusta la «chusma» armada. En un

Convoy de la lota neerlandesa. Inglaterra dependía como Holanda del comercio. La campaña corsaria española les hizo un daño enorme, y supuso la pérdida de gran número de sus barcos. Óleo sobre lienzo de Simon de Vlieger, realizado en 1630. Aduana de Rotterdam.

Como el lector podrá apreciar, no hay nada a lo que se haga referencia en las normas del corso que parezca extraño o raro, pero en España se pensaba lo contrario, y el Consejo de Indias se negó tercamente, durante decenios, a autorizarlo en los mares de América, a pesar de las evidencias que demostraban su eficacia, incluso para la propia España, en los mares de Europa. La envidia ante el éxito ajeno y el rencor, los dos males principales del alma de nuestra nación, nunca se vieron más claros que en esta recalcitrante oposición al corso en la segunda mitad del siglo XVII. Daban igual los ejemplos que pudieran presentarse, todo el que pretendía la riqueza y la fama por la superación y el esfuerzo individual era sospechoso, de forma tal, que el que se alejaba del rebaño estaba, antes o después, condenado.

---

abordaje, una pistola de rueda estanca o de chispa era a menudo la diferencia entre la vida o la muerte. Todo el mundo lo sabía, pero en España se permitió hasta el siglo XVIII que nuestros marineros fuesen al combate en inferioridad de condiciones porque no «se confiaba» en ellos, a pesar de que se jugaban el pellejo como cualquier hidalgo. Los que murieron por esa canallada de sus superiores, aún deben de estar revolviéndose en el mar que se convirtió en su sepultura.

Como ejemplo, citaremos dos casos de Fernández Duro, que si bien no es tan crítico como nosotros, por razones obvias de la época en la que escribe, no puede sino indignarse ante semejante actitud, en el que las envidias y las enemistades decidían, como en estos casos de los jueces de la Casa de Contratación de Sevilla, en perjuicio obvio de los intereses de la nación:

> Don José Centeno llegó con la flota de su cargo a vista de Sanlúcar, y embarcado el práctico manifestó que con el calado en que venía la capitana no podía pasar la barra. Se disponía a alijar para verificarlo, cuando recibió cartas del duque de Medinaceli avisando la presencia de enemigos en el estrecho de Gibraltar y la autorización del rey para que en caso de peligro pudiera dirigirse a cualquier puerto de Galicia o Cantabria. Centeno reunió la Junta de jefes, y pareciendo a todos más sencillo tomar el fondeadero que tenían a la mano, hallándose en él la armada del marqués de Montesarchio, surgió en Cádiz. Acusáronle los mencionados jueces por desobediencia de una cédula circulada en 1664, que prohibía entraran las flotas en aquel puerto y, preso en Écija, lo mismo que los demás jefes firmantes del acuerdo, fue sentenciado a seis años de presidio en Oran y pago de 6000 ducados de plata.
>
> Todavía es más de notar el caso de don Jacinto de Echeverri, castigado por seguir con el galeón de su mando las aguas de la capitana hasta la bahía, detestada como rival, por los comerciantes de Sevilla.

Las ordenanzas de 1674 llegaron demasiado tarde para cambiar las cosas. Cuando España debía y podía haber librado una guerra corsaria no lo hizo y, en el último tercio del siglo era ya inútil, pues sus enemigos ya eran lo suficientemente fuertes para que la respuesta de los corsarios les hiciese demasiado daño.

Las pocas veces que España puso en práctica el corso, el éxito fue asombroso, y los casos del duque de Osuna o de los marinos de Dunkerque podían haber servido de modelo. Pero en realidad no era posible, una guerra corsaria eficaz requería de algo más, de la voluntad de dejar en las manos privadas una parte de la defensa de los intereses de España, lo que sin duda hubiesen hecho excelentemente bien los armadores y marinos de nuestros puertos. Exigía la creencia de que las personas, con independencia de su origen y condición, son válidas para forjarse su destino, y que tienen derecho a la obtención de riquezas o a una vida mejor. Eso, en la autárquica y católica España de la Inquisición, era pura y simplemente, imposible.

Combatir por honor, patriotismo o deber, estaba muy bien, pero por desgracia, ingleses y holandeses sabían que, si a eso se suma la posibilidad de obtener botín, el resultado era mucho mejor. Las infortunadas víctimas de las villas y pueblos asaltadas por los piratas, y los pasajeros de los barcos capturados por filibusteros y corsarios, fueron los mejores testigos de ello.

LA MARINA DE OSUNA

1.- Capitán. Cabo Celidonia, 1616.
2.- Mosquetero. Cabo Celidonia, 1616.
3.- Artillero. Ragusa, 1617.

LEZA SUÁREZ

Durante milenios las naves de remos —brazos— habían sido las dueñas del Mediterráneo, pero a partir del siglo XIII, de forma tímida, unas extrañas naves «redondas» y «mancas» comenzaron a aventurarse en el viejo Mare Nostrum. Al principio eran poco maniobreras y dependían demasiado del viento para moverse, pero a cambio eran sólidas, capaces de montar altos castillos a proa y popa en los que situar arqueros y ballesteros o guarecer a hombres de armas pesadamente armados y, sobre todo, de portar potentes cañones que pronto se instalarían en sus bandas. Una serie cada vez más repetida de incidentes de naves «mancas» con galeras demostraron a los estrategas navales que el viejo orden estaba a punto de cambiar.

En Lepanto (1571), el devastador fuego de las galeazas venecianas situadas en vanguardia frenó el ímpetu del ataque turco, pero después de Cabo Celidonia (1616) ya no quedó duda alguna. Salvo en las costas o junto a los puertos, donde las galeras podían aprovechar su maniobrabilidad para intentar abordar a las pesadas naves «mancas» por la proa o la popa, la suerte en caso de enfrentamiento en mar abierto estaba echada, y las naves a vela, cada vez más artilladas, ágiles y poderosas, se habían hecho las señoras del mar.

Galeras y galeones. Obra atribuida a Domingo María Sani y realizada en la primera mitad del siglo XVIII. Colección particular.

LA MARINA DE FELIPE IV

1.-Piquero. Armada de Galicia, 1639.
2.-Mosquetero. Armada de la Carrera de Indias, 1638.
3.-Marinero. Armada del Almirantazgo de Dunkerque, 1636.

LEZA SUÁREZ

LA OFENSIVA CONTRA LAS PROVINCIAS UNIDAS

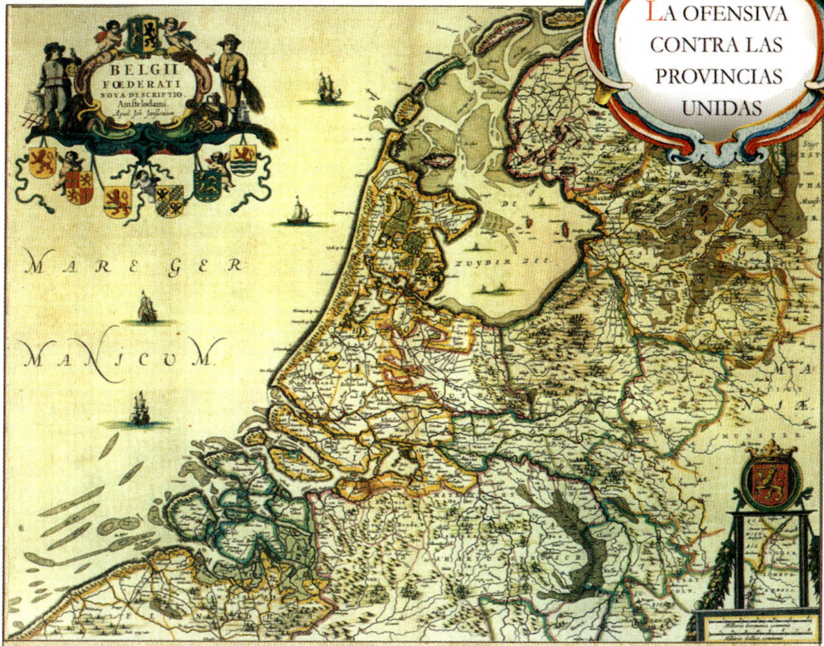

El plan del conde duque de Olivares era ingenioso. Los éxitos de la flota corsaria de Dunkerque habían dañado desde 1636 el comercio de los Países Bajos y afectado a sus poderosas flotas mercantes y pesqueras, por lo que a pesar de las pérdidas sufridas en 1638 durante el ataque al País Vasco de la escuadra francesa, España podía todavía concentrar una poderosa flota con la que intentar enviar refuerzos al eficaz ejército del cardenal-infante don Fernando y volver a tomar el control del Canal de la Mancha.

Si la flota de Oquendo tenía éxito, la acción combinada de los barcos españoles y los experimentados tercios podía resolver la guerra a favor de España, pues el objetivo era atacar a las Provincias Unidas donde más daño se les podía hacer, destruyendo su comercio, lo que serviría además para atemorizar a Francia, que aún no se había recuperado del susto de la ofensiva española de1636. El fracaso final fue el fin de los intentos españoles por mantener la supremacía naval en los mares del norte. Tras la derrota, la flota española no pudo ya realizar envíos grandes de tropas al ejército de Flandes que hasta el fin de la soberanía española, en 1713, combatiría en condiciones cada vez más difíciles.

Las Provincias Unidas. Mapa realizado en 1658 por el cartógrafo holandés Jan Janssonius

La marina de Carlos II

1. Almirante de la Mar Océano. Cádiz, 1675.
2. Teniente del Tercio de infantería de marina de la Armada de la Mar Océano. Cabo de San Vicente, 1681.
3. Arcabucero. Armada de Barlovento. Costa Firme, 1689.

LEZA SUÁREZ

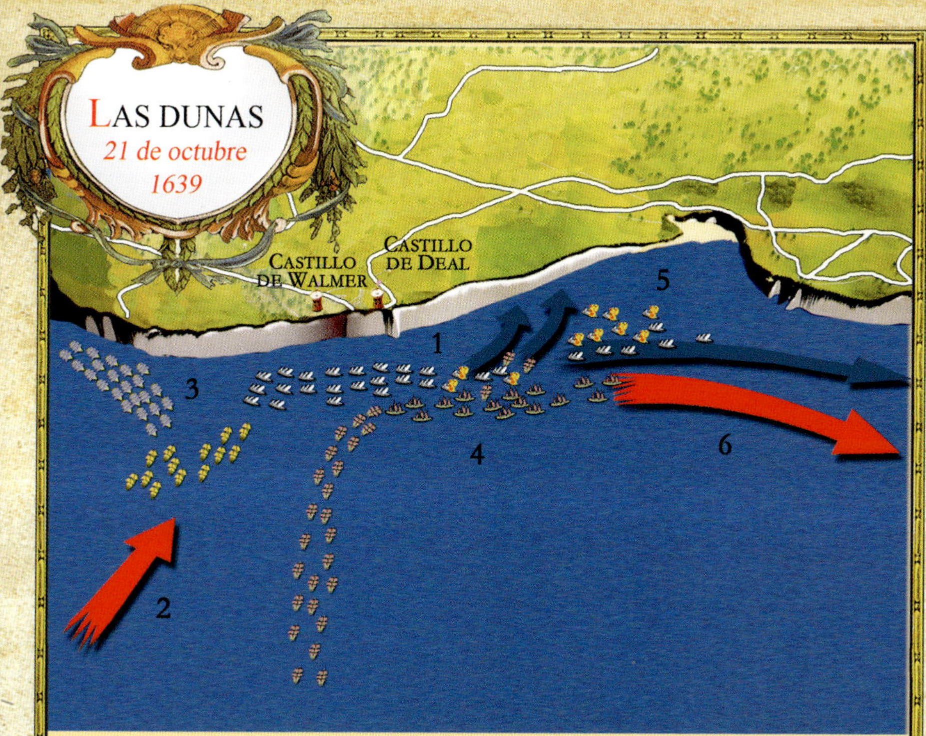

1 La flota española se concentra en la costa inglesa, donde permanece un mes avituallándose y reparando averías. Oquendo se prepara para detener un posible ataque de los holandeses.

2 La flota de las Provincias Unidas, al mando del almirante Tromp, se aproxima el 21 de octubre a la flota española, agrupada junto a la costa. sus buques más ligeros abren la marcha.

3 El almirante de Witte, con 30 buques, se dirige hacia la flota inglesa de sir John Penington, para evitar que se aproxime a la flota española y, en cualquier caso, disuadirle de intervenir.

4 La flota holandesa carga contra los barcos españoles, y comienza un fuerte intercambio de cañonazos. Los españoles resisten bien, y los holandeses no se atreven a abordarlos.

5 El intercambio de cañonazos se prologa durante horas, hasta que los brulotes, lanzados contra la flota española, alcanzan a algunos buques importantes, como el Santa Teresa, de Hoces, que es destruido.

6 El ataque holandés quiebra la resistencia española. Oquendo y varios buques importantes resisten todos los asaltos, pero un grupo importante queda atrapado en las dunas, junto a la costa. Muchos galeones con incendiados o embarrancan.

BANDERAS ESPAÑOLAS

BANDERA NAVAL
1565 - 1700

BANDERA NAVAL
1565 - 1700

ESCUADRA DE DUNKERQUE. *1630 - 1652*

PAÍSES BAJOS ESPAÑOLES
HASTA 1714

BANDERA DE GALEONES
HASTA 1700

ENSEÑA DE GUERRA
1621 - 1655

BANDERA NAVAL
1621 - 1655

ENSEÑA DE GUERRA
1665 - 1700

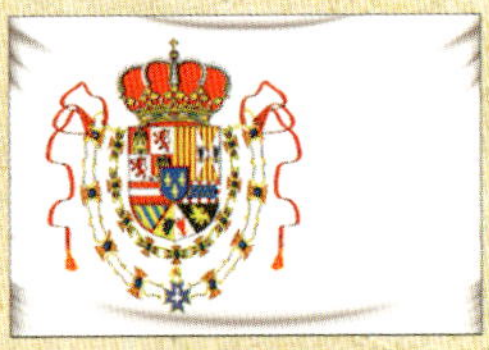

ENSEÑA DE GUERRA
1701 - 1759

ENSEÑA DE GUERRA
1759 - 1785

BANDERA DE CORSO
1785 - 1920

ENSEÑA DE GUERRA
1785 - 1931

ENEMIGOS DE ESPAÑA

PROVINCIAS UNIDAS
1630

COMPAÑÍA DE LAS INDIAS ORIENTALES. *HASTA 1630*

PROVINCIAS UNIDAS
1639

BANDERA NAVAL. FRANCIA *HASTA 1789*

PORTUGAL
1665

DINAMARCA

MARRUECOS

BANDERA NAVAL DE TURQUÍA

INGLATERRA

BANDERA NAVAL. INGLATERRA *SIGLO XVII*

INGLATERRA. ESCUADRA BLANCA. *DESDE 1707*

INGLATERRA. ESCUADRA AZUL. *DESDE 1801*

España fue dueña y señora de los mares de América durante más de medio siglo. Ninguna nación europea se atrevió a desafiar su poder en el Caribe hasta mediados de la década de los cincuenta del siglo XVI, no pasando la mayor parte de las incursiones de franceses e ingleses de pequeñas actividades de contrabando y algunas acciones corsarias menores. El intento de colonización francés de Florida en 1564, fue el primer aviso de que las cosas estaban cambiando, pero sólo tuvo como consecuencia inmediata el afianzamiento del poder español en las costas de América del Norte, con la fundación de San Agustín y el aniquilamiento de la colonia francesa. Este éxito, unido a la gran victoria de la flota del marqués de Santa Cruz en aguas de las Azores ante la flota francesa, en 1582, parecía advertir a Europa entera de que el nuevo continente era una tierra exclusivamente española.

LA GUERRA EN EL CARIBE

Sin embargo, tras el fracaso de la Armada Invencible y la rebelión de los Países Bajos, ingleses, franceses y holandeses comenzaron a desafiar a España en las Antillas, la zona que los «perros de la reina» ingleses llamaban el Spanish Main. Durante más de tres décadas las escasas guarniciones españolas y las pocas naves de la Armada de Barlovento y la guarda de la Carrera de Indias se enfrentaron a un desafío cada vez mayor, hasta que en el primer tercio del siglo XVII, corsarios y aventureros de las principales potencias europeas comenzaron a asentarse en pequeñas islas abandonadas de la zona. La guerra por el dominio de esas aguas, por las que pasaban las flotas comerciales de Indias, duraría más de dos siglos.

Regreso de una flota española. Obra de Andries van Fertvelt realizada en 1690. National Maritime Museum. Greenwich, Londres.

BANDERAS PIRATAS
1650 - 1750

EDWARD ENGLAND
La versión más conocida
de la *Jolly Roger*

JACK RACKHAM
Calico

THOMAS TEW

BARTHOLOMEW ROBERTS
El tiempo termina

WALTER KENNEDY
Atribuida por error
a los piratas berberiscos

HENRY EVERY

EDWARD TEACH
Barbanegra.
Atribuida. Probablemente falsa.

STEDE BUNNET
Atribuida por error al
capitán Edwards

CRISTOPHER MOODY

PIRATAS BERBERISCOS

PIRATAS BERBERISCOS

PIRATAS BERBERISCOS
Zulfikar

LA TORTUGA

Hasta bien entrada la década de 1630, España organizó campañas para expulsar a los invasores de las islas que ocupaban, destruyendo sus fuertes e instalaciones. Primero ingleses, luego holandeses y, finalmente franceses, fueron asentándose en las Pequeñas Antillas. Hasta los daneses —Santo Tomás, 1666— y los suecos —San Bartolomé, 1785—, consiguieron pequeñas colonias. La isla de la Tortuga, de 37 kilómetros de largo por 7 de ancho, denominada así por Colón debido a la forma de sus montañas, situada al noroeste de La Española, fue una de las islas perdidas, refugio de hombres de todas las nacionalidades, que luchaban contra España.

CORSARIOS, BUCANEROS, FILIBUSTEROS Y PIRATAS

Durante los siglos XVII y XVIII es fácil encontrar nombres que, se usan de manera análoga, para referirse a los habitantes de islas como La Tortuga, sin embargo eran muy distintos:

Los corsarios trabajaban para un estado o señor, que les otorgaba un contrato, o «patente», que establecía las reglas de su comportamiento y actividad. Básicamente la «patente de corso» (letter of marque) concedía a un capitán permiso para atacar a las naves de los enemigos de su señor o nación, la «carta de paso» (letter pass), autorizaba una actividad o permitía navegar por una zona, y la «carta de represalia» (letter of reprisal), existente desde finales de la edad media, permitía a un capitán resarcirse de un daño producido, en la justa medida de lo perdido.

Los bucaneros eran europeos —en su mayor parte franceses e ingleses— que se establecieron en La Española dedicados a la caza y al bucan —ahumado de carne—. Mezcla de contrabandistas y aventureros, cuando las autoridades españolas acabaron con sus animales y comercio terminaron dedicándose a la piratería.

Los filibusteros, antiguos corsarios y aventureros establecidos en las islas del Caribe, se dedicaron desde mediados del siglo XVII a atacar los asentamientos costeros españoles en las Antillas y Costa Firme. Organizados en torno a jefes audaces, combatían como corsarios bajo bandera inglesa, holandesa o francesa cuando por interés o dinero les convenía.

Los piratas, autodenominados en ésta época «caballeros de fortuna», eran antiguos corsarios y viejos filibusteros que se aventuraban en todos los mares del globo a la captura de barcos de cualquier nación y bandera sólo por el oro y las riquezas, sin ampararse en patente alguna y sin obedecer a otra ley y bandera que no fuera la suya.

Isla de La Tortuga. Mapa anónimo realizado en 1645. Ministerio de Defensa, España.

Las armadas de Carlos II adolecieron no sólo de una política acertada y una stuación económica solvente, sino que tampoco se logró normalizar los tipos de buques y sus características, a pesar de los intentos realizados por hombres como Garrote con su *Recopilación para la nueva fábrica de vaxeles españoles del año 1691*.

Sirva como ejemplo el caso del navío *El Salvador*, que estuvo catorce años en el Real Astillero de Zorroza, en Vizcaya, sin que jamás se atendiese a los pagos necesarios para terminarlo.

España tardó por lo tanto en disponer de barcos del nuevo estilo tal y como los que poseían las Provincias Unidas, Inglaterra y Francia desde la segunda mitad del siglo XVII.

DEL GALEÓN AL BAJEL DE LÍNEA

No obstante, eran muy pocas las armadas que podían permitirse disponer de navíos de primera clase —100 cañones o más—, algo al alcance de apenas media docena de naciones en todo el mundo. En ese sentido, los escasos galeones y bajeles de los que se disponía en España al comenzar el reinado de Felipe V, seguían siendo naves poderosas y recias, aunque se carecía de una política firme y clara de construcción naval.

Todo cambió tras el final de la Guerra de Sucesión, en 1714, cuando España comenzó una extraordinaria recuperación.

En la imagen, el interior de un bajel de línea. El cuadro se le atribuye al artista e ingeniero naval ingles Thomas Philips y está realizado alrededor del año 1690. National Maritime Museum. Greenwich, Londres.

JOSÉ ROMERO Y FDEZ. DE LANDA

1713 - 1773

Se incorporó al ejército en el Regimiento de Edimburgo, en 1752, y dos años después pasó a la Real Armada como alférez de fragata.

Atraído por las técnicas de construcción naval, se unió al equipo al mando del ingeniero francés Francisco Gautier en el Astillero Real de Guarnizo (Cantabria)y en 1770, pasó al recién creado Cuerpo de Ingenieros de Marina. Cuando Gautier dimitió, el 5 de marzo de 1782, Landa ocupó su puesto de ingeniero director.

Sus buques sólidos, marineros, excelentemente armados y construidos con las mejores maderas del mundo,constituían un soberbio ejemplo de calidad y trabajo bien hecho. A partir de sus diseños se crearon algunos de las mejores fragatas y bajeles de línea españoles.

NUEVAS TÉCNICAS DE CONSTRUCCIÓN NAVAL

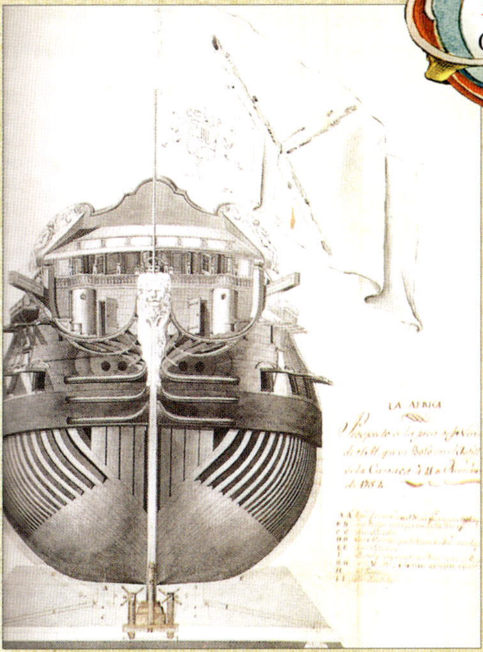

Proa del navío de línea *África*, de 74 cañones, botado en Cádiz, en los astilleros de La Carraca, en 1752.

España se recuperó de una forma asombrosa de los desastres de la Guerra de Sucesión. La eficacia de Alberoni, su energía y buen hacer, permitieron que se dotara de 22 navíos nuevos a la Armada entre 1717 y 1719, con los que se formaron las escuadras que intervinieron en las campañas de Sicilia e Italia. Sin embargo, todos ellos eran buques de unos 60 cañones, en su mayor parte adquiridos en el extranjero, e incapaces de medirse con los poderosos bajeles de línea ingleses o franceses de 70, 80, 90 o 100 cañones.

Entre 1720 y 1726, fecha esta última en la que se restableció la Secretaría de Marina, de la que se hizo cargo José Patiño, empezaron a construirse navíos en los puertos de ambos lados del Atlántico — principalmente en La Habana—. Los primeros seguían siendo pequeños para medirse con la poderosa *Royal Navy*, pero poco a poco la situación se iba equilibrando. Entre 1726 y 1736, bajo la eficaz dirección de Patiño se botaron 36 navíos y, a los astilleros vascos y los de La Habana, se sumaron los de Guarnizo, en el fondo de la ría de Satander, y los mejorados de Cádiz, Ferrol y Cartagena.

Fruto del trabajo constante se terminó en Guarnizo en 1732, el Real Felipe, que montaba ya 114 cañones. Fue el primer bajel moderno de tres puentes, apuntando lo que serían los futuros navíos de la modernizada Real Armada.

Los diseños españoles eran cada vez mejores y, al finalizar la Guerra de Sucesión de Austria en 1749, al comienzo del reinado de Fernando VI, tras la más que aceptable actuación de la marina impulsada por el marqués de la Ensenada, que siguió la estela marcada por Patiño, quedó claro que España había vuelto a ocupar un puesto de primer orden en el concierto naval de las naciones.

LA VIDA A BORDO

El reformismo borbónico prestó atención a todos los aspectos relacionados con la navegación. Su interés analizaba también aspectos relacionados con la vida de los marineros y el equipo y material que precisaban tanto ellos, como los navíos en que embarcaban. El *Diccionario demostrativo de la Arquitectura Naval Moderna 1719-1756*, del marqués de la Victoria, en el Museo Naval de Madrid, es una muestra perfecta de la obra de la Ilustración.

1. La ropa y el vestuario
En el siglo XVIII se reguló por primera vez la indumentaria y equipo de los marineros, considerándose la necesidad de emplear ropas de abrigo para los climas fríos o impermeables para la lluvia. Incluso regular el calzado, o las hamacas de la tripulación. En otras láminas se detallaban camarotes de jefes y oficiales, a los que no debía de faltar de nada, especialmente en los largos viajes de exploración o campaña.

2. Utensilios de bodega
Los grandes bajeles del siglo XVIII disponían de secciones en las bodegas donde se organizaban desde los elementos más esenciales como los víveres y el agua, hasta materiales de repuesto, como velas o toneles. Había también espacio para instrumentos de navegación, lámparas y faroles o armas y municiones.

3 y 4. Instrumentos y utensilios para la navegación
Desde finales del siglo XVII la Casa de Contratación de Sevilla ayudaba a la navegación elaborando detallados sistemas de control de los elementos náuticos más variados. Desde reglas y compases a catalejos o brújulas, siendo en ocasiones la responsable de su fabricación y obligando a cumplir unas normas determinadas.

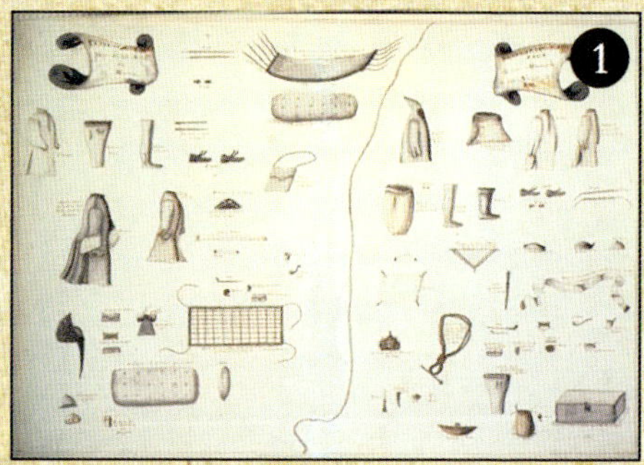
1

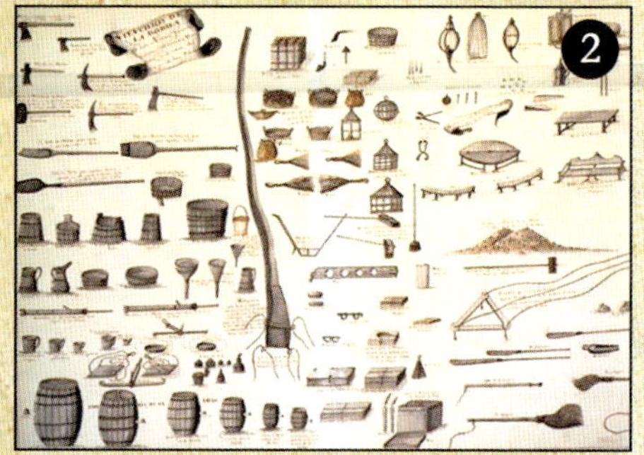
2

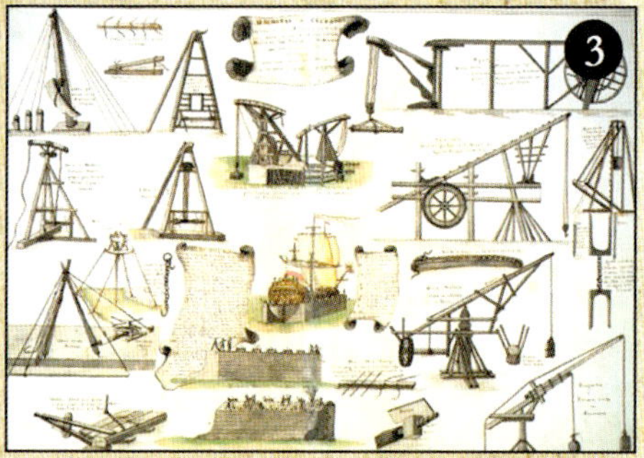
3

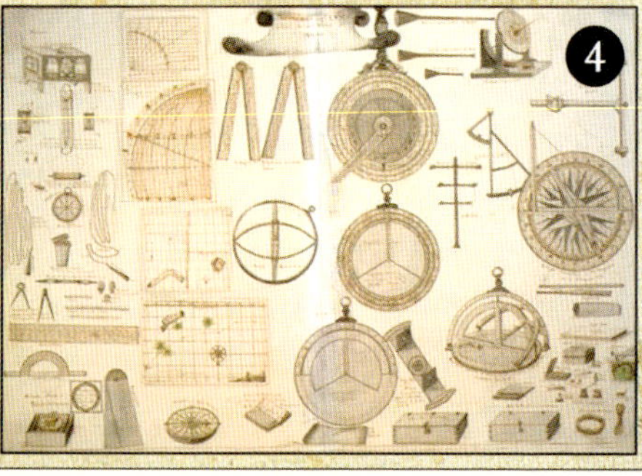
4

JORGE JUAN Y SANTACILIA

1713 - 1773

De familia noble, en 1729 ingresó en la Escuela Naval Militar de San Fernando, Cádiz. Participó en la expedición contra Orán y en la campaña de Italia. En 1734 embarcó, junto con Antonio de Ulloa, en la expedición organizada por la Real Academia de Ciencias de París bajo la dirección del astrónomo Louis Godin, para medir un grado del meridiano terrestre en la línea ecuatorial en América del Sur.

Permaneció en América diecinueve años. De regreso a España, el marqués de la Ensenada le envío a Inglaterra para conocer de primera mano sus técnicas de construcción naval, lo que le sirvió para mejorar los astilleros españoles, logrando unos resultados excelentes que permitieron a la flota española convertirse en una de las tres primeras del mundo

Durante la primera mitad del siglo XVIII España logró recuperarse de lo que parecía una decadencia imparable y de nuevo sus flotas volvieron a imponer respeto en todos los mares del mundo permitiendo mantener abiertas las rutas comerciales con América y Filipinas, algo esencial para la supervivencia del imperio. Navío *San Juan Nepomuceno*. Acuarela de Berlinguero.

LAS NAVES DEL REY

Los bajeles de línea, los monarcas del mar de la renacida armada española eran duros y resistentes. Los de tres puentes podían llegar a tener 30 cañones de 36 libras en la batería baja, 32 de 24 en la media, 30 de12 en la alta y 22 de 8 en el alcázar y el castillo, lo que les convertía en una poderosa máquina de guerra. Navío *Santísima Trinidad*. Acuarela de Berlinguero.

Manila, representada en un grabado de 1685, atacada por buques holandeses

1. Oficial. Real Cuerpo de infantería de marina. 1742
2. Soldado. Real Cuerpo de infantería de marina. Casacón de abordaje. 1742.
3. Fusilero. Real Cuerpo de infantería de marina. Climas cálidos. 1742.

LEZA SUÁREZ

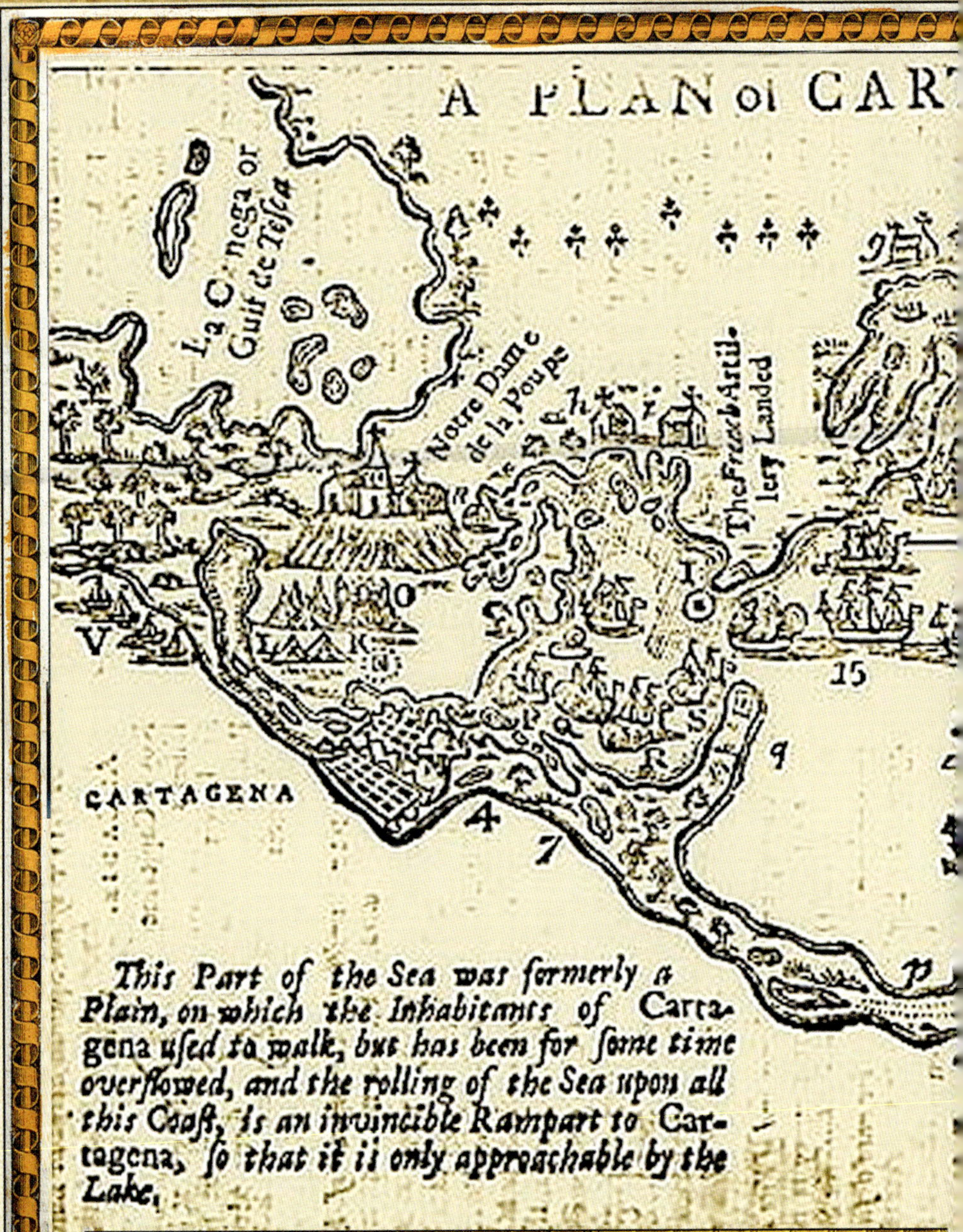

Plano de la bahía de Cartagena, con la entrada de Boca Chica y la isla de Tierra Bomba. Está realizado y publicado en 1740 y en él se muestra la situación de los navíos españoles y británicos durante el ataque del Almirante Vernon. El poder de las fortificaciones de la ciudad (4) y su privilegiada situación para controlar el Caribe y América del Sur la hacían especialmente deseada como enclave militar.

MAPA DE CARTAGENA DE INDIAS

La ciudad había sufrido constantes ataques desde el siglo XVI y fue su caída en manos francesas, en 1697, lo que dejó en evidencia la mala calidad de todo el sistema defensivo indiano. Vernon intentó su toma controlando el cerro de la Popa (Nôtre Dame de la Poupe en el plano) desde el que se dominaba el castillo de San Felipe. Publicación periódica de Londres *Gentleman's Magazine*. Volumen X.

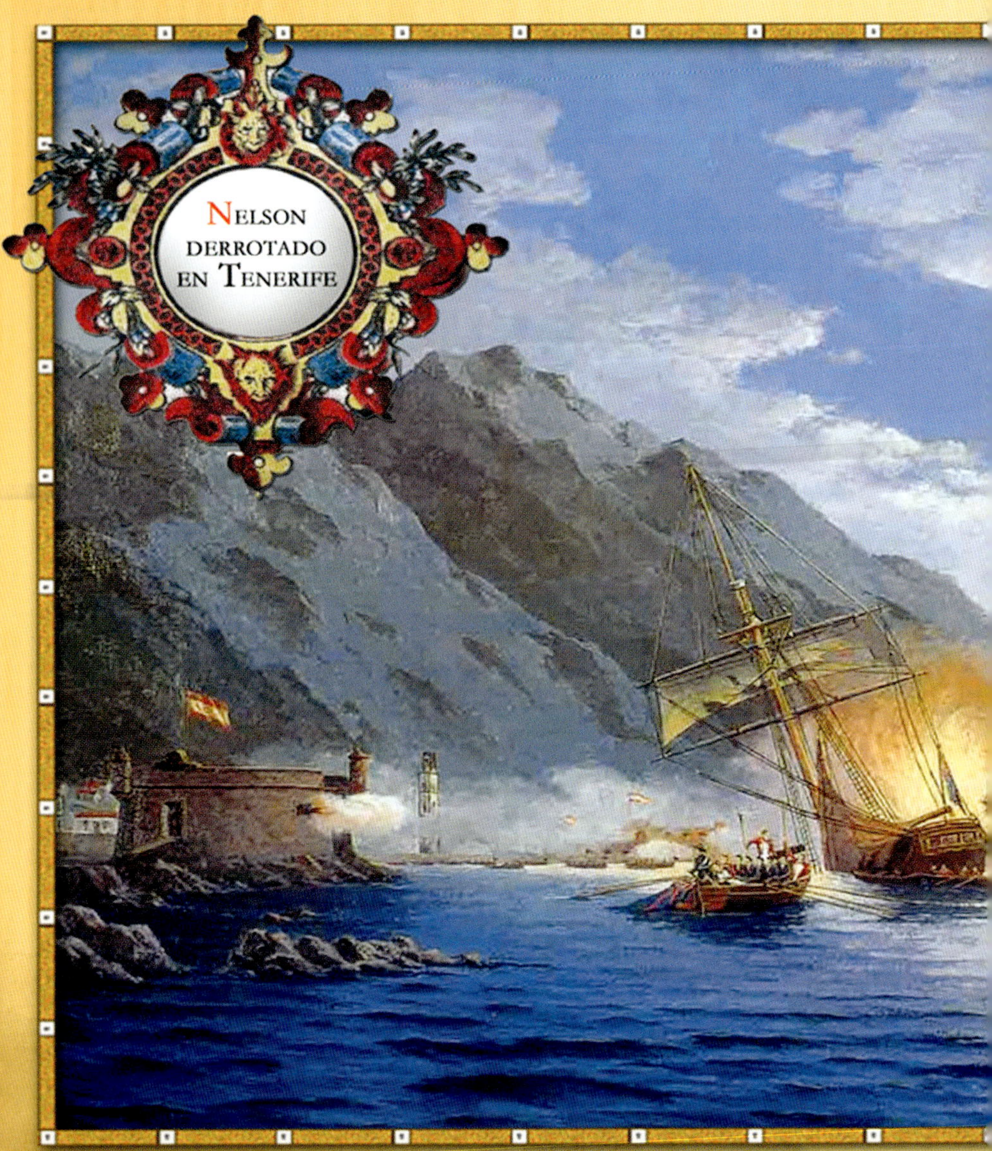

En 1797, el recién nombrado contralmirante Nelson, se presentó ante Santa Cruz de Tenerife con los navíos Theseus, Culloden, Zealous y Leander, las fragatas Emerald, Seahorse, Terpsichore, Fox, y la bombardera capturada a los españoles Rayo. Los británicos prepararon una fuerza de desembarco de unos 900 hombres para tomar la ciudad, que estaba protegida por varios fuertes artillados situados en la costa y en las alturas.

El teniente general Gutiérrez, capitán general de Canarias, organizó con habilidad la defensa de la ciudad, reforzando las fortificaciones y empleando sus escasos recursos acertadamente, logrando entre los días 22 al 25 de junio de 1797 una brillante victoria defensiva, y rechazando todos los asaltos británicos, que finalmente, tuvieron que retirarse con centenares de bajas, incluyendo al propio Nelson, que perdió un brazo, en la que fue su única derrota.

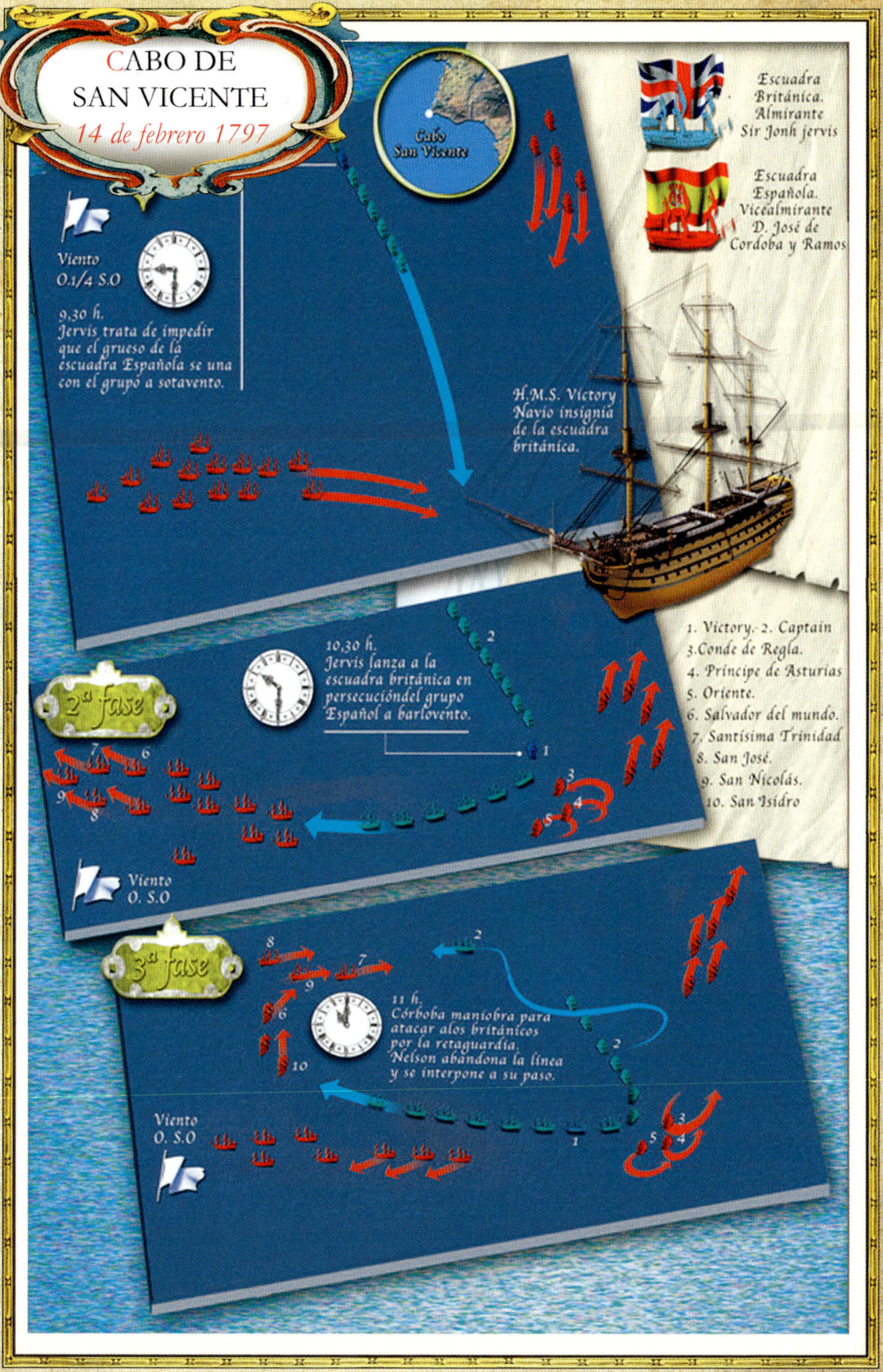

CABO DE SAN VICENTE
14 de febrero 1797
Cabo San Vicente
Escuadra Británica. Almirante Sir Jonh jervis
Escuadra Española. Vicealmirante D. José de Cordoba y Ramos
Viento O.1/4 S.O
9,30 h. Jervis trata de impedir que el grueso de la escuadra Española se una con el grupo a sotavento.
H.M.S. Victory Navío insignia de la escuadra británica.
2ª fase
10,30 h. Jervis lanza a la escuadra británica en persecucióndel grupo Español a barlovento.
1. Victory.- 2. Captain
3.Conde de Regla.
4. Príncipe de Asturias
5. Oriente.
6. Salvador del mundo.
7. Santísima Trinidad
8. San José.
9. San Nicolás.
10. San Isidro
Viento O. S.O
3ª fase
11 h. Córboba maniobra para atacar alos británicos por la retaguardia. Nelson abandona la línea y se interpone a su paso.
Viento O. S.O

LA ARMADA DE CARLOS IV

1. Piloto. Cádiz, 1804.
2. Infantería de marina. Ferrol, 1804.
3. Cirujano. 1799.

LEZA SUÁREZ

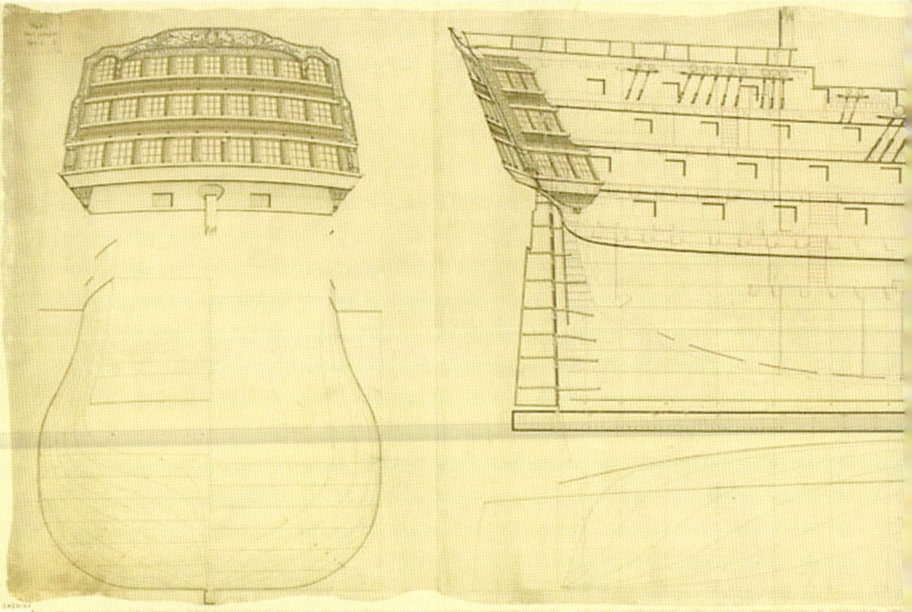

Navío de tres puentes *San José*. Contruído por Gautier con los mismos planos que el Purísima Concepción y forrado de cobre, según un estado de fuerza de 1784 estaba mandado por el brigadier don Felipe López de Carrizosa.

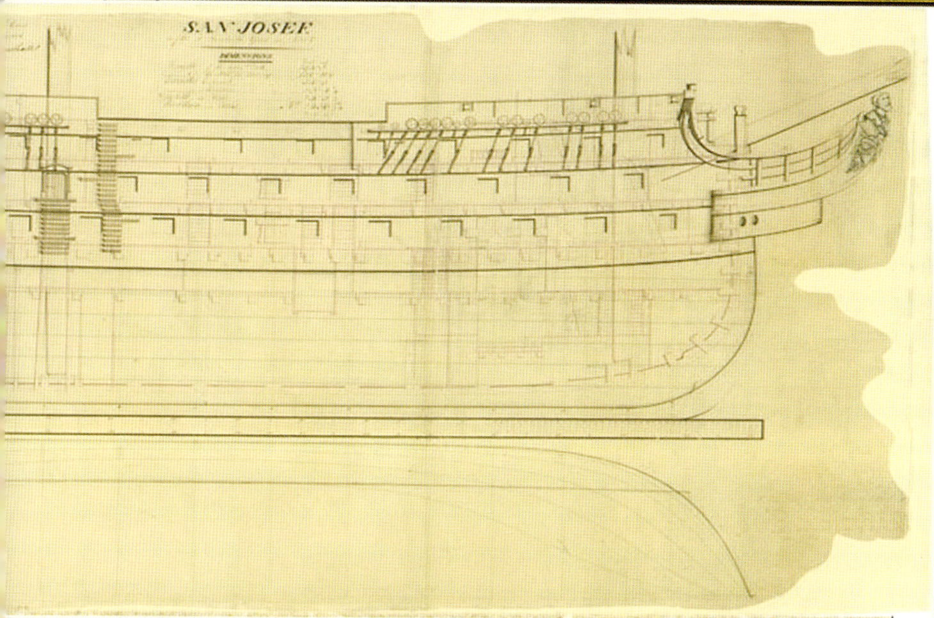

Fue capturado por los ingleses en la batalla del cabo de San Vicente. Su comandante era el brigadier Pedro Pineda. El buque sufrió durante el combate 46 muertos y 96 heridos, producidos antes de ser abordado.

LA ARMADA DE TRAFALGAR

1. Capitán de navío.
2. Soldado de infantería de marina.
3. Artillero.

LEZA SUÁREZ

5

La sonrisa de las hienas

La flota de Brandenburgo en mar abierto. El 30 de septiembre de 1681 la flota brandenburguesa de Thomas Alders cayó en el cabo de San Vicente, junto a las costas de Portugal, en la brillante trampa urdida por el marqués de Villafiel. Tras dos horas de lucha los buques alemanes lograron escapar, si bien, con notables daños y bajas. Fue el único encuentro de importancia en la desconocida y absurda guerra entre España y Brandenburgo-Prusia.
Óleo de Pietersz Verschuir. Colección particular.

A perro flaco todo son pulgas

Dicho popular español

Los gobiernos son velas; el pueblo el viento; el Estado la nave,
y el tiempo, el mar.

Ludwig Borne

5.1 Águilas rojas en el mar. Historia de una obsesión

La Paz de Nimega tuvo algunos efectos secundarios que, a la agotada España, no le vinieron precisamente bien. A los ya comentados desastres producidos por la crisis económica y las derrotas militares, siguieron algunas consecuencias nefastas de la incapacidad española para hacer frente a los compromisos adquiridos durante la guerra, algo que tuvo especial transcendencia en el caso de la relación entre la monarquía española y el elector de Brandenburgo y duque de Prusia, Federico Guillermo I, quien durante el conflicto había prestado grandes sumas de dinero a las autoridades españolas en Bruselas, pues convenía a sus intereses que los acosados y agotados tercios mantuviesen su resistencia frente a los franceses.

Al terminar la guerra, podía decirse que, si bien España y Brandenburgo habían combatido en el mismo bando, lo que para España había sido una clara derrota de la que al final no resultaba del todo mal parada, para Brandenburgo era un notable triunfo, que dio lugar al nacimiento de su poder militar. Su victoria sobre los suecos en Fehrbelin, el 16 de junio de 1675, había asombrado a Alemania entera y demostraba al mundo que el pequeño pero eficaz ejército de Brandenburgo-Prusia debía de ser tenido en cuenta en el futuro. Pero además de sus éxitos en tierra, el elector Federico Guillermo estaba atraído por el mar, el inmenso océano azul del que naciones como España, Inglaterra, Francia y Holanda obtenían su riqueza.

Si bien el elector de Brandenburgo ya disponía de naves de guerra desde el comienzo de la Guerra de los Treinta Años, en 1618, como duque de Prusia —aún vasallo de Polonia—, el electorado afianzó su acceso al Báltico, lo que aumentó sus posibilidades de desarrollo económico y mejora del comercio. Para Federico Guillermo I, lo ocurrido en la Segunda Guerra del Norte (1655-60), en el que la falta de una flota adecuada le impidió defender del asalto sueco los puertos de Pillau y Memel, fue el aviso de una situación que debía de ser corregida en el futuro.

Tras la guerra, al liberar a Prusia del vasallaje a Polonia, el elector decidió construir barcos de guerra con ayuda de Holanda1, pero fueron las victorias en la Guerra de los Países Bajos (1672-78), las que le animaron finalmente a dotarse de una moderna flota. Con el apoyo de sus aliados holandeses y del activo y animoso empresario Benjamín Raule, Federico Guillermo emitió en 1675 las primeras patentes de corso para que los buques de Brandenburgo atacasen el comercio sueco en el Báltico.

Los éxitos de la pequeña flota corsaria brandenburguesa fueron notables, en solo cuatro semanas, capturaron dos[70] buques suecos, y sus naves —aún arrendadas en su mayor parte a Holanda—, participaron, bajo el mando del propio elector, en los sitios de Stettin (27 de diciembre 1677) y Stralsund (25 de octubre 1678), y en la conquista de la Isla de Rügen (26 de septiembre 1678), así como en Greifswald (16 de noviembre 1678).

Tras la Paz de Nimega, una oleada de optimismo invadió Brandenburgo-Prusia. No solo se habían obtenido grandes ventajas en las negociaciones diplomáticas, sino que su pequeño y eficaz ejército, y su marina, habían resistido las acometidas de Suecia y se habían batido notablemente bien ante los franceses. Era pues necesario aprovechar el impulso y dar un paso adelante. La idea que se decidió llevar a cabo fue dotar al pequeño estado alemán de una escuadra en condiciones de permitir su participación en el comercio internacional, al menos en el Océano Atlántico, con capacidad para operar lejos de sus puertos en el Báltico, y de entrar en negocios lucrativos como el tráfico de esclavos, asegurando bases de operaciones en las costas de África y en el Caribe.

Unos planes tan ambiciosos exigían audacia y energía, ya que era más complicado llevarlos a cabo que decirlo, pero con testarudez y eficacia teutónicas, el gobierno de Berlín y los particulares que apoyaban la idea se pusieron manos a la obra.

El primer paso era consolidar la flota. En enero de 1679, se arrendaron a Raule cinco modernas fragatas y seis corbetas, con las que formar una escuadra estable. Había nacido el embrión de la *brandenburgische Marine*, el antecedente de la moderna armada de Prusia. El siguiente paso era obtener la financiación necesaria, para lo que se solicitó a los deudores de Brandenburgo devolver las cantidades que el elector les había prestado durante la guerra. Entre ellos estaban Hamburgo y España.

Los hamburgueses habían tenido graves pérdidas ante los ingleses y los franceses durante los primeros años de la guerra, y no estaban en condiciones de devolver la deuda, por lo que Federico Guillermo dio órdenes a su flota de saldarla apoderándose de cuanto buque con bandera de Hamburgo viesen en el mar. La *brandenburgische Marine*, que contaba ya con 28 naves de todos los tamaños, pasó al mar del Norte y, en unos meses, arrasó a los buques comerciales de Hamburgo, recuperando la deuda con una implacable guerra corsaria que dejó anonadados a

70 Fueron las fragatas *Ducado de Cleves* y *Condado de Mark*, ambas requisadas por los ingleses.

daneses, holandeses, ingleses, franceses y españoles, que veían como acababa de entrar un nuevo jugador en el complicado tablero del Atlántico[71].

El siguiente paso fue reclamar a España la devolución de la deuda, el llamado *subsidienzahlungen* o subsidio de guerra, que el elector había dado a sus aliados mientras duró la guerra contra los franceses. La negativa española a devolver el dinero, fue acompañada de un notable desprecio hacía los enviados de Berlín, que volvieron a Alemania desde Bruselas con las manos vacías. La indignación del elector fue enorme, y decidió vengarse y tomar por la fuerza aquello que legítimamente se le debía, pues ahora tenía cómo hacerlo.

Las órdenes fueron impartidas de inmediato y su armada recibió la misión de actuar contra el tráfico naval español, en una guerra de corso que permitiese resarcir al electorado de las pérdidas económicas sufridas por la obstinación española. No habían pasado ni siquiera unos pocos meses desde la firma de la Paz de Nimega y España se encontraba metida en un nuevo conflicto contra una nación que había sido aliada, pura y simplemente, por la incapacidad de su gobierno de hacer frente a las deudas contraídas.

La primera parte de la ofensiva la llevaron a cabo ocho naves que partiendo del puerto de Pillau se dirigieron a las costas de Flandes para atacar el tráfico comercial español. En total tenían 172 cañones y estaban tripulados por 700 hombres, todos protestantes, mezcla de alemanes, daneses, holandeses y hugonotes franceses, en el fondo, deseosos de infligir el máximo daño posible a los odiados «papistas».

Durante la campaña en el Atlántico la flota de Brandenburgo se veía limitada por dos razones: la primera, la ausencia de puertos amigos, la segunda, la imposibilidad de mantenerse en el mar de forma indefinida, como consecuencia de la anterior. Por lo tanto, si quería tener éxito, la pequeña flotilla brandenburguesa debía actuar con rapidez[72].

Los españoles estaban habituados a combatir con todo tipo de enemigos, pero la irrupción de los barcos corsarios de Brandenburgo en el Caribe fue una notable sorpresa. Cuenta Fernández Duro el asombro

---

71 En realidad la *brandenburgische Marine* nació en 1684. A principios de la década solo contaba con un buque propiedad del elector, el resto estaban alquilados a Holanda y a Dinamarca, e incluso uno a Hamburgo, ciudad a la que se obligó a colaborar.

72 Este problema se solucionó años después, cuando Brandenburgo alquiló una parte de la isla caribeña de Santo Tomás a los daneses, que habían sido sus leales aliados en la Guerra de los Países Bajos.

que su presencia despertó entre una flota francesa, que al mando de *monsieur* Gabaret, se encontró con ellos:

> Pocos días después tuvieron la sorpresa de encontrar á la vela una escuadra de cinco navíos pertenecientes al elector de Brandeburgo. Nadie sospechaba que este príncipe tuviera bajeles en mares tan lejanos: hiciéronse los preparativos de combate, mas todo se redujo a saludos y vivas, en que los buenos alemanes se excedieron.

Dos barcos cargados de plata mejicana fueron asaltados por los brandenburgueses cerca de las costas de Jamaica, pero ante la imposibilidad de refugiarse y rearmarse en puertos amigos —no había ninguno— la flota regresó a Europa. Justo cerca de Ostende, el principal puerto de los Países Bajos Españoles, capturaron, el 18 de septiembre de 1680, una hermosa fragata española, la *Carolus II*, que no pudo resistir el ataque masivo de los barcos alemanes y que, una vez rendida, cambió su nombre por el de *Markgraf von Brandenburg*, convirtiéndose en la nave insignia de la *brandenburgische Marine*.

Raule había fijado como objetivo asegurar un puerto en la costa de África occidental, en lo que hoy es Ghana, por lo que estaba preparando una expedición. Pero antes, había que acabar lo empezado y buscar una forma rápida de saldar la deuda española, así que se tomó la decisión de atacar la Flota de Indias, y que mejor lugar para hacerlo, que sorprenderla cerca de su lugar de destino: Cádiz.

Tras un consejo de guerra en su flamante y nuevo buque insignia, el comandante de la flota, Thomas Alders, aceptó la idea de dirigir sus buques hacía las costas españolas para interceptar las naves que procedentes de América y cargadas de plata y oro, iban a intentar resolver la penuria del tesoro español, pero que, si todo iba bien, acabarían en manos del ambicioso y agresivo margrave de Brandenburgo, Federico Guillermo de Hohenzollern.

5.1.1 El combate del cabo San Vicente

Hay lugares en el mundo que parecen predispuestos para ser una y otra vez protagonistas de la historia. Uno de ellos se encuentra junto a las costas de Portugal y es conocido con el nombre de cabo de San Vicente —en portugués cabo de São Vicente—, en el actual concejo de Vila do Bispo. Conocido por los romanos con el nombre de *Promontorium Sacrum*, era un importante centro de culto del dios Saturno, y el gran

El margrave y elector Federico Guillermo I de Brandenburgo, duque de Prusia, que intentó resarcirse de la despreciativa respuesta dada por la Corona española a su reclamación de la deuda contraída durante la Guerra de los Países Bajos. Para ello, no tuvo mejor idea que enviar su recién nacida escuadra contra la Flota de Indias, lo que acabó enfrentándola con la Real Armada española en aguas del cabo San Vicente el 30 de septiembre de 1681. Retrato de Gemalt von Gedeon Romandon pintado en 1688, el año de su fallecimiento. Colección del castillo Ahlden. Baja Sajonia, Alemania.

geógrafo de la antigüedad Estrabón, lo consideraba el punto más occidental del mundo habitado. En él hay una antigua fortaleza y un faro, desde el que se puede ver el tráfico de los barcos que hacen la ruta del Mediterráneo al norte de Europa y, a poco menos de 25 kilómetros al este, estaba la formidable escuela de navegación creada por el príncipe Enrique el Navegante.

Se trataba por lo tanto de costas de Portugal. En ellas se apostó la flota de Brandenburgo a la espera de la llegada de las naves españolas. Eran seis buques dotados en total de 102 cañones, pues Alders había seleccionado solo los mejor armados y más eficaces. Se trataba de los siguientes:

- *Markgraf von Brandenburg*, 28 cañones.
- *Fuchs*, 20 cañones.
- *Röther Löwe*, 20 cañones.
- *Eichhorn*, 12 cañones.
- *Prinzess Maria*, 12 cañones.
- *Wasserhund*, 10 cañones.

La idea del marino alemán era aprovechar la rapidez y agilidad de sus fragatas para separar a los galeones más pesados de sus escoltas y apoderarse de alguno de ellos. Era evidente que no podría derrotar a la flota española en su totalidad, pero, si tenía suerte, el éxito podría ser trascendental.

La madrugada del 30 de septiembre de 1681, los vigías de la flota brandenburguesa vieron en el horizonte las velas españolas. No lo sabían, pero iban a pasar para siempre a la historia de su nación, pues estaban a punto de librar el primer combate naval en las aguas del océano Atlántico de la historia de Alemania. La flota española venía bajo el mando del competente Fernando Carrillo Muñiz de Godoy y Manuel, marqués de Villafiel[73], vizconde de Alba de Tajo y capitán general de la Armada de la Mar Oceáno[74]. Estaba formada por veinticinco navíos, con un núcleo constituido por pesados galeones, y doce bajeles de escolta al mando del propio marqués[75], que tras partir de Vigo se había unido a la Flota de Indias en las cercanías de las Azores, tal y como era habitual. Sus doce navíos eran lo mejor de la armada y sus tripulaciones tenían una gran experiencia de la guerra en el mar.

Carrillo había sido advertido de la presencia de buques merodeadores con banderas blancas con águilas rojas en las proximidades de las costas de Portugal. En las costas andaluzas no se disponía de navíos con los que oponerse a la amenaza, pero en Bruselas sí se habían tomado el desafío brandenburgués en serio, más aún cuando se supo de la captura del *Carolus II*, y ya se habían dado las oportunas instrucciones para considerar a las naves del elector como enemigas.

Las órdenes de Alders, incluían perseguir a las naves de la Flota de Indias —la *silverflotte*, o «flota de la plata», en las crónicas prusianas— incluso hasta las Antillas. El plan alemán era sencillo, debían de cortar el paso a los galeones de Indias y de esta forma aislar a alguno de ellos, y tomarlo al abordaje. El éxito ante Ostende les había infundido un gran ánimo y estaban convencidos de que iban a lograr un gran triunfo, pero su inexperiencia les jugaría una mala pasada.

---

73 Tenía 52 años y una gran experiencia. Además, su familia no era ajena a las finanzas del imperio y a América, pues ya su abuelo había sido presidente del Consejo de Hacienda y del Consejo de Indias.

74 Desde el 20 de mayo de 1679 había sido nombrado gobernador general del reino de Galicia, pero cubrió también la vacante de su sucesor, hasta que finalmente el 15 de mayo de 1681 se designó para el cargo a don Antonio de Ayala Velasco y Cárdenas, conde de Fuensalida.

75 Tres de los barcos eran bombardas, identificadas erróneamente en algunas fuentes como brulotes.

Tras aproximarse a los primeros buques que vieron, pensando que eran los galeones de Indias, el *Markgraf von Brandenburg*, seguido por el *Fuchs* y el *Rother Löwe* maniobraron para cerrarles la ruta a la costa española. Las fragatas alemanas eran conscientes de que los buques que se aproximaban eran más grandes, por lo que deberían de soportar el combate principal, sirviendo los buques más pequeños para ayudarlas a tomar alguno de ellos[76].

No habían acabado de ejecutar la maniobra cuando, con espanto, los hombres de Thomas Alders se dieron cuenta de su error. Astutamente, al ver las velas enemigas, el marqués de Villafiel había ordenado a los galones cargados con los metales preciosos que variasen su rumbo y se dirigieran al sur, en tanto que él, con los bajeles de la armada, acabaría con los molestos moscones alemanes. Así pues, situó sus navíos a la cabeza de la formación y se dirigió contra los buques de Brandenburgo que ya se divisaban en el horizonte.

La flota española contaba con doce bajeles pesados, varios de ellos auténticos buques de línea ante los que los alemanes no tenían ninguna posibilidad[77], por lo que la batalla, por llamarla de alguna manera, se limitó a dos horas de intercambio de cañonazos en los que los débiles barcos alemanes fueron dispersados y tuvieron que refugiarse, maltrechos, en el puerto portugués de Lagos. En total sufrieron 10 muertos y 39 heridos, antes de poder escapar con los cascos agujerados y las velas y palos hechos trizas.

La Flota de Indias llegó a la barra de Sanlúcar sin problemas, seguida poco después por los buques del victorioso marqués de Villafiel, que alcanzó la costa española sin una sola baja propia. Sin duda alguna había sido un triunfo fácil, pero incompleto, pues, aunque humillados y dolidos, los alemanes mantenían su pequeña escuadra, dañada, pero intacta. Pronto se verían las caras de nuevo con la flota española.

En 1682, aprovechando la crisis española en el norte de África, donde el sultán de Marruecos había ocupado la ciudad de la Mámora, y un grave incidente en Orán, en el que el gobernador murió en

---

76 «Brandeburgo-Prusia en la costa occidental de África». Memoria publicada por el Estado Mayor, Berlín, 1885. *Revista Contemporánea*, 15 de abril de 1886, página 35.

77 Los galeones españoles de finales del siglo XVII seguían siendo naves muy poderosas, como el *San Vicente Ferrer*, de 803 toneladas o el *San Felipe* de 1000.

una salida contra los moros que bloqueaban la plaza[78], la flota brandenburguesa que se dedicaba con esfuerzo a la instalación de puestos fortificados en la costa occidental de África, cerca del Golfo de Guinea, aprovechó su concentración junto al estrecho de Gibraltar para realizar un nuevo intento contra la *silverflotte*, que se estaba convirtiendo en una obsesión para ellos. Beneficiándose de la unión de una pequeña y colaboradora flota danesa, los alemanes lograron agrupar 17 navíos de todos los tamaños con los que se dirigieron de nuevo contra la Flota de Indias, con ánimo de interceptarla. Ante la amenaza, que se conoció pronto en España, se ordenó al capitán general de la escuadra de Guipúzcoa, Millán Ignacio de Iriarte, que dirigiese al sur sus navíos para poder prestar apoyo a los buques de Honorato Bonifacio Papachino y de Fernando Carrillo, a quien, una vez más, le tocó enfrentarse a la amenaza de los barcos norte europeos.

Identificados daneses y brandenburgueses por la flota española, y vista la superioridad manifiesta que se tenía ante la amenaza, los navíos españoles se prepararon para dar otra lección a los advenedizos norteños, que tal vez por los resultados obtenidos en San Vicente, no se atrevieron a gran cosa, y fueron batidos con facilidad, retirándose al poco de comenzar la acción, tras un breve intercambio de disparos.

La floja actuación de la flota brandenburguesa no ha sido objeto de una investigación en profundidad y, tanto los historiadores alemanes, como los españoles, pasan de puntillas por esta extraña guerra, en la que España apenas sufrió daños materiales, y en la que los brandenburgueses no sufrieron tampoco demasiado, salvo en su moral[79].

No obstante, si comparamos sus fracasos ante España con el inmenso valor con el que combatieron algunos de sus capitanes en sus duelos con los franceses en el Atlántico en los años siguientes, hay que

78 A España le vino bien, en esta ocasión, que la flota francesa de Duquesne destruyese el puerto de Argel en dos ataques, uno en 1682, y otro en el verano siguiente. En el segundo, los franceses usaron morteros de sitio montados en las llamadas *galiotes à bombes*, lanzando una lluvia de fuego de 1300 bombas y 130 proyectiles mixtos incendiarios que arrasaron la ciudad.

79 La microhistoria española es tan desconocida que historiadores que se consideran «expertos» —por ejemplo, Christopher Storss, autor de *La pervivencia de la monarquía española bajo el reinado de Carlos II (1665-1700)*—, citan el conflicto, pero ignoran todo sobre él, lo que les hace llegar a conclusiones erróneas. Es lamentable que estas opiniones de estudiosos extranjeros, plagadas de falsedades y equivocaciones, casi nunca tengan respuesta en España.

concluir que las razones de su fracaso se debieron más bien a razones logísticas, pues en los años de su guerra con España carecían de puertos amigos de recalada y eso comprometía el éxito de sus acciones. Tampoco poseían aún bases en África, ni en América —no las tuvieron hasta 1684—, por lo que se veían obligados a pasar demasiado tiempo en alta mar, lo que agotaba a las tripulaciones y bajaba su capacidad combativa. Finalmente, tampoco parece que hubiesen desarrollado tácticas de combate entre flotas, algo difícil dada la heterogeneidad de sus tripulaciones y barcos.

Podemos pues concluir que el enfrentamiento con Brandenburgo, y el ocasional choque con Dinamarca, fueron una mera anécdota, que se resolvió por la incapacidad —más bien deseo— del rey Luis XIV de mantener su reino en paz, ya que el 26 de octubre de 1683, la Corte de Madrid declaraba la guerra a Francia como respuesta a la invasión de los Países Bajos españoles y Cataluña por las tropas del Rey Sol. Como veremos, esta acción militar francesa, que para España supuso la pérdida de Luxemburgo (1684), produjo alarma en Europa y llevó finalmente a la formación de la Liga de Augsburgo en la que Brandenburgo y España combatirían como aliados.

5.2 El juego inacabable. De Caracas a Veracruz

En el duro escenario del Caribe, la Paz de Nimega apenas concedió un año y medio de respiro a España, afectada por una grave crisis política y económica, y para la que era esencial mantener un periodo de paz y estabilidad que permitiese la recuperación del agotado tesoro, pero la situación no era mejor en Inglaterra y Francia, que incrementaron y ampliaron las áreas de cultivo en sus principales emporios caribeños. A los cultivos tradicionales como el azúcar y el tabaco se incorporaron el añil y el índigo, muy demandados en Europa como tintes para la cada vez mayor industria textil.

Sin embargo, la expansión de las zonas de cultivo atrajo una gran cantidad de colonos al campo y aumentó la necesidad de mano de obra esclava, pero hizo caer los precios del tabaco, lo que produjo que una parte de los filibusteros que se habían retirado para llevar una vida «normalizada», dedicados a la agricultura, se hicieran de nuevo a la mar en busca de botín, lo que sirvió a muchos capitanes corsarios, ahora convertidos en piratas, para completar sus tripulaciones.

Veracruz era tradicionalmente la puerta de la Nueva España. Su caída en manos de los ilibusteros, fue una demostración de que la defensa de las Indias exigía más energía y más implicación de las milicias y de la población en la protección de sus haciendas e intereses.

El 26 de junio de 1680, Grammont desembarcaba en Costa Firme para intentar un asalto contra La Guaira y Caracas. Los habitantes, que por fin creían disfrutar de un merecido periodo de paz, no podían imaginar lo que les iba a suceder. Infiltrándose sigilosamente por la noche en La Guaira, los piratas sorprendieron a los pacíficos vecinos al amanecer. Uno de ellos, el capitán Juan de Laya logró escapar y avisar a la guarnición de Caracas, lo que dio tiempo al gobernador Francisco de Alberro a preparar las milicias y dar la orden de evacuar hacia tierra adentro el Tesoro Real en un tren de mulas con una fuerte escolta.

Cuando Gramont y sus 150 piratas llegaron ante las defensas de Caracas, pareció que las milicias del impetuoso capitán De Laya iban a imponerse, pues en una salida lograron herir de un machetazo en el cuello al propio Grammont, pero finalmente no pudieron impedir la victoria de los filibusteros, que se apoderaron de la ciudad y lograron un enorme botín.

El terreno de juego del Caribe, en el que se enfrentaban las ambiciones coloniales de España, Francia, las Provincias Unidas e Inglaterra, no parecía lo suficientemente amplio como para que se pudiese convivir en paz, y los piratas y corsarios que operaban en sus aguas, servían sin saberlo, a intereses muy por encima de los suyos. En la costa de Honduras, en los lugares en los que los ingleses buscaban el palo de Campeche, especialmente la Laguna de Términos, el sistema legal pasaba por la petición del gobernador inglés, el duque de Carlisle, a las autoridades españolas, del permiso o *lett pass*, que autorizaba a los ingleses a navegar en la zona. Desgraciadamente el paso marítimo era usado, con frecuencia, más allá de los términos estrictos de la autorización, y no eran pocos los marinos ingleses que aprovechaban para realizar verdaderas acciones piráticas. Los ingleses estaban de acuerdo en que no podían consentir este tipo de acciones en un mar que intentaban controlar para la Corona, por lo que comenzaron una implacable persecución de los piratas, con notable satisfacción por parte española, cuyas autoridades veían por vez primera, una verdadera colaboración.

Viejos capitanes corsarios como Morgan o Coxon, persiguieron a los piratas a lo largo del mar buscándolos en sus escondites, y siguiendo implacablemente a sus naves. Essex y veinte de sus compañeros fueron sentenciados a muerte y el propio Morgan, que al cese de Carlisle ocupaba el puesto de gobernador interino de Jamaica, detuvo a Jacob Evertsen y a los veintiséis tripulantes de su barco cuando este apareció por la isla. Todos acabaron ahorcados menos Evertsen que logró escapar, y seis piratas españoles que Morgan canjeó al gobernador de Cartagena de Indias por algunos ingleses prisioneros.

La llegada a Jamestown del nuevo gobernador de Jamaica, Lynch, sirvió para que Morgan fuese sometido a una investigación y juicio, y para que continuase la limpieza del mar de indeseables. El único problema fue que salieron imitadores de las malas artes, y la presión a la que los depredadores ingleses, franceses y holandeses habían sometido a los españoles provocó una reacción brutal, que hizo que las intenciones de Lynch, probablemente sincero en su pretendida «amistad» hacia España, quedase en entredicho por las actividades de un despiadado capitán español: Juan Corso.

Después de la firma de Nimega no fueron solo hombres como Grammont o De Graf, quienes consideraron que el final de la guerra no tenía por qué suponer el fin de sus lucrativas actividades. También en el lado español hubo capitanes corsarios que decidieron, por su cuenta, que la paz no les afectaba. De ellos, Juan Corso, conocido por los ingleses como *Captain John*, había acumulado tal odio que no estaba dispuesto a dejar las armas.

Cuando se inició en las actividades corsarias, Juan lo hizo a las órdenes de Pedro de Castro, pero, aunque siguió nominalmente a su servicio, decidió actuar por su cuenta, convirtiéndose en una pesadilla para el gobernador Lynch.

En abril de 1680 atacó a una partida inglesa de cortadores de palo de Campeche en Laguna de Términos, a la que masacró. A pesar de que solo contaba con dos pequeñas embarcaciones para la navegación costera, logró abordar por sorpresa a dos fragatas comerciales inglesas en la costa de Honduras, en la isla Cocinas, asesinando a todos sus tripulantes. La más grande, la Laurel, Corso la rebautizó con el nombre de León Coronado y la convirtió en la capitana de su naciente flota, fijando su base en Santiago de Cuba.

Durante el tiempo que trabajó con De Castro —casi dos años—, realizaron correrías, siempre cerca de la costa, contra el tráfico mercante inglés, pero, cuando lograron apoderarse de un barco inglés que incorporaron a la Armada de Barlovento[80], De Castro, dejó el negocio y se retiró, quedando solo Corso, que se vio libre para actuar a su manera, es decir, con enorme brutalidad.

Sabemos de sus salvajes acciones gracias a las cartas que Lynch escribió al gobernador de Santiago de Cuba, quejándose de su brutalidad, pues en cada asalto pasaba a cuchillo a los tripulantes, nada distinto a lo que hacían Grammont y De Graaf. En sus implacables raids de venganza, Corso ejecutó a dos capitanes piratas franceses junto a sus tripulaciones, y a las de los capitanes Prenar y Van der Klaus. Se decía de él, que disfrutaba matando a quienes capturaba con sus propias manos, como al parecer hizo con cuatro tripulantes de una pequeña barca que encontró en el mar.

Sin embargo, Corso pasaría a la historia por colaborar, de nuevo junto a Pedro de Castro, en la búsqueda y destrucción de la colonia francesa de René Robert Cavelier, señor de La Salle, en las costas de Texas[81], buscando tal vez el favor de la Corona. Finalmente, el 19 de mayo de 1685, naufragó en las costas del Golfo de México, en Apalache, en Florida, no lejos del asentamiento español de San Marcos. Allí acabó su carrera de pirata feroz, de hombre vengativo al que atraía más la venganza que el botín.

El resto de los grandes piratas que operaban en el Caribe occidental, como De Graaf, Pierre Bot, o el propio Grammont, no dejaron nunca sus actividades. Siguieron persiguiendo presas de cualquier bandera, aunque

---

[80] La bautizaron como *Nuestra Señora de Hon Hon*.

[81] Para más información ver en esta misma colección *Banderas lejanas*, pág. 158.

España era siempre su principal objetivo. Obtuvieron en ocasiones fantásticos tesoros, como el capturado por De Graaf en las costas de Puerto Rico en 1682, donde sorprendió a la fragata Princesa[82] del capitán Manuel Delgado, y tras una feroz batalla con su buque *Tigre*, se apoderó de 120 000 pesos en plata peruana destinados a las guarniciones de Puerto Rico y Santo Domingo.

La detención en Santo Domingo del capitán Nicolás Van Horn, cuando llevaba esclavos desde Cádiz, acusado de transportar objetos robados, hizo que el capitán holandés, tras escapar, se uniese en Petit Goave a los filibusteros, obteniendo carta de represalia. Ahora, unido a Grammont, tras apoderarse de dos grandes mercantes españoles que iban de Honduras a La Habana, el *Nuestra Señora de la Consolación* y *Nuestra Señora de Regla*, navegó al encuentro de las flotas de De Graaf y Andrieszoon, formando una fuerza considerable que, movida por su odio a España y el afán de riqueza, en realidad trabajaba para los intereses políticos de Francia, que el fin y al cabo era la nación que les daba protección y cobijo.

El bloqueo de Cuba no fue bien. Las alertadas flotas españolas e incluso los buques de cabotaje, sabían de la presencia de los filibusteros y extremaron los cuidados ante de aventurarse solos a mar abierto. Los capitanes piratas eran conscientes de que su fuerza era considerable, por lo que decidieron dar un golpe contra el corazón del imperio español en la región, el puerto de Veracruz, donde se preparaba la plata antes de ser embarcada hacia Europa.

Tras concentrar sus fuerzas en la isla de Guanaja, navegaron con sus trece bajeles hacia el puerto mexicano y fondearon en su boca el 17 de mayo de 1683. A pesar de que había viento favorable no entraron, lo que levantó las sospechas del capitán Mateo Alonso de Huidobro, que solicitó autorización del gobernador don Luis de Córdova, para dirigir a los 400 hombres de la Armada de Barlovento contra los buques sospechosos.

No se la concedió y lo más sorprendente fue que, a pesar de la alarma, nadie volvió a preocuparse. Durante la noche más de 800 filibusteros desembarcaron con sigilo y lograron entrar en la ciudad, iniciando su ataque al amanecer. La sorpresa fue total y, para colmo, las milicias, escasas de municiones, no estaban preparadas para una situación semejante, por lo que la victoria de los piratas fue bastante sencilla. En el

82 La fragata había sido capturada a los franceses, y en origen se llamaba *Dauphine*.

palacio del gobernador, tomado al asalto, cayeron el capitán Alonso y la mayor parte de los hombres de la Armada de Barlovento.

El saqueo de la ciudad duró cuatro días. Los filibusteros se hicieron con un botín gigantesco, evaluado en 800 000 pesos en moneda, más de 200 000 en plata y una cantidad similar en joyas. En la isla de Sacrificios, en la que se habían refugiado, esperaron dos semanas la llegada del rescate pedido por los 2500 cautivos que tenían[83] y, cuando tuvieron todo en sus manos, partieron hacia Cuba y Jamaica para intentar vender su botín.

Por si fuera poco, tras el desastroso saqueo de Veracruz, la flota de Nueva España podía haber sorprendido a los filibusteros, a los que tuvo a su alcance, y con viento a favor, pero su comandante, Diego Fernández de Zaldívar, evitó el combate.

Realmente para el prestigio español fue un duro golpe. El asalto se llevó a cabo en tiempo de paz, por gentes que se refugiaban en puertos franceses protegidos por fuertes artillados en los que ondeaban banderas con la flor de lis. La situación era para España humillante y vergonzosa, pero nada se hizo, ni siquiera un plan en serio para mejorar las milicias urbanas y las defensas costeras de las plazas más amenazadas. Sin embargo, al menos la situación quedó clara a los pocos meses, cuando España y Francia volvieron a estar en guerra. Sorprendentemente, en una circunstancia mucho más complicada, teniendo la armada que dar la cara ante la flota más poderosa del mundo, el papel de los marinos españoles iba a estar a la altura de las circunstancias.

5.3 Enemigos habituales

Tras la declaración de guerra a Francia en noviembre de 1683, la situación no podía ser peor. La crisis de gobierno en España y la incapacidad de su tesoro para equipar las flotas y ejércitos que el reino necesitaba, acosado una y otra vez en todas partes, colocaban a España en una posición imposible de mantener. Para la armada, cada vez más debilitada, la muerte del marqués de Villafiel fue un drama, pues era un hombre experimentado en las artes de la mar y conocedor de la guerra naval. Su sucesor, el nuevo capitán general de la Armada de la Mar Océano, era

---

83 Los piratas se quedaron con 1500 negros y mulatos como esclavos.

don Rodrigo Manuel Fernández y Manrique de Lara, conde de Aguilar y de Frigiliana, nombrado el 2 de mayo de 1683.

Conocida la declaración de guerra, el conde de Aguilar recibió la orden de dirigirse a Cádiz, donde se estaba concentrando el grueso de la flota española. Hasta ese momento lo mejor de la armada estaba en las proximidades de Gaeta, vigilando los movimientos de los turcos, que habían emprendido un brutal avance que les llevaría por última vez ante los muros de Viena.

La ofensiva francesa se dirigió contra el debilitado Flandes español, donde cayeron Courtrai y Dixmunde, Luxemburgo uno de los objetivos principales de las tropas de Luis XIV, y contra Navarra y Cataluña[84]. Sin embargo, a pesar de su poder, la fuerte flota francesa no se empleó a fondo y la lucha en las costas españolas no fue muy intensa. La flota de Papachino, formada por seis bajeles, capturó después de un breve combate a un navío francés y a otro argelino en las proximidades de Gibraltar, pero, sobre todo, apresó un convoy holandés de seis buques que llevaba material de arboladura y jarcia con destino a la flota francesa en Tolón.

La Señoría de Génova, vieja república tradicionalmente bajo la protección de España, había sido presionada por los diplomáticos franceses para que cediera a la coacción de Luis XIV y aceptase un sometimiento a los intereses de Francia, que, en realidad, pasaban por aplicar a los genoveses a una especie de protectorado que los altivos italianos no estaban dispuestos a aceptar. El almirante Duquesne se presentó con el grueso de su flota ante la ciudad en son de paz y, tras recibir el saludo correspondiente, se le permitió fondear sus buques donde quiso.

Una comisión del Senado de Génova que visitó los buques franceses al día siguiente recibió con sorpresa la noticia de que debían entregar cuatro galeras, que supuestamente habían ofendido a Francia, y enviar a París a cuatro senadores para que se humillasen ante el rey Luis. Se les concedió para responder un plazo de cinco horas, antes de que los navíos franceses arrasasen la ciudad.

Con entereza y dignidad, los genoveses se opusieron al ultimátum, y la respuesta francesa, brutal y salvaje, impresionó a Europa entera.

---

84 En ambas ciudades la resistencia de las tropas españolas y del pueblo fue heroica. Superados de forma abrumadora por los franceses, en Luxemburgo el príncipe de Chimay resistió hasta junio de 1684 y, en Gerona, se logró expulsar a las tropas francesas que habían logrado abrir una brecha en la muralla y obligarlas a retirarse.

Durante cuatro días con sus noches, la flota de Duquesne lanzó 12.300 proyectiles incendiarios que arrasaron casas, almacenes, palacios e iglesias. A continuación, la infantería desembarcó para apoderarse de la ciudad en los dos puntos que eligieron, Bisagno y San Pedro de Arena. La resistencia de las milicias y tropas regulares de Génova, apoyadas por embarcaciones menores situadas en el puerto y por los tercios espa- ñoles, consiguieron detener a los franceses.

Las tropas españolas, formadas por los tercios de Nápoles y Lombardía, enviados como refuerzo por el gobernador de Milán, y por el tercio de don Francisco de Córdoba, combatieron brillantemente, obligando a la flota francesa a retirarse, pero la indignación que había en las cortes europeas por el bárbaro ataque, no hizo sino aumentar el temor a Francia e impulsar la formación de una alianza que detuviese la ambición sin límites de Luis XIV.

Cuando partieron los franceses la flota española intentó acosar a las naves de Duquesne, pero una vez más, se les escapó una victoria que tenían al alcance de la mano, por intentar de nuevo emplear galeras contra bajeles de línea, algo que siempre les salía mal.

Cinco galeras españolas, ocho de Nápoles, tres de Sicilia y dos de Cerdeña, se unieron a siete del duque de Tursi, genovesas alquiladas por España, y a tres galeotas y dos de los llamados barcos longos. Después, junto con las ocho galeras de la Señoría de Génova, formaron una flota de treinta y cinco naves al estilo antiguo, es decir a remo, con las que dieron alcance a unas pocas millas náuticas de Elba al navío francés Le Bon, de 54 cañones, que al mando del capitán Relingues, se había quedado solo por falta de viento.

Doce galeras fueron enviadas contra el navío, donde el capitán francés se defendió con su artillería brillantemente y logró evitar el abordaje de los españoles. Desesperados por la resistencia enemiga, que duraba ya cinco horas, la totalidad de las galeras españolas y aliadas atacaron al Le Bon, pero a pesar de su inmensa superioridad numérica no lograron abordarlo y, cuando el viento regresó, el navío francés se escapó con rumbo a Liorna tras haber logrado una brillante victoria defensiva[85].

Esta derrota, mostró a las claras como las enseñanzas del pasado eran una y otra vez ignoradas por los capitanes españoles, que tercamente se empeñaban en combatir con sus galeras contra bajeles

85 Mr. Léon Guérin, *Histoire martíme*, pág. 393.

de línea y todo tipo de naves mancas, que les derrotaban. A veces, y es triste decirlo, parecía mentira que fuesen hombres de mar de la misma nación que había vencido en el cabo Celidonia. Dice, lamentándose, Fernández Duro:

> El año 1670, navegando el marqués del Viso con tres galeras de su escuadra por la costa de Valencia, descubrió un navío sospechoso, al que dio caza. Era polacra argelina, armada con seis cañones largos de bronce y cuatro pedreros.
>
> La atacó con decisión, consiguiendo rendirla al abordaje; mas ¿a qué costa? Las tres galeras resultaron destrozadas en los cascos; murieron el teniente general don José Fajardo, el piloto real, y 26 marineros y forzados, quedando heridos 70, incluso el marqués. Cien hombres de baja por un pirata de mala muerte.
>
> En 1679 encontraron siete galeras de la escuadra de Génova a dos bajeles berberiscos, de 40 cañones, en el cabo de Gata. Había calma, y como las circunstancias favorecían a las embarcaciones de remo, se determinaron al ataque, haciéndolo con buen entendimiento por la enfilada: no obstante, las siete recibieron mucho daño; en los buques contaron 22 muertos y 64 heridos, y los argelinos se fueron lindamente. Llamábase el jefe de la escuadra Francisco María Voto.
>
> Tal era y debía ser el resultado en combates tan desiguales; y se comprende que, en presencia de navío mayor, de navío de guerra francés de 54 cañones, no pasara la acción de guerra galana con las piezas de crujía, no porque no pudieran o supieran abordar los de las galeras, sino por querer hacerlo, en lo que obraban cuerda y marineramente
>
> Lo sorprendente, notable y digno de anotarse en los anales marítimos, es que galeras pudieran y supieran apoderarse de navíos teniendo que trepar al abordaje por las entenas, como ocurrió con las fragatas francesas la *Grádense*, de 24 cañones, y la *Madonna del Popólo*, de 40, en la guerra de Mesina, y con las que en la campaña de Cataluña tomaron don Juan de Austria, el duque de Alburquerque y don Fernando Carrillo, de lo que nada dice Mr. Guérin, pensando quizá que no valen la pena de figurar en su interesante historia, ni de compararse con la grandiosa escena del Le Bon, coloso entre pigmeos.

En esta breve guerra, en la que los franceses no lograron otra cosa más que su ambicionada Luxemburgo y acaparar hacia ellos el odio de Europa entera, España aceptó las condiciones que le impusieron en la Tregua de Ratisbona, permitiendo que los franceses guarnecieran Luxemburgo por veinte años, a cambio de la devolución de las plazas de Courtrai y Dixmunde, que habían sido totalmente arrasadas.

El resultado no fue por lo tanto del todo malo para los intereses de la monarquía de Carlos II, principalmente, porque Francia estaba atemorizando con su poder a las principales potencias europeas, comenzando un proceso de alianzas contra Luis XIV que, en esta ocasión, ni su oro ni su diplomacia lograron romper.

5.4 La lucha en el Caribe

Unos días antes del inicio de la guerra entre España y Francia, el 30 de septiembre de 1683, el caballero De Cussy llegó a La Tortuga como nuevo gobernador. Su misión era sencilla, mantener el sistema de vida de los filibusteros al servicio de los intereses de Francia, como forma de proteger el Caribe francés y amenazar y hostigar a los españoles.

Los españoles no habían tenido noticias del nuevo estado de guerra entre ambas naciones, si bien los ataques de los piratas eran tan habituales que no hubiese supuesto apenas cambio alguno. Eso sí, el gobernador de Cartagena supo la intención de los filibusteros de atacar en al algún punto de Costa Firme, por lo que resolvió anticiparse, y ordenó preparar tres mercantes armados que había en el puerto para embarcar, al mando de Andrés del Pez, a 800 marineros y soldados con los que ir a dar caza a los piratas. Las naves eran el *San Francisco*, de 40 cañones, *Nuestra Señora de la Paz*, de 34, y una galeota de 28.

Sin embargo las cosas no salieron bien, los tres barcos españoles fueron mal dirigidos y no fueron capaces de formar una adecuada línea o frente de batalla ante los rápidos y pequeños buques de los filibusteros y, tras unas cuatro horas de combate, el San Francisco encalló y fue capturado y el Nuestra Señora de la Paz abordado y obligado a rendirse. Los españoles tuvieron 90 muertos por solo 20 de los piratas, que se repartieron los buques y navegaron hacia Cartagena para bloquearla[86].

El bloqueo de Cartagena no sirvió a los filibusteros de mucho, por lo que en enero, lo levantaron y costearon hacia el norte, hasta Roatán, siguiendo luego a Cuba, donde se enteraron del estado de guerra entre España y Francia. Allí De Graaf abandonó a sus compañeros para pedir patentes francesas de corso.

86 De Graaf se quedó con el *San Francisco*, ahora llamado *Fortune*, Andrieszoon obtuvo el *Nuestra Señora de la Paz*, ahora *Mutine*, y Willems recibió la antigua fragata de *De Graaf*, *La francesa*, ex *Princesa* y antes *Dauphine*.

Durante los años siguientes, las flotas de los filibusteros mantuvieron un discreto bloqueo de Cuba, atacando barcos españoles e incluso algunos neutrales, pero siendo lo suficientemente cuidadosos para no importunar a los ingleses. También realizaron ataques a puestos en tierra, pequeñas localidades, aunque en ocasiones, cuando juzgaban la situación favorable, intentaban empresas más ambiciosas, como la expedición contra Campeche.

En julio de 1685, cuando ya no había estado de guerra entre Francia y España, De Graaf convenció a Grammont para unir sus flotas con el objetivo de atacar el Yucatán. Contaban con seis buques y más de 700 hombres, con los que estimaban podían barrer la resistencia española como había sucedido en Veracruz.

Durante las primeras semanas del tórrido verano yucateco, los filibusteros habían estado reforzando su flota en los alrededores del cabo Catoche, y por entonces alcanzó la respetable cifra de seis bajeles dignos de medirse con cualquier barco, cuatro fragatas, seis balandras y diecisiete piraguas artilladas.

Semejante concentración de barcos no podía pasar desapercibida, y el gobernador de Campeche, Felipe de la Barrera y Villegas, preparó a sus escasísimas tropas regulares y a sus milicias para la defensa, situando una pequeña fragata guardacostas, llamada *Nuestra Señora de la Soledad*, en la boca del puerto, para intentar entorpecer la entrada.

Estas medidas se demostraron oportunas, pues el 6 de julio, 200 milicianos, agrupados en cuatro compañías, rechazaron con eficacia el primer intento de desembarco de los filibusteros, si bien su inferioridad numérica se dejó notar al día siguiente, pues no pudieron hacer frente a los cuatro grupos ofensivos de los piratas. El primero, de 100 hombres, al mando de Rettechar, iba en vanguardia, y tenía como objetivo atraer al núcleo principal de los defensores. El segundo, dirigido por De Graaf, con 200 hombres, avanzó hacía la ciudad, recibiendo cobertura de otros 200, con Foccard al frente, quedando detrás los 200 de Grammont, que debía dar un rodeo para atacar a los defensores españoles por la retaguardia.

Abrumados por la avalancha que se les venía encima, los hombres de don Felipe volaron la fragata que cerraba el puerto y, abandonando la ciudad, se refugiaron tras los muros del fuerte, donde se dispusieron a resistir el asedio de los filibusteros. Estos, tras lanzar un potente asalto el día 12, bajo el brillante liderazgo de Grammont, lograron rechazar a dos compañías de la milicia que, partiendo de Mérida, habían intentado socorrer la plaza.

Ante el temor de ser ejecutados a sangre fría por los piratas, la mayor parte de los defensores se negaron a rendirse, aunque sabían que no podían resistir mucho más. El gobernador inició conversaciones con los atacantes y, aprovechando las negociaciones, logró evacuar a la mayor parte de la guarnición.

Durante dos meses, los filibusteros, que eran en su mayoría franceses, se mantuvieron en Campeche ante el oprobio y vergüenza española, pues los preparativos desde el interior del país para expulsarlos fueron muy lentos. Mientras tanto los líderes intentaban obtener el mejor precio por el rescate de los prisioneros, a los que estuvieron a punto de ejecutar en masa.

En los meses siguientes, del verano y el otoño de 1685, los españoles no lograron gran cosa ante De Graaf y Grammont, pero estuvieron a punto de acabar con el primero, cuando su buque *Neptuno*, que navegaba junto con el *Nuestra Señora de la Regla* de Pierre Bot y tres navíos más, fueron sorprendidos por la Armada de Barlovento, que, tras una persecución, atrapó a Bot. Días después, De Graaf avistó a la fragata *Nuestra Señora de Hon Hon* y al *Jesús María y José*, un pequeño barco. Creyendo que eran presas fáciles, se lanzó a por ellos, siendo atraído a una magnífica trampa urdida por el capitán Andrés de Ochoa y Zárate, que al mando del *Santo Cristo de Burgos* y de otros tres barcos, logró casi atrapar al *Neptuno* que, duramente castigado, consiguió escapar milagrosamente.

En cuanto a Grammont, el éxito en Campeche le produjo notables beneficios, y su servicio a Francia fue recompensado. De Cussy lo nombró lugarteniente de la Costa de Santo Domingo, pero cuando navegaba por el Paso de Bahamas, al norte de Cuba, fue sorprendido por un temporal y se ahogó con 180 de sus hombres en la primavera de 1686.

De Graaf, recuperado para el servicio de Francia, se vengó de la pérdida de 100 de sus esclavos, capturados por la armada española, realizando una expedición de saqueo contra la costa yucateca y, finalmente, en septiembre de 1687 ocupó Isla Vaca, cumpliendo órdenes de De Cussy, para anticiparse a los ingleses y a los españoles. De cara a la guerra que se avecinaba, la posición francesa parecía fuerte y sólida, pero la aparentemente «acabada» España, aún no había dicho la última palabra.

5.4.1 Las dos caras de la venganza: Blas de Miguel y el «Escuadrón Vizcaíno»

Los continuos ataques y asaltos a las naves españolas se convirtieron en algo tan habitual que obviamente tenía que provocar una respuesta. Esta tuvo dos formas, la primera fue la venganza privada, llevada a cabo por hombres cargados de odio que deseaban vengar algún tipo de agravio. En los casos que tenían la ocasión por sus medios, o con la ayuda de terceros, de llevar adelante su campaña de represalia, rápidamente contaban con gentes dispuestas a ayudarlos y a navegar con ellos. El caso que hemos visto de Juan Corso, o el de Blas de Miguel, forman parte de este grupo. La segunda forma de respuesta fue la expedición de patentes de corso por la Corona y la verdadera formación de flotas corsarias, como ocurrió con la efímera, pero brillante existencia, del denominado Escuadrón Vizcaíno.

Su origen data del otoño de 1685, cuando en Madrid se aprobó la propuesta de un grupo de comerciantes de esa provincia que deseaban, hartos de las depredaciones de los piratas, armar a su costa cuatro naves con las que limpiar de filibusteros el Caribe, y capturar a De Graaf. Con patente de corso, otorgada por la Corona, el escuadrón lo formaron el *Nuestra Señora del Rosario y las Ánimas*, de 34 cañones y 250 toneladas, el *San Nicolás de Bari*, de 24 cañones y 200 toneladas, el *Nuestra Señora de la Concepción*, de 140 toneladas, el *San Antonio*, un patache de 60 toneladas y una galeota, la *Santiago*, de 30. La fuerza quedó al mando de Francisco García Galán, siendo su segundo Francisco de Aguirre, y Miguel de Vergara, el tercero. Además, contaban con marinos de probada experiencia como José de Leoz y Echalar, Martín Pérez de Landeche o Fermín de Salaverri.

Navegando desde las Canarias con rumbo sur, antes de atravesar el Atlántico, hacía América, chocaron con una flota francesa cerca del archipiélago de Cabo Verde. El combate fue mal, cayeron una veintena de españoles y los franceses se retiraron sin grandes daños. Entre los muertos vizcaínos estaba el capitán García Galán. La expedición había perdido en su primer combate a su comandante en jefe.

No obstante, los vascos no se desanimaron y, al llegar a las Indias, la expedición se dividió. Un grupo al mando de Salaverri se dirigió a La Habana y Veracruz para llevar despachos y el correo real a Nueva España, y otro, al mando de Aguirre, se quedó en las proximidades de Costa Firme, patrullando entre Trinidad e Isla Margarita, con la esperanza de atrapar a De Graaf. Durante las primeras semanas solo hicieron tres pequeñas presas, pero fue el grupo de Salaverri el primero que se topó con el filibustero en abril de 1687. Superado por el tamaño de la flota pirata, el escuadrón vizcaíno intentó escapar, perseguido por De Graaf, hasta que se encontraron con una flotilla de guardacostas al sur de Cuba, lo que hizo que los filibusteros huyeran, con la excepción de una piragua artillada que quedó rezagada y fue destruida. En el combate cayó un corsario español, apellidado De Miguel, cuya muerte daría lugar a una venganza privada realmente brutal, llevada a cabo por su hermano Blas.

Blas de Miguel consideró culpable de la muerte de su hermano a De Graaf, y dado que nadie era capaz de encontrarlo en el mar, decidió, con extraordinario valor, ir a buscar al pirata a su guarida en Petit Goave. Con solo 80 hombres, armados hasta los dientes, condujo su piragua artillada hasta el corazón del puerto. En la clara y tórrida noche tropical del 10 de agosto de 1687, De Miguel y sus hombres desembarcaron y sorprendieron a la población filibustera de la misma forma que habían hecho ellos en Veracruz y, entrando a saco en las casas, se dedicaron a matar a todo ser vivo que se cruzó en el camino de sus hombres con un ansia homicida que dejó estupefactos a sus enemigos.

Sin embargo, el odio ciego hizo entretenerse demasiado a Blas de Miguel, dando tiempo a que más de 500 filibusteros y colonos de los alrededores se reorganizaran y atacaran a su pequeña tropa. Sus hombres se defendieron brillantemente y, cuando ya solo quedaban 24 supervivientes, intentaron escapar en su piragua. No lo lograron, y fueron apresados por los piratas que les depararon un final atroz. De Miguel y dos de sus oficiales fueron condenados a ser despedazados vivos en la rueda, y el resto fueron ahorcados. Había fracasado por su codicia e ira incontrolable, pero metieron el miedo en el cuerpo de los filibusteros, lo que les echó, cada vez más, en manos de los representantes legales del rey de Francia, en busca de una protección ya muy necesaria. Paso a paso, los piratas se estaban transformando en colonos.

Al tiempo que Blas de Miguel llevaba a cabo su guerra privada, divididos en dos grupos, los navíos vizcaínos se convirtieron en una pesadilla para el tráfico comercial francés e inglés, dado que sus promotores estaban dispuestos a recuperar las pérdidas de los decenios anteriores, a base de asaltar toda vela que apareciese en el horizonte, ya fuesen enemigos de su Católica Majestad o no. Lógicamente, al ver que sus quejas eran desoídas, a finales de 1688, el gobernador de Jamaica recibió órdenes de emplear los buques de la *Royal Navy* contra los vizcaínos, pero no llegaron a intervenir, pues el escuadrón se estaba deshaciendo y las noticias llegadas de Europa estaban cambiando las circunstancias.

Tras su última incursión en las costas de América del Norte, los marineros vascos se establecieron en su mayor parte en Cuba, donde aún participaron en actividades de patrulla costera y hostigaron el comercio inglés, pero poco a poco, fueron perdiendo su fuerza. Francisco de Aguirre aún estaba en activo con un pequeño grupo de buques en La Habana en 1690, pero el escuadrón se había reducido mucho y dos años después, en plena guerra con Francia, fue oficialmente disuelto.

5.5 La vejación de Cádiz y problemas en África

A pesar del fracaso de Génova, el rey Luis y sus ministros estaban convencidos de que habían descubierto una curiosa forma de obtener ingresos para las necesitadas arcas del reino, un sistema que pasaba por la pura y simple extorsión, amparada en el uso de la fuerza bruta. La nueva técnica «mafiosa» se probó con éxito en Trípoli, donde la flota francesa, tras machacar con sus morteros y bombardas la ciudad, logró del bey la entrega de 200 000 piastras. El siguiente paso fue Túnez, donde habían llegado ya las noticias de lo sucedido en Trípoli, por lo que los franceses obtuvieron el premio buscado sin necesidad de efectuar un disparo. Arrasada años atrás Argel, parecía evidente que España podía ser el siguiente contribuyente, así que cundió la alarma en la Corte y comenzaron los preparativos.

España se puso con ahínco a armar 30 bajeles con los que oponerse a la amenaza y Mateo de Laya se situó en el estrecho de Gibraltar. Había recibido refuerzos del ducado de Milán, pero los franceses no se dejaron intimidar y con el pretexto de reclamar una indemnización por las pérdidas y arrestos de buques franceses «inocentes» en aguas de América, se presentó su flota en la bahía de Cádiz. La formaban 18 navíos de Levante, al mando del almirante Tourville, y otros 11 de la Poniente, dirigidos por el mariscal D'Estress, con lo que bloquearon la entrada al puerto.

Los navíos de Mateo de Laya y el conde de Aguilar sufrieron la humillación y vergüenza de no poder dar una respuesta efectiva. Los franceses solicitaron 500 000 pesos en concepto de indemnización y, viendo la impotencia española, burlonamente dijeron que antes de irse, si fuese preciso, asistirían a «cualquiera de los bajeles de Su Majestad Católica como a los propios de su corona».

Desesperados por la humillación, los españoles lograron reunir 27 naves de todo tipo y condición para ir tras ellos. A la flota tenían que unirse los dos únicos galeones de la Armada de Guipúzcoa, al mando del general Pedro de Aramburu —que no conocían el incidente de Cádiz— y que el 18 de junio de 1686 se cruzaron con una escuadra francesa de cinco navíos de línea al mando de Forant. Ambas naciones estaban en paz, por lo que Aramburu pasó junto a tres de los bajeles franceses, sorprendiéndose cuando le lanzaron una andanada.

La actuación de los navíos vascos fue lamentable, y sus tripulantes no estuvieron a la altura de las circunstancias. Uno de los cañones del *San Carlos* reventó, y el fuego se extendió por el galeón, provocando un ataque de pánico en los marineros, que en gran número se lanzaron al agua ante el temor a las llamas. Por si fuera poco, en el San Juan, que había sufrido daños por la artillería francesa en la proa, se produjo un enorme desorden y parte de la marinería lanzó al agua los botes de salvamento. Afortunadamente, como los franceses permanecieron esperando, los oficiales lograron con esfuerzo imponer el orden. Tras apagar los incendios y reparar los daños, los dos galeones pudieron intentar romper el contacto con los franceses.

Aramburu solicitó a la mañana siguiente ayuda a una flota mercante holandesa con escolta de guerra, al mando del conde de Styron, que tenía un total de 54 buques. El conde rechazó prestar ayuda a los guipuzcoanos bajo pretexto de neutralidad. Viendo la enorme debilidad española, los bajeles de Forant se aproximaron de nuevo a los dos galeones y les lanzaron una nueva andanada, algo más que suficiente para lograr su rendición, tras la cual los llevaron con sus tripulaciones a La Rochela.

La indignación ante tan vergonzosa acción y la incompetencia de la marinería, provocaron la apertura de dos comisiones de investigación, una dirigida por el fiscal de la armada, y la otra por las autoridades forales de Guipúzcoa, avergonzadas ante tan deshonrosa muestra de cobardía. De tan lamentable acción dice Fernández Duro:

> Pareció que, desmoralizada la gente, en desorden rayano al motín, no llenó los deberes militares, y aun que el segundo día se negó a ocupar los puestos y a combatir, pidiendo a gritos que se arriaran las banderas, a lo que mal de su agrado tuvo que acceder Aramburu, eligiendo entre la vergüenza y la comodidad.
>
> Perdieron la vida, más por el temor con que se lanzaron al mar que por los proyectiles franceses, cerca de 300 hombres. Luis XIV ordenó la soltura de los galeones así que tuvo noticia del suceso por la llegada a la Rochela, pero volvió a enviar a Cádiz su escuadra a embarcar los 500 000 pesos, que le fueron entregados.

Las torres del puerto de La Rochela. Por tradición había sido el principal puerto francés del Atlántico y, desde la reforma protestante, una de las guaridas de los enemigos de España. Tras su rendición a las tropas reales en 1628, inició una decadencia de la que tardó decenios en recuperarse.

El prestigio de las armadas de España estaba en su punto más bajo. No es de extrañar que *lord* Macaulay escribiese:

> De España, que había dominado la tierra y el Océano, el antiguo y el nuevo mundo; de España, que en el breve espacio de doce años había tenido cautivos un papa y un rey de Francia, un soberano de Méjico y un soberano del Perú; de España, que había enviado un ejército ante los muros de París y había equipado una poderosa armada para invadir Inglaterra, solo quedaba aquella arrogancia que en un tiempo había excitado terror y odio, pero que ahora solo podía concitar irrisión.

Por si fueran pocas las desgracias, estos lamentables sucesos ocurrieron al tiempo que una nueva crisis en el Norte de África, pues la sublevación en Turquía contra Mehmet IV, al que el ejército hizo responsable de la derrota ante los cristianos en la campaña de Viena, no fue una buena noticia para España. La momentánea crisis del imperio otomano fue aprovechada por el bey de Argel, que comenzó a actuar con libertad, dirigiendo su atención a los puestos cristianos en su costa, especialmente Orán, donde, como vimos, el gobernador Diego de Bracamonte había muerto, al caer con sus hombres en una emboscada.

El duque de Veragua socorrió con sus galeras tras aquella funesta jornada, a la acosada plaza, en la que apenas había ya nadie con capacidad para defenderla, auxilio providencial que la salvó. Los combates se generalizaron en la costa e incluso se logró destruir el bajel capitán de la flota argelina, pero en 1688 el *bey* de Argel apretó el cerco de la plaza reuniendo a 30 000 hombres y 4500 jinetes.

La escuadra de Mateo de Laya, incansable a pesar de su debilidad, logró de nuevo llevar suministros a la ciudad, permitiendo que la resistencia de los asediados se incrementase[87]. El éxito español aumentó las disensiones entre los árabes y los turcos sitiadores, que desmoralizados, viendo que no lograban tomar la plaza, levantaron el sitio. Orán se había salvado una vez más.

Sin embargo, en Marruecos el sultán Muley Ismael lanzó un violento ataque contra Melilla y Larache, último puesto español en la costa del océano. En esta última plaza, a comienzos de 1689 el ejército marroquí apretó el cerco e instaló baterías en la costa, desde las que batir la entrada del puerto e impedir la llegada de socorros. Sin embargo, una vez más, en una audaz misión nocturna, los buques más ligeros de Nicolás de Gregorio, lograron desembarcar 470 soldados y 150 quintales de pólvora y municiones. Con una sola pega, a diferencia de lo ocurrido en Orán, su valerosa acción no serviría de nada.

Sin importarle las bajas propias, el sultán lanzó a sus hombres a masivos asaltos suicidas en los que cayeron por centenares. A base de esfuerzo y valor, siguieron aproximando las paralelas a las defensas de la plaza, hasta que, finalmente, lograron abrir una gran brecha en los muros.

El maestre de campo Fernando Villorías, que era el gobernador, intentó negociar la rendición, pero el sultán, enfurecido por las terribles bajas sufridas —se calcula que unos 18 000 hombres entre muertos, heridos y enfermos—, solo permitió abandonar la plaza al propio Villorías y a un centenar de hombres a su elección. El resto, incluidos mujeres y niños, que eran unos 1700, fueron convertidos en esclavos.

Mientras, en Europa, se precipitaban los acontecimientos. Entre 1686 y 1688, el Imperio alemán, los principales príncipes y electores, como Baviera y Brandenburgo, las Provincias Unidas, Saboya, el papa Inocencio XI, Suecia y Portugal, se agruparon en la denominada Liga de Augsburgo, dispuestos a impedir a toda costa que Francia deshiciese lo quedaba en Europa del imperio español y amenazasen las tierras del

[87] La desmoralización en España era enorme, y se llegó a temer, como en los peores años de comienzos del siglo, una invasión musulmana. El embajador de Francia escribió a Luis XIV, diciéndole que: «Nada se sabe de Orán, y es grande la ansiedad pública; pues si perdieran los españoles esa plaza y algunas otras menos importantes que tienen en el Estrecho, podrían volver los moros con más facilidad que antes. Está el país tan despoblado por aquella parte; hay tan poca disposición para resistir, que abrigan recelos hasta las personas más entendidas».

Rin. Durante dos años, las cancillerías de toda Europa urdieron toda clase de complots e intrigas que tenían como objetivo aislar a Francia y formar un frente común capaz de detener la formidable máquina militar que habían forjado los competentes administradores, ministros y generales del Rey Sol. Cuando ya la alianza era lo suficientemente sólida, una reclamación territorial del rey de Francia, que exigía el Palatinado como dote para su cuñada Isabel de Orleans y lo invadió con sus tropas, sirvió como detonante de un conflicto que sería conocido como Guerra de la Liga de Augsburgo o Guerra de los Nueve Años[88]. A la Liga se sumó un año después Inglaterra, pues tras la Gloriosa Revolución de 1689, el rey Guillermo II quería evitar una posible ayuda francesa al destronado Jacobo II, por lo que la coalición pasó a ser conocida a partir de entonces como Gran Alianza.

Para la debilitada y agotada armada española la guerra se iba a convertir en un respiro, pues al combatir con el apoyo de las poderosas flotas de Inglaterra y Holanda, no se iba a encontrar en una situación tan desesperada como en los conflictos anteriores. Por otra parte, la nueva guerra europea se convirtió en la práctica en una auténtica guerra mundial, pues los franceses se enfrentaban en Asia a holandeses, ingleses y portugueses, en América a españoles, ingleses, holandeses y portugueses, en África a portugueses, ingleses y brandenburgueses, y en Europa, a prácticamente todos los países.

El problema para España y sus aliados estaba en cómo se iba a detener a un ejército como el francés, acostumbrado a vencer, formado por más de 375 000 hombres y 60.000 marineros, perfectamente equipado, y al mando de líderes que sabían que no tenían rivales de su talla y dominaban las mejores tácticas. España, y Europa entera, se enfrentaba ahora a una lucha desesperada para evitar que el Rey Sol se convirtiese en el dueño y señor del continente.

5.6 Todos contra Francia, Francia contra todos

En 1690, con Inglaterra ya en el bando de la Gran Alianza, la famosa frase española de «Nos contra todos», había cambiado de nación. Ahora era Francia la que tenía que combatir contra medio mundo, pero

[88] En algunos lugares de Europa se la denominó Guerra del Palatinado, por el origen directo del conflicto.

a diferencia de lo que le ocurrió a España en la década de 1630, quienes corrían peligro eran los aliados. El inmenso ejército francés, o mejor, sus seis ejércitos de tierra, además de vencer, se comportaban de una forma brutal. El Palatinado fue devastado y, ciudades como Heidelberg, Mannheim, Espira, Oppenheim y Worms, completamente arrasadas, aunque el escenario bélico principal, como de costumbre, fueron los Países Bajos españoles, el auténtico reñidero de Europa. Allí se libraron batallas durísimas, como Fleurus, en 1690, un verdadero desastre para los aliados o Steinkerque, en 1692.

A pesar de que los generales franceses actuaron peor de lo esperado, y de forma errática y desordenada, la superioridad militar de las tropas del Rey Sol era tan grande, que los aliados se vieron en ocasiones en serios problemas para frenar la avalancha francesa, especialmente España, que vio como Cataluña era una vez más invadida.

Tras el fracaso de la rebelión de Irlanda en 1690, el rey de Francia ordenó a las flotas de los almirantes Chateau-Regnault y Nesmond, dirigirse al cabo San Vicente para intentar apoderarse de la Flota de Indias y compensar la pérdida de oro en la aventura irlandesa. Al mismo tiempo, se le dijo al conde Victor-Marie D'Estrées, almirante de la flota, que se dirigiese a Barcelona para bombardearla y, luego, navegar contra el Levante español, Alicante y Cartagena, donde los vecinos deberían de pagar una alta suma de oro y joyas si no deseaban que sus ciudades fuesen arrasadas. Como puede ver el lector, este sistema de obtener recursos por el chantaje y el terror, demostraba en lo que se había convertido la armada francesa. Una vulgar organización mafiosa, que actuaba conforme a órdenes brutales, y que suponía, que, al ser centros comerciales, perderían más si eran destruidos que si pagaban una suma proporcional a su riqueza.

Como demostración de esta forma salvaje de hacer la guerra, que los franceses probaron en Argel y Génova, pero también en el Palatinado alemán, entre el 10 y el 11 de julio de 1691, 900 bombas incendiarias llovieron sobre Barcelona, sin que sus habitantes pudieran hacer nada para defenderse —solo murió un marinero francés—. Con la ironía y el desprecio con el que actuaban habitualmente los franceses, el almirante de la flota animó a la ciudad a la rebelión, pues era evidente que el rey de España no podía defenderla.

Pero si lo de Barcelona fue una salvajada, lo de Alicante fue aún peor. Los franceses lanzaron durante cinco días, con sus noches, más de 2000 bombas incendiarias, todas las que tenían. Aunque los fuegos provocados alcanzaron enormes proporciones, los valerosos alicantinos tuvieron fuerza todavía para rechazar un intento de desembarco.

Tras el bombardeo de Alicante, D'Estrées supo, a través de mercantes de países neutrales, que la flota del conde de Aguilar estaba en ruta de América a España y que el almirante Papachino tenía una pequeña flota de siete bajeles en Málaga. Confiado en su superioridad, el 29 de julio de 1692, se dispuso a caer sobre la base de Cartagena con 16 bajeles, 26 galeras, pontones y bombardas, que sumaban en total 56 naves. No le habían informado bien. Nada más iniciar el ataque, su flota se vio sorprendida por las velas lejanas de una escuadra española de 20 navíos. Como no era lo que buscaba, el almirante francés intentó escapar en buen orden con todo su material, pero en la persecución, que llegó hasta Barcelona, perdió un navío de 34 cañones, otro de 22, un patache y la poca valentía que le quedaba.

Curiosamente, poco después, aprovechando la retirada momentánea de los franceses, se produciría un acontecimiento notable, cuando las galeras del duque de Nájera capturaron en la Toscana un bajel de 20 cañones y tres algo más pequeños. Un incidente que el duque aprovechó, para comentar a todo el que quisiera oírlo, que las naves con remos aún servían para algo.

Durante los años siguientes la guerra en el mar se mantuvo indecisa. Las flotas francesas eran grandes y poderosas, pero combatían con demasiados enemigos, lo que permitía a los navíos españoles operar con cierta tranquilidad. Además, por el tratado que se firmó en La Haya el 31 de octubre de 1692, los ingleses convinieron en la unión de las armadas de ambas naciones en el Mediterráneo[89], para actuar conjuntamente contra los franceses, que el 29 de mayo habían sufrido una grave derrota en la batalla de La Hogue, y perdido 15 de los mejores navíos de su armada. Una batalla decisiva, de la que el poder naval de Luis XIV jamás se repondría, y que dejó el Atlántico en manos de los aliados.

5.6.1 Los desastres de la guerra

La flota francesa, aún poderosa, necesitaba desesperadamente un éxito que la hiciese olvidar el desastre de La Hogue, por lo que, al saberse en Versalles, que en el Mediterráneo oriental se estaba aprestando un gran

89 España aportaba 16 navíos de guerra de 60 cañones, 4 de fuego y 25 galeras. Los ingleses, 16 navíos del mismo o mayor porte y 4 de fuego.

convoy, escoltado por naves de Holanda e Inglaterra, se decidió interceptarlo. Para ello, en mayo de 1693, Tourville y el conde D'Estrées, almirantes de las flotas de Tolón y Brest respectivamente, con órdenes para actuar conjuntamente, reunieron en las costas de Portugal nada menos que 100 bajeles de línea, todos de más de 30 cañones.

Los aliados no fueron capaces de hacer nada para evitar que el denominado convoy de Esmirna, cayese en manos de los franceses, que se lanzaron hacía los mercantes con verdadera furia, sin que los escoltas pudiesen hacer nada para evitarlo. El 28 de junio, frente a Lagos, se consumó el desastre. Unos 19 buques lograron entrar en Cádiz, pero los franceses capturaron 27 y destruyeron al menos 45 naves mercantes y de guerra. Incluso llegaron a entrar en la rada de Gibraltar, donde destruyeron un bajel de línea holandés y otros nueve mercantes que se habían unido a él buscando protección.

La flota francesa siguió persiguiendo a las naves que habían logrado escapar y, en Málaga, ordenó al gobernador la entrega de las cinco que se habían refugiado en su puerto. Al no recibir respuesta, las atacó, y sus tripulaciones las vararon en la costa. La victoria de Tourville y D'Estrées fue total. Era milagroso que en medio del caos, dos flotas de Indias hubiesen llegado con sus cargamentos intactos a Cádiz, un auxilio providencial para las decaídas finanzas españolas.

Dueños de nuevo de las aguas del Mediterráneo, los franceses recorrieron la costa española hasta Rosas, sitiada por el conde de Noailles, ayudando a su capitulación, lo mismo que en Palamós[90]. También un pequeño grupo de cuatro bajeles que habían llevado tropas de refuerzo a Barcelona fueron sorprendidos a la altura de Peñíscola. Uno embarranco en Vinaroz y, los otros tres, los vararon sus tripulaciones en los Alfaques, antes de incendiarlos, para que no fuesen capturados.

La situación era tan grave que, finalmente, los ingleses tomaron la decisión de entrar en el Mediterráneo con su victoriosa flota al mando de los almirantes Wheeler y Neville, uniéndose a ellos los holandeses del almirante Kallemburg en Cádiz. Pero la mala suerte española no había terminado, por si fueran pocos los desastres, un temporal acabó con 11 bajeles de la armada y 409 hombres, dejándola en cuadro, sin apenas fuerza y limitada a unos recursos humanos y materiales mínimos.

---

90 Los marroquíes sitiaron de nuevo Orán en julio y, el año siguiente, llegaron a poner en serios problemas a los ceutíes.

El San Felipe *(1693-1732), uno de los orgullos de la ingeniería náutica de los años finales del reinado de Carlos II. Los últimos galeones, ya prácticamente idénticos a los bajeles de línea, eran sólidos, marineros y demostraban que la decadente España aún no había dicho su última palabra. Interpretación de Berenguer.* Colección privada.

Otra flota inglesa al mando del almirante Rusell elevó a 88 los navíos aliados. La pobre armada española, en otros tiempos dueña y señora de los mares, solo pudo aportar cuatro bajeles de línea que apenas llegaban a los 60 cañones y algunos más pequeños. La verdad es que los almirantes Laya y Papachino tenían poco que hacer con semejante fuerza.

Al menos la presencia de las flotas aliadas hizo que los franceses se encerraran en Tolón, dejando el mar libre a ingleses y holandeses durante el resto del año. Al siguiente, el almirante Killegrew cayó en combate contra dos navíos franceses que logró apresar en Sicilia. Rusell, por su parte, desembarcó 4000 soldados ingleses y holandeses para que apoyasen el cerco de Rosas, que seguía en manos francesas, pero no lograron nada, según el inglés, por el mal estado del armamento, material y equipo de los españoles. Regresó a Inglaterra, pero dejó 23 navíos a cargo de Mitchel en Cádiz.

Mientras, en tierra, las cosas iban de mal en peor. Magníficamente dirigido por el duque de Vendôme, el ejército francés estaba dispuesto a tomar Barcelona, sin que el ejército español, y los refuerzos imperiales al mando del príncipe de Darmstad, pudieran hacer nada por impedirlo. Las galeras de Pedro de Montemayor lograron algunos éxitos de importancia, como la captura de un convoy enemigo de 25 mercantes, pero no pudieron detener el progreso francés.

El 5 de junio de 1697, los 18 000 soldados de infantería y 6000 jinetes franceses, se vieron apoyados por las 100 naves del conde D'Estrées, que incluían bajeles de línea, galeras, fragatas, bombardas, transportes, 60 cañones pesados de sitio y 24 morteros, que dos compañías de infantería de marina ayudaron a instalar en tierra. Finalmente, después de una heroica resistencia, Barcelona se rindió el 15 de agosto.

A pesar de la notable victoria, que hacía a Francia dueña y señora de una gran parte de Cataluña, el agotamiento de los dos bandos era notable, y la mala salud del rey Carlos II de España, que no tenía heredero, comenzaba a vislumbrar cuál sería la causa de la siguiente contienda europea.

La guerra finalizó con la firma, el 20 de septiembre, del Tratado de Rijswijk, una paz que no resolvía nada y dejaba las cosas como antes de la contienda. Luis XIV renunció al Palatinado para su cuñada Isabel, conformándose con que se le pasara una pensión y accedió a devolver las fortificaciones de Mons, Luxemburgo y Kortrijk a los españoles, que fueron los más beneficiados, así como las plazas ocupadas de Gerona, Rosas, Palamós y Barcelona. Solo conservó Estrasburgo. Una decisión que tomó, probablemente, para mejorar sus posibilidades de colocar a un Borbón en el trono español, a la vista de lo que estaba sucediendo. No obstante, a pesar de las duras derrotas, de la recesión económica y las hambrunas, en una guerra que había costado 680 000 muertos, fue la primera vez, que una coalición estuvo a la altura de los ejércitos de la Francia de Luis XIV.

Sin embargo, para la flota española, la guerra fue desastrosa. Aunque logró aguantar sin sufrir graves derrotas, quedó en un estado lamentable, si bien, conviene recordar las palabras de Christopher Storrs, cuando dice:

> Aunque España ganó pocas victorias navales notables bajo el reinado de Carlos II, tampoco sufrió demasiadas grandes derrotas: se perdieron más buques a causa del mal tiempo —incluso el Carlos II, en 1696— que a manos de los franceses [...] Por consiguiente, las flotas españolas, aunque muy reducidas, seguían realizando su función crítica de mantener las comunicaciones y la provisión de material, soldados y dinero a los diferentes ejércitos, guarniciones y otras avanzadas del imperio.

Realmente ese fue el mayor éxito de la armada española en esos tiempos difíciles, sobrevivir y seguir en condiciones de mantener el tráfico comercial con América y Asia. Había que tener paciencia y esperar tiempos mejores, que no tardarían en volver.

5.6.2 Intercambio de golpes en el Caribe

El comienzo de la guerra en el Caribe le dio una tregua a España. Los franceses, conscientes de quien era su enemigo más peligroso, centraron su ofensiva contra los ingleses, atacando San Cristóbal y Jamaica. Con el concurso de hombres como De Graaf, lograron éxitos notables, y sus viejos filibusteros se hartaron de capturar buques ingleses, sin que las medidas en su contra tuviesen ningún resultado.

Los ingleses, al mando de *sir* Timothy Thornhill, contraatacaron a comienzo de 1690 con una expedición contra la isla de San Martín, pero los refuerzos franceses de Ducasse llegaron a tiempo, no solo para salvar a la guarnición, sino también para infligirles una dura derrota. De hecho, a comienzo de la primavera, el bloqueo a Jamaica era una realidad y no había buque inglés que lograse romperlo, pues las naves de De Graaf, de nuevo convertido en corsario, se encargaban de atraparlo. Hasta que, en un encuentro con el Drake, del capitán Spragge, el propio De Graaf tuvo que retirarse a Saint Domingue —Haití—.

Obviamente, el temor francés estaba en que la poderosa coalición de ingleses, holandeses y españoles, acabara siendo una amenaza, pero el gobernador De Cussy, no veía muy realista que los aliados pudiesen constituir un peligro inmediato y, como pensaba que la mejor defensa era un buen ataque, en julio de 1690, se dirigió a Santiago de los Caballeros, en Santo Domingo, con una fuerza formada por 900 filibusteros y 200 negros libres a los que había armado.

La ciudad no pudo resistir y fue saqueada y arrasada, pero una rápida reacción de las autoridades obligó a los franceses a retirarse. El ataque francés provocó esta vez una dura respuesta española y, en enero de 1691, 300 milicianos de Santiago, 200 mosqueteros de la guarnición, reforzados por 100 de Montecristi, más la totalidad de la fuerza disponible de la Armada de Barlovento, apoyados por un pequeño refuerzo inglés, atacaron a los franceses en Guarico. De Cussy, que no valoraba demasiado la amenaza, resolvió enfrentarse a los aliados en Sabana Real y fue derrotado. Perdió casi 300 hombres y la vida.

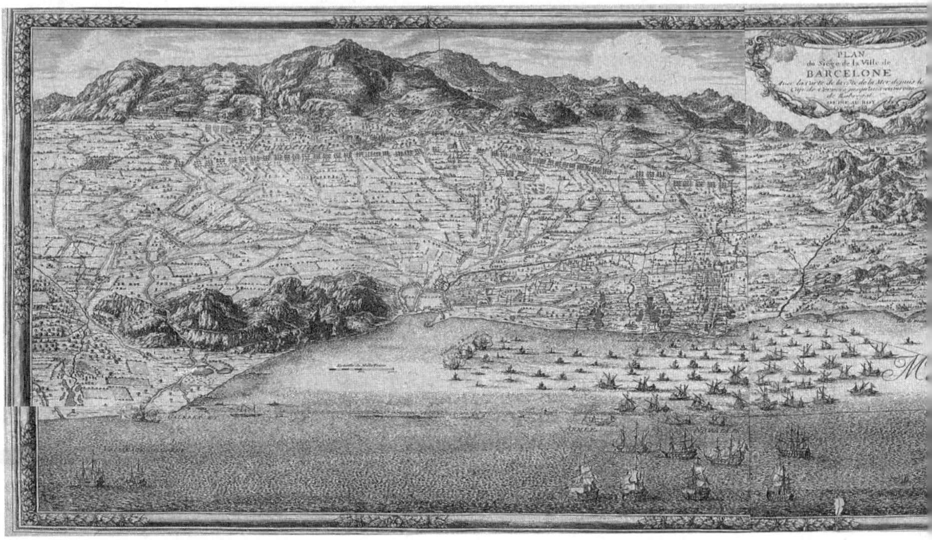

Las victoriosas tropas españolas destruyeron Port de Paix, cabo Francés y Puerto Príncipe. Ducasse llegó tarde y solo pudo encontrar los restos del desastre, pero se encargó de recordar a sus desmoralizados compañeros que los aliados aún no habían vencido.

Enterado de que los ingleses sitiaban Guadalupe, se dirigió contra ellos. Disponía de cuatro buques, con más de 600 experimentados filibusteros y dos compañías —200 hombres más— del Ejército Real, con los que desembarcó el 23 de mayo de 1691. Tardaron dos días en batir a la fuerza inglesa, consumida por la fiebre y la disentería.

Sus victorias, conocidas en Francia, le valieron el ascenso a gobernador de la parte francesa de La Española y, una de sus primeras medidas, fue trasladar la sede del gobierno francés de la isla de la Tortuga a Cabo Francés. Allí se dedicó con esfuerzo y energía a recuperar la decaída colonia, aprovechando que un terrible terremoto, ocurrido en junio de 1692, produjo tremendos daños en Jamaica y destruyó por completo su capital, Port Royal.

Durante el año siguiente, Ducasse, como su predecesor, concluyó que la mejor forma de proteger Saint Domingue de un nuevo ataque anglo-español, era tomar la ofensiva, y envió todas sus fuerzas contra Jamaica a finales de la primavera de 1694. La defensa inglesa no fue muy brillante y, si bien las dos agrupaciones francesas que llevaron adelante el ataque, no pudieron capturar la isla, causaron graves daños, y saquearon una Port Royal, aún no recuperada.

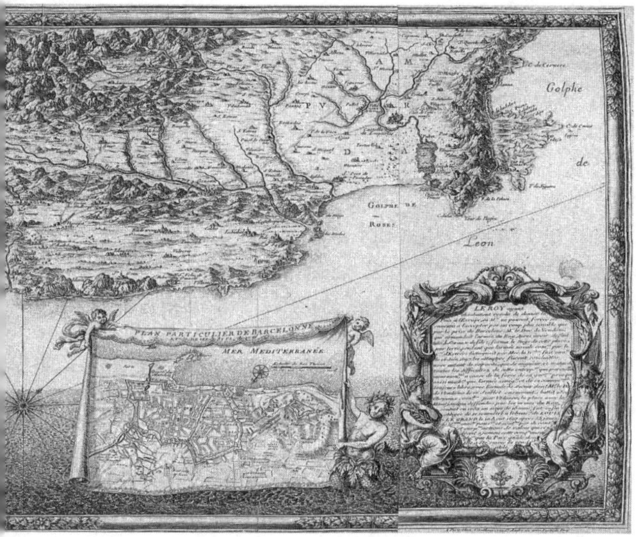

El sitio de Barcelona en 1697 por las tropas del mariscal Vendôme. A pesar de los esfuerzos de las tropas españolas y de las milicias ciudadanas, la capital catalana no pudo resistir el embate de las experimentadas tropas francesas. Museo de la ciudad de Barcelona.

La tímida respuesta inglesa de septiembre apenas hizo daño a los franceses. Se limitaron a quemar algunas aldeas sin importancia y a bombardear dos ciudades, L'Esterre y Petit Goave, pero en la primavera de 1695 los aliados estaban por fin en condiciones de devolver el golpe. A la agotada Armada de Barlovento y a las tropas regulares y a los voluntarios de Santo Domingo, se unieron las curtidas tropas inglesas del coronel Luke Lillinstong y más de veinte naves bajo el mando del comodoro Robert Wilmont.

Incapaz de resistir ante la gran inferioridad numérica, De Graaf se retiró de Guarico y las tropas que defendían Port de Paix se rindieron. Tras incendiarla, siguió la campaña aliada contra Port Mangot y otros pequeños asentamientos que fueron cayendo uno tras otro. Parecía que el poder francés en el Caribe se podía desmoronar, pero en realidad no era así. Los españoles y los ingleses comenzaron a discutir por el reparto del botín, y acabaron abandonando la campaña.

La inactividad aliada permitió a los franceses recuperarse. Dos flotas francesas, que actuaban conjuntamente, la de Renau de Elizagaray y la del señor Des Angers, se dedicaron con eficacia a destruir y entorpecer el tráfico comercial español en las Antillas. Ni siquiera la pérdida de la primera escuadra, consumidas sus tripulaciones por la fiebre, evitó el grave daño causado, incluyendo la pérdida de algún buque de importancia, como la Urca de Cartagena, pues la Armada de Barlovento no tenía capacidad para detenerlos.

A principios de 1697, salió una armada de Brest con rumbo a Saint Domingue, que se había fijado como punto de reunión. La flota, al mando del barón De Pointis, Bernard-Jean Louis de Saint Jean, iba con siete navíos de 60 a 84 cañones, 10 fragatas y transportes, una bombarda grande, cuatro pequeñas y 4000 hombres, entre soldados y marinos. El barón de Pointis estaba dispuesto a cambiar las cosas, pero no contaba con que los filibusteros no estaban dispuestos del todo a seguir las directrices y las órdenes de los caballeros de la flor de lis.

Los filibusteros se negaron a obedecer a De Pointis. No aceptaban su autoridad ni entendían que ventajas podían obtener atacando la parte oriental de La Española, por lo que resolvieron seguir solo a Ducasse, que era en quien confiaban.

De Pointis llegó a un acuerdo. Cedió el mando a Ducasse en todo lo relativo a los filibusteros y mantuvo el mando sobre las tropas reales. Le dejó 650 filibusteros, 170 soldados de Saint Domingue, 110 colonos voluntarios, 180 negros libres y ocho fragatas. Entre los piratas y la armada reunían una fuerza considerable, con la que se fijó un objetivo realmente ambicioso: Cartagena de Indias. Dice Fernández Duro:

> Llevados a término los preliminares, quedó, pues, instituida una extraña asociación temporal de comerciantes y piratas, honrados con la participación del soberano, mediando compromisos o escrituras por las que a los flibusteros se les reconoció derecho a la décima parte del primer millón ganado, y a la décimatercia de los sucesivos. De dónde habían de salir los millones no se discutía: de Veracruz, que ya estaría repuesta de la sangría de 1683; de Portobelo, feria donde cargaban los galeones; de Cartagena, centro del comercio del Perú en el Atlántico; el lugar importaba poco y, hasta convenía que no se divulgara en Francia, dejándolo a elección de los experimentados espumadores de la mar.

5.6.3 Una ciudad saqueada

Con 2000 habitantes, un gran puerto, y notables fortificaciones, Cartagena de Indias era la llave de la conexión entre el Perú y el Caribe, además de uno de los principales centros del comercio americano con Europa. El castillo que defendía la entrada del puerto, Boca Chica, disponía de cuatro baluartes artillados, con 33 cañones, algo tremendo en apariencia, si no fuese porque la guarnición disponible estaba en torno a los 15 soldados, sin víveres ni municiones como para resistir un ataque. En el interior, estaban el fuerte de Santa Cruz y otros dos más pequeños,

Manzanillo y Barajas, que no tenían ni artillería ni tropas. Respecto a la ciudad, a pesar de sus 12 baluartes y fosos, y de contar con 84 cañones, solo contaba con 40 soldados, al mando de Diego de los Ríos, que era su gobernador.

El 13 de abril, la flota conjunta francesa llegó al puerto y, el 14, comenzó a bombardear la ciudad, causando el pánico entre los vecinos que sabían de lo ocurrido años atrás en el norte de África. Dos días después, cerca de 1200 filibusteros que habían acudido a la llamada de Ducasse, desembarcaron junto a Boca Chica, en los Tejares y, tras algunos incidentes, en uno de los cuales cayó herido el propio Ducasse, los franceses lograron aproximar los bajeles más poderosos al castillo, al que comenzaron a batir con sus cañones. Llegaron a lanzar 1500 proyectiles de cañón y 44 de bombarda.

Ante la imposibilidad de resistir, el gobernador del castillo de Boca Chica, Sancho Jimeno de Orozco, se rindió a cambio de que se les dejase con vida. De Pointis, al que los prisioneros le estorbaban, los liberó y, tras dejar una guarnición en la capturada fortaleza, puso dos barcos en el puerto para asegurar la posición. En la ciudad, conocida la noticia de la pérdida de Boca Chica, muchos vecinos huyeron al interior con todo lo que pudieron llevar, mientras, las tropas que organizaban la defensa, hundieron en el puerto dos medias galeras e incendiaron todo lo que flotaba.

El castillo de Santa Cruz fue el primer punto problemático. Una parte de la guarnición se negó a defender sus muros, por lo que hubo que clavar los cañones para impedir que los franceses los utilizaran, mientras que la otra, rechazó cualquier posibilidad de capitulación. Durante seis días, un implacable alud de fuego enviado desde las bombardas se abatió sobre ellos, convirtiendo en escombros la mayor parte de las defensas. Poco a poco se fueron retirando al fuerte de Barajas, último baluarte de una resistencia ya desesperada, donde todos pasarían a la historia. Unos como Juan Berrio, el gobernador del castillo, por huir cobardemente dejando a sus soldados abandonados. Otros, por defender su puesto hasta el final, como los 70 últimos hombres, que al mando del vizcaíno Juan Miguel de Vega, murieron combatiendo de forma heroica.

De Pointis, herido en los combates, continuó organizando el ataque. Bajo su mando se comenzaron a emplazar metódicamente baterías aproximando el cerco, hasta que dos columnas lograron penetrar en la ciudad, sin que las inexpertas milicias pudieran detenerlas. Cayeron 200 defensores por apenas 100 asaltantes. El 1 de mayo, alarmados ante el temor del asalto y el posterior saqueo, hubo una revuelta de los ciudadanos que obligó al gobernador a convocar una junta de guerra. En ella, los líderes de las milicias —casi todos comerciantes que temían por sus negocios—, manifestaron su voluntad de entregar la plaza.

El 4 de mayo entraban los franceses en la ciudad al tiempo que salían las cuatro compañías de milicias con el gobernador al frente, acompañados de mujeres, niños, y religiosos. Cerraba la comitiva el cabildo, el regimiento de la ciudad con el estandarte real, los maceros y los ministros. En total, 3000 personas a las que se permitía salir con dinero, pero que debían dejar en sus casas oro, plata, joyas y muebles.

En lo alto de la fortaleza de Cartagena ondeaba ahora la bandera blanca con las lises de Francia. Se había demostrado una vez más, que era imprescindible mantener en América una potente escuadra, capaz de defender los intereses de los ciudadanos de la monarquía, no solo de la flota de Indias, que, además, con su presencia, mantuviese alejados a los enemigos de España.

Durante los siguientes días, la ciudad fue sometida a un metódico saqueo, respetando, como se había establecido en las condiciones de la rendición, las iglesias y los conventos. Se calcula que se apoderaron de unos 6 millones de pesos. El 25, la armada francesa se situó en Boca Chica para volar la fortaleza y salir a mar abierto, lo que se hizo el 4 de junio. Habían estado más de un mes en Cartagena sin que se produjera ninguna respuesta española.

De Pointis, que había incumplido su promesa, y únicamente había entregado a Ducasse 40.000 coronas para que repartiera entre sus hombres, se marchaba solo. Nada más perder Boca Chica en el horizonte, se dio de bruces con la flota anglo-holandesa del vicealmirante John Neville, que ante la pasividad de la armada española, se dirigía a Cartagena. Los buques franceses se dispersaron o fueron capturados, pero De Pointis, al que los aliados persiguieron durante dos días, más preocupados de destruir su escuadra, que de auxiliar a la ciudad, logró escabullirse.

Los dos días que los filibusteros se quedaron en Cartagena, los dedicaron a torturar a los desventurados vecinos y a los religiosos que encontraron, para intentar averiguar donde escondían más riquezas. Allí les sorprendió la llegada de la flota de Neville, pero Ducasse logró finalmente escapar[91].

---

91 Los prisioneros fueron puestos a trabajar en la reconstrucción de la ciudad.

5.7 Los últimos *filibustiers*

La toma de Cartagena fue en realidad el último éxito de aquellos viejos forajidos del Caribe. Para lograrlo, habían necesitado del concurso de la armada real de Luis XIV, cuyos jefes los habían despreciado, ignorado y engañado. Muchos piratas comenzaron a ser conscientes de que sus buenos días habían acabado, pero otros continuaron tercamente con lo que, al fin y al cabo, era lo único que sabían hacer. Poco a poco, según se iban recuperando las naves de la Armada de Barlovento, fueron eliminados.

Antes de su final, escribirían un epílogo, pobre y violento, en las aguas del Mar del Sur.

Los filibusteros conocieron el Pacífico en 1679, al cruzar el istmo de Panamá y parte de las actuales Colombia y Venezuela, a través del infierno verde del Darién. En la década de 1680 comenzaron a establecerse en pequeñas aldeas que fueron edificando con mayor o menor ayuda de los indios locales, con los que realizaban un comercio basado en el trueque. Allí, algunos grupos lograron construir canoas para hostigar la navegación de cabotaje y asaltar fincas aisladas, pues más de eso no podían hacer con su escasa fuerza. Eran más molestos que peligrosos, pero, de todas formas, la Armada del Virreinato del Perú, que en cualquier caso no podía permitir que se instalasen en los territorios de la Corona, los buscaba en sus posibles escondites, un trabajo realmente difícil en una costa de miles de kilómetros. Sin embargo, cuando dos piratas ingleses, Crowley y Cook, que operaban desde las costas de Virginia, capturaron un navío holandés de 36 cañones y, unidos a otro de 16, que mandaba John Eaton, entraron en el Pacífico pasando por el estrecho de Magallanes las cosas se complicaron.

Cook murió en lo que podríamos llamar una desavenencia con Crowley y, como pasa tantas veces, se vio beneficiado un tercero, Edward Davis, que fue elegido, suponemos que, por aclamación, líder de los piratas. A las órdenes de su nuevo jefe recorrieron la costa americana con escasa fortuna y, en el istmo de Panamá, se les unió una considerable turba de desesperados que pululaba por las islas del Caribe.

Llegaron a disponer de 12 naves artilladas y 8 mercantes capturados, que protegieron con hombres armados. Desde sus madrigueras situadas en las islas deshabitadas entre las actuales Costa Rica y Ecuador, se dedicaron al saqueo indiscriminado, hasta que en junio de 1685, se encontraron con una flotilla virreinal, al mando de Pedro Pontejos, como general, y Antonio de Veas, como almirante. A pesar de que eran antiguos, los galeones del virrey tenían 40 cañones los dos más grandes, 26 el tercero y, junto a ellos, iba un patache.

Calculando que los españoles los superaban en fuerza por sus barcos, pero no en número, Davis decidió luchar. No fue una buena idea. Aun así, la suerte estaba ese día de su lado y, cuando parecía que los de Pontejos se iban a imponer con facilidad, les sorprendieron no concluyendo el trabajo y dejándolos retirarse. Fue una oportunidad desperdiciada que los piratas no desaprovecharon. Volvieron a dedicarse al saqueo y destrucción del comercio y al asalto a pequeños pueblos costeros, sin que ni siquiera sirviese de algo el que los franceses se enfrentaran a los ingleses rompiendo la alianza que tenían, pues ambos grupos continuaron atacando a los españoles en las costas de lo que hoy es Ecuador. Tomaron Realejo, Esparza, Nicoya, León, Tehuantepec, Granada y Guayaquil, donde lograron más de 200 000 pesos y degollaron a los rehenes por los que habían pedido rescate.

En una ocasión, Davis se encontró en el mar con el *Santa Catalina*, de Gaspar Bernabé de Mansilla, con el que combatió cinco horas. Muerto el capitán español, el alférez José de Mendieta siguió combatiendo hasta que, viendo que su barco se hundía, logró embarrancarlo en la costa, sin que los piratas lograsen hacerse con él. Ejemplos de esa naturaleza animaron a los comerciantes a proponer al virrey la creación de una armada corsaria que llamaron Nuestra Señora de Guía, formada por dos navíos y un patache.

Una vez más, la iniciativa privada triunfaba donde no lo lograba la armada. Los navíos españoles encontraron a la flota pirata entre la isla del Amortajado y la punta de Santa Elena, la persiguieron durante seis días, y destrozaron a cañonazos sus dos navíos hasta que, con lanchas a remo, los supervivientes intentaron desesperadamente refugiarse en la costa panameña, donde pensaban que la selva les protegería. Esta vez no fue así, el gobernador de Panamá armó dos galeotas y una galera y, con 300 hombres, los persiguió sin descanso hasta que localizó las guaridas de los piratas. Las destruyó, acabó con el resto de sus barcos y mató o y tomó presos a más de un centenar de filibusteros.

De los pocos que huyeron, unos lograron pasar al Caribe y, los menos, siguieron en el Pacífico para acabar en la remota isla de Juan Fernández. Allí los sorprendió la flota española del almirante Veas, en 1688, los apresó, ajustició a la mayoría, y aprovechó para terminar el reconocimiento hidrográfico del archipiélago.

La nueva guerra con Francia cambió las cosas. Macarty, otro pirata, convenció al conde de Gennes, gobernador de San Cristóbal, para dirigir una expedición al Mar del Sur. Con el apoyo real, logró armar seis barcos: tres grandes, de 46 a 26 cañones, y tres más pequeños. Entre todos juntaban 720 hombres y, con ellos, embarcaron dos morteros y 600 bombas.

El 3 de junio de 1695 partieron de La Rochela, pero no fueron capaces de llegar al Pacífico, por lo que la llamada Compañía Real del Mar Pacífico, que pidió y obtuvo privilegio para negociar, reconocer las costas y establecer colonias y almacenes en puntos no ocupados por europeos, tuvo que regresar a sus bases sin haber logrado ninguno de sus objetivos.

En diciembre de 1698, cuando España y Francia estaban ya en paz, lo volvieron a intentar con tres naves de 50, 40 y 8 cañones. El pequeño patache regresó, pero los dos navíos entraron en el mar del Sur en enero de 1700. En Valdivia, les dispararon por considerarlos piratas y, con un nuevo fracaso, tras recorrer la costa infructuosamente, regresaron a Francia. Sin embargo, su viaje fue notable en un aspecto de gran importancia para la historia futura de Europa: se la considera la primera expedición avalada por un estado europeo, cuyo objetivo era establecerse en territorios descubiertos, pero no ocupados, por otros europeos. Con esos mismos principios, habían partido también del puerto francés de Rochefort, en octubre de 1698, dos naves al mando de Pierre Le Moyne D´Iberville, que en compañía del filibustero De Graaf, tras recalar en Mobile, Florida, sentaron las bases de la futura colonia de Luisiana. Igualmente, y casi al mismo tiempo, se formó en Escocia una gran compañía con cuantioso capital y autorización real, para crear una colonia escocesa en el Darién.

La justificación era curiosa, y sería conveniente que la conociesen todos los detractores de la presencia española en América: como los indios no estaban sometidos por España y eran los legítimos propietarios de las tierras, era también a ellos a los que había que comprárselas. Por lo tanto, ingleses y franceses se la pagaban con alcohol, armas y baratijas, y después, los expulsaban de allí. Si se negaban a abandonarlas, los mataban.

El gobernador de Panamá se enteró del proyecto escocés cuando ya recibió noticias de que estaban en Rancho Viejo, edificando fuertes en la zona entre cabo Tiburón y Soribón. Era un poco tarde, por entonces llamaban Nueva Caledonia a su establecimiento y recibían desde

Jamaica pertrechos y todo tipo de suministros. Las autoridades españolas, indignadas, decretaron carta de represalia contra los barcos de Jamaica y las pequeñas Antillas y le correspondió al gobernador de Cartagena, Juan Díaz Pimienta[92], acabar con los intrusos, para lo que contó con la Armada de Barlovento de Diego de Peredo.

Por si los escoceses insistían en no marcharse, se enviaron desde España al navío *Nuestra Señora de la Almudena* y al patache *Castilla*, al mando de Francisco Salmón, con dos compañías de fusileros y una de granaderos del Tercio de la Armada[93]. Además, a mediados de julio de 1700, el recién nombrado almirante de la Armada del Mar Océano, Pedro Fernández de Navarrete, y el también almirante Mateo de Laya, al mando de la escuadra, partieron de Cádiz rumbo al Darién, llevando, entre otros, dos modernísimos bajeles recién construidos en Guarnizo. Su misión era terminar con los filibusteros, destruir los asentamientos y detener y tratar como piratas a todos los que estuviesen allí establecidos, por romper los tratados de paz entre España e Inglaterra. Desembarcaron donde tenían los escoceses su muelle y una fortificación con 23 piezas de artillería, los atacaron por tierra y mar, y el 11 de abril los sitiados pidieron la capitulación. Entregaron la plaza y toda la artillería[94], y se les dejó marchar, en vez de ejecutarlos, para no enturbiar las relaciones con Inglaterra.

El gobierno de Londres, aceptó las propuestas españolas y accedió a no ayudar a los escoceses que estaban intentando crear la colonia lo que, en la práctica, llevó a la ruina a la Compañía del Darién. El suceso coincidió en el tiempo con el informe de la escuadra de Navarrete, que tras recorrer metódicamente el seno mexicano y las costas centroamericanas del Caribe, informó a la corte que su misión se daba por concluida. No había filibusteros en las costas ni actividad hostil contra la navegación de cabotaje o el comercio español. El mundo de los filibusteros se moría.

---

92 Era nieto de Francisco Díaz Pimienta y Pérez de Mendizábal, general de la armada y virrey de Sicilia, que fue el organizador en 1639 de los astilleros de Guarnizo, en Cantabria, para la construcción de galeones.

93 Sabemos que además de armas blancas, seis morteros, 1000 bombas, ingenieros y oficiales de fuegos de artificio, llevaban al menos 500 modernos fusiles de chispa.

94 Los escoceses quedaron impresionados por el fracaso, y el nombre de «Darién» quedó grabado en su imaginación. Tres décadas después, los colonos escoceses que se establecieron en Georgia, llamaron a su colonia Darién.

Lo más importante es que algo estaba cambiando, tal vez, el hecho de que las naciones europeas, con una economía mercantil cada vez más sofisticada y unas guerras en Europa de costes más y más elevados, necesitadas de flotas poderosas y puertos seguros, no podían permitirse el lujo de dejar que una serie de personas marginales y peligrosas pusiesen en riesgo lo que tanto les había costado conseguir.

Es cierto que durante esa época España tuvo pérdidas notables, pero fueron mucho menores que las que produjeron las guerras del siglo siguiente. Lo peor fue el constante estado de alarma, que perturbó el normal transcurso del comercio y de la vida diaria desde Cuba hasta el Perú.

6

Ni un momento de respiro

El combate de El Glorioso. Navío español de 70 cañones al mando de Pedro Mesía de la Cerda, regresaba de América en 1747. Sucesivamente y sin ayuda posible, se enfrentó a varios buques de guerra ingleses. El 26 de julio, en las Azores, al navío Warwich, de 60 cañones, y a la fragata Lark, de 44 y, el 14 de agosto, en Finisterre, al navío Oxford, de 50, y a las fragatas Soreham y Falcon, de 24 y 20 respectivamente, de la escuadra del almirante Byng. Uno tras otro, los fue hundiendo o desmantelando. Finalmente, consiguió entrar en Corcubión y dejar su carga: cuatro millones de pesos en plata.

Obra de Ángel Cortellini Sánchez. Museo Naval, Madrid.

En política, lo que conviene a España es conservarse en paz tantos años a lo menos como ha mantenido la guerra que la tiene exánime a causa de tres enfermedades mortales que padece, son, a saber: despoblación, falta de dinero en especie y falta de comercio, y cuidar de curar estas dolencias y convalecer después de curadas hasta engordar mucho.

José de Carvajal.

Testamento político reducido a una idea de gobierno político militar y económico, como conviene para la resurrección y conservación de España. 1745.

6.1 Sin recursos

Sin ejército ni una potente armada que defendiera sus costas, los enemigos de España se lanzaron como perros de presa, para aprovechar los despojos de una monarquía que, literalmente, se deshacía.

Cuando en 1700 Carlos II estaba a las puertas de la muerte, el resto de los países estudiaron minuciosamente sus intereses para quedarse con la corona española, hundida y empobrecida, pero con inmensos territorios que producían riquezas sin fin. A Francia, que ya se veía dueña de Europa y de buena parte del continente americano, si la dejaban ejercer el derecho al trono de los herederos de la reina María Teresa, hija de Felipe IV y de Isabel de Borbón, le salió un rival, Austria, cuyos derechos también procedían de otra de las hijas de Felipe IV, pero esta vez de su segundo matrimonio: Margarita Teresa, que se había contraído nupcias con el emperador de Austria, Leopoldo I.

Inglaterra y las Provincias Unidas, que no estaban directamente implicadas, esperaban atentas el resultado de las negociaciones, que supondrían una ampliación global de territorios y, sobre todo, de comercio. En esa línea, Inglaterra insistió en que la herencia se repartiera entre Francia y Austria[95], con el fin de evitar que de nuevo el poder se acumulara en unas solas manos. La idea, totalmente rechazada por el gobierno español que intentaba mantener unido el reino a cualquier precio, se abandonó por completo cuando el rey, días antes de su fallecimiento, nombró heredero a Felipe, duque de Anjou, segundo nieto de Luis XIV.

Rechazar la partición traía consigo un enfrentamiento armado, y los contendientes se prepararon inmediatamente. A un lado España, Baviera y Francia. Al otro, Austria, Inglaterra y la república de las Provincias Unidas. En mayo de 1702 se declaró la guerra.

Se abrieron dos frentes en tierra, uno en Italia y otro en el Danubio, pero solo Francia parecía soportar el peso de los combates. ¿Qué mejor entonces, dadas las penurias de la armada española, que abrir un tercero?

En el Mediterráneo, España solo contaba con 28 anticuadas galeras y en el Atlántico, 20 buques de guerra que tenían que cubrir la

---

95 Francia y Austria llegaron a firmar un tratado secreto por el que se repartían entre ambas el imperio español. Cuando Luis XIV supo que el heredero era su nieto, se olvidó por completo de su compromiso con Leopoldo I.

Península y América, no había más. No había barcos, ni reservas, ni recursos, ni dinero. Atacar el comercio ultramarino era tan fácil, que a los ingleses y a los holandeses les debió dar hasta la risa.

6.1.1 El desastre de Vigo y la pérdida de Gibraltar

En agosto, una escuadra combinada anglo-holandesa de 50 barcos —30 ingleses y 20 holandeses—, al mando del almirante de la flota, *sir* George Rooke y del vicealmirante Philips van Almonde atacó Cádiz, con el fin de conseguir puertos para una posible invasión y romper el comercio con América. Aunque fracasó, de regreso a sus puertos de origen, enterados de que la flota del tesoro procedente de Veracruz, escoltada por una escuadra francesa, había llegado a Vigo, lo atacaron también y destruyeron 16 barcos franceses y 17 españoles. Fue el final. Aunque la plata se salvó, de hecho, una tercera parte se la llevó Luis XIV para sufragar sus gastos, las rutas con América quedaron cortadas.

A partir de 1703 la Gran Alianza ya no necesitó tomar ningún puerto en España, Portugal se incorporó a la coalición y, el archiduque Carlos, que se había proclamado rey en Viena el 12 de septiembre, desembarcó en Lisboa con sus tropas el 9 de marzo del año siguiente.

La guerra, que entre 1702 y 1704 parecía ir bien para los Borbones, cambió. Italia comenzó a ser invadida por Austria, en Baviera, la derrota francesa en Blenheim ante los ingleses, puso en claro peligro a los Países Bajos españoles y, en la Península, al mismo tiempo que Portugal reclamaba para sí las provincias extremeñas, comenzó una guerra civil. Solo América se mantuvo alejada de la crisis sucesoria.

El 1 de agosto de 1704, una flota inglesa y holandesa que había capturado dos galeones cerca de Barcelona se presentó sin oposición en la bahía de Algeciras. La formaban 61 navíos entre buques de guerra y transporte, bajo el mando conjunto de Rooke y el príncipe George von Hessen-Darmstadt, que había sido virrey de Cataluña hasta 1697. Su objetivo: la estratégica posición de Gibraltar.

El sargento mayor de batalla[96] Diego Salinas, que contaba para su defensa con una guarnición de aproximadamente 100 hombres, sin casi artillería útil ni municiones, se declaró partidario del rey Felipe cuando le fue propuesta la capitulación y, tras rechazarla, se dispuso a defender la plaza reclutando a las milicias y a los civiles. Resistió el bombardeo dos

---

96 Cargo en los Tercios inferior al Maestre de Campo.

días. El 4 de agosto, con honores militares, Salinas rendía Gibraltar al Príncipe de Hesse. Nunca más volvería a manos españolas.

La noticia se conoció pronto. Felipe V, ordenó al marqués de Villadarias, capitán general de Andalucía, que había estado algo pasivo a la hora de prever el ataque y de enviar refuerzos a Salinas, su recuperación inmediata. Villadarias, reunió todo lo rápido que pudo un ejército de unos ocho mil hombres, sin pertrechos ni preparación, al que se sumó posteriormente otro de tres mil franceses a las órdenes del general Cavannes y, poco después, una escuadra de doce navíos al mando del barón de Pointis.

Desde Tolón salió también rumbo a Gibraltar una flota de 50 navíos de guerra, al mando del conde de Toulouse, hijo natural de Luis XIV y almirante de Francia, a la que se sumaron en Barcelona doce de las galeras que quedaban disponibles bajo el mando del conde de Fuencalada. Los descubrió antes de llegar al Estrecho, el *Centurión*[97], mientras hacía una travesía entre Tánger y Gibraltar, y dio la voz de alarma a Rooke, que se encontraba ya desde hacía días costeando por la provincia de Málaga.

El 24 de agosto, frente a Vélez-Málaga, se desarrolló la batalla naval más importante de la guerra de Sucesión. Rooke contaba con 53 navíos de línea, 6 fragatas, pataches y brulotes, con un total de 3614 cañones y 22 543 hombres. La flota franco española, con 51 navíos de línea, 6 fragatas, 8 brulotes y 12 galeras, sumaba un total de 3577 cañones y 24 277 hombres.

Durante todo el día, ambas flotas se cañonearon sin descanso manteniéndose a distancia y, a la mañana siguiente, los barcos franco-españoles habían desaparecido de la vista. Rooke, temiendo que le hubiesen sobrepasado por la noche para caer sobre Gibraltar, viró hacia allí desplegando todas sus velas, pero no estaban. Habían regresado a Tolón proclamando una gran victoria naval, que realmente no se había producido, aunque las bajas hubiesen sido escalofriantes: 2700 entre muertos y heridos, los marinos de la Gran Alianza, y 1500, los franceses y españoles. Entre ellos un jovencísimo Blas de Lezo, de 15 años, al que una bala de cañón le destrozó la pierna izquierda por debajo de la rodilla[98].

---

97 No es el mismo *Centurión* del que se tratará más adelante. Este estuvo en servicio desde 1691 hasta 1728.

98 Debido al valor demostrado fue ascendido en 1704 a alférez de bajel de alto bordo por Luis XIV.

Triunfo estratégico o no, la realidad es que no se aprovechó, y ninguna de las dos armadas volvió a enzarzarse en otro combate durante la guerra. El conde de Toulouse no persiguió a Rooke cuando se fue a Lisboa para reparar sus barcos. Ni siquiera se acercó a Gibraltar para apoyar a las tropas de Villadarias, que esperaban ya ante las murallas de la plaza, iniciando el primero de los infructuosos bloqueos con los que se intentaría recuperar el Peñón a lo largo de la historia.

6.1.2 Menorca. Un caso especial

En el contexto de guerra civil en que había terminado desembocando la sucesión a la Corona en la Península, las islas Baleares también quedaron divididas. En el último trimestre de 1706, Mallorca e Ibiza pasaron, sin ningún complejo, de apoyar a Felipe V a reconocer como nuevo soberano a Carlos III, que juró los privilegios de ambas islas, como había hecho en Cataluña, Valencia y Aragón. En Menorca, al no contar en ese momento con el apoyo de la flota anglo-holandesa, el alzamiento a favor de los Austrias no llegó a triunfar, debido a la resistencia del castillo de San Felipe, en el puerto de Mahón, y a la llegada a principios de 1707 de refuerzos franceses.

El 19 de septiembre de 1708, llegaron a ocupar la última de las Baleares dos escuadras inglesas al mando de *sir* John Lake; una salió directamente de la recién tomada Cerdeña, que se había entregado sin disparar un solo tiro, y la otra pasó primero por Barcelona, para recoger los transportes en los que viajaba el ejército del general James Stanhope. Desembarcaron tropas en las calas de Alcaufar y Molí, y bombardearon y ocuparon el puerto de Fornells y el castillo de San Felipe, en Mahón, sin mucha resistencia del gobernador, Diego Dávila, que contaba en la guarnición con cerca de 500 franceses y 200 españoles.

Pero los ingleses no conquistaban Menorca para entregársela a Carlos III, sino para conservarla en sus manos como botín de guerra. Su intención, además de compensar así las inversiones efectuadas para apoyar la candidatura austriaca, era establecer una base naval y controlar el puerto de Mahón, el mejor puerto natural y más profundo del Mediterráneo occidental, capaz por sí solo de proteger a la mayor flota de la época con su magnífica rada. Punto estratégico también para dominar el comercio y el tráfico marítimo por el Mediterráneo.

De hecho, el gobernador que había nombrado el archiduque, no fue aceptado por Stanhope, que le invitó a que abandonara Menorca, dejando bien claro que la isla la habían conquistado los ingleses para sí mismos, y que no pensaban devolverla, cualquiera que fuera el rey de España.

6. 2 La Real Armada

Cuando en 1713 se firmó la paz en Utrecht, España se encontró con que había sido despojada de Gibraltar, Menorca, los Países Bajos y los territorios italianos, pero que América, el Caribe y las Filipinas estaban intactos y que no había barcos para defenderlos. Además, había que volver a pensar en poner en marcha las flotas de Indias como ya se había intentado hacer el año anterior tras el cese de hostilidades, y acabar con la rebelión en Barcelona y Mallorca, para lo que se necesitaban transportes.

Ese mismo año, se ordenó la construcción de diez navíos de línea y dos pataches en los astilleros de La Habana, cuyos ricos recursos naturales y fuertes defensas la convertían en el lugar idóneo para la fabricación de barcos, tres más en cualquiera de los otros astilleros para reconstituir la escuadra de Barlovento, y de varios sueltos en Guarnizo.

Precisamente, Guarnizo lo había organizado en 1702 un almirante de Motrico con gran experiencia en el Mediterráneo y el Caribe, que había escrito entre 1687 y 1691 *El arte de fabricar reales*, una obra donde plasmaba sus conocimientos de construcción naval: José Antonio Gazteñeta.

La primera medida que tomó cuando fue nombrado superintendente general de Fábricas y Plantíos en la Costa Cantábrica, para organizar los astilleros y la corta de maderas necesaria en la fabricación de los nuevos buques, fue cambiar su emplazamiento desde las inmediaciones de Potrañés hasta la Planchada.

Allí tenía más espacio para las dependencias, ferrerías y herrerías necesarias que necesitaba la Real Fábrica de Bajeles, donde se iba a centralizar toda la construcción. Empezó en Guarnizo, pero la guerra llevó a Gaztañeta a trasladarse a la costa vasca y a continuar su labor en los astilleros de Amorebieta y Orio. En esas dependencias dirigió respectivamente la construcción del galeón *El Salvador*, de 74 cañones, y seis navíos más. Fruto de su experiencia, escribió en 1712 *Proporción de las medidas arregladas a la construcción de un bajel de guerra de setenta codos de quilla*, una de las obras esenciales que permitirían la reconstrucción naval de la desamparada armada.

Mientras trabajaba en los nuevos buques, aunque se disponía aún de la escuadra de galeras y de cerca de 23 embarcaciones de cabotaje, que podían suministrar artillería y pertrechos, había que tomar otras medidas. Se pensó en recurrir a varios medios: pedir la ayuda de la armada francesa, armar naves mercantes recurriendo al «asiento», como se había hecho antiguamente, o extender patentes de corso.

La armada francesa, por petición directa de Felipe V, cedió dos fragatas y algunas embarcaciones menores equipadas y mantenidas a costa de la corona española. No fue lo único: con un enorme desprecio a los logros durante siglos de los marinos españoles, el rey se permitió pedirle a Luis XIV capitanes o tenientes generales que pudieran mandar la armada que estaba creando, por lo que, para equipararlos con los españoles, varió los grados de la marina española para que correspondiesen con la francesa. No solo se llamaba ahora almirante general de armada a cualquier capitán de navío, si no que Ducasse, ahora teniente general de la armada francesa, se podía encontrar mandando la española[99]. Felizmente, aunque al enterarse de la noticia varios oficiales dimitieron de sus cargos, no llegó a producirse, Ducasse llevó cinco navíos para ayudar en el sitio de Barcelona y volvió a Francia.

El 14 de febrero de 1714, para unificar las muchas armadas que había con nombres grandilocuentes: la Armada Real del Océano, la Armada de Galeras, la de Guipúzcoa y Cuatro Villas, la de Barlovento, la de Galeones de Tierra Firme, la Escuadra de la Mar del Sur y la Armada de la Avería, pero que todas juntas no sumaban más de 30 o 40 buques de todas las categorías. El rey creó la Real Armada y, para organizarla, nombró a Bernardo Tinajero de la Escalera primer secretario de Marina, lo que hoy se consideraría un ministro. La secretaría centralizaba en la corte la construcción de buques y la organización de la armada. El puesto de Tinajero lo ocupó en 1717 José Patiño, que se dispuso a construir una armada nueva y fuerte en los astilleros españoles de ambos lados del Atlántico. Empezó con los buques de 60 cañones, necesarios para hacer la guerra al corso en aguas americanas y asegurar las comunicaciones con las Indias. Un primer paso, para acometer después la construcción de buques mayores.

Todos los astilleros: Ferrol, Guarnizo, Cartagena, La Carraca y La Habana comenzaron a trabajar con ahínco.

---

99 En la carta enviada por Felipe V a Luis XIV el 21 de febrero de 1714 se pedía específicamente que enviase a Jean Ducasse para dirigir la armada española.

No fue la única preocupación de Patiño. Con tesón consiguió que el rey aprobara en 1717 la creación de una academia de guardiamarinas para la enseñanza de los jóvenes aspirantes a oficiales navales. El sistema utilizado para su formación era una mezcla entre el francés de los *gardes marins* y el inglés de los *midshipmen*, y conjugaba las enseñanzas teóricas indispensables para navegar, con la práctica en el mar. Hasta entonces, los oficiales solían proceder del Colegio de Pilotos de San Telmo de Sevilla, donde también aprendían disciplinas militares como artillería, de los cadetes de galeras de Cartagena, o de escuelas navales extranjeras.

Se organizó oficialmente el 13 de abril y se situó en el departamento marítimo de Cádiz. Pese a que en un principio se animó a todos los jóvenes a incorporarse al servicio a la armada, las ordenanzas que se debían observar en el cuerpo de la marina de España, publicadas por Patiño el 16 de junio, decían en su capítulo VI, artículo 16, que, para ingresar como guardiamarina, los aspirantes habrían de tener la calidad de hijodalgo o hijo de militar con empleo superior a capitán.

6.3 Cabo Passaro, ilusiones detenidas

El mismo año que Patiño ocupaba su puesto, Felipe V, que estaba aún retrasando todo lo posible firmar la paz y ratificar el tratado de Utrecht con Austria, ya firmemente establecido en el trono, se dispuso a realizar una revisión de los acuerdos mediante medidas diplomáticas, sin dejar de lado las militares, si las creía necesarias. El rey, que a duras penas aceptaba la pérdida de Flandes, no estaba dispuesto a permitir de ninguna manera la cesión de los territorios mediterráneos, desde siempre vinculados a la vida española, que habían sido entregados por Francia a los austriacos al firmar los documentos de Rastadt. Sicilia, por ejemplo, había pertenecido a la Corona de Aragón desde 1282[100].

Ante esta posición, Inglaterra, Holanda y Francia, firmaron el 14 de enero un acuerdo diplomático conocido como la Triple Alianza, que reiteraba todos los puntos aprobados en Utrecht; recordaba al emperador Carlos VI que debía renunciar al título de rey de España, y a Felipe V, que hiciera lo mismo con los Países Bajos, Nápoles, Milán y Cerdeña, cuyos territorios estaban ya ocupados por tropas imperiales.

---

100 Ver nuestro libro *Mar de viento* (EDAF, 2019).

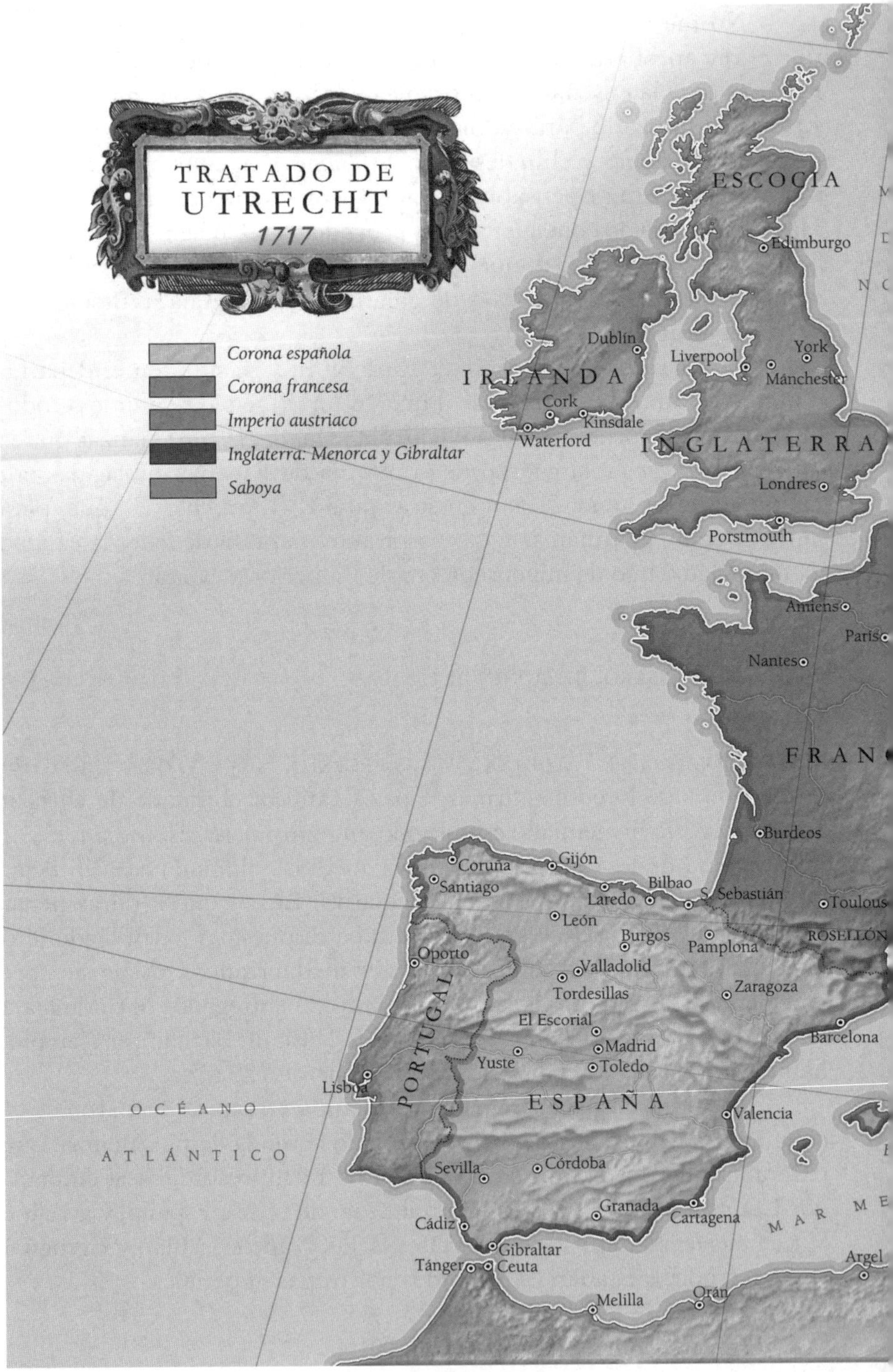
TRATADO DE UTRECHT
1717
Corona española
Corona francesa
Imperio austriaco
Inglaterra: Menorca y Gibraltar
Saboya
ESCOCIA
Edimburgo
IRLANDA
Dublín
Cork
Kinsdale
Waterford
Liverpool
York
Mánchester
INGLATERRA
Londres
Porstmouth
Amiens
París
Nantes
FRAN
Burdeos
Coruña
Gijón
Santiago
Bilbao
Laredo
S. Sebastián
Toulous
León
Burgos
Pamplona
ROSELLÓN
Oporto
Valladolid
Tordesillas
Zaragoza
PORTUGAL
El Escorial
Madrid
Toledo
Yuste
Barcelona
Lisboa
ESPAÑA
OCÉANO
ATLÁNTICO
Valencia
Sevilla
Córdoba
Granada
Cartagena
Cádiz
Gibraltar
Tánger
Ceuta
Melilla
Orán
Argel
MAR ME

Oslo
Estocolmo
REINO
SUECO
BÁLTICO
Riga
LITUANIA
Copenague
Minsk
PRUSIA
HOLSTEIN
Hamburgo
Bremen
PRUSIA
Hannover
Berlín
Varsovia
SACRO
IMPERIO
ROMANO
GERMÁNICO
POLONIA
SAJONIA
SILESIA
Krakovia
Praga
BOHEMIA
Nurenberg
TRANSILVANIA
BABIERA
AUSTRIA
Stuttgart
Munich
Viena
Bratislava
MOLDAVIA
Zúrich
Budapest
HUNGRÍA
CANTONES
SUIZOS
Berna
TIROL
CROACIA
Zagreb
VALAQUIA
VÉNETO
Triestre
Milán
Bucarest
MILANESADO
Venecia
Belgrado
MÓDENA
BOSNIA
IMPERIO
TURCO
Génova
Sarajevo
DALMACIA
Split
Florencia
Sofía
TOSCANA
ADRIÁTICO
Dubrovnik
ESTADOS
PONTIFICIOS
Estambul
CÓRCEGA
REINO
DE
NÁPOLES
Tirana
Roma
Salónica
Nápoles
CERDEÑA
Pesaro
Atenas
Palermo
Messina
SICILIA
La Goleta
Túnez
Malta
Creta

El rey, aconsejado por su esposa Isabel de Farnesio, y preocupados ambos por la proximidad de las tropas austriacas al ducado de Parma, gobernado por el tío de Isabel, aprovechó la lucha que el emperador sostenía en su frontera con los turcos para establecer un plan sobre Italia que se vio favorecido con la excusa de la detención y posterior muerte en prisión a manos austriacas de José Molinés, el inquisidor general español.

Cuatro años después de que terminara una guerra que había asolado a la nación, se iniciaban los preparativos de la primera campaña en territorio italiano, reuniendo en el puerto de Barcelona a una expedición al mando del marqués de Leyde, formada por 14 batallones de infantería, un regimiento de dragones, artillería y una compañía de minadores. Todos, además de gran cantidad de pertrechos y municiones, embarcaron en cien transportes protegidos por 9 navíos de línea y 6 fragatas.

En julio, cuando el resto de los países pensaban que iba a dirigirse a apoyar a los seis navíos de Esteban Mary y a las cinco galeras de Baltasar de Guevara, que habían sido enviadas para ayudar a los venecianos a frenar los intentos de expansión otomana, la flota tomó rumbo a Cerdeña. Pese a que la isla estaba ahora en manos de Austria, había un importante partido de nobles y autoridades, partidarios de Felipe V, que lo presionaban para que la recuperase.

El 9 de agosto, navegando en destacamentos, las tropas españolas completaban su desembarco. El mismo día, el primer ministro Giulio Alberoni hacía pública una larga carta enviada a los representantes españoles en las cortes extranjeras:

> Sin duda V. E. habrá quedado sorprendido con la noticia de que las Armas del rey iban a emplearse en la conquista de Cerdeña, cuando todos estaban persuadidos y la cristiandad se prometía iban a reforzar la escuadra de los cristianos contra el Turco, en consecuencia de las promesas que S. M. impelido de los movimientos de su religiosidad y corazón tenía hechas al Papa. Confieso a V. E. que yo no esperaba tan presto semejante destino de las armas del rey [...] Después de haber S. M. guardado en este punto un profundo silencio, finalmente se ha dignado participarme por si mismo de las causas y motivos de su resolución: Las personas que formaron la planta de la última paz creyeron que para conseguirla era necesario que el rey nuestro amo cediese una parte de sus estados, y S. M. no ha rehusado hacer este sacrificio, con el fin de llegar al restablecimiento de la tranquilidad en el comercio de las naciones [...] Creyó el rey que tan generosa conducta por su parte, cuando no inspirase al archiduque deseos de paz, a lo menos le empeñaría a tener a su persona

> las atenciones y miramientos que se guardan aún entre enemigos declarados y entre dos generales de dos ejércitos a la vista. Pero nada de esto ha sucedido; antes todo lo contrario. Se han publicado en Viena en Italia y en Flandes declaraciones no del todo correspondientes a la persona de S. M. y a su corona y para añadir los hechos a las palabras, ha sido arrestado el inquisidor general de España, sin embargo, de llevar pasaporte de su Santidad, aprobado y autorizado por el cardenal Lerotemback. Esta postrer ofensa, ha renovado la memoria de las anteriores, y la obligación en que se halla el rey de vindicar a sus pueblos de las injurias que no podría disimular sin envilecer su propia autoridad.

A pesar de las condiciones meteorológicas poco ventajosas para las operaciones militares, Cerdeña se sometió con rapidez entre agosto y noviembre, tras la rendición de las plazas de Cagliari, Castel Aragonese y Alghieri.

El éxito de la ocupación de Cerdeña inclinó al primer ministro, hasta entonces reacio a secundar los planes del rey, a apoyarlo en su segundo paso: recuperar Sicilia, que había sido incorporada a la corona española por Alfonso V, rey de Aragón y permanecía en poder de los austriacos desde 1713. Para ello, organizó un gran ejército de campaña de 30 000 soldados, 6000 caballos y 200 piezas de artillería transportado por una flota de buques, balandras y galeras, y escoltado por una escuadra de treinta navíos de guerra. La infantería necesaria se consiguió ordenando una leva de voluntarios y se formaron batallones bautizados con nombres de ciudades italianas: Mesina, Palermo, Valdesmasara, Valdenoto, Toscana, Liguria, Cerdeña e Italia, que unidos a los batallones de los regimientos de la Guardia Real y a los de la infantería de línea española, completaban 36. Junto a ellos, 6 regimientos de dragones, 8 de caballería de línea, artillería e ingenieros.

El ejército expedicionario embarcó en Barcelona en junio de 1718. La flota se dirigió a Cerdeña, donde repostó provisiones y se puso al mando del marqués de Leyde. Tras este breve descanso, se hizo de nuevo a la mar rumbo a Sicilia escoltada por los navíos de guerra y las galeras. En Sicilia los esperaba una guarnición enemiga de 9700 hombres que contaba con buenas obras defensivas en sus fortalezas.

El 1 de julio se desembarcó en Siracusa, cerca de Palermo, en un ambiente y actitud muy favorable de la población hacia los españoles. A continuación, se atacó Castellamare al tiempo que comenzó el sitio de la ciudadela de Palermo que, el día 7, sin demasiadas complicaciones, caía en manos españolas.

Tras el éxito inicial, el ejército español se dividió en dos fuerzas: la primera, al mando del conde de Montemar, se dirigió hacia Trapani, Términi y Catania. La segunda, con el marqués de Leyde, marchó hacia Messina, donde se habían concentrado las tropas austriacas y las de la Casa de Saboya, comenzando los trabajos de asedio de la ciudad el 18 de julio. Hacia Messina se dirigió también la flota española. La actitud claramente hostil de Felipe V provocó el estupor entre las potencias europeas y, a petición de Gran Bretaña, se reunieron en Londres con austriacos, franceses y saboyanos para, juntos, firmar la Cuádruple Alianza contra España, el 2 de agosto de 1718.

La primera medida militar de la alianza fue la protección de los territorios de Nápoles, puesto que Alberoni había hecho correr la voz de que ese era el destino final de la expedición. Con ese fin los británicos enviaron una escuadra al mando del almirante George Byng hacia el Mediterráneo. El 11 de agosto Byng descubrió fondeada en la bahía de Passaro a la escuadra española, a las órdenes de Gaztañeta: veintisiete navíos de guerra, dos brulotes, dos balandras y siete galeras, que se dirigía hacia Messina y, sin mediar en ningún momento la preceptiva declaración de guerra entre ambas naciones, la atacó. El resultado del combate fue el total descalabro de los españoles: once de los navíos fueron apresados y dos quemados sin que el enemigo perdiera ninguno de los veintidós de que disponía.

A partir de entonces la fuerza expedicionaria quedó encerrada en la isla, bloqueada por la armada británica, sin comunicación con la Península y sin posibilidad de recibir refuerzos y suministros. Se celebró un consejo de guerra para evaluar la situación, y se decidió a pesar de los inconvenientes que esto deparaba, continuar con la campaña.

6.3.1 En la guerra de la Cuádruple alianza, de Florida a Escocia

Para intentar mejorar las comunicaciones con Sicilia, el 17 de noviembre una ordenanza real autorizó la práctica del corso a todos los españoles que deseasen armar navíos y hacerse a la mar. Esta medida se completó con una leva general y otra de gente de mar. Inglaterra, que ya se veía claramente amenazada, declaró la guerra a España en diciembre. Francia lo hizo en enero de 1719. De esta manera, España se encontró sola frente a las naciones europeas.

En abril, un ejército francés de 20 000 hombres al mando del duque de Berwick cruzaba los Pirineos. El 18 de junio ocupaba Fuentarrabía y, el 17 de agosto, Pasajes y San Sebastián. Al tiempo, otra columna francesa invadía el Ampurdán, capturaba la Seu d´Urgell e intentaba sitiar la plaza de Rosas. La flota francesa por su parte atacaba el puerto de Santoña y destruía sus astilleros.

En septiembre, una escuadra británica desembarcó en Ribadeo una fuerza de 5000 soldados. Durante las cuatro semanas que permanecieron en la costa gallega destruyeron los astilleros de Vigo y Marín e intentaron ocupar Pontevedra.

Mientras, en Sicilia, se había sitiado Messina y la ciudad capitulaba ante el marqués de Leyde el 30 de septiembre. Inmediatamente el propio marqués, ahora nombrado virrey de la isla, acudía con sus fuerzas a apoyar a las tropas españolas que sitiaban la vecina Melazzo desde el mes de julio, que resistía abastecida con suministros británicos, y apoyada con el fuego naval de su escuadra.

Los austriacos, reforzados por un ejército que habían logrado desembarcar en la isla al mando del conde de Mercy, contraatacaron en Messina a primeros de junio de 1719. Con esta acción el de Leyde se veía obligado a levantar el asedio de Melazzo para auxiliar a Messina, defendida tenazmente por Lucas Spínola. Pese a que los imperiales fueron derrotados siempre en campo abierto, como en Francavilla y Sferracavallo, la posición del ejército expedicionario español en Sicilia, sin una escuadra de apoyo, era insostenible a comienzos de 1720.

En esta mecánica de ataques y retiradas, Alberoni, con el fin de distraer fuerzas francesas y británicas de la zona de operaciones mediterránea proyectó las expediciones a Escocia y a la Bretaña francesa. La de Escocia fue un nuevo fracaso, la de la Bretaña ni siquiera salió a la mar debido al mal tiempo.

La guerra provocada para recuperar las posesiones italianas se extendió a América. Francia aprovechó la ocasión para consolidar su presencia a lo largo de los ríos Missouri y Mississipi y tratar de expansionarse hacia el este, en dirección a Florida, y hacia el oeste, en dirección a Tejas y Nuevo Méjico. En Florida ocuparon Pensacola. En Tejas, obligaron a soldados, colonos y misioneros a buscar refugio en San Antonio de Béjar y en Nuevo Méjico, y, en las actuales Nebraska y Kansas, el gobernador se vio incapaz de detener sus actividades en las planicies. La reacción de España no se hizo esperar: proyectó un ataque conjunto por tierra y mar contra las posiciones francesas en Tejas y un avance por tierra sobre Luisiana. Para ello en 1721 comenzó a reunir una flota en el Caribe y a organizar una expedición militar al mando del marqués de Aguayo.

Al aislamiento militar del ejército en Sicilia se sumaban las presiones políticas y la amenaza a los territorios americanos. Felipe V se vio obligado a destituir a su ministro Alberoni y a entablar conversaciones de paz con los aliados «sacrificando sus propios intereses en beneficio de la Paz de Europa», según sus propias palabras.

En mayo de 1720, el marqués de Leyde recibía la orden de evacuar tanto Sicilia como Cerdeña y sus tropas fueron repatriadas a España en buques británicos. El primer intento de recuperar Italia había fracasado.

Las conversaciones de paz comenzadas en Europa anularon el ataque en Norteamérica, pero la expedición terrestre recibió la orden de reconquistar Tejas por medios pacíficos. Aguayo cruzó el río Grande, expulsó a los franceses sin combatir y se dedicó a reorganizar el territorio.

Las conferencias de paz definitivas comenzaron de manera informal en Cambrai en 1722, y no finalizarían de forma oficial hasta 1724. España accedió a las condiciones que le habían impuesto en Madrid los representantes diplomáticos de la Cuádruple Alianza en 1720 y acabó firmando tratados con cada una de las potencias enemigas: Inglaterra obtuvo ventajas económicas en ultramar y mantuvo Gibraltar en su poder. Francia obtuvo también ventajas económicas en ultramar y a cambio devolvió Pensacola y las tres provincias vascas. Víctor Manuel de Saboya recuperó Sicilia, pero, a continuación, la canjeó por Cerdeña. Carlos VI, el emperador austriaco, reconoció a Felipe V como rey de España y dejó de usar ese título que utilizaba desde su coronación en 1704 y, además, reconoció a España los derechos de la reina consorte, Isabel de Farnesio, sobre los ducados de Parma y Toscana, que se fijaron en la persona de su hijo, el infante don Carlos, de dos años de edad.

Otros siete años de guerra dejaban las cosas más o menos igual.

6.4 Luchando contra la adversidad

En 1720, Gaztañeta, por encargo del propio rey, que no le guardaba rencor por el descalabro de cabo Passaro, publicó un reglamento para la construcción naval: Las proporciones de las medidas más esenciales para la fábrica de navíos y fragatas. En su obra se plasmaba un sistema de planificación y construcción netamente español, muy adelantados al resto de Europa. Con sus premisas y el apoyo de Patiño se intentó, preparar el proyecto para un navío de línea de 60 cañones que aunase velocidad, maniobrabilidad y potencia artillera. Para ello alargó y rebajó el diseño tradicional reduciendo la altura de la primera cubierta de cañones.

Si se comparaban con los navíos franceses o británicos su artillería era más ligera, llevaban 24 cañones de 18 libras sobre la cubierta principal, 26 de 12 sobre la segunda cubierta y 10 de 6 sobre el castillo y alcázar, pero habían sido diseñados para una misión determinada y ya no buscaban dominar los mares, si no mantener abiertas las rutas entre las distintas posesiones americanas y asiáticas, y de éstas con la Península.

Los detractores de este sistema, el último netamente «español», le achacaron a los navíos que se construían falta de solidez en las ligazones, una eslora exagerada en relación a la manga y peso de la artillería, múltiples reparaciones, continuas carenas y poco tiempo de vida útil. Pese a todo, fueron copiados por ingleses y holandeses, y la influencia de Gaztañeta en la arquitectura naval, se prolongó a lo largo del siglo XVIII.

Mientras la reina se dedicaba a su política particular, Patiño, que había conseguido en 1726 que lo nombrasen también secretario de estado de Hacienda, continuaba inmerso en la tarea de reconstruir una potente armada que volviese a dar a España el control de sus mares. En los diez años siguientes, logró hacer o adquirir, más de 50 buques de guerra, suficientes, según cita Uztariz en su obra publicada en 1724, *Theorica y Practica de Comercio de Marina*, para junto a los escasos ya existentes, poder cubrir las necesidades de la protección del comercio en los mares de la Península y las Indias.

Preocupado, el encargado de negocios ingles en España, Benjamín Keene, enviaba el 23 de agosto de 1728 al duque de Newcastle, secretario de estado del Departamento del Sur, el despacho siguiente:

> He notado con gran disgusto los adelantos que hace Patiño en su plan de fomento para la marina española [...] lo domina hasta tal punto esta idea que ni los subsidios pagados al emperador, ni la miseria de las tropas españolas, ni la pobreza de las personas que componen la servidumbre real pueden apartarlo de estos sentimientos. Tiene el tesoro a su disposición y todo el dinero que no va a Italia para realizar los planes de la reina se aplica a la construcción de buques [...] que construyen y equipan en diferentes puertos para que solo puedan zarpar dos o tres a un tiempo, sin que nadie los note ni llamen la atención en Europa.

En 1734, aunque se continuaba trabajando en 35 navíos de línea de 50 a 66 cañones, comenzó la construcción de 11 de más porte y armamento: 9 de 74 cañones, 1 de 80 y 1 de 114, el *Real Felipe*, el primer navío español de tres puentes. Estaban diseñados por el francés Ciprián Autrán, al servicio de España, basándose en los modelos de Gaztañeta, que había fallecido en 1728.

El mayor problema, como tantas veces ya hemos repetido, eran las dotaciones. Un navío español de 60 cañones, solía llevar 600 hombres. Uno de 70, 850, y uno de 80, 900. A menudo, cuando se botaban los barcos recién construidos, la artillería y la tripulación también eran nuevas, y se habían tenido tantas dificultades para completarlas que, cuando entraban en guerra, casi no se habían probado, y ni siquiera habían tenido tiempo de compartir el tiempo suficiente para comportarse como una unidad de combate. Solo el valor personal suplía la falta de preparación algo que, aunque hoy pueda parecer muy heroico, resultaba poco práctico.

6.5 Blas de Lezo. Barriendo el mar de piratas

Habíamos visto como en 1704, Blas de Lezo era ascendido a alférez de navío. Después de su recuperación, sin una pierna, pero con su flamante nuevo cargo bajo el brazo, volvió a embarcarse en la flota del rey de Francia. Participaría con ella en el socorro de Palermo, Peñíscola —fiel a Felipe V cuando se produjo la insurrección en Levante—, y en la defensa ante los saboyanos de la fortaleza de Santa Catalina de Tolón, donde una esquirla desprendida en uno de los bombardeos de los sitiadores le dejaría sin su ojo izquierdo. Tras una breve convalecencia —las necesidades de la guerra no daban tiempo a más— se le encomendó el mando de varios convoyes de armas y municiones que se enviaron a la sitiada Barcelona desde el puerto de Rochefort. Los éxitos en sus misiones le consiguieron el ascenso a teniente, primero, y a capitán de fragata en 1710. Tenía 26 años.

Precisamente, al mando de la fragata francesa Foudroyant, el único que tuvo en esa armada, se produciría uno de los episodios más conocidos de su carrera y, también, por qué no decirlo, el más controvertido.

Cuentan las crónicas, inventadas o no, que don Blas, solo con su fragata de 40 cañones, capturó al navío *Stanhope*, de 70, que lo doblaba en número y dotación, a base de pericia y valor. Un relato muy necesario cuando a principios del siglo XX, con los marinos muy en entredicho por los desastres de Cavite y Santiago, Ángel Cortellini Sánchez pintó su célebre cuadro sobre el combate. En realidad, el *Stanhope* era un buque con patente

La captura del Stanhope. Un bello cuadro que, como el de la captura de Portobello que veremos más adelante, está lleno de errores. Los buques pertenecen a una época posterior, pero, sobre todo, las banderas se acercan más a los deseos de Cortellini que a la realidad. Ni Blas de Lezo actuaba en este periodo bajo bandera española ni el barco de John Combs pertenecía a la escuadra roja. Museo Naval, Madrid.

de corso perteneciente a la Compañía de las Indias orientales, al mando de John Combs, y es difícil, muy difícil, que tuviera 70 cañones[101].

El caso no deja en entredicho la labor realizada por el gran marino, pero siempre es preferible acercarse lo más posible a la realidad.

Lezo abandonó la marina francesa en 1712 y pasó a servir bajo las órdenes del almirante Andrés de Pes[102]. El 11 de septiembre de 1714, durante el asedio de Barcelona, al mando del *Campanella*, una nueva herida, esta vez producida por una bala de mosquete, dejaba prácticamente sin movilidad su antebrazo derecho. Al año siguiente formaría parte de la expedición enviada por Felipe V para recuperar las Baleares, al mando del capitán general de la Armada del Mar Océano

101 Hay otro cuadro, anónimo, pintado en 1820 y conservado en el Museo Naval de Madrid que representa la captura del *Stanhope*. Comete los mismos errores que el que hemos comentado, es posible que Cortellini lo utilizase como inspiración.

102 Almirante de la Mar Océano, geógrafo y cartógrafo, trasladó en 1717 la Casa de Contratación de Sevilla a Cádiz, convirtiendo el puerto en el único que podía comerciar con las Indias.

Pedro Gutiérrez de los Ríos, conde de Fernán Núñez. Blas de Lezo iba al mando del *Nuestra Señora de Begoña*, uno de los siete navíos de la escuadra, que, acompañados de diez fragatas, dos saetías, seis galeras, dos galeotas y un número indeterminado de transportes, tartanas y barcas desembarcaron cerca de diez mil hombres en Mallorca, que se rindió inmediatamente. Acabada la guerra civil en la Península, Lezo tuvo su primer contacto con aguas del Caribe.

En 1716, con el *Nuestra Señora del Carmen*[103], de 60 cañones, partía hacia La Habana en la escuadra de Antonio Chacón, para intentar recuperar la plata de los once galeones perdidos de las flotas de Juan de Ubilla y Antonio de Echevers, que habían naufragado en el canal de Bahamas durante un temporal el verano anterior, y llevarla a Cádiz. A finales de año, en la ciudad andaluza, se incorporó con ese mismo navío, en el que había embarcado el jefe de escuadra Bartolomé de Urdinzu y él se había puesto a sus órdenes como segundo, a la escuadra del francés Juan Nicolás de Martinet, a sueldo de la corona española, destinada a luchar contra el contrabando y la piratería que asolaban las costas del Perú. La formaban el navío *Triomphant*, el *Príncipe de Asturias* y la fragata *La Peregrina*. Los temporales impidieron que el *Nuestra Señora del Carmen* y *La Peregrina* consiguieran doblar el cabo de Hornos y, en 1718, todavía en Montevideo capturaron a las fragatas francesas *San Francisco* y *Danicant*. El *Nuestra Señora del Carmen*, muy deteriorado, se abandonó en Buenos Aires y, con las tres fragatas, consiguieron llegar al Pacífico.

Allí estarían hasta 1720. Sus primeros objetivos fueron el *Success* y el *Speed Well*, ambos de 70 cañones, los barcos del corsario Jhon Clipperton, que había bautizado una isla con su nombre en el Mar del Sur y establecido en ella su base de operaciones. Clipperton huyó y se refugió en los puertos holandeses de Batavia, en la actual Indonesia, para poco después, en junio de 1722, regresar a Galway, en Irlanda, sin poder conseguir nada importante en aguas filipinas.

El 16 de febrero de 1723, el mando se le entregó a Lezo. Su primer cometido como jefe de la escuadra del sur fue hacerla operativa, para que realmente cubriese las necesidades que se tenían en esas aguas. Para ello, solicitó disponer de tres o cuatro navíos de línea. Se le concedieron dos, recién construidos por los comerciantes peruanos, y la remozada fragata *Peregrina*.

La actividad en el Pacífico con su pequeña escuadra sería la que realmente le daría fama en la Corte. Primero se encontró con una flota

103 También se le denomina *Lanfranco*.

holandesa de cinco navíos a la que conseguiría apresar su mayor barco, el *Flissinguen* y, posteriormente, haría lo mismo con seis buques ingleses que formaban un convoy. Tres de ellos se incorporarían a la armada española, la forma más barata de ampliar su escuadra. Con ella limpiaría el Mar del Sur de corsarios.

Las discrepancias de Lezo, un hombre de carácter difícil, con el virrey, lo alejarían para siempre de las costas del Pacífico. Regresó a la Península el 18 de agosto de 1730 para ocupar un puesto en la escuadra del Mediterráneo

El 3 de diciembre del año siguiente, confirmado por el rey su nombramiento de jefe de escuadra, embarcó en el navío *Real Familia*, de 60 cañones, para incorporarse a la flota de 18 navíos, cinco fragatas y dos avisos que, al mando del marqués de Mary, trasladó a sus nuevas posesiones italianas al infante don Carlos, dispuesta para servirle de apoyo si se encontraba con algún conflicto.

El 28 de ese mes, por intervención de Patiño, y para evitar su retiro anticipado, el rey, en reconocimiento de sus servicios, le concedió enarbolar un estandarte personal en su capitana, con las armas de España y cuatro anclas en sus esquinas sobre fondo azul claro, en vez del blanco característico. Fue el punto cumbre de su carrera en la Real Armada[104].

Con él izado en el *Santiago*, junto a otros cinco navíos, volvía a realizar una misión de guerra en el Mediterráneo ejerciendo las funciones de segundo jefe en la escuadra del teniente general Francisco Cornejo[105]: navegar hasta Génova para reclamar el pago de dos millones de pesos pertenecientes a España que las autoridades de la república habían retenido en el Banco de San Jorge. Lo hizo, como hemos visto en capítulos anteriores, de la forma habitual, entrando en puerto bajo bandera de combate, dando un plazo de 24 horas para realizar el pago y amenazando con bombardear la ciudad si se sobrepasaba. Ni que decir tiene, la misión fue un éxito. Con millón y medio se financió la expedición que se preparaba contra Orán en Alicante y, el otro medio, se lo quedó el infante don Carlos.

---

104 La historia de los marinos y barcos de la armada española es impresionante por sí sola, no hace falta aumentarla de forma imaginaria. Los collares del Toisón de Oro y la Orden del Espíritu Santo están en todas las banderas de la época, pertenecen al escudo de armas de Felipe V. No son particulares de Blas de Lezo, como se lee constantemente.

105 La formaban doce navíos, dos bombardas, siete galeras, dos galeotas y cuatro bergantines guardacostas.

Lezo dirigiría también, en 1732, las fuerzas navales de la fallida expedición contra Orán encargada al conde de Montemar. En febrero del año siguiente, cuando acudió a socorrer la plaza conquistada por las tropas españolas, y posteriormente sitiada por los argelinos, combatiría al mando de una escuadra formada por el *Princesa*, el *Real Familia* y otros tres navíos, contra los nueve buques del pirata Bay Hassan, que bloqueaban su puerto. Al mayor, la nave capitana del *bey* de Argel, de 70 cañones, lo perseguiría Lezo hasta la bahía de Mostagán, defendida por dos castillos fortificados y artillados. En Mostagán, la artillería de su navío incendiaría y hundiría la nave del *bey* y reduciría a escombros gran parte de los castillos.

Fue la última gran campaña contra los turcos y la última vez que el Mediterráneo, desde Estambul a Cádiz, pudo considerarse español a pesar de las flotas inglesas de Menorca y Gibraltar.

6.6 La *bella* Italia

La tenacidad de Isabel de Farnesio, deseosa de más territorios en los que poder instalar al resto sus hijos intentó un nuevo camino para conseguir sus propósitos. Valiéndose del embajador español en Austria, el holandés Juan Guillermo de Ripperdá, entabló negociaciones directas con el emperador y consiguió que se firmaran los tratados de Viena en 1725, por los que los antiguos contendientes en la sucesión española, Felipe V y Carlos VI, acordaban el matrimonio de los hijos de Isabel de Farnesio con dos archiduquesas austriacas, con la promesa, de que Austria mediaría para que Inglaterra devolviera a España Gibraltar y Menorca, entrando en guerra en caso de negativa. Los tratados alarmaron a Inglaterra, Holanda y Francia, en cuanto los conocieron, y se apresuraron a concertar una alianza: la liga de Hannover.

En realidad, habían sido concebidos en términos vagos y, al conocerse la reacción de las potencias, el emperador no se decidió a aplicarlos. España, no obstante, se lanzó sobre Gibraltar en febrero de 1727 poniéndole asedio un ejército desde tierra, al tiempo, que en los mares americanos la flota española se mantenía en alerta. Ante la imposibilidad de rendir la fortaleza y para finalizar el sitio, que no favorecía a ninguno de los dos contendientes, se firmó en mayo del mismo año el Tratado de París. En marzo de 1728 se ratificaban los acuerdos en la convención de El Pardo. Por ellos, y aún después de lo que había acontecido en la última guerra, Francia e Inglaterra se comprometían a ayudar a Felipe V para la ocupación efectiva de los ducados italianos.

La necesidad de buscar una situación internacional más estable después de un periodo de tensiones particularmente agudas confluyó en la adhesión de España a la liga de Hannover mediante el tratado de Sevilla firmado en 1729. Con su firma, a cambio de conceder ventajas comerciales a Inglaterra en América, se hacían realidad las aspiraciones del rey y su esposa y se aceptaba la ocupación por los infantes españoles de los ducados italianos de Parma, Plasencia y Guastalla.

Mediante el documento, los tres países se comprometían a mantener una pequeña fuerza de 8000 soldados de infantería y 4000 de caballería para apoyarse mutuamente en caso de necesidad. También se acordaba que una expedición española de 6000 soldados podría entrar en las plazas de Livorno, Porto Ferrayo, Parma y Plasencia para asegurar la sucesión del infante don Carlos en esos estados italianos. Esta última cláusula, muy clara sobre el papel, era la que más se demoraba en cumplirse por culpa de Francia, que no deseaba facilitar demasiado las cosas a España en Italia. Pudo alargarlo hasta el 20 de enero de 1731, cuando murió el gran duque de Parma, tío de Isabel de Farnesio, y se abrió el asunto de la sucesión al ducado, ahora sorprendentemente reclamado por Austria.

En la corte española, que se creía apoyada por Francia y Gran Bretaña en sus derechos sucesorios, cundió la alarma al enterarse de que el emperador había enviado tropas para ocupar Parma y Plasencia. El rey, haciendo valer el tratado, solicitó el apoyo de Francia, pero como la respuesta de Versalles no llegaba, el día 28, en uno de sus arranques de cólera contra la que el llamaba «la actitud de sus primos, declaró oficialmente que España se sentía libre de todos los engaños contraídos en el Tratado, y queda en plena facultad de tomar el partido que más convenga a sus reales intereses».

Mientras, en el Caribe, donde continuaba el contencioso económico con los británicos, al poder comenzar a contar con una marina medianamente competitiva aumentaron las medidas de represión del contrabando. Una ola de capturas se abatió sobre los navíos ingleses provocando incesantes y monótonas reclamaciones de Benjamín Keene que, en carta enviada el 28 de septiembre de 1730 a Charles Delafaye, secretario de estado del Gobierno Británico, explicaba:

> Si ustedes notan que mis cartas a esta corte se parecen demasiado una a la otra, solo puedo alegar en mi defensa que cuando se toca la misma cuerda se puede esperar el mismo sonido.

Aunque en Inglaterra, molesta ante la actitud de España, se presentó en el Parlamento el 16 de marzo de 1731 una moción exigiendo una acción enérgica en todos los mares que permitiese a la nación obtener una satisfacción acorde con su poder, todas las potencias europeas trataron de evitar una nueva guerra. Entre marzo y junio de 1731 se firmó en Viena un tratado entre Gran Bretaña, Holanda y Austria, seguido de otro firmado en julio entre España y Austria, por los que Austria reconocía las propuestas del tratado de Sevilla y aceptaba que tropas españolas entraran en Parma, Plasencia y la Toscana.

En agosto, una vez puestos todos de acuerdo, una poderosa flota de guerra británica con dieciséis navíos, a las órdenes del almirante Charles Wager, visitó Cádiz enviada por su gobierno para poner en vigor los acuerdos internacionales. Desde allí se dirigió a Barcelona, donde se unió a otra escuadra española al mando del marqués de Mary. La flota combinada anglo-española totalizaba 25 navíos de guerra, 7 galeras y 46 barcos de transporte. En ella embarcó el Infante don Carlos el 22 de diciembre. Cuatro días después, el cuerpo expedicionario llegaba a Italia y ocupaba Livorno, obligando a la retirada de las guarniciones austriacas.

Siempre aconsejado desde España incluso en los detalles más nimios, el joven don Carlos tomó medidas rápidas para consolidarse en Italia y el 24 de junio de 1732, a los dieciséis años, se hizo reconocer heredero de Toscana pese a no haber recibido la dispensa de edad ni la investidura imperial. El 12 y 22 de octubre tomó posesión de los ducados de Parma y Plasencia en las mismas condiciones, provocando la cólera de Carlos VI y, el 27 de octubre, bajo la atenta mirada de navíos ingleses y españoles, sus tropas llegaron a Liorna.

Parecía posible un acercamiento entre España e Inglaterra y una sensible disminución de la tensión que mantenían, por lo que Patiño y Keene, recogiendo las disposiciones conciliadoras del tratado del Pardo y de la declaración de Viena, firmaron el 8 de febrero de 1732 un convenio que intentaba restablecer la tranquilidad en los mares americanos. Por él, los dos países se comprometían a reparar los daños sufridos por sus respectivos súbditos, el comercio lícito y la navegación inglesa hacia sus colonias se desarrollarían libremente «en conformidad con los diferentes tratados hechos sobre éste asunto» y, finalmente, los gobernantes españoles deberían exigir de sus guardacostas una fianza destinada a «responder de todos los daños que pudieran ocasionar injustamente».

Simultáneamente, se hizo un esfuerzo para resolver todos los contenciosos, y los comisarios inglés y español volvieron a reunirse en Sevilla el 22 de febrero para abordar el resto de problemas pendientes: las usurpaciones territoriales en el Darién, las reclamaciones económicas de Felipe V a la Compañía de las Indias por el navío de comercio y la trata de esclavos, los derechos de pesca en Terranova, y las pretensiones recíprocas relativas a las presas navales, efectuadas por una y otra parte desde la época de Alberoni.

La calma era engañosa, el 8 de junio de 1732 los británicos fundaron junto a La Florida una nueva colonia, Georgia, que enseguida tuvo disputas fronterizas que se añadieron a las que estaban protagonizando sus colonos establecidos en Tierra Firme, obligados a abandonar sus tierras en junio de 1733.

El conflicto lo evitó la escalada de la tensión en Europa. El 1 de febrero de ese mismo año había muerto Augusto II; rey de Polonia, cuya monarquía no era hereditaria sino elegida por el parlamento polaco, el Sejm, y las potencias europeas corrían para hacerse con tan codiciados territorios.

Pese al fracaso anterior, Felipe V vio una nueva oportunidad para recuperar el resto de Italia, por lo que impulsó al Gobierno a tratar a Inglaterra con miramientos, y a recomendar a sus autoridades coloniales prudencia y moderación, lo que se tradujo en una considerable disminución del número de navíos capturados en aguas de la América española y a ser indulgentes con las fronteras de Georgia.

En marzo, el rey envió desde Sevilla un emisario a Varsovia para negociar la posible candidatura de su hijo el infante don Felipe, de doce años de edad, al trono polaco, e incluso la del infante don Carlos. Si bien las pretensiones españolas nunca se tomaron en serio, la realidad es que Felipe V estaba dispuesto a jugar esa baza en favor de los intereses de su familia.

Los otros candidatos al trono polaco eran apoyados por Austria, cuyo aspirante, Federico Augusto II, elector de Sajonia, ya se había hecho con el poder, y por Francia. Ésta apoyaba a Stanislas Leszczynski, suegro de Luis XV, y solicitó la ayuda de España y del duque de Saboya en su inminente guerra contra Austria.

El rey, persuadido por Patiño y por las promesas vagas que le hacía el conde de Rottembourg embajador de Francia en Madrid, levantó su corte de Sevilla y se dirigió a la capital con el fin de poder dictar más fácilmente las ordenes necesarias para entrar en campaña.

De las gestiones entre España y Francia, nuevamente fomentadas también por Isabel de Farnesio, nacía el 7 de noviembre de 1733 el tratado del Escorial o Primer Pacto de Familia.

En sus cláusulas, Felipe V renunciaba a la candidatura de su hijo Felipe al trono de Polonia y apoyaba a Francia en su guerra contra el Imperio. A cambio, Francia apoyaría a España en su campaña contra Nápoles y Sicilia, y a conseguir Gibraltar en caso de que los británicos intervinieran.

España, que había querido prescindir de Francia e intentar aproximarse a los ingleses para salvaguardar el comercio y las posesiones en América, veía como de nuevo la amistad con la nación vecina podía ser la solución más viable para resolver los problemas pendientes.

Animada por la buena marcha de las negociaciones con España y segura del apoyo de Saboya, Francia declaró la guerra al Imperio Austríaco el 10 de octubre de 1733. España se encontró de nuevo en guerra.

La campaña comenzó por el norte, donde un ejército franco-sardo dirigido por el anciano general Villars, de 82 años, cruzó los Alpes y entró en el Milanesado. Paralelamente, otro ejército francés al mando del duque de Berwick cruzó el Rin y penetró por la frontera alemana.

Por su parte, Patiño reunió de nuevo en Barcelona, a partir de octubre de 1733, un ejército para cuyo mando supremo se designó ese mismo mes al infante don Carlos, duque de Parma. La flota de transporte y la escuadra, formada por 20 navíos de guerra zarpó en los primeros días de 1734 a las órdenes del Conde de Clavijo. Puso proa hacia el puerto francés de Antibes, y desde allí hacia la Toscana, donde la esperaba las tropas del conde de Montemar, nombrado capitán general de la fuerza expedicionaria.

La escuadra atracó en Liorna y Spezzi; a mediados de enero el ejército ya estaba en el interior de Italia y, en febrero, el infante don Carlos se había puesto a su frente.

Ese mismo mes, las fuerzas combinadas franco-saboyanas del mariscal Villars y de Carlos Enmanuelle lograron ocupar todo el Milanesado y una parte de Mantua, dando por finalizada la campaña. Pero Felipe V tenía otros objetivos: ordenó a Montemar que se dirigiera hacia Nápoles y Sicilia para arrebatárselos a los austriacos.

Fue una campaña exitosa y rápida. El cardenal Belluga consiguió un salvoconducto para que las tropas españolas cruzaran los estados papales, y los habitantes del sur de Italia, que nunca habían aceptado de buen grado a los austriacos, las recibieron con vítores y entusiasmo.

En tres meses, las victorias continuas del ejército y la armada en operaciones combinadas, dejaban de nuevo en manos españolas todo el reino de Nápoles, salvo Gaeta y Capua que se rendirían al propio don Carlos en agosto y noviembre respectivamente.

El paso siguiente era atacar de nuevo Sicilia, y hacia allí partió la expedición del ahora duque de Montemar, que había recibido su nombramiento en el mismo campo de batalla de Bitonto.

Dos meses más llevó consumar la conquista de la isla con el total apoyo de la población siciliana. El 1 de septiembre, el duque de Montemar entraba en Palermo y proclamaba rey a don Carlos. Este llegó a la isla en enero de 1735, permaneciendo en ella hasta el mes de julio.

Tan solo las ciudades de Trapana, Messina y Siracusa, en la que se había hecho fuerte el marques de Orsini, ofrecieron resistencia, las demás guarniciones austriacas se iban rindiendo a medida que se acercaban las tropas españolas, por lo que Montemar partió de la isla para continuar la campaña en el norte de Italia, en la Lombardía.

Allí se hizo pronto evidente el desacuerdo de intereses y objetivos con los franceses. Tanto, que en septiembre, la guerra llegaba a su fin por iniciativa de Francia que se encontraba con una situación que no le era favorable: en el norte de Europa se consolidaba el candidato austriaco en el trono polaco y, en el sur, una renovada España controlaba los territorios de Nápoles, Sicilia, Parma, Toscana y parte de Lombardía, tras el gran éxito de su campaña militar. Por ello, y para evitar una nueva preponderancia de España en la zona, Luis XV llegó en octubre a un acuerdo de paz muy complicado con el emperador austriaco a espaldas de Felipe V. Por él, Stanislas Leszcynski, el candidato francés, recibiría el ducado de Lorena a modo de compensación. El duque de Lorena, por su parte, recibiría el ducado de Toscana. El Infante don Carlos cedería a Austria los ducados de Parma y Toscana y, éste último, Austria se lo ofrecería al duque de Lorena, quedándose con el de Parma. A cambio, don Carlos recibiría el reino de las Dos Sicilias —Sicilia y Nápoles— a título de rey.

Todas las partes pusieron objeciones a los términos del acuerdo. Felipe V e Isabel de Farnesio se indignaron ante la idea de perder Parma, el patrimonio familiar de Isabel, pero se vieron obligados a ceder ante los hechos consumados[106].

---

[106] La paz definitiva no se firmaría hasta noviembre de 1738 en Viena y España no ratificaría las cláusulas que la concernían hasta cerca de un año después, en abril de 1739.

6.7 Una guerra por la oreja de Jenkins

La muerte de Patiño el 3 de noviembre de 1736, detuvo bruscamente todos los progresos realizados. Aunque Inglaterra se había mantenido al margen de la última guerra y todo parecía bien encaminado, a partir de 1737 se repitieron en América las mismas provocaciones británicas y las mismas respuestas españolas, con el consiguiente incremento de la irritación de los comerciantes coloniales y de la opinión pública inglesa, espoleada por los primeros periódicos, contrarios a su gobierno. La oposición a Robert Walpole, primer ministro del partido *whigh*, formada por los miembros del partido rival, los *tories*, y por miembros del propio gabinete, como el duque de Newcastle, aprovecharon este hecho para acosarle y comenzar a presionar a favor de la guerra con España, a la que él, conocedor del balance de fuerzas, era contrario.

En otoño de ese año, tras una campaña vigorosamente orquestada por la oposición, Walpole, ya con su cargo en claro peligro, se vio obligado a reclamar que se reconociera oficialmente el derecho de libre navegación de los navíos ingleses por los mares americanos y que se proclamara la ilegalidad de las presas en alta mar[107].

Este aumento de tensión, al comienzo no afectó apenas al gobierno español. Sin Patiño, el primer secretario de estado y secretario de la reina, Sebastián de la Cuadra y Llerena, hombre honrado y trabajador pero tímido, irresoluto y sin visión política, no era más que el dócil instrumento de Isabel de Farnesio, a la que no le interesaban las Indias ni lo más mínimo. De hecho, Keene escribía a Londres el 13 de diciembre de 1737:

> Difícilmente se puede concebir que un país tan desprovisto, como se halla actualmente, de amigos y alianzas extranjeras, con unas finanzas desarregladas, un ejército en mala condición, una armada en peor estado si cabe, sin un ministro [...] siquiera bastante capaz para restaurar sus negocios [...] pueda tener la intención premeditada de reñir con nosotros en este momento.

107 Las cifras de barcos capturados por ambos bandos en todo el periodo que nos ocupa difieren mucho y son difíciles de determinar: hasta septiembre de 1741 los informes ingleses hablan de 231 buques españoles capturados frente a 331 barcos británicos abordados por los españoles; por el contrario, según informes españoles las cifras respectivas serían de solo 25 frente a 186.

Robert Walpole. El Primer Ministro de Gran Bretaña era absolutamente contrario a la guerra, de hecho, estaba convencido de que los intereses económicos de su país, incluidos los del contrabando quedaban mejor asegurados con la paz. Temía además que un conflicto armado con España provocara la intervención de Francia y simultáneamente que se volvieran a poner en tela de juicio los tratados firmados en Utrech. Obra de Jean Baptiste Van Loo realizada en 1740. Museo Hermitage. San Petersburgo.

De la Cuadra, de todas formas, en una respuesta firme y conciliadora, dada el 21 de febrero de 1738, rechazaba las pretensiones de Walpole aunque ofrecía analizar caso por caso las capturas motivo de litigio.

La posición española no hizo más que exasperar nuevamente a la oposición inglesa. El 17 de marzo, en un acto lleno de teatralidad destinado a la muchedumbre, comparecía ante la Cámara de los Comunes Robert Jenkins, un capitán escocés dedicado al contrabando, cuyo barco, el *Rebecca*, habría sido apresado en abril de 1731 por el guardacostas español *La Isabela* cerca de la Florida. Según el testimonio de Jenkins, el capitán español, Julio León Fandiño, al comprobar que el contenido de las bodegas era mayor que la relación existente en los libros de registro de mercancías, requisó la carga y le cortó una oreja como escarmiento al tiempo que le decía: «Ve y dile a tu rey que lo mismo le haré si a lo mismo se atreve». En su comparecencia ante la cámara, Jenkins apoyó su testimonio mostrando en un tarro de cristal la oreja amputada.

La oposición parlamentaria, Newcastle —ferviente partidario de la guerra—, y posteriormente la opinión pública, sancionaron los incidentes como una ofensa al honor nacional y claro *casus belli*. Incapaz de hacer frente a la presión general, Walpole cedió: nombró al vicealmirante Nicholas Haddock para sustituir en el mando de la flota del Mediterráneo al capitán George Clinton. Incrementó el número de navíos y fragatas que se encontraban en Gibraltar y Mahón y aprobó el envío a América, para preparar un posible enfrentamiento, de equipo y voluntarios para el regimiento del general James Oglethorpe, gobernador de Georgia, que el 6 de julio, embarcado en la fragata *Blanford* y acompañado de cinco mercantes volvía hacia su territorio. Ambas medidas hicieron reaccionar inmediatamente al gobierno de Madrid que endureció los controles en sus aguas.

Walpole trató entonces de llegar a un entendimiento con España. Bajo sus auspicios, Stert y Geraldino, los comisarios de ambos países que habían sido designados para ejecutar el tratado de Sevilla, se reunieron en Londres entre mayo y agosto para discutir principalmente de las indemnizaciones reclamadas por los comerciantes británicos y por España. Tomás Geraldino, nombre españolizado de Thomas Fitzgerald, representaba los intereses de Felipe V como accionista en la Compañía de los Mares del Sur desde 1732, pero, además, tenía el encargo secreto de sabotear las actividades de dicha compañía en lo referente al comercio ilícito. Al ausentarse de Londres el embajador, el conde de Montijo, Geraldino fue también encargado de los negocios diplomáticos. Se ocupó de ellos desde 1735 hasta la ruptura de relaciones en 1739.

Se llegó a un preacuerdo el 9 de septiembre, después de una valoración de los créditos recíprocos. Felipe V aceptó pagar a los ingleses 95 000 libras esterlinas, quedando bien entendido que una parte de esa suma se satisfaría mediante las 68 000 libras que la Compañía había reconocido deberle por el comercio de los años anteriores, y las 27 000 restantes se deducirían de la parte que correspondía a España en los beneficios del asiento y del navío de permiso.

Esta solución, aceptada por ambos países, fue rota por la Compañía, que, aprovechando la situación, decidió no pagar a Felipe V las sumas debidas si no se restituían los efectos capturados por España durante las guerras de 1718 y 1727, y si no se prolongaba el «asiento», que debía de acabar en 1744. España aceptó tomar en consideración el primer punto, pero se negó en cualquier concesión sobre el segundo. Walpole, para desviar la amenaza de un conflicto que ahora ya si parecía inminente, ante la imposibilidad de que cedieran los directores de la Compañía, apoyados por la oposición, encargó a Keene la negociación de un nuevo arreglo que afectara solo a los dos países interesados, dejando fuera a la Compañía. El acuerdo se firmó con todo tipo de parabienes en El Pardo, el 14 de enero de 1739. Por él, los límites coloniales en América y el derecho de navegación se remitían a la decisión de comisarios que se nombrarían para tales fines, y Felipe V se comprometía a pagar las 95 000 libras previstas dentro de los cuatro primeros meses que siguieran al intercambio de ratificaciones, pero en una declaración adjunta, de la Cuadra había subordinado la validez de la firma española al pago de las 68 000 libras adeudadas por la Compañía.

El contenido de los acuerdos desencadenó la cólera de la oposición al gobierno, pese al voto favorable del Parlamento el 19 de marzo. Fue la última posibilidad de Walpole para evitar el enfrentamiento. La persistente actitud de la Compañía y las órdenes enviadas por Newcastle a Haddock el 21 de marzo, para que permaneciese con los nueve navíos y los dos buques menores de su escuadra en Gibraltar, echaron a perder las últimas esperanzas de paz.

En ambos lados las posiciones se endurecieron, incrementándose los preparativos militares. Lejos de plegarse a la presión británica, Felipe V exigió el 17 de mayo la entrega de las 68 000 libras de la Compañía o suprimiría el derecho de asiento y el navío de permiso; después, se negó a pagar las 95 000 libaras estipuladas y ordenó retener todos los barcos británicos que se encontraban en puertos españoles, tanto en la metrópoli como en América.

No hubo ninguna otra posibilidad de reconciliación. El 14 de agosto de 1739 el gobierno británico retiró a su embajador de Madrid, y el 23 de octubre declaró formalmente la guerra a España.

En el conflicto que se iniciaba, la actitud del gobierno de Luis XV podía ser de una gran importancia. Los ingleses, muy preocupados por el rápido progreso del comercio francés, en gran parte en detrimento del suyo, habían optado por correr el riesgo de una intervención de Francia, algo que consideraban, si no inevitable, si por los menos probable. España deseaba esa intervención, y la preparaba desde hacía meses. Durante el otoño de 1738, en la época de las primeras tensiones con Londres, Felipe V, olvidando sus quejas anteriores, se había acercado más al rey de Francia, y ambos soberanos habían llegado a un principio de acuerdo con el matrimonio de sus hijos, el infante Felipe y la princesa Luisa Isa- bel. Poco después, los dos gobiernos entablaron negociaciones políticas y económicas, cuyo desarrollo se vio influido por las vicisitudes de las relaciones angloespañolas.

Para evitar problemas, el matrimonio se llevó a cabo rápidamente. Se anunció el 22 de febrero de 1739 y se celebró el 26 de agosto. En cambio, las conversaciones diplomáticas resultaron mucho más difíciles dadas las diferencias de opinión sobre el tratado de comercio. Con ellas estaban cuando el inicio de las hostilidades vino a modificar la situación.

6.7.1 La caída de Portobelo

Cuatro meses antes de la declaración oficial de guerra, el gobierno británico había preparado una escuadra bajo al mando del vicealmirante Edward Vernon compuesta por su buque insignia, el navío *Burford* de 70 cañones, los navíos *Lennox*, *Elizabeth* y *Kent*, los tres también de 70 cañones, los navíos de 50 cañones *Strafford*, *Diamond* y *Falmouth* y las fragatas *Anglesea*, de 44, *Pearl*, de 40, y *Sherness*, de 32. Su destino era Port Royal, en Jamaica, la base británica de operaciones navales en el Caribe, y llevaba un plan secreto para atacar las posesiones españolas. Los objetivos principales, como habían establecido los franceses en su ataque del siglo anterior, eran los tres puertos principales del nuevamente constituido Virreinato de Nueva Granada: La Guaira, Portobelo y Cartagena de Indias.

Vernon partió de la base naval de Spithead, Inglaterra, el 23 de julio, pero los vientos contrarios no la permitieron dejar el Canal, por lo que aguardó en la bahía de Portland a que le fueran propicios. El 4 de agosto salió definitivamente para Jamaica y dejó retrasados, de patrulla por las costas españolas y portuguesas del Atlántico, a la fragata *Pearl* y a los navíos *Lennox*, *Elizabeth* y *Kent*, con instrucciones precisas de hundir o quemar cualquier buque español que encontraran y, si era posible, interceptar a la flota de azogues que había salido de La Habana el 19 de abril y venía escoltada por la escuadra de José Pizarro.

Llegaron a Port Royal el 26 de septiembre. Allí se les unió la escuadra del comodoro Charles Brown, que enarbolaba su pabellón en el navío *Hampton Court*, de 70 cañones, y contaba con los navíos *Norwich*, *Worcester*, *Windsor* y *Princess Louisa*, además de seis fragatas y otras unidades de menor porte.

La salida de Vernon, conocida por la Corte en Madrid, fue notificada el 16 de agosto por el primer secretario del despacho de Marina e Indias, José Quintana, a Pedro Hidalgo, gobernador de Cartagena de Indias, por creerse que ese era su destino. El 20, en previsión de futuros acontecimientos, Felipe V nombró virrey de Nueva Granada al teniente general Sebastián de Eslava.

El virreinato se dividía en dos zonas, la del Atlántico y la del Pacífico. Las defensas de la costa del Atlántico se extendían desde el río Chagre hasta el río Hacha, incluyendo el castillo de San Lorenzo de Chagre, Portobelo, el Darién, Cartagena de Indias y Santa Marta. Puesto que no se esperaban ataques desde el interior, Santa Fe, Popayán o

Quito, localidades de tierra adentro mucho más importantes que las costeras, no estaban guarnecidas. En el Pacífico solo estaban fortificadas Panamá y Guayaquil. Guayaquil era el único puerto importante entre Panamá y El Callao. Panamá estaba situada a 30 leguas de Portobelo, y a 25 de Chagre, las tres unidas por un único camino difícilmente transitable, el Camino Real, que corría a través de la selva.

En 1740, cuando Sebastián de Eslava tomo posesión, le acompañaron tres batallones de refuerzo peninsulares. Eran los segundos batallones de los regimientos de España, Granada y Aragón, 1308 hombres en total. Los de España y Aragón se quedaron en Cartagena de Indias y el de Granada se dirigió a Panamá para reforzar la plaza. Llegaban tarde. El primer ataque se había producido el 22 de octubre de 1739, un día antes de que la declaración de guerra hubiese sido enviada a Madrid, cuando el capitán Thomas Waterhouse al mando de los navíos *Princess Louisa*, *Strafford* y Norwich había asaltado, enarbolando bandera española para entrar en el puerto, La Guaira, en la actual Venezuela, lugar de almacenamiento de las mercancías de la Compañía Guipuzcoana de Caracas que tenía la exclusiva del comercio con la provincia.

Casi al mismo tiempo que en La Guaira, seis navíos y fragatas al mando del comodoro Brown se presentaron ante La Habana y bombardearon el castillo de Cojimar, situado junto a la ciudad, pero lejos de las fuertes defensas de la plaza, capturando varias balandras y goletas que acudían a la capital de la isla con cargamentos de añil y sal, y a la fragata mercante *Bizarra*. Durante varios días los ingleses reconocieron los fondeaderos de Bahía Honda, Barucano y Jaruco, situados en las inmediaciones, y efectuaron varios desembarcos para tantear las defensas de la plaza, hasta que fueron expulsados por las tropas enviadas por el gobernador, Juan Francisco Güemes de Horcaditas.

Ambos ataques habían sido infructuosos, pero dejaban un claro aviso de lo que se avecinaba.

El 5 de noviembre partieron de Port Royal los navíos *Burford*, *Hampton Court*, *Worcester*, *Strafford*, *Princess Louisa* y *Norwich*, junto a la fragata *Sherness*, para realizar una operación de mayor envergadura contra Portobelo, esta vez con el propio Vernon a la cabeza. En total 2735 hombres, de ellos 240 de infantería de marina al mando del capitán Newton. Quince días más tarde, la flotilla se presentó ante la ciudad y la fragata *Sherness* fue enviada a patrullar las aguas cercanas a Cartagena de Indias para avisar de una posible llegada de refuerzos españoles.

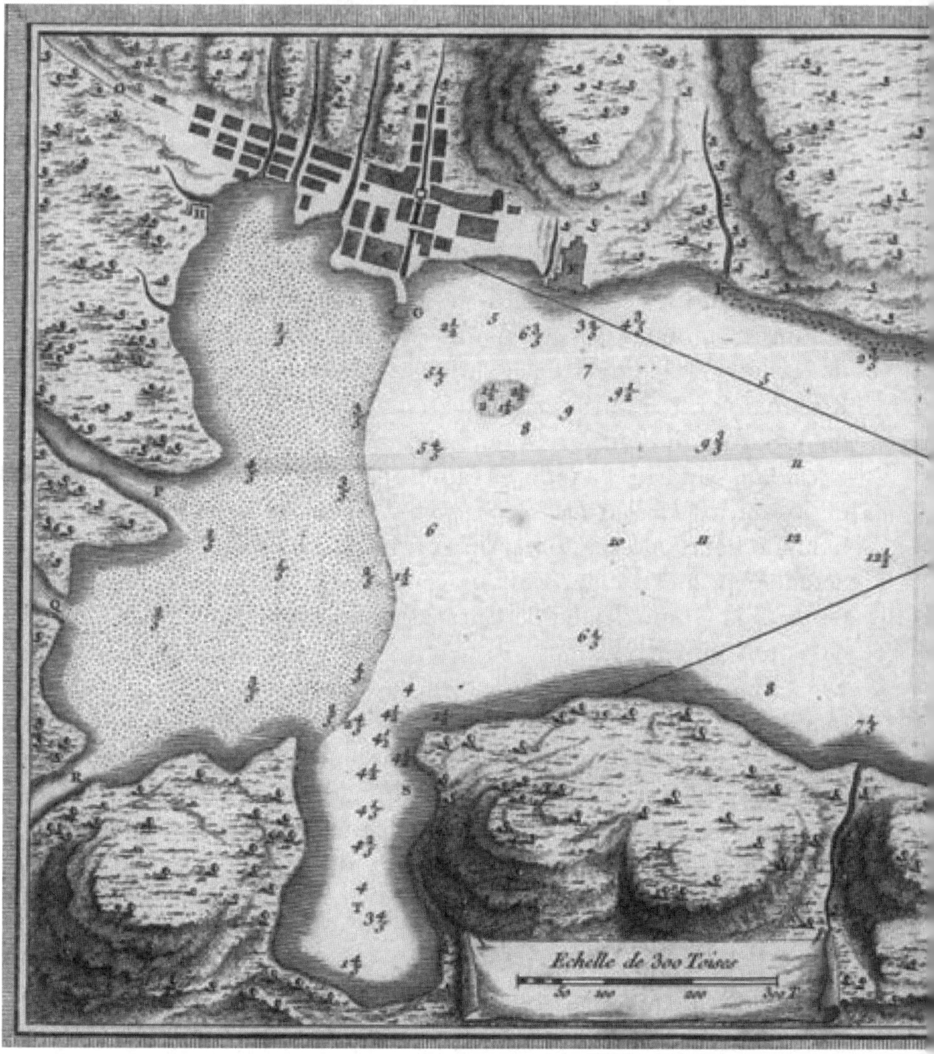

Portobelo era una localidad pequeña cuya actividad más importante era la feria anual de comercio que se realizaba desde los primeros años del siglo XVII. Junto a Chagre, situada a doce leguas, eran considerados los puestos avanzados de Panamá para cualquier enemigo procedente del Atlántico. Su puerto había sido considerado en 1607 «como el más limpio, el mejor y más seguro de todas las Indias». Para su defensa contaba, además de con los castillos de San Jerónimo y de Santiago de la Gloria —o del Príncipe— situados en el interior, con el castillo de San Felipe de Todo Fierro, al que los británicos denominaban el Castillo de

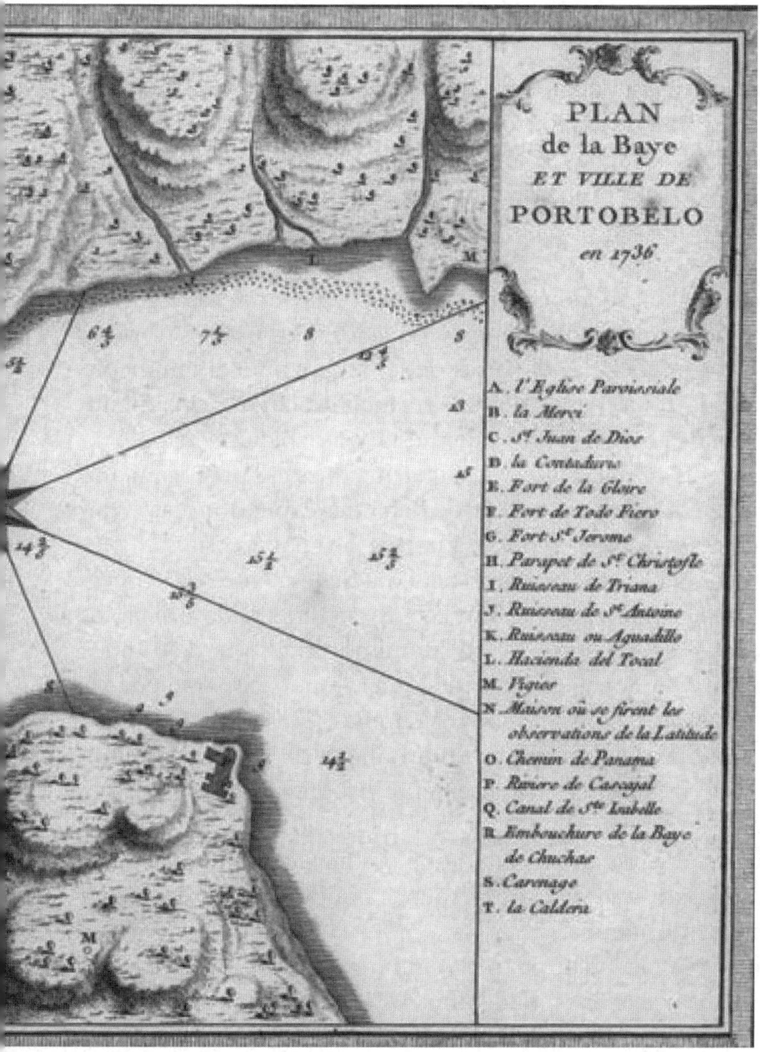

La bahía de Portobelo, uno de los principales puertos de toda la región de Centro América. Mapa realizado en 1736 por el cartógrafo francés Jacques-Nicolas Bellin para Histoire Générale des Voyages, *de Antoine François Prévost. En el cuadro aparecen numerados sus principales edificios y diversos emplazamientos.*

Hierro —*Iron Castle*—, situado a la boca del puerto, en la base de una colina que lo protegía de un ataque por tierra y que le permitía controlar el kilómetro y medio o dos kilómetros de longitud del acceso al puerto. Sus muros eran de unos tres metros de alto y estaban construidos de roca de coral, un elemento parecido a la coquina que se utilizaba para los castillos de La Florida y que, como esta, absorbía en su mayor parte la fuerza de las balas de cañón que le fueran disparadas sin llegar a romperse demasiado. Todos, diseñados por el ingeniero italiano Juan Bautista Antonelli, contaban, junto a la incompleta guarnición de la ciudad, solo con 284 hombres[108]. Un mal endémico en todas las guarniciones de la América española.

Las piezas artilleras tenían un problema similar. Había en total 103, entre cañones, culebrinas, falconetes y pedreros de hierro o bronce, pero todas eran muy antiguas y, aunque no podemos encontrar datos que lo demuestren, lo más probable es que se hallasen inútiles en su gran mayoría, lo que justificaría que por ejemplo en San Felipe, hubiese 12 artilleros para casi 20 piezas.

En cualquier caso, su gobernador, Francisco Javier de la Vega Retez no había tenido la misma preocupación que los responsables de otras plazas fuertes para reforzar las defensas de la ciudad ante el inminente ataque británico a la zona. Las posiciones se encontraban prácticamente abandonadas, algunos cañones ni siquiera estaban debidamente colocados y la coordinación entre las diferentes guarniciones era prácticamente nula. Incluso la fuerza naval encargada de defender el puerto, a las órdenes de Francisco de Abarca, se reducía a un par de guardacostas.

Al amanecer del 21 de noviembre, la flota inglesa entró en el puerto en línea de batalla cañoneando al San Felipe y manteniéndose alejados del alcance de los fuertes Gloria y San Jerónimo. El Gloria dejó todos sus disparos cortos y el San Jerónimo ni siquiera pudo disparar por tener todos sus cañones desmontados de sus cureñas. Tras acabar en poco tiempo con las baterías del San Felipe, los británicos desembarcaron una fuerza expedicionaria dirigida por el teniente Broderick que capturó el fuerte. Incapaz de cualquier defensa, de la Vega rindió la plaza, sin tratar siquiera de ofrecer algo de resistencia desde el interior, aunque los fuertes restantes no habían sido atacados. Apenas habían pasado dos horas del primer cañonazo británico.

Eufórico por la fácil victoria, pero sin ningún botín, puesto que el oro que debía guardarse en la ciudad había sido enviado de vuelta a Perú en previsión de un ataque, Vernon ordenó la destrucción de las fortalezas, labor que se prolongó de forma impune durante tres semanas. Los tres castillos fueron demolidos hasta los cimientos y los cañones desmontados y arrojados al mar.

Pese a ser reconstruida, Portobelo ya no recuperaría su importancia hasta la construcción del Canal de Panamá, ya que la ruta de la flota de indias se modificó tras el ataque. A partir de entonces, la mayoría de los cargamentos procedentes de Perú se dirigieron directamente a las

108 Revista de inspección pasada el 6 de septiembre de 1735. Archivo General de Indias.

actuales Colombia y Venezuela, sin recalar en Panamá. O bien, partiendo de Lima, llegaban a España tras bordear el cabo de Hornos y hacer escala en Buenos Aires.

En Londres, la noticia de la victoria fue enormemente exagerada por la prensa inglesa y las celebraciones se extendieron durante meses. Todavía hoy existe una calle en la capital británica llamada Portobello Road en honor a esta batalla. El propio Vernon fue recibido como un héroe por el rey Jorge II y, durante una cena en su honor, se tocó por primera vez el actual himno nacional británico God Save the King. En medio de este clima de euforia, Vernon no tuvo problemas para demandar todos los barcos y hombres que necesitaba para proseguir con su campaña.

6.7.2 La hora inmortal de Cartagena de Indias

El 13 de marzo de 1740, Vernon, de regreso a las aguas del Caribe, se presentó por primera vez ante Cartagena de Indias con ocho navíos, dos brulotes, dos galeras bombarderas y un paquebote. Fondeó a unas dos leguas de la costa y comenzó el cañoneo de la plaza, alejando y acercando sus navíos a la costa manteniéndolos fuera del alcance de las baterías defensivas españolas.

Aunque la capital del virreinato se había establecido en Santa Fe, Cartagena continuaba siendo la principal plaza fuerte y la llave de entrada a los ricos territorios interiores. Desde el ataque de Pointis, y pese a que durante la Guerra de Sucesión la situación de la plaza había sido muy deficiente por falta de financiación, se había reforzado con baluartes. La creación del batallón fijo de Cartagena en 1736 y el envío un año después del ascendido a teniente general Blas de Lezo, como comandante de guardacostas para luchar contra el comercio ilícito en la zona, eran los espaldarazos más recientes de la Corona para mantener al día su defensa.

Tras una semana de bombardeos inútiles sin poder entrar en el puerto, cerrado por Lezo con cadenas y sus propios navíos, la escuadra británica bajó por el río Chagre, donde se encontraba el pequeño castillo de San Lorenzo al mando del capitán de infantería Juan Carlos Gutiérrez Cevallos, con cuatro cañones y 30 hombres de guarnición. Ese objetivo no hubiese merecido la pena si no fuera porque destinados en el río había dos guardacostas. El intenso fuego al que le sometieron los ingleses durante dos días con los navíos *Strafford* —insignia de Vernon—,

Sebastián Eslava y Lassaga. Veterano de la Guerra de Sucesión, coronel del regimiento de infantería de Asturias en 1718, brigadier del regimiento de infantería Castilla en 1731. En 1739 recibió el nombramiento de virrey de Nueva Granada y Capitán General de Panamá. Retrato anónimo sin fechar realizado entre 1740 y 1748. Museo de arte colonial. Bogotá, Colombia.

Princesa Louisa, *Falmouth* y *Norwich*, los brulotes *Success*, *Cumberland* y *Eleanor*, las bombardas *Alderney* y *Terrible* y los mercantes *Pompey* y *Goodly* hizo que el capitán Cevallos se rindiera el 24 de marzo. Capturaron al mercante español *Nuestra Señora de Guadalupe* y partieron para Jamaica.

El 3 de mayo, a los dos meses del primer ataque infructuoso sobre Cartagena, Vernon regresó ante sus fortificaciones con una flota reforzada compuesta de siete navíos de guerra, dos galeotes y tres bombardas. Para la defensa, Blas de Lezo dispuso un campamento volante en Tierra Bomba desde el que acudir donde fuese necesario, y situó esta vez sus navíos de forma que sus fuegos cogieron a los británicos dentro de un campo de tiros cortos y largos, entre los que los navíos de Vernon se vieron cerrados y sorprendidos. Absolutamente inoperantes, los británicos se retiraron por segunda vez tras haber arrojado sobre la ciudad unas 300 bombas.

Los ataques hicieron reaccionar al gobierno de Madrid, que consciente del plan de hostigar a fondo las plazas del Caribe y del peligro que supondría el éxito británico, ordenó, con el consenso del rey, que una flota de catorce unidades y dos mil hombres de refuerzo, al mando del teniente general Rodrigo de Torres, zarpara del Ferrol hacia Cuba.

Al mismo tiempo, se organizaron tres ejércitos, uno frente a Gibraltar, otro en Cataluña para un posible ataque a Menorca, y otro en Galicia, preparado para embarcar en buques franceses hacia las costas de Escocia e Irlanda.

El 22 de mayo de 1740 partía Rodrigo de Torres con 11 navíos: *San Felipe*, de 80 cañones, buque insignia; *Príncipe*, *Santa Ana* y *Reina*, los tres de 70; *San Luis* y *Nueva España*, de 64; *Andalucía*, *Castilla*, *San Antonio*,

El almirante Edward Vernon. Vernon fue el creador del grog, la ración diaria de ron diluido en agua que se sirvió en la marina real británica hasta que fue eliminada en 1970. Retrato realizado por Charles Philips entre 1730 y 1743. National Maritime Museum. Greenwich, Londres.

Fuerte y *Real Familia*, todos de 60; la goleta *Pingüe*, el paquebote *Isabela* y el brulote *Hermoso*.

En septiembre la flota ya estaba en Veracruz para recoger los caudales con destino a La Habana, desde donde salió a primeros de octubre hacia Cartagena de Indias. Navegando en plena temporada de huracanes fue sorprendida cerca de Puerto Rico por un temporal que destruyó el *Andalucía* y ocasionó graves desperfectos al *Fuerte*, que tuvo que regresar a La Habana para ser reparado. El 23 de octubre el resto de la escuadra llegaba por fin a reforzar Cartagena y se reunía con la de Lezo.

El ataque contra Portobelo y las noticias de los preparativos de la formidable expedición destinada a la invasión de la América española obligaron a Fleury, valido del rey de Francia, a reaccionar en apoyo de España. En agosto de 1740, al mismo tiempo que intentaba reactivar la convención que se había firmado en El Pardo, decidió enviar a las Antillas dos escuadras francesas que se reunirían con la escuadra española de Torres. Al dar esta noticia al embajador británico, el cardenal le precisó que la fuerza francesa no tenía instrucciones ofensivas, y que su misión se limitaría a proteger las Indias de las conquistas y establecimientos que emprendieran los británicos. Paralelamente, Fleury, completamente decidido a conservar su libertad de acción y a no dejarse arrastrar por las ambiciones de España, vigorosamente sostenidas por el nuevo embajador en la corte francesa, Luis Rigio y Branciforte, príncipe de Campoflorido y Grande de España, hizo saber a Madrid que la firma de los tratados en vías de negociación debería quedar para más adelante, de hecho, no se firmaron los preliminares hasta el 11 de septiembre.

Dos meses después, se recibía en Cartagena un pliego para Rodrigo de Torres procedente de la corte francesa en el que Campoflorido le comunicaba que, como consecuencia del pacto firmado entre Felipe V y Luis XV, las monarquías española y francesa quedaban unidas por los mismos intereses para hacer frente a los británicos y, en consecuencia, las escuadras de observación francesas que habían partido de Tolón el 26 de agosto y de Brest el 3 de septiembre, al mando de Larouche-Alart y del marqués D'Antin respectivamente, operarían junto a las españolas en el Caribe. De esta manera, asegurándose una influencia inmediata sobre el curso de los acontecimientos, sin atarse las manos por ello, el ministerio francés se reservaba la posibilidad de intervenir directamente en el momento en que decidiera hacerlo.

Los días 12 y 13 de diciembre el virrey Sebastián de Eslava convocó una junta en el cabildo de Cartagena a la que asistieron Blas de Lezo y Torres. En ella se acordó que ambas escuadras se reunirían en Santa Marta con la francesa para estudiar un plan que les permitiera enfrentarse a los británicos y obligarlos a retirarse. La flota aliada juntaba 29 navíos y 5 fragatas: 5 navíos de Lezo; 10 de Torres, que volvía a unir el *Fuerte* a sus unidades, y los 14 navíos y 5 fragatas de D'Antin.

La estrategia de ayuda limitada le dio a Francia muy buenos resultados. Mientras reforzaba sus posiciones en América y aislaba diplomáticamente de Europa a Inglaterra, esta se veía obligada a revisar a toda prisa sus planes de guerra y registraba considerables pérdidas comerciales gracias a la actividad de los corsarios españoles, puesto que Vernon, consciente de su inferioridad, permanecía en la base de Jamaica esquivando todo contacto con la flota combinada.

Entre el otoño de 1740 y enero del 41, el gobierno británico veía la situación de una forma muy pesimista, y no encontraba cómo, salvo imprevistos, podía evitar que Francia, y no España que simplemente se mantenía a la defensiva, impusiera su estrategia. El imprevisto fue la muerte de Carlos VI de Austria, el 20 de octubre, que traía de nuevo vientos de guerra sobre los campos de Europa.

El emperador ya lo había tenido en cuenta, anulando la ley sálica que prohibía reinar a su hija María Teresa y firmando tratados para ganarse a las naciones europeas, pero a la hora de ponerlos en práctica, muchos de los firmantes, entre las que se encontraba España, pusieron tantas objeciones que prácticamente se mostraron adversos a ellos. Baviera, animada por Francia y España, que quería hacer valer los derechos de la rama española de la Casa de Austria para obtener compensaciones en Italia, le negó a María Teresa su reconocimiento como heredera del Imperio, uniéndose a ellos rápidamente el elector palatino, el rey de Polonia, Sajonia, y Prusia, entre cuyos electores, además de Baviera, pretendían distribuirse los territorios austriacos.

Federico de Prusia, sin declaración de guerra previa, invadió la Silesia austriaca y patrocinó al príncipe elector de Baviera, Carlos Alberto, casado con una hija del emperador José I, hermano mayor de Carlos VI, como legítimo heredero del Imperio, con el nombre de Carlos VII.

España, que mantenía buenas relaciones con Prusia apostó también por Carlos VII como pretendiente, y comenzó sus movimientos diplomáticos para conseguir los territorios italianos del Milanesado, que no habían sido recuperados con la guerra de sucesión de Polonia, aceptando negociaciones con Baviera y Cerdeña.

La ambición de Felipe V y el triunfo en Francia del partido militar, opuesto a Austria y heredero de la agresiva política de Richelieu, iban a otorgar una prioridad absoluta a los asuntos europeos, relegando a un segundo plano el conflicto marítimo americano.

Fleury, que creía que cualquier confrontación en Europa tendría un efecto perjudicial sobre la buena marcha de la guerra naval y que la precipitación española sobre Italia era prematura, no se cansaba de hacer llegar a Campoflorido su opinión, que a su vez él remitía a Madrid, como lo hizo en una angustiosa carta al ministro de estado Sebastián de la Cuadra, enviada el 8 de noviembre de 1740, que decía: «por favor no abandonemos los grandes intereses de las Indias por el amor a Italia».

Fue inútil, no se le tuvo en cuenta, y las pretensiones sobre Italia se convirtieron en el eje de la política del rey. España declaró la guerra a Austria y se dispuso a abrir un segundo frente menospreciando el que mantenía en el Atlántico. En enero de 1741 la fuerza naval conjunta se disolvió. La escuadra de D'Antin recibió órdenes de regresar a Europa dejando en el Caribe solo a siete de sus navíos; Torres partió con sus barcos a la Habana a donde llegó el día 26, y Blas de Lezo regresó a Cartagena incorporando al *San Felipe* a su escuadra. Para Vernon era el momento oportuno de volver sobre Cartagena.

A pesar de que los británicos intentaron mantener en secreto su plan de ataque, este fue conocido por un espía en Jamaica, el Paisano, que, sin demora, partió hacia La Habana para comunicárselo al gobernador de la ciudad.

El 13 de marzo, a las 9 de la mañana, un navío de 70 cañones, otro de 50, y un paquebote británicos, aparecieron frente a Punta Canoa, donde hicieron fuego contra la costa para buscar los emplazamientos artilleros del nordeste de la plaza. Tres horas más tarde echaban el ancla entre Punta Canoa y la ciudad, y comenzaban el bloqueo de Cartagena de Indias. A la mañana siguiente, el paquebote partía para interceptar a una balandra francesa que se dirigía hacia la entrada del canal de Bocachica y que logró entrar pese al bloqueo; traía despachos del gobernador francés en Leozán avisando al virrey Eslava de la salida de la flota británica que atacaría la ciudad.

La presencia británica aceleró las obras de la defensa en los baluartes de San Ignacio y San Francisco Javier, y se ordenó reunir los víveres que se habían obtenido del interior de la provincia en los Almacenes Reales.

Sobre las doce o la una del mediodía, el navío de 50 cañones abandonó el bloqueo y partió en busca de Vernon para darle cuenta de que la invasión podía dar comienzo. En la tarde del 15 apareció toda la flota enemiga, que venía navegando con viento favorable, pasaron Punta Canoa y anclaron cerca del frente de la Boquilla. Al día siguiente, acercaron los buques a la costa con evidentes signos de desembarcar fuerzas. El movimiento fue observado por el propio Eslava desde las cortinas de la muralla de la ciudad, y ordenó enviar a la Boquilla, situada a dos leguas y media, al capitán de infantería Pedro Casellas al mando de tres compañías de granaderos, para reforzar al destacamento de infantes y a los 40 hombres de caballería que estaban allí desplegados.

Tras observar al enemigo, Casellas informó al virrey de que los británicos habían ejecutado «varios movimientos con lanchas y botes en ademán de desembarco», pero añadió «que todo fue amago y apariencia, o bien por divertir allí, siendo sus intentos atacar por otra parte o porque en la realidad experimentaron lo difícil de practicarlo». Este intento fracasado indicaba el desconocimiento del terreno, ya que la Boquilla era el punto más sencillo para efectuar el desembarco y el posterior avance de las tropas de invasión. Al no saberlo, Vernon se veía obligado a introducir sus tropas en la bahía y para ello debía forzar el paso del canal de Bocachica.

Al amanecer del 17, los vigías de Terra Bomba anunciaron que cuatro navíos de guerra y dos paquebotes enemigos se dirigían hacia ellos situándose entre los canales de Bocagrande y Bocachica. Inmediatamente Eslava mandó reforzar con 200 soldados de infantería de marina a los 200 que guarnecían el castillo de San Luis de Bocachica. Durante el día, se limitaron a disparar cuatro cañonazos sobre los navíos que se acercaron a reconocer sus fortificaciones, obligándolos a retirarse y a ponerse fuera de tiro. A la mañana siguiente, Carlos Desnaux, coronel de ingenieros y jefe del castillo, salió hacia la batería de la Chamba para hacer frente a lo que parecía un inminente desembarco enemigo dada la proximidad de los navíos a la costa. Al final no se produjo, pero Desnaux y sus hombres permanecieron allí en alerta durante toda la noche desmantelándola, retirando sus cañones y demoliendo la construcción, al asumir el riesgo inútil que suponía su existencia si la ocupaban los británicos.

A primeras horas del día 19 el virrey reconoció a caballo los destacamentos de la playa de la Cruz Grande, llegó hasta la Boquilla y reforzó sus puestos con una fuerza compuesta por ciento cincuenta negros armados. A su regreso a la ciudad fue informado de que otros cuatro navíos enemigos se habían unido a los que estaban frente a las baterías de Terra Bomba desde el día 17. Ya eran ocho, y dos paquebotes, los que se encontraban cerca del canal de Bocachica.

Hasta entonces Vernon no se movió. El 20 lo hizo. Abandonó su plan original y, junto con toda la escuadra británica, excepto tres navíos que se consideraron buques hospitales, se dirigió directamente hacia el canal de Bocachica.

Para entrar en la bahía debían de forzar la defensa del mismo, a cargo de las baterías de Terra Bomba y del castillo de San Luis. Aunque Blas de Lezo dirigió a los cuatro navíos de que disponía —el *San Carlos*, el *San Felipe*, el *África* y la capitana *Galicia*— en su ayuda, a los británicos no les fue difícil silenciar las baterías. No ocurrió lo mismo con el castillo. En San Luis, pese a los amagos de desembarco y a que el intenso bombardeo logró desmontar dos de sus cañones, las tropas de Desnaux resistieron. Comenzaban una hazaña que iba a durar dieciséis días.

Incapaz de entrar por Bocachica, Vernon destacó a cinco navíos para que se acercaran a la costa frente a la batería de la Chamba, evacuada dos días antes, abriendo fuego sobre ella sin saber que estaba desmantelada. A continuación, iniciaron el bombardeo de las baterías de Santiago y San Felipe, artilladas con quince cañones y guarnecidos por ochenta hombres al mando del capitán Lorenzo Alderete que había recibido la orden tajante de Desnaux de «defenderse hasta que sus fuerzas lo permitieran y, llegado el caso de no poder resistir a la fuerza enemiga, retirarse con su tropa a San Luis».

Así se hizo. Después de cuatro horas de intenso bombardeo, cuando a Alderete ya no le quedaba ninguna trinchera levantada ni ningún cañón montado, clavó los tubos de su artillería y se dirigió sin inmutarse a San Luis.

A la mañana siguiente arreció el bombardeo sobre el castillo y, por la tarde, llegaron a Cartagena los primeros dieciséis soldados españoles heridos por las balas. Con ellos iba un marinero de la escuadra de galeones que había sido hecho prisionero por los británicos en el río Sinú. Sus noticias de que el enemigo había llegado hasta Pasacaballos y entrado en la bahía por el sur dejaron consternados a los habitantes de la ciudad.

El 22, cuando una patrulla de veinte soldados al mando del capitán Juan de Agresot realizaba una descubierta por Terra Bomba, se encontró por sorpresa con una partida británica. Los españoles los atacaron obligándoles a huir tras matar a uno de sus oficiales y a dos granaderos. Aunque los hombres de Agresot, que solo habían tenido un herido, los quisieron perseguir, su capitán, que temía caer en una emboscada, los contuvo y se retiró a San Luis para informar del encuentro. Era la primera noticia que se tenía del desembarco de tropas enemigas y obligaba a Eslava a presentarse en el castillo el día 23 para preparar una defensa conjunta. El virrey durmió allí la noche del 23 al 24 y organizó una fuerza para hostilizar a los efectivos desembarcados en Terra Bomba: 60 soldados al mando del capitán Miguel Pedrol y los tenientes Carlos Gil y José de Mola, todos ellos del regimiento de Aragón, y el teniente del regimiento de España José de Marne, que solicitó voluntariamente acompañarles. Tras finalizar su reconocimiento y dar las últimas instrucciones a Desnaux, el virrey regresó a la plaza en una falúa. Cansado, optó por no asistir al consejo de guerra que se había convocado a bordo del navío *Galicia* al día siguiente.

En él, como tantas otras veces, comenzaron las desavenencias entre el Ejército y la Armada. Lezo y los marinos se mostraban partidarios de abandonar el castillo y trasladar sus 400 defensores a Cartagena para efectuar la defensa en la propia plaza. Argumentaban para ello la debilidad de la construcción y el hecho incuestionable de que las bombas enemigas estaban arruinándolo. A esta acción añadían la de dificultar el paso de los buques enemigos echando a pique en el canal los cuatro navíos de los que se disponía. Desnaux rechazó de plano la opinión de los marinos, diciendo que él se defendería en el castillo de San Luis hasta el último momento. La agria discusión entre ambos se reflejó en el informe de la reunión:

> Dictó don Blas de Lezo un papel que escribía el ayudante general; se leyó en presencia de todos y me lo pusieron para que lo firmara, lo que rehusé diciendo: «ni firmaré, ni abandonaré el fuerte sin expresa orden del virrey.» Me habló el comandante lleno de cólera, preguntando: «¿qué

pretende V. M. hacer?». Yo le respondí era mi ánimo el de defenderme hasta la última hora o extremidad, y hasta que hubiera formado brecha. Volvió a reconvenir mi dictamen diciendo: «¿y V. M. defenderá la brecha?».

El 27, también en el *Galicia*, se celebró un nuevo consejo de guerra presidido esta vez por el virrey para solventar con su autoridad las diferencias de criterio existentes. El consejo fue largo y lleno de controversias. Al final, Eslava se inclinó por la postura de Desnaux: resistir en el castillo de San Luis.

Entretanto, los británicos no se mantenían inactivos. Habían conseguido desembarcar en Terra Bomba mayores efectivos y emplazar morteros y cañones —20 piezas de a 18 y de a 20— a unos 400 metros del castillo para disparar de cerca y abrir brechas en su muralla.

A la una de la tarde del 28, comenzó un bombardeo general con la artillería emplazada en tierra y los cañones de 13 navíos que Vernon había destinado para tal fin. Se prolongó durante los días 29, 30 y 31, logrando por fin desmantelar las baterías del litoral. La de Punta Abanicos sufrió tal castigo que murieron todos sus defensores incluyendo su oficial al mando, el teniente de artillería Joaquín de Andrades. La otra, la de Varadera, que estaba al mando del teniente de marina José Loyzaga, también sucumbió a los efectos del ataque, no sin antes haber ocasionado más de 70 muertos en una balandra enemiga que trataba de acercarse a la costa.

El 3 de abril la infantería británica se acercó a San Luis escondida entre los manglares, y atacó su puerta principal. Ese mismo día, Blas de Lezo pidió a Desnaux más balas de artillería con las que poder apoyarle. El coronel, que ya tenía toda su artillería desmantelada, le envió por la noche mil proyectiles de a 20 y de a 4. Cuando Vernon comprobó que los cañones españoles no disparaban, mandó de nuevo a sus navíos para bombardear el castillo, batiendo con sumo orden y de forma ininterrumpida toda su fábrica.

El virrey, que había resultado herido leve por una bala de cañón en el *Galicia*, donde había pasado la noche del 3 al 4, en vista de lo desesperado de la situación, ordenó al capitán Miguel Pedrol que pasara a Terra Bomba con 60 hombres escogidos para proteger la retirada de la posición. Desnaux, que había dispuesto el repliegue para la noche del 4, se encontró con que ya era demasiado tarde y que había sido rodeado. No le quedaba otra solución que enviar al campo británico dos oficiales para solicitar la capitulación. Fue rechazada, y como él mismo contó: «sin atender a las leyes de la guerra me respondieron con balas abansado sin intermicio…».

También en su informe nos relata el final de la defensa del castillo de San Luis de Bocachica:

> Montaban los granaderos la brecha a tiempo que salimos por la puerta, y ganando al enemigo los parapetos, me hicieron fuego, mataron uno que estaba a mi lado e hirieron dos; en esta adversidad intentaba ponerme a la testa de la tropa, a fin de coordinarla en caso de ser atacado, lo que no pude conseguir. En medio de este desorden tuve la felicidad, que la tropa enemiga que tenía cortada la comunicación, se incorporó para el asalto general ...

Mientras los británicos tomaban San Luis, Blas de Lezo quemaba y volaba los navíos *San Carlos*, *San Felipe* y *África*, sacrificándolos antes de que fueran apresados por el enemigo. La nave capitana no tuvo la misma suerte, cayó en manos británicas con varios oficiales y 30 o 40 marineros a bordo.

El 6 de abril, a las cuatro de la mañana, llegaban a la ciudad las lanchas y canoas que traían al virrey Eslava, a Blas de Lezo, a Desnaux y a los defensores de San Luis que habían logrado salvarse. Sin demora, el virrey ordenó que tropas de refresco se dirigieran al castillo grande de Santa Cruz y que los navíos *Dragón* y *Conquistador*, fondeados vigilando la entrada cegada del canal de Bocagrande, se dirigiesen al canal de Puerto, entre el castillo de Santa Cruz y los fuertes de Manzanillo y Pastelillo.

Vernon había conseguido entrar en la bahía interior de Cartagena. A bordo de su navío y escoltado por una fragata y dos paquebotes se dirigió a Punta Perico, en Terra Bomba, donde fondeó y estableció su cuartel general.

El día 11 se inició el ataque al castillo grande de Santa Cruz, que era abandonado por sus defensores a las tres de la tarde. Al día siguiente, los británicos comenzaron a disparar desde el castillo contra la balandra francesa que había entrado en la bahía el 14 de marzo y que estaba fondeada a su pie. Aunque las balas enemigas no la alcanzaron el capitán temió que le apresara un navío enemigo que había cruzado el canal, por lo que la incendió y la hundió. Después abrieron fuego contra la ciudad y comenzaron el desembarco de los 9000 soldados del general Cathcart en las islas de Manzanillo y la Manga, sin que los españoles pudieran hacer otra cosa que esperar su avance en la playa de San Lázaro y dejar piquetes adelantados en el tejar de Lázaro y bajo el cerro de la Popa.

Una semana después, al amanecer del 17, todo parecía haber terminado. Las tropas españolas estaban concentradas en el castillo de

San Felipe de Barajas y la bandera británica ya ondeaba en el tejado del convento de Nuestra Señora de la Popa.

A las 9 de la mañana, numerosos piquetes de fusileros de las tropas procedentes de Virginia se desplegaron en lo alto del cerro para emplazar la artillería con la que iban a batir el último obstáculo que quedaba por tomar antes de llegar a las murallas de la ciudad. Virtualmente, Cartagena de Indias había caído, y Vernon cometió el error de dar la victoria por conseguida mandando un correo a Jamaica para comunicar la noticia de su toma.

El 18, nuevas fuerzas desembarcaron en la zona de la Boquilla desalojando de sus posiciones al capitán Antonio de Mola, del regimiento de Aragón, y a sus tropas, que, al amanecer del siguiente día, se presentaron ante el virrey para informar de la nueva presencia enemiga. Eslava lo reforzó con 200 hombres más y le ordenó que repeliese la infiltración a toda costa. Mola se dirigió de regreso hacia la Boquilla y atacó al enemigo con total resolución. Murieron la mayoría de los oficiales británicos e hizo prisioneros a varios de alta graduación.

Mientras, el virrey ordenó reforzar los baluartes de Santa Clara, en la cortina del mar, y el de San Lucas, en el caño de Juan de Angola, este último, por su comunicación con la Ciénaga de Tesca, cuyas orillas estaban en poder enemigo tras la pérdida del cerro de la Popa.

El 20 de abril, a las 4 de la mañana, los británicos se lanzaron al asalto de San Felipe de Barajas; comenzaron su avance convenientemente ayudados por la oscuridad y el constante bombardeo procedente de los buques. El ataque final contra la fortaleza lo realizaron desplegados en tres columnas, con una fuerza total de 3500 soldados elegidos, entre los que se encontraban seis compañías de granaderos apoyados por los jamaicanos. Al llegar ante las murallas, se encontraron con que estas eran más altas de lo que parecían y las escalas se quedaban demasiado cortas, de manera, que ni podían atacar, ni retirarse con la celeridad necesaria, debido al peso del equipo.

Los defensores, varios artilleros y 500 hombres de los regimientos de Aragón y España, los recibieron en un hornabeque situado a las afueras del castillo y los mantuvieron a raya con un nutrido fuego de fusil hasta el alba. Con las primeras luces, el virrey, que seguía la defensa del castillo desde el playón de la Media Luna, entre el arrabal de Getsemaní y la península de la Popa, viendo el cariz que tomaban los acontecimientos ordenó a Melchor de Navarrete que reforzara la guarnición del castillo con una compañía de infantería y milicianos.

La llegada de los refuerzos decidió a los británicos, ante lo inútil de sus esfuerzos, a abandonar sus posiciones. En ese momento, Desnaux ordenó atacar a la bayoneta, y los españoles se lanzaron contra los británicos, que se retiraban colina abajo, masacrando a la mayoría y haciendo huir a los que quedaban hasta el campamento que tenían montado al lado de sus barcos, donde los alcanzaron.

Fue una carnicería y un desastre para las unidades que había desembarcado Vernon. En el campo dejaron 450 muertos, más de 100 heridos —entre ellos 5 oficiales— numeroso material de guerra, armas, picos, azadas, escalas y tambores. No sería ese el día que cayese Cartagena.

Ante el fracaso de su ataque, el general Woorck envió a San Felipe un oficial y un tambor tocando a llamada con bandera blanca, para solicitar una tregua en la que se les devolviera los muertos y heridos que se habían recogido, para llevarlos a los hospitales de la ciudad. Eslava accedió a devolver los muertos, pero contestó que los heridos estaban siendo atendidos en la plaza y que los consideraba sus prisioneros.

La tregua duró hasta el anochecer. Al toque de oración, los británicos la rompieron sin previo aviso y reanudaron el fuego de cañón y fusilería, siendo contestados desde San Felipe. Pese a todo, no hubo un nuevo ataque contra el castillo.

El día 21 amaneció con nuevos y más intensos bombardeos sobre San Felipe y la ciudad, que duraron hasta primeras horas de la tarde. A eso de las tres, los españoles oyeron cómo el enemigo tocaba a llamada y, al poco tiempo, se presentaron dos oficiales británicos para solicitar un canje de prisioneros. Eslava accedió a la petición siempre que los navíos británicos salieran de la bahía, y se estipuló que el canje se verificaría el 30 de abril.

Hasta el 26 continuaron los bombardeos y las escaramuzas con algún intento de desembarco. A las 2 de la mañana del 27, los centinelas del baluarte de San Francisco Javier dieron parte de que se acercaba a la muralla el *Galicia*, enarbolando pabellón británico. Dos días después los británicos lo incendiaban, hundiéndose poco a poco junto al fuerte del Pastelillo, en la isla de la Manga. La derrota moral y material de los británicos era ya palpable y, cuando de nuevo otro oficial solicitó, en nombre de su almirante, permiso para hacer aguada, el virrey respondió que para hacerla «procurasen venir armados para vencer a los que la defendían».

El 1 de mayo se realizó el canje de prisioneros establecido; después los británicos decidieron recoger sus pertrechos, destruir las fortificaciones que habían conquistado y retirar sus fuerzas levantando el sitio.

Retrato de Blas de Lezo. Copia anónima realizada en 1853. Su participación en el sitio de Cartagena sigue siendo hoy muy controvertida. Falleció el 7 de septiembre de 1741 a consecuencia de las heridas que recibió durante el asedio. Museo Naval, Madrid.

El día 8, 11 navíos de línea, entre los que se encontraba el de Vernon, iniciaron una salida escalonada que se completó el día 20, con algunos barcos tan vacíos que fue preciso hundirlos por falta de marinería[109].

Mientras los británicos se marchaban derrotados, el informe de que se había conquistado Cartagena de Indias llegaba a Londres reenviado desde Jamaica provocando unas celebraciones mucho mayores que las realizadas al tomar Portobelo. Ya en mar abierto, Vernon decidió dirigirse de nuevo contra Cuba para resarcirse de su fracaso y tratar de asegurar el flanco oriental de la gran tenaza que había planificado el almirantazgo. Su idea era tomar Santiago, donde establecería una base desde la que poder bloquear el Paso de los Vientos, situado entre la isla y La Española-Santo Domingo.

El 1 de julio de 1741, tras reaprovisionarse en Jamaica, la flota británica partió hacia su objetivo, pero la presencia de una gran guarnición en la ciudad impidió que ni siquiera intentara un ataque directo. En su lugar, puso rumbo hacia el este y, el día 18, desembarcó en la

109 Sus pérdidas siguen hoy sin estar claras. Según las cifras del *Diario Puntual*, sufrieron más de 9000 bajas, incluyendo los caídos en los combates, heridos en los mismos y en la epidemia de vómito negro que asoló el campo inglés. El doctor Lind, médico coetáneo de los acontecimientos, eleva la cifra a 11 000 y el virrey Eslava informó al ministro Quintana que los británicos sufrieron 4000 bajas «de resulta de las enfermedades y de los combates de mar y tierra». En lo que sí coinciden todos es en el escaso número de bajas españolas. Marco Porta señala 600, el mayor número, mientras que el *Diario Puntual* las deja en menos de 200.

bahía de Guantánamo 3400 soldados dirigidos por el general George Wentworth. Entre ellos se encontraban los supervivientes del regimiento virginiano de Lawrence Washington, hermanastro del futuro presidente de los Estados Unidos.

Su idea era construir una base al norte de la bahía, desde la que invadir la cercana ciudad y atacar más tarde Santiago. Wentworth consiguió llegar hasta las proximidades de su primer objetivo con escasa resistencia, pero, a partir de allí, la llegada de las fuerzas españolas enviadas por el gobernador de Santiago de Cuba, el general Francisco Cagigal de la Vega, a las órdenes de Carlos Riva Agüero lo detuvieron. La presión española y las enfermedades hicieron el resto. El 23 de julio daba por fracasada la iniciativa, y, en noviembre, se retiraba de la isla entre los reproches de Vernon. Un mes más tarde, la flota abandonada el bloqueo de Santiago y se dividía entre la vigilancia de los navíos españolas de La Habana, el corso en las aguas del Paso de los Vientos y el regreso a la base jamaicana de Port Royal.

Finalmente, tras fracasar de nuevo en marzo de 1742 intentando atacar Panamá con ayuda de refuerzos llegados desde Europa, Vernon se vio obligado a regresar a Inglaterra, y a comunicarle al rey personalmente que el triunfo del que había informado previamente no existía.

Los historiadores británicos tuvieron suerte. Aunque avergonzado, Jorge II llegó a prohibirles en un primer momento tratar nunca ese asunto, pronto iban a tener la oportunidad de escribir miles de páginas que ocultaran lo sucedido.

6.7.3 Del Atlántico al Pacífico

Para cerrar el otro brazo de la tenaza británica, una misión que tenía muchos detractores, el almirantazgo había nombrado al comodoro George Anson, de 42 años, que desde los 14 llevaba alistado en la *Royal Navy*. Volcadas por entonces con Vernon, las autoridades portuarias dejaron a su escuadra sin pertrechos, sin alimentos en buen estado y, sobre todo, sin tripulaciones, que tuvieron que completarse, con el alistamiento forzoso de 30 marineros del hospital de Greenwich y 500 internos del hospital militar de Chelsea, la mayor parte de ellos mutilados, algunos locos y otros mayores de 55 años[110].

[110] 241 de los tripulantes así embarcados huyeron antes de la partida y tuvieron que ser reemplazados por jóvenes reclutas que jamás habían disparado un mosquete ni navegado en la mar.

El 18 de septiembre de 1740, cuando la escuadra estuvo al fin lista, Anson zarpó del puerto de Saint Helens, cerca de Portsmouth. Llevaba seis navíos de guerra que seguían sin estar al completo: el *Centurión* con 60 cañones y 400 hombres, buque insignia; el *Gloucester* con 50 cañones y 300 hombres, el *Severn* con 50 cañones y 300 hombres, el *Pearl* con 40 cañones y 250 hombres, el *Wager* con 28 cañones y 160 hombres, el *Tryal* con 8 cañones y 100 hombres y dos buques auxiliares de avituallamiento, el *Anna*, que podía transportar 200 toneladas y el *Industry* de 400. En total, 1683 hombres.

Para el momento de la partida ya se había desvanecido el secreto, de manera que el gobierno español conocía su objetivo y preparó una escuadra de 5 navíos de guerra y un buque auxiliar, con un total de 285 cañones y 2700 hombres, al mando del teniente general José Alfonso Pizarro. Bajo su mando partían el navío *Asia* con 67 cañones y 700 hombres; buque insignia; el *Guipúzcoa* de 74 cañones con 700 hombres; el *Hermiona*, 54 cañones y 500 hombres; el *Esperanza*, 50 cañones y 450 hombres; el *San Esteban*, 40 cañones y 350 hombres y una balandra veloz auxiliar que podía ser utilizada como enlace.

Las intenciones de Pizarro eran mantener el contacto con Anson sin combatir en aguas europeas, doblar el cabo de Hornos antes que el británico y, en el Pacífico Sur, donde no tendría oportunidad de escapar ni de recibir refuerzos, atacarle. La escuadra española zarpó una semana antes que la británica, con provisiones para cuatro meses. Fue en Madeira, a donde llegó Anson escoltando un convoy tras utilizar 40 días en una travesía que normalmente se realizaba en 10 o 12, donde recibió la noticia de la existencia de los navíos de Pizarro. En el archipiélago portugués se reaprovisionó de agua y alimentos frescos, reorganizó a sus tripulaciones que se habían visto disminuidas por el fallecimiento de los ancianos e inválidos que no habían resistido la primera parte del viaje y se dedicó a dar un entrenamiento intensivo a los reclutas. El 3 de noviembre abandonó Madeira; el 16, el *Industry*, incapaz de avanzar con la escuadra, repartió su carga entre el resto de los buques y abandonó su compañía para dirigirse a Barbados. Mientras un guardacostas español capturaba al *Industry*, Anson continuaba hacia las costas de América del Sur.

Durante la travesía el escorbuto, las fiebres tifoideas y las elevadas temperaturas de la zona ecuatorial, hicieron mella en los tripulantes produciendo numerosas bajas. Solo el *Centurión* llevaba 80 enfermos cuando fondeó el 21 de diciembre en la colonia portuguesa de Santa Catalina, en la costa del Brasil. Allí, un puerto que se suponía debía de ser neutral pero cuyo gobernador auxilió a los británicos y les hizo partícipes de la situación de los navíos de Pizarro, la escuadra de Anson permaneció un mes aprovechando el excelente clima para mejorar a los enfermos.

Pizarro había llegado por entonces a Buenos Aires, donde requirió un suministro adicional de víveres. En la ciudad le informaron de que la escuadra enemiga estaba en Santa Catalina y que se disponía a zarpar de nuevo rumbo al sur. Inmediatamente ordenó partir hacia al cabo de Hornos, sin ni siquiera cargar los víveres pedidos, dejando la balandra en el puerto de Buenos Aires por considerar que sería incapaz de atravesar el paso hacia el Pacífico.

La mañana del 18 de enero de 1741, los británicos zarparon de Santa Catalina rumbo a San Julián, en la Patagonia atlántica, donde prepararon sus barcos para cruzar el cabo de Hornos. Desde allí, el 27 de febrero, se dirigieron al estrecho de Le Maire, a donde llegaron el 6 de marzo ya con una gran tormenta casi encima. Se desató al día siguiente con fuertes vientos, arrastrando de nuevo hacia el Atlántico a la escuadra española, que ya se encontraba en el Pacífico.

En varias jornadas las corrientes contrarias castigaron los cascos y las arboladuras de los buques produciendo numerosas pérdidas en las ateridas y hambrientas tripulaciones de Pizarro. Cuando la tempestad amainó, el *Hermiona* había naufragado en el cabo de Hornos perdiendo a todos sus tripulantes y los otros cuatro navíos se veían forzados a regresar con urgencia a Buenos Aires.

Solo el *Asia* y el *Esperanza* lograron llegar para reacondicionarse. El *Guipúzcoa* perdió el rumbo a la altura del Río de la Plata y, aunque su exhausta tripulación navegó a lo largo de la costa del Brasil hasta que ya no pudo gobernarlo, encalló y naufragó. Algo parecido le sucedió al *San Esteban*, que varó en el Río de la Plata, fue reflotado, pero acabó siendo declarado inútil.

Los británicos habían tenido más suerte. Desviados por la tormenta hacia el este, tras sobrevivir al frío, al mal tiempo y a los fuertes vientos, habían logrado cruzar el cabo de Hornos. Lo que no esperaban es que, a partir del 19 de marzo, siete semanas de temporales les dispersaran en el Pacífico Sur.

El 10 de abril los navíos *Severn* y *Pearl* se separaron de la escuadra, fueron arrastrados hasta el Atlántico y se vieron obligados a buscar refugio en Brasil. El 14 de mayo lo hizo el *Wager*, que encalló en la isla Guayaneco, en la costa chilena. Solo 4 de sus hombres conseguirían llegar a Chiloé.

Anson consiguió fondear en la isla Juan Fernández el 21 de julio con menos de 200 hombres a bordo. Poco después llegaron el *Gloucester*, el *Tryal* y el *Anna*, todos ellos en pésimas condiciones y con sus tripulaciones reducidas a un tercio de la original.

Dos meses pasó Anson recuperando a sus hombres y reparando los buques con los pedazos que le iba quitando al *Anna*. Por fin, a mediados de septiembre, se hizo a la mar de nuevo para cumplir la orden de atacar Valdivia.

Santa María la Blanca de Valdivia, fundada en 1522 por Pedro de Valdivia, era la llave del Mar del Sur, y constituía junto a la fortaleza del Real Felipe del Callao y el Fuerte de San Diego de Acapulco el eje defensivo español en el Océano Pacífico. Había sido fortificada en 1645, tras los ataques holandeses, por Pedro Álvarez de Toledo, virrey del Perú, y contaba para su defensa con el Castillo de San Pedro de Alcántara, ubicado en la isla Mancera; el Castillo de San Sebastián de la Cruz, en el centro del puerto de Corral, dominando totalmente la bahía; el Castillo de la Pura y Limpia Concepción de Monfort de Lemus, ubicado en Niebla, en el borde norte de la bahía, inaccesible desde el mar y con sus 18 cañones situados de forma que entrecruzaban su fuego con el del Castillo de San Pedro, y el Castillo de San Luis de Alba de Amargos, con 12 cañones en la ribera sur de la bahía, cercano a Corral.

Anson no conocía la plaza, solo había oído hablar de ella. Cuando llegó, viendo que sin ninguna duda estaba fuera de sus posibilidades, incluso desconociendo la suerte que había corrido la escuadra de Pizarro, decidió pasar de largo.

El 12 de septiembre, al capturar el mercante *Nuestra Señora del Monte Carmelo*, en ruta desde el Callao a Valparaíso Anson, además de hacerse con un cargamento de azúcar, telas, algodón, tabaco y cofres de plata labrada valorados en 18 000 libras, se enteró de la derrota frente a Cartagena y de la situación de Pizarro. Las noticias le liberaban de las órdenes de atacar el istmo de Panamá para unir sus fuerzas con las de Vernon y le dejaban las manos libres para atacar el tráfico marítimo español y apoderarse de botín y presas con que reforzar su flota. Inmediatamente el *Nuestra Señora del Monte Carmelo* se incorporó a sus navíos como buque auxiliar almacén para reemplazar el *Anna*.

Diez días después, el 22, el navío *Tryal* capturó el mercante *Aránzazu*, de 600 toneladas. Puesto que el *Tryal* ya se encontrada en un estado pésimo se pasó todo su equipo y artillería al *Aránzazu*, se abandonó el buque inglés y se rebautizó al *Aranzazu* con el nombre de *Tryal's Prize*.

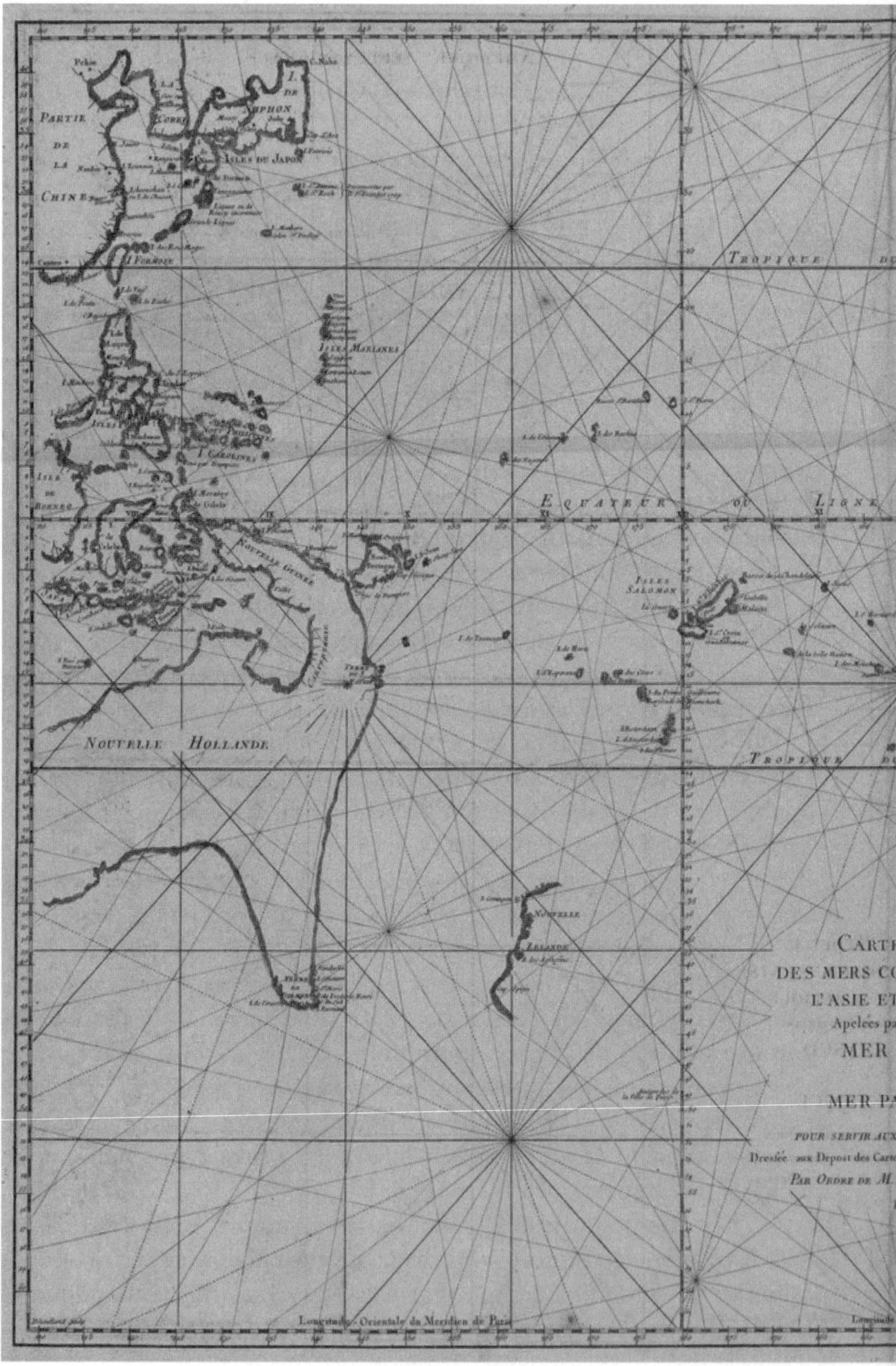
Partie de la Chine
Isles du Japon
I. Formose
Isles Marianes
Isle de Borneo
Nouvelle Guinée
Isles Salomon
Equateur
Tropique
Nouvelle Hollande
Nouvelle Zelande
Cart
des mers c
L'Asie et
Apelées pa
Mer
Mer P
Pour servir aux
Dressée aux Depost des Cart
Par Ordre de M
Longitude Orientale du Meridien de Paris

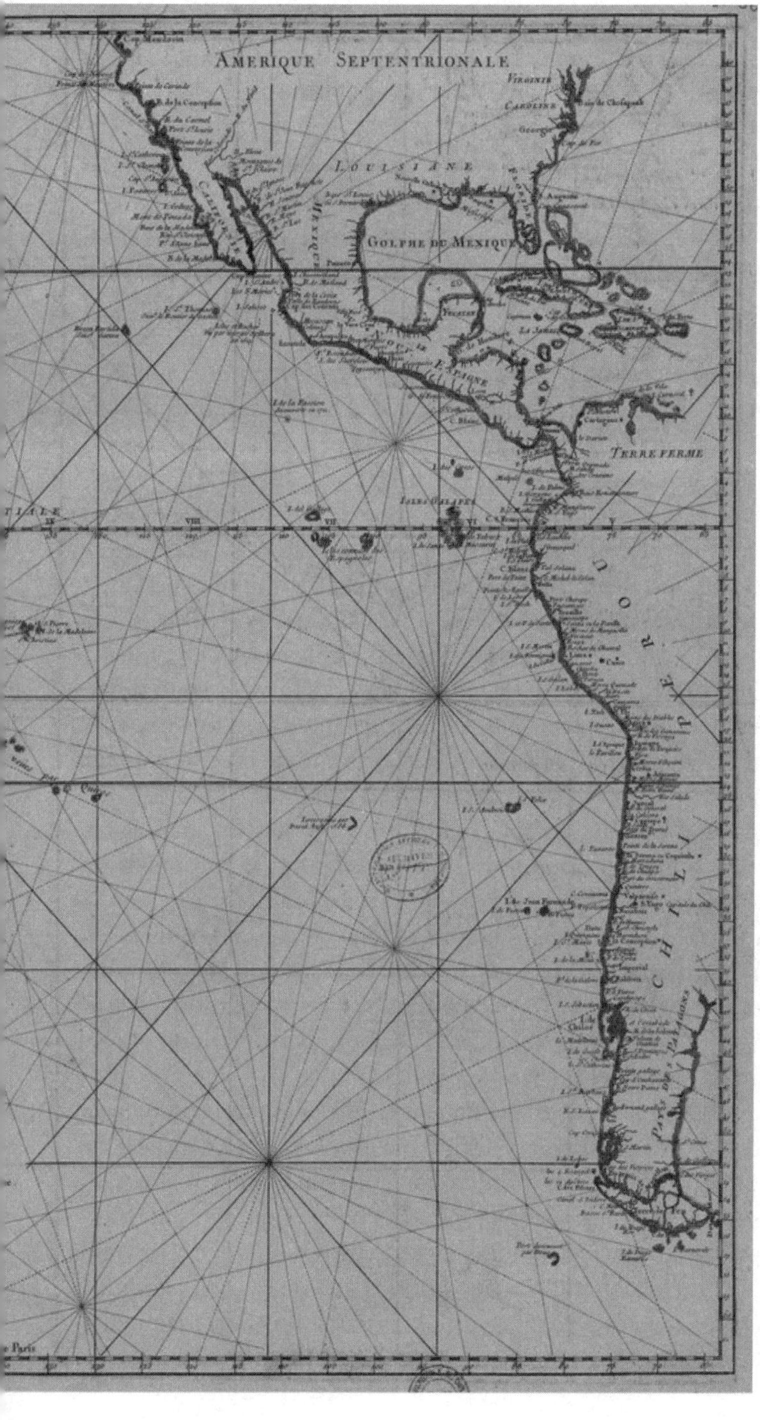

Otro de los mapas de Jacques Nicolas Bellin. Este, realizado para la marina francesa y titulado Carte reduite des mers comprises entre l'Asie et l'Amerique, apelees par les navigateurs Mer du Sud ou Mer Pacifique *fue realizado en 1742.*

El 5 de noviembre el *Centurión* capturaba un nuevo mercante, el *Santa Teresa de Jesús*, de 300 toneladas, en la latitud de El Callao, y el 12, otro, el *Nuestra Señora del Carmen*, de 270. En ese mismo mes el *Gloucester* capturaba otro pequeño mercante cerca de Paita, en la costa del Perú. Con todos se dirigió a las islas de Juan Fernández, donde había establecido su cuartel general, para terminar sus reparaciones.

Por un irlandés que estaba a bordo del *Nuestra Señora del Carmen*, Anson supo que en Paita se iba a embarcar un tesoro rumbo a Acapulco, formó un destacamento con 55 hombres y, en la noche del 13 al 14, desembarcó con él, capturó Paita, su fuerte y el tesoro, hundiendo todos los navíos españoles de la bahía excepto el *Soledad*, que era el más rápido y el encargado de llevar los caudales a Acapulco. Con una tripulación de presa de un teniente y diez hombres el *Soledad* se incorporó también a su flota.

¿Y Pizarro? Reparado el *Esperanza* y enterado del estado de alarma en que se encontraba la costa del Pacífico navegó medio año alrededor del cabo de Hornos hasta que logró cruzarlo y llegar a Valparaiso. Allí se reunió con un grupo de marinos procedente de Buenos Aires que había cruzado la Pampa y la cordillera de los Andes, organizó una escuadrilla con su navío y dos mercantes armados por el virrey del Perú y trató de interceptar a la escuadra de Anson. Nunca lo consiguió. Tras permanecer año y medio en Lima, regresó a Buenos Aires terminó de reacondicionar el *Asia* y regresó a España en 1745, cinco años después de su partida.

Tras el ataque a Paita, Anson, con el tesoro y seis navíos, cuatro de ellos españoles, puso rumbo al norte, hacia Acapulco, a mil millas de distancia, con la intención de capturar el galeón de Manila.

El 5 de diciembre su nueva escuadra fondeó en la isla de Coiba, en el golfo de Panamá. Durante cuatro días se abastecieron de agua potable y carne de tortuga deshaciéndose de los dos buques más lentos que retrasaban su marcha: el *Soledad* y el *Santa Teresa de Jesús*, a cuyas tripulaciones dejó en una lancha cerca del puerto de Manta.

El galeón de Manila zarpaba cada año de las Filipinas en el mes de julio, cargado de piedras preciosas, marfil, seda, especias, té y porcelana de China. Tardaba entre 6 y 7 meses en cruzar el Pacífico y llegaba a Acapulco entre enero y febrero. Tras descargar sus bodegas, parte de sus mercancías se despachaban hacia España y otras partes del imperio español en América. En el mes de marzo zarpaba otro barco de regreso a Manila cargado con la plata necesaria para pagar los cargamentos de los siguientes años, bienes de España y América, y soldados para las guarniciones de

Filipinas. Con vientos favorables, hacía el viaje en tres meses, llegando a puerto antes de que partiese el buque anual hacia Acapulco.

Anson decidió capturar el navío que venía de Manila, porque su tripulación se encontraría cansada de la larga travesía, mientras que en el que zarpaba desde Acapulco se encontraría descansada y con refuerzo de soldados entre su pasaje.

El 10 de diciembre los británicos consiguieron una nueva presa, el *Jesús Nazareno*, un pequeño carguero que transportaba sal y estopa y que fue hundido tras saquearlo. Dos meses después, el 6 de febrero, tras un periodo de calmas climáticas que le dejaron al pairo en alta mar, Anson llegaba a las inmediaciones de la bahía de Acapulco y anclaba sus navíos lo suficientemente alejados para hacerlos invisibles a los vigías de la ciudad. Desde allí envió una lancha de reconocimiento. Volvió a los cinco días sin noticias del preciado galeón.

El 12 de febrero mandó otra canoa, que regresó una semana después con tres negros prisioneros. Las noticias no eran las esperadas, el galeón había entrado en Acapulco el 3 de enero y, hasta el 3 de marzo, no zarparía de nuevo para Manila. No podía atacar Acapulco, defendida con varias baterías, 200 soldados regulares y 1000 milicianos, por lo que decidió darle caza en alta mar. Para ello el 1 de marzo desplegó su flota y esperó.

Y esperó un mes. Sin saber que en Acapulco se había detectado el apresamiento de los tres negros por la canoa de reconocimiento y, deduciendo que la escuadra británica estaba al acecho, el gobernador de la plaza había solicitado al virrey autorización para cancelar el viaje de regreso a Manila aquel año.

Ya sin agua potable, Anson abandonó sus posiciones y se dirigió a la vecina bahía de Chaquetón, donde fondeó el 1 de abril mientras el *Tryal's Prize* quedaba efectuando la vigilancia. Allí los buques se prepararon para la larga travesía del Océano Pacífico: cazaron tortugas, pescaron, hicieron la aguada, repararon cascos, arboladuras y velas y hasta secaron la pólvora al sol. Puesto que los 280 hombres que le quedaban y los negros que había enrolado de las presas no eran suficientes para tripular todos los buques durante una travesía tan larga, decidió quedarse solo con dos, el *Centurión* y el *Gloucester*, aprovechando todo lo posible de los restantes y destruyéndolos después. El 6 de mayo de 1742, zarpaban definitivamente de las costas de México con la intención de cruzar el océano y llegar a las islas de los ladrones, a 5000 millas, en dos o tres meses.

Primero se encontraron profundas rajaduras en el palo trinquete del *Centurión*, luego se descubrió que el palo mayor del *Gloucester* estaba podrido y no había más remedio que cortarlo, y, después, apareció el escorbuto. Aparentemente sin razón, ya que todavía había víveres frescos y agua abundante.

Durante meses navegaron en un mar vacío, arrastrándose con un viento suave para que el *Gloucester* no quedara demasiado a popa, viendo pájaros en todas direcciones, pero sin conseguir avistar ni un palmo de tierra que les librara de la enfermedad, sin saber que sus conocimientos respecto al sistema de vientos reinantes en el Pacífico Norte eran erróneos y que, al partir, habían llevado a sus buques bajo los 14° este de latitud sur cayendo directamente en la zona de vientos contrarios de dirección inestable. Navegaban hacia el desastre.

A fines de julio, debido al pronunciado balanceo producido por una fuerte marejada, el mastelero del trinquete del *Gloucester* se quebró y cayó. Ya no podía hacerse a la vela en absoluto. Cuando sopló el viento nuevamente, el *Centurión* lo tomó a remolque y comenzaron las reparaciones. Duraron diez días.

Nada más terminar, les azotó una fuerte tormenta que obligó a que incluso los oficiales trabajaran en las bombas de achique. El *Gloucester* no se recuperó. Sus averías eran tan graves, que durante dos días tuvieron que recoger todo lo posible en medio del oleaje y prenderle fuego. El 15 de agosto, a las seis de la mañana, estallaba su santa bárbara y se hundía. De los 95 hombres que habían llegado vivos a un *Centurión* totalmente en desorden y con las bombas funcionando de forma irregular, solo 27 podían trabajar.

Su suerte cambió el día 23. Primero avistaron dos pequeñas islas, y luego una tercera, que resultaron ser simples rocas sin fondeadero ni agua, y después, el 27, encontraron otras tres más grandes. Pusieron rumbo a la del centro a la que llegaron al alba del día siguiente. Era Tinian, del grupo de las Ladrones. Tenía agua potable, frutos, leña y, por si fuera poco, ganado vacuno y cerdos que los navíos españoles llevaban a la isla para que se abastecieran los galeones de Manila a Acapulco y viceversa.

Con gran dificultad, el *Centurión* fondeó en las cercanías lo mejor que pudo y su tripulación trabajó intensamente para reparar y reacondicionar el buque.

El 22 de septiembre durante la noche, una tormenta azotó la isla. El *Centurión* cortó sus amarres para evitar su destrucción contra la playa y con un mínimo de hombres se dejó arrastrar a alta mar, hasta perderse de vista. Esperaron su regreso durante días. Dándolo por perdido Anson, que se había quedado en tierra, decidió que la única solución para abandonar la isla era aprovechar un pequeño velero allí existente, cortarlo por la mitad y luego alargarlo todo lo que prudentemente se pudiera. Estaban en esos trabajos cuando, el 11 de octubre, el *Centurión* reapareció.

Era la hora de irse, los navíos españoles podían llegar en cualquier momento. Realizaron las últimas reparaciones, cargaron agua y alimentos y se hicieron a la vela vigilados por cuatro embarcaciones indígenas de gran tamaño, que durante los últimos días habían pasado a gran velocidad observándolos.

El 20 de octubre de 1742 ponían rumbo al oeste, hacia China, donde esperaba encontrar buques ingleses y puertos amigos. Un viaje de 2000 millas sin cartas náuticas, sin conocimientos de los vientos ni las corrientes, con vías de aguas en las amuras que obligaban hacer trabajar las bombas día y noche, con los mástiles debilitados y con las vergas y todo el aparejo reparado.

Su travesía no fue un prodigio de navegación. Fue pura suerte. La misma que le llevaba acompañando todo el camino.

La noche del 4 de noviembre llegaron al estuario del río Cantón, en las costas de China. Al amanecer, cientos de pesqueros de todos los tamaños los rodeaban dedicados a sus tareas diarias. Cuatro días tardaron en encontrar un piloto que les ayudara a entrar en Macao, y otros cuatro en evitar sus mareas y corrientes.

El 12, después de 2 años sin pisar un puerto amigo, fondeaban en el único asentamiento europeo de la costa china. Pese a las dificultades y las limitaciones impuestas por las autoridades del país a los occidentales, el 19 de abril de 1743, con la ayuda del capitán del mercante inglés *Augusta*, un *Centurión* totalmente reparado zarpaba de nuevo. La tripulación la componían 227 hombres, menos de la mitad de la dotación normal del buque, de ellos, unos 50 eran negros americanos e indios y otros 30 solo muchachos. En su cabeza y en la de su capitán una sola idea, capturar el galeón de Manila y hacerse ricos con el botín. La guerra estaba muy lejana.

Su presa, un gran buque de 40 o 60 cañones, con 500 hombres o más, debía haber zarpado de Acapulco al menos un mes atrás, y puesto rumbo al cabo Espíritu Santo en las islas Filipinas, donde existía un puesto español de vigilancia. El 20 de mayo, a 30 millas de distancia del cabo, Anson puso su navío al pairo, organizó turnos de vigía noche y día en las cofas y esperó. Mientras, en cubierta, oficiales y marineros realizaban instrucción como soldados de infantería y aprendían a manejar mosquetes, pistolas, hachas y picas.

George Anson. Los lectores de las novelas de Patrick O'Brien encontrarán sin duda un gran parecido entre las aventuras de su protagonista Jack Aubrey, y la expedición de Anson. Tras la expedición y por problemas con el Almirantazgo se retiró de la Armada y se fue a vivir al campo. Luego vinieron cambios políticos y las nuevas autoridades navales lo ascendieron a contraalmirante de la Escuadra Blanca, con un asiento en la Mesa Directiva del Almirantazgo. National Maritime Museum. Greenwich, Londres.

Pasó mayo y llegó junio. Al amanecer del 20, el guardiamarina Proby avistó un buque al sureste. Era el galeón *Nuestra Señora de Covadonga*. El *Centurión* y él derivaron juntos durante dos horas, casi sin viento, apenas visibles uno del otro. A mediodía, bajo la lluvia, todavía estaban separados 3 millas, pero las maniobras británicas habían conseguido cortarle el viento dejándole casi estático, cara al norte. En el *Covadonga* comenzaron a despejarse las cubiertas para el combate, arrojando por las bordas trastos inútiles y el ganado que habían embarcado en la isla de Guam. El puerto estaba cerca y había que aligerar peso para aprovechar la mínima racha de viento. Pronto se oyó el primer disparo realizado con los cañones de caza del *Centurión* a los que el galeón respondió con sus cañones de popa.

Enseguida se vio que la intención del *Covadonga* era forzar el abordaje para aprovechar su ventaja numérica, algo que Anson, con los pocos hombres de que disponía, no tenía ninguna intención de hacer.

Lentamente el *Centurión* pasó a popa del *Covadonga*, hasta que se atravesó en su proa. Desde esa posición podían disparar todos los cañones de una de sus bandas y solo algunos de los del galeón podían responder con eficacia. Los dos buques estaban ahora muy cerca.

Ambos se lanzaron tacos de estopas encendidas. Las que cayeron en el *Covadonga* incendiaron un grupo de hamacas, y estas a su vez al palo de mesana. Las llamas y el humo sembraron la confusión en el buque español. Los cañones del *Centurión*, machacando terriblemente los costados del galeón, hicieron el resto.

La captura del Nuestra Señora de Covadonga. *El* Centurión *nunca se puso en paralelo con el* Covadonga. *Una vez más, los artistas británicos tergiversan la realidad para desprestigiar a los barcos y marinos españoles. Oleo de Samuel Scott fechado en 1743.* National Maritime Museum. Greenwich, Londres.

Los hombres armados de mosquetes, ubicados en las cofas, comenzaron un devastador fuego sobre la cubierta del galeón buscando con sus armas los uniformes de los oficiales. Muchos murieron en el alcázar, donde también quedó herido el comandante del *Covadonga.*

Tras una hora de combate, andanada tras andanada, el galeón arrió el estandarte real. En su cubierta 64 muertos y 75 heridos en contraste con los 3 muertos y 15 heridos del buque británico.

El 11 de julio, Anson, con el *Covadonga* a remolque, incapaz de navegar solo, lograba fondear en el puerto portugués de Macao. El 28 ponía en libertad a los prisioneros españoles y, el 15 de diciembre, tras vender el galeón a los portugueses por 1000 libras, partía para Inglaterra.

La fortuna, en un último guiño, extendía a su llegada al Canal de la Mancha una espesa niebla que impedía que fuera localizado por la escuadra francesa enviada para interceptarlo. El 15 de junio de 1744, tres años y nueve meses después de su salida, fondeaba en Portsmouth. En sus bodegas traía un tesoro de 500 000 libras, solo comparable al que había conseguido Drake 163 años antes[111].

---

[111] Ver *Las reglas del viento* en esta misma colección.

6.7.4 El frente mediterráneo

En julio de 1741, mientras Anson corría sus aventuras por el Pacífico, comenzaron los preparativos para el traslado de un ejército desde la Península hasta Italia para ocupar Parma y Toscana. El mando le fue otorgado al duque de Montemar, autor del plan de operaciones, pero en octubre, cuando ya estaba todo preparado, recibió una orden que lo obligaba a cambiarlo por otro realizado por José del Campillo, secretario de despacho de Guerra, Marina y Hacienda. El ejército expedicionario español se dividiría así en dos fuerzas: una al mando del infante don Felipe, pero que realmente estaba dirigida por el conde de Glimes, enviada al norte de Italia pasando por Provenza para operar en la frontera franco-piamontesa y tratar de penetrar en Saboya; y otra, para actuar en la Toscana y apoyar a la primera mediante la atracción de fuerzas enemigas sardas y austriacas, al mando del propio Montemar.

Para asistir a las tropas terrestres se envió una flota formada por la escuadra de Cádiz, al mando de Juan José Navarro, y la del Ferrol, dirigida por Ignacio Dauteville, que se puso a las órdenes de Navarro. Juntos, con doce buques, se dirigieron al Mediterráneo para asegurar las comunicaciones y el abastecimiento del ejército de Italia. Cruzaron el estrecho de Gibraltar burlando a la escuadra de Haddock y, perseguidos por él, llegaron frente a Cartagena cuando estaba a punto de alcanzarlos. Allí encontraron saliendo del puerto a la escuadra francesa del anciano almirante Claude Elisée De Court de la Bruyére, y Haddock, sin presentar batalla, se retiró a Mahón, que continuaba en poder de Inglaterra. Navarro, tras algunas vicisitudes y sufrir varios temporales, logró pasar dos convoyes de tropas de Barcelona a Génova, uno en noviembre de 1741 y otro en enero de 1742. El duque desembarcó en Orbitello en diciembre de 1741 y, en pocas semanas, invadió una parte de los territorios italianos apoderándose de Toscana, Módena y Génova, donde recibió un refuerzo de tropas napolitanas enviadas por el rey Carlos, el infante de España.

Navarro, que buscó refugio en Tolón para reparar sus navíos, castigados por las inclemencias del tiempo, se vio pronto bloqueado en el puerto junto a la flota francesa, mientras la británica se fortalecía.

Primero llegaron seis buques con el vicealmirante Balchen, que dejó los navíos y regresó a Inglaterra; después otros cuatro; más tarde, seis, mandados por el comodoro Lestock, que relevó en el mando a Haddock, enfermo, y, finalmente, el buque *Namur*, insignia del almirante Mathews, que tomó el mando de la escuadra. El Mediterráneo quedó a merced de sus navíos. En junio de 1742, el capitán de navío Norris, con un destacamento naval, incendió en Saint Tropez una escuadra de cinco galeras españolas mandadas por el general Donato Domás. Al mes siguiente, en Ajaccio, el comodoro Martin Rowley hizo que el comandante del navío español *San Isidro*, Lage de Cueilly, un aventurero francés que había sido nombrado capitán de navío de la armada española, tuviera que incendiarlo para impedir que cayera en poder del enemigo y, en agosto, bombardearon Palamós, Mataró, e interceptaron un convoy de tartanas y de otros buques menores que trataban de forzar el bloqueo. Incluso ese mismo mes, totalmente envalentonados, un destacamento mandado por Rowley, compuesto por cinco navíos, cuatro bombardas y otros buques menores, se presentó ante Nápoles y entregó un ultimátum: o el rey se declaraba neutral y retiraba sus tropas del ejército de Montemar, o bombardearían la ciudad. Le dieron dos horas para contestar y tuvo que aceptar. Fue una humillación que fomentaría un sentimiento antibritánico de por vida en el futuro Carlos III de España.

En 1743 la guerra terrestre se estancó en Italia para franceses y españoles y la corte de Versalles, que intentaba realizar un acuerdo de paz con Austria, aconsejó que Inglaterra y España hiciesen lo mismo. En febrero, el rey dejó muy claro al embajador francés que no pensaba negociar nada si no era a cambio de Gibraltar, una petición que los británicos ni siquiera se planteaban, por lo que durante la primavera y el verano intentó atraer a la alianza franco-española al rey de Cerdeña, Carlos Manuel, que también era pretendido por la alianza de María Teresa con Inglaterra. Tras muchas vacilaciones, Carlos Manuel se inclinó hacia estos últimos y firmó el 13 de septiembre el tratado de Worms por el que Cerdeña aceptaba unirse a Austria para oponerse a los españoles a cambio de subsidios y la adquisición de una parte del Milanesado y del ducado de Plasencia. La posición intransigente de Felipe V había quedado plenamente justificada.

Francia tomó el tratado de Worms, como una traición y respondió firmando con España el tratado de Fointaineblau, el denominado Segundo Pacto de Familia, el 25 del mes siguiente. De esta forma, las dos monarquías hacían causa común y ambos países obtenían beneficios. Francia conseguía la reafirmación de la alianza borbónica que le permitía alcanzar un inmediato objetivo continental, y España veía cumplidos los objetivos más próximos de Isabel de Farnesio sobre Italia dentro de un sistema más ambicioso que salvaguardase el porvenir de América contra unos enemigos cada vez más codiciosos. En el tratado, Francia contraía obligaciones muy precisas: tropas francesas contribuirían a conquistar el

Milanesado, Parma y Plasencia para el infante don Felipe, y a mantener Nápoles para el infante don Carlos; Luis XV declararía la guerra a Inglaterra y ayudaría a recuperar Gibraltar y Menorca, y, ambos monarcas, se comprometían a destruir la colonia inglesa de Georgia, que, aunque controlada, comenzaba a convertirse en una molestia para Florida.

Mientras, en Tolón, la flota continuaba bloqueada. Durante su larga estancia de dieciocho meses, españoles y franceses habían limpiado fondos, realizado reparaciones —incluso reemplazando las planchas del *Real Felipe*, el navío más fuerte que tenían, que hacía mucha agua—, adiestrado a los artilleros efectuando continuamente ejercicios de cañón o de tiro al blanco, y mejorado la forma de navegar en escuadra.

Ya no podía esperarse más. Aunque en un principio De Court se opuso a la idea de Navarro de reforzar las tripulaciones incompletas con las de los buques más débiles y dejarlos en el puerto, para no esperar al personal que iba a llegar desde España por tierra, retrasado por los temporales de nieve, se quedo sin argumentos cuando por fin llegaron los refuerzos: setenta y seis hombres, muchachos en su mayoría, sin experiencia en la mar.

En febrero de 1744, la escuadra combinada se preparó para salir de Tolón. La componían dieciséis navíos franceses y doce españoles para formar la línea de combate, además, los franceses disponían de tres fragatas, dos brulotes y un buque hospital y los españoles de cuatro fragatas que se quedarían en el puerto.

Enfrente, los ingleses, repartidos en tres escuadras —vanguardia, cuerpo de batalla y retaguardia—, sumaban treinta y dos navíos, manteniendo alejados tres fragatas, tres brulotes y tres bergantines. La diferencia del número de buques no era muy grande pero sí la de sus armas: 1806 cañones españoles y franceses contra 2280 ingleses, generalmente de mayor calibre.

De los doce navíos españoles solo seis eran de guerra: el *Real Felipe*, de 110 cañones; el *Santa Isabel*, de 80; el *Constante*, de 70, y el *América*, *Hércules* y *San Fernando*, de 64. Estos últimos, de los construidos por Gaztañeta para la defensa de la navegación en América eran poco útiles para un combate naval entre escuadras. El resto, mercantes armados, que pertenecían a la Carrera de Indias, eran el *Brillante*, *Soberbio*, *Oriente*, *Poder*, *Halcón* y *Neptuno*, de 60 cañones, en los que el calibre mayor era de 18 libras. Los navíos franceses eran doce de 64 y 60 cañones, uno de 68 y tres de 70 y 74. Los británicos, diez de 70 cañones, nueve de 80, cuatro de 90 y solamente nueve de 60 o menos. En cuanto a las dotaciones, las de los buques españoles y franceses sumaban 19 100 hombres y las de los ingleses, que se habían visto obligados a reclutar a hombres del Piamonte para completarlas, 16 585.

Sí había, sin embargo, un punto que podía disminuir mucho la eficacia de la escuadra inglesa: la animosidad entre Mathews y Lestock, de la misma graduación pero almirante en jefe y comandante de la retaguardia respectivamente. Lestock, un hombre rencoroso y poco flexible, había llegado a la escuadra antes que Mathews y, cuando pensaba que iba a dirigirla, se encontraba relegado a un segundo plano.

Tras el preceptivo consejo de guerra y después de haber recibido las órdenes de sus gobiernos, el día 19 se hicieron a la mar, pero un abordaje entre el navío *Leopard* y la fragata *Volage*, ambos franceses, obligó a que todos los buques menos el *Real Felipe* fondeasen hasta que se reparasen los daños. Finalmente, al día siguiente, dejando a los buques averiados en puerto, partieron dando bordadas a la vista de las islas Hiéres, detrás de las que esperaban los ingleses.

El 21, Navarro recibió la orden de penetrar en su fondeadero por el Pequeño Paso, situado al oeste de la isla de Porqueroles, la más occidental, y allí atacarlos al abordaje. La idea le pareció disparatada pues era demasiado estrecho y sus buques debían cruzarlo uno a uno, sin apoyo mutuo y exponiéndose a un ataque con brulotes. Así se lo expresó a De Court. Este admitió primero las razones, pero después reiteró la orden. Por fortuna no fue necesario seguir discutiendo, los vigías avisaron que los ingleses se ponían en movimiento para salir del fondeadero por el Gran Paso, situado al este de Porqueroles. Ahora, la escuadra española, que hasta entonces iba en vanguardia, quedaba en retaguardia de la flota combinada. De madrugada, la vanguardia y el centro de la escuadra inglesa aprovecharon el viento para acercarse describiendo una gran curva, cazando las velas según se iban situando en paralelo de la escuadra combinada, que navegaba también siguiendo una línea ligeramente curva. Mandaba la vanguardia *monsieur* de Gavaret, el cuerpo de batalla De Court y la retaguardia, Navarro. Frente a ellos, Rowley en vanguardia, Mathews en el centro y Lestock a retaguardia.

Sobre las doce y cuarto, cuando los buques de Mathews se encontraban a tiro de fusil de los de Navarro —el *Real Felipe*, *Hércules*, *Constante*, *Poder* y *Neptuno*—, de su línea de batalla, situada a barlovento, salieron el *Namur*, el *Marlborough* y el *Norfolk*, todos ellos de tres puentes, para lanzarse sobre el *Real Felipe*. Al mismo tiempo, el resto del grupo británico atacó a los otro cuatro y se acercó a los que navegaban a su proa, más distanciados, el *Oriente* y *América*, que mantenían contacto con el grupo de batalla francés de De Court. El choque artillero fue enorme, sin que el resto de navíos de Navarro, el *Brillante*, *San Fernando*, *Halcón*, *Soberbio* y *Santa Isabel*, que navegaban a popa, demasiado separados de él pudieran hacer nada por apoyarlo.

Los últimos buques franceses se cañonearon con los buques de la vanguardia inglesa de Rowley y se alejaron, al izar el almirante francés la orden de «forzar vela», y los de cabeza del grupo retrasado de Navarro, que seguían al *Brillante*, cruzaron sus fuegos con los primeros de la retaguardia inglesa de Lestock, que había quedado alejado y muy retrasado, sin que sus buques participaran en el combate.

Solo quedó el centro. El *Real Felipe* respondió con vigor al fuego que le hacían desde tan cerca sus atacantes, cinco en algunos momentos, con tanta pericia que el *Marlbourough* tuvo tales daños que llegó a creerse que era inminente su hundimiento. El *Hércules*, rechazó vigorosamente el ataque de tres navíos enemigos apoyando a su capitana y se retiró de la línea para rehacerse cuando ya había recibido muchos impactos en su costado de babor, algunos a flor de agua, y tenía cortado todo su aparejo. El *Constante*, echó abajo la verga de trinquete y la cebadera del navío que lo atacó primero, haciéndole retirarse con grandes destrozos y después se enfrentó a los dos que lo sustituyeron durante tres horas, hasta que con grandes averías y muerto su comandante Agustín de Iturriaga, pudo situarse a sotavento para poder repararlas.

El *Poder*, con 60 cañones, rechazó al primero de los enemigos que lo atacó, el *Princesa* de 70, causándole enormes averías que lo obligaron a arriar su bandera dos veces, hasta que fue nuevamente izada por su segundo comandante cuando llegó el *Somerset*, de 80 cañones, a socorrerlo y al que también rechazó enérgicamente con el fuego de su artillería y de su fusilería. Consiguió zafarse de otros tres, el *Bedford*, el *Dragón* y el *Eftingston*, aunque ya muy destrozado, con muchas bajas y herido su comandante Rodrigo de Urrutia y, finalmente, fue apresado por el *Berwick*, que llegó desde la vanguardia enemiga[112].

El *Neptuno* combatió a distancia de tiro de pistola con cuatro navíos enemigos y una fragata, que casi llegaron a rodearlo. Se defendió durante cuatro horas, hasta que ya, apenas sin poder combativo, al retirarse los ingleses a reparar sus averías, pudo apartarse a sotavento mientras su castigada tripulación luchaba para que no se fuera a pique.

---

112 Rodrigo de Urrutia fue llevado prisionero a Mahón permitiéndosele conservar su sable.

A las cinco de la tarde, Mathews, apoyado por dos navíos de 70 cañones y el brulote *Ann Galloway*, tras reparar en lo posible los daños del *Namur*, inició un segundo ataque contra el *Real Felipe*, que muy desmantelado, se había quedado solo.

Era un momento desesperado para el *Real Felipe*, pero el *Brillante*, el primero de los del grupo retrasado, a toda vela, llegó a tiempo para salvarlo cañoneando al brulote y deteniéndolo. Seguidamente llegaron el *San Fernando* y el *Santa Isabel*, que junto al reincorporado *Hércules*, rechazaron a los británicos.

A lo lejos, la escuadra francesa había virado y se acercaba, por lo que Mathews, sin poder emplear la retaguardia de Lestock[113], se retiró definitivamente dejando a los españoles dueños del combate.

La batalla de cabo Sicié, que le conseguía a Navarro el título de marqués de la Victoria, resolvía transitoriamente las comunicaciones con el ejército de Italia mientras los ingleses reparaban sus buques y se reorganizaban en Mahón, pero no las solucionaba. En abril, con Francia ya definitivamente en guerra con Inglaterra, una escuadra al mando del almirante Rowley comenzaba un largo bloqueo de Cartagena que en mayo de 1746 aún continuaba.

En 1745, tras el avance victorioso e imparable de los españoles por tierras italianas, que había permitido al infante don Felipe entrar triunfante en Milán el 20 de diciembre del año anterior, Francia se negó a continuar con la guerra. Las acciones militares no le solucionaban nada y los únicos que iban logrando sus objetivos eran Federico II de Prusia y Felipe V. El nuevo ministro de Asuntos Exteriores francés, D´Argenson, declaró con firmeza que la paz era necesaria y que el Tratado de Fontainebleau con España debía ser descartado. En los primeros contactos con Austria, Francia traicionó a España prometiendo ceder Parma al Imperio y la Lombardía a Carlos Manuel de Saboya.

A partir de entonces, la guerra, que durante tres años había sido favorable a las armas españolas, cambió de signo. María Teresa firmó la paz con Prusia y volvió todos sus esfuerzos contra el frente italiano, ya prácticamente abandonado por Francia, recuperando todas las plazas perdidas durante el año anterior.

---

113 Mathews quitó el mando a Lestock al llegar a Mahón por su pasividad y le envió a Inglaterra, donde este pidió un consejo de guerra. Fueron procesados dos almirantes, seis comandantes de buque y cuatro segundos comandantes. Mathews fue declarado «inhábil para ejercer cualquier otro mando» y Lestock salió absuelto, pero fue el blanco de las iras de la opinión pública.

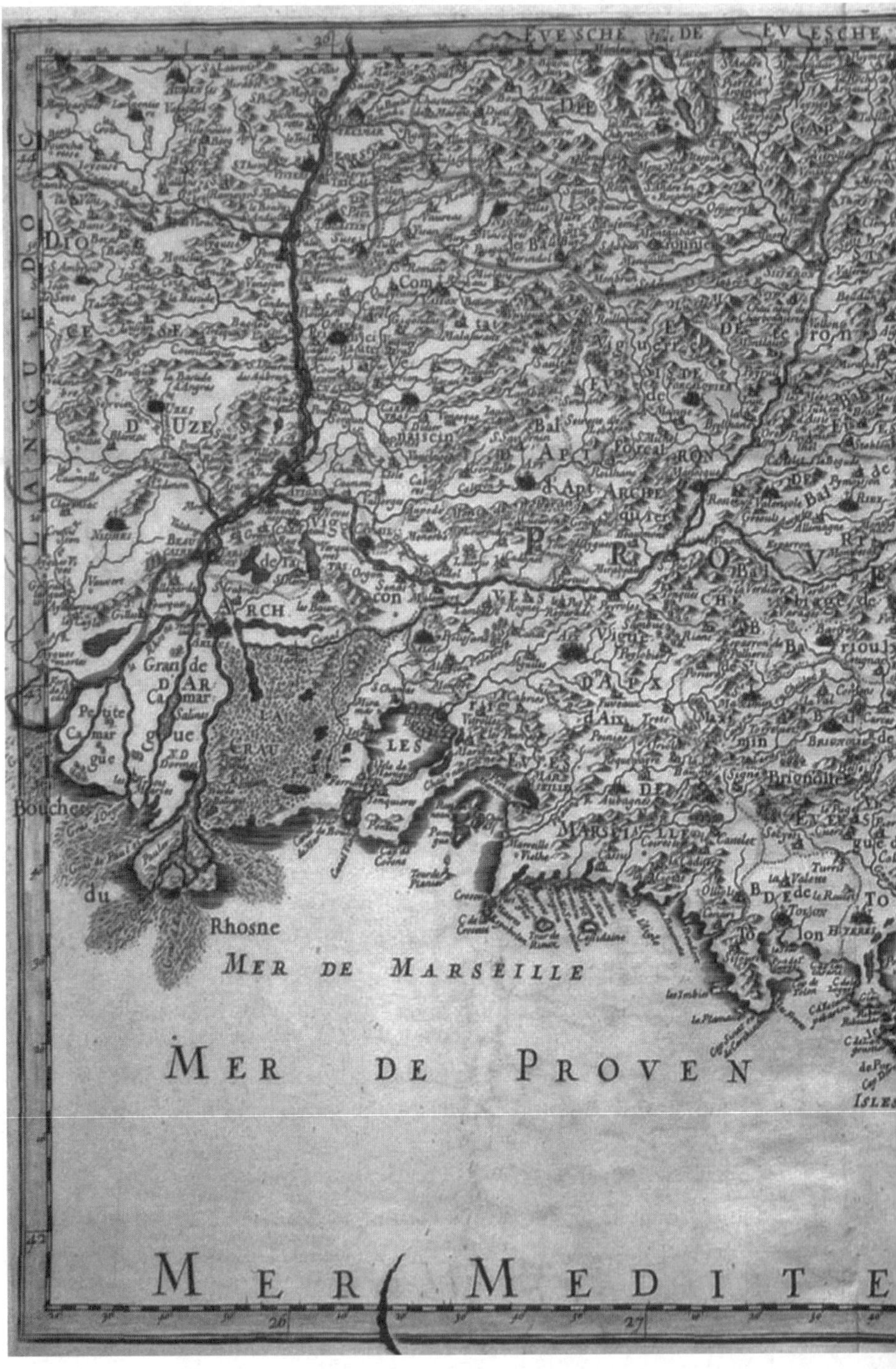
Bouches
du
Rhosne
Mer de Marseille
Mer de Proven
Mer Medite

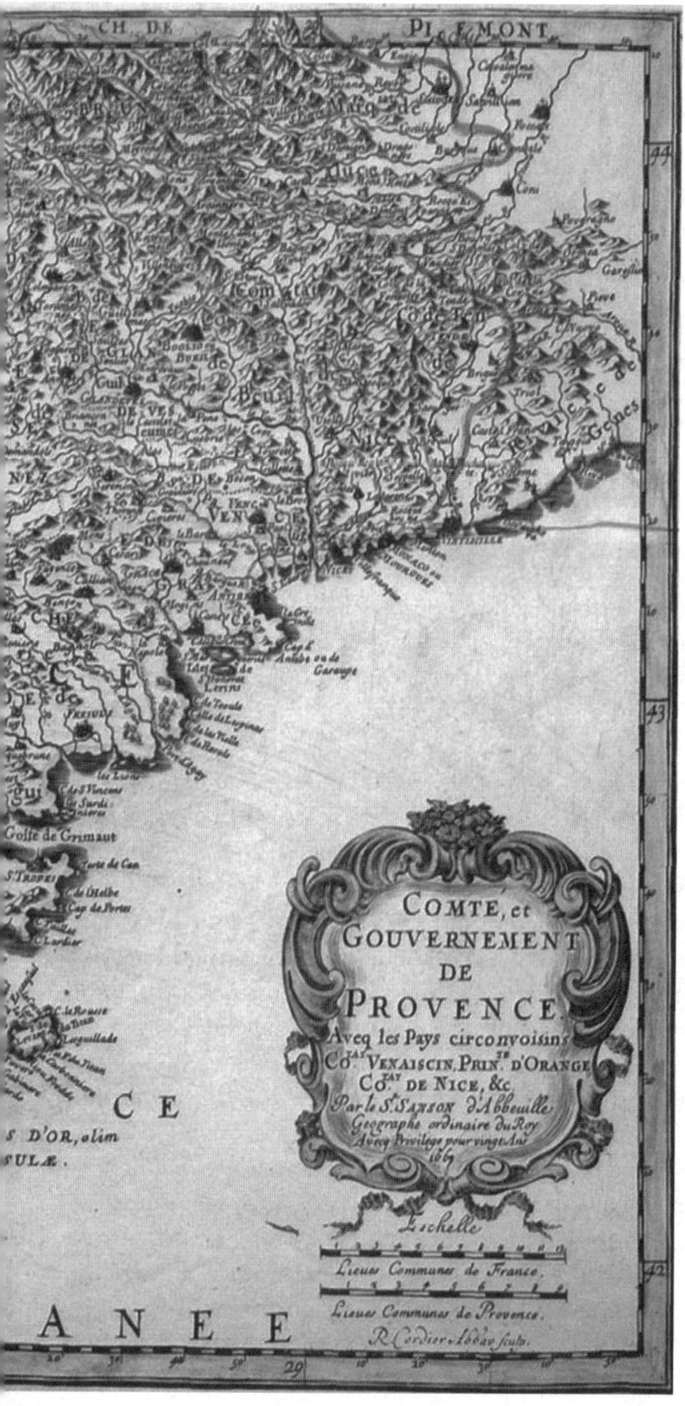

Mapa de la Provenza realizado por el cartógrafo Pierre Jean Bompar en 1595 para el atlas Theatrum Orbis Terrarum. *Aparecen las principales ciudades y sus puertos: Tolón, Marsella, Niza y Cannes, entre otros.*

El 16 de junio de 1746 el ejército borbónico caía derrotado en Plasencia y la noticia agravaba la enfermedad de Felipe V, que fallecía el 9 de julio de una apoplejía, a la edad de 63 años.

6.8 El largo camino hasta el final de la guerra

La muerte del rey cambió de nuevo la política española. Su hijo y sucesor, Fernando VI, cultivado y de salud frágil, traía con él un gobierno del que la camarilla italiana que se había mantenido asesorando a los reyes se vio inmediatamente excluida. Los ministros nombrados en su lugar estaban divididos, unos, como el marqués de la Ensenada, secretario de Estado, Hacienda, Guerra, Marina e Indias, defendían un aumento del esfuerzo militar para poder negociar una solución a los conflictos desde una posición de fuerza, y otros, como Villarias, secretario de Estado para Asuntos Exteriores, querían continuar la guerra tranquilizando a Francia pero, provisionalmente, buscando una paz separada de su aliada, bien con Austria, bien con Inglaterra, decidiendo después según las circunstancias. Esta última fue la línea de conducta que acabó por imponerse, y el rey ordenó que el ejército de Italia se retirara lenta y cautelosamente, para no exponerlo demasiado.

El nuevo embajador de España en Lisboa, Sotomayor, comenzó el 29 de septiembre las negociaciones con los representantes británico y austriaco. Las instrucciones de Sotomayor eran proponer el restablecimiento de la paz entre España y Gran Bretaña de acuerdo con el Tratado de Utrecht y la Convención del Pardo, aceptando, si era preciso, una prolongación del asiento y del navío de permiso, y con la condición de procurar al infante don Felipe un territorio que gobernar, aunque fuese el más modesto. Pero en el momento de emprender las conversaciones, la actitud conciliadora de los aliados había cambiado mucho debido a la retirada de las tropas franco-españolas. Austria no veía la menor razón por la que tuviera que firmar la paz y mucho menos ceder territorios, e Inglaterra se negó a presionar a Austria, ofreciéndose solo a garantizar la seguridad del reino de Nápoles.

Como España no quiso negociar sobre esas bases, las conversaciones se prolongaron durante semanas sin el menor progreso. Mientras, Francia, inquieta por la actitud de España, abrió ella misma conferencias de paz con Inglaterra y Holanda en Breda el 4 de octubre.

La política exterior española se veía hipotecada por las disensiones en la Corte y el gobierno, sobre todo entre Villarias y Ensenada, que terminó con la destitución del primero y el nombramiento en su lugar de José de Carvajal, al que además de la dirección de Asuntos Exteriores se le otorgaron amplios poderes para el desarrollo de la industria y el comercio. Sus ideas, basadas sobre todo en la recuperación económica y demográfica, eran distintas a las que se habían tenido hasta entonces.

Con esas premisas, el 17 de diciembre, se pusieron de nuevo en marcha las negociaciones de Lisboa, haciendo presión sobre el embajador británico para firmar, con la participación de Austria si fuera necesario, una paz particular que, separando a España de Francia, fuera el inicio de una sólida y duradera alianza entre Fernando VI y Gran Bretaña. A cambio de abandonar a Francia, se pedía un establecimiento para el infante, aunque se redujera a Saboya y Niza; la restitución de Gibraltar y Menorca; el fin del asiento y del navío de permiso, y se dejaba el resto de los problemas coloniales al examen de comisarios.

La propuesta ni siquiera interesó en los puntos más nimios a los ingleses, que estaban a punto de reabrir las negociaciones de Breda con los franceses.

Casi un año después, en septiembre de 1747, Carvajal envió a Londres como emisario oficioso a Ricardo Wall, con las mismas instrucciones que se habían presentado en Lisboa. Los ministros ingleses le recibieron amablemente, se mostraron flexibles sobre el establecimiento del infante en Parma y Plasencia a cambio de compensaciones para el rey de Cerdeña, pero rechazaron toda discusión sobre Gibraltar, y consideraron indispensable consultar todos los puntos con sus aliados, puesto que no veían ninguna ventaja en tratar sola con España al precio que ésta exigía. Carvajal tenía otra vez que unir su destino al de Francia, que estaba preparando las conferencias de paz en Aquisgrán para la primavera de 1748.

Para cuando Masones, el plenipotenciario español, llegó con su conocida lista de reivindicaciones a Aquisgrán el 17 de abril, Inglaterra, que veía como la campaña del mariscal de Sajonia que había puesto sitio a Maestrich iba a desembocar inminentemente en la invasión de Holanda, ordenó a su representante que buscara un acuerdo urgente con Francia, incluso sin el consentimiento de sardos y austriacos. Estos últimos, no menos inquietos, se manifestaron también inclinados a cerrar las negociaciones cuanto antes.

El conde de Saint-Severin, el representante de Francia, que cuando había llegado a Aquisgrán el 20 de marzo tenía que apoyar a España, pero nada más llevaba como reclamaciones propias la restitución de la isla de Cabo Bretón, en Canada, y el mantenimiento de las fortificaciones de Dunkerque, decidió dar prioridad a la negociación con Gran Bretaña. El 29 de abril, ambos países y Holanda, informada en el último instante, redactaron unos acuerdos preliminares e invitaron a sus aliados respectivos a firmarlos. Ante la negativa de España, Austria y Cerdeña lo hicieron solos.

Masones debió de esperar varios días para obtener un texto de los preliminares. Por él se enteró de que el infante recibiría los ducados de Parma, Plasencia y Guastalla, con la obligación de devolvérselos a sus actuales poseedores si el rey de las Dos Sicilias ocupaba la Corona de España o si el infante moría sin hijos; que la navegación en los mares de América seguiría reglamentada de acuerdo con los antiguos tratados, y que se confirmaba el asiento y el navío de permiso. No se hacía la menor mención sobre Gibraltar ni se nombraba Florida.

Un artículo separado estipulaba que los tres países firmantes se pondrían de acuerdo sobre las medidas a tomar contra las potencias que se negaran a aceptar los preliminares.

España, que se sentía claramente traicionada por Francia, firmó el tratado definitivo el 20 de octubre de 1748. La puerta de futuros conflictos entre todos los países continuaba abierta.

6.8.1 Ensenada. El protegido de Patiño

Entre 1736, el año de la muerte de Patiño, y 1743, cuando Felipe V llamó para que ocupara el puesto de su mentor a Cenón de Somodevilla y Bengoechea, nombrado primer marqués de la Ensenada tras la conquista del reino de las Dos Sicilias para el infante don Carlos, solo entraron en servicio 14 navíos de entre 50 y 70 cañones.

El nuevo marqués, nombró jefe de desarrollo a Jorge Juan y Santacilia, marino y científico. Jorge Juan propugnaba la construcción de bajeles de formas más reducida, descargados de pesos inútiles y fabricados con maderas seleccionadas y tratadas. Para ello, se repoblaron los bosques talados con robles y otras especies que pudieran ser utilizadas en la construcción naval, y, entre ambos, diseñaron un plan que permitió realizar 70 navíos y 24 fragatas.

En 1749, aprovechando la paz recién firmada, y mientras las plantaciones empezaban a ser productivas, Jorge Juan viajó a Inglaterra para estudiar las técnicas navales. Su idea era abandonar los modelos franceses, más ligeros y rápidos, y optar por los ingleses, diseñados como máquinas de guerra en las que primaba la artillería, aunque fueran menos marineros.

A su vuelta, con ayuda de técnicos ingleses e irlandeses[114], se aplicaron los nuevos procedimientos. Con ellas se construyeron en el Ferrol el *Oriente*, el *Aquilón*, el *San Isidro* y el *San Julián*, en los que colaboró, entre otros, el constructor Edward Bryant, o el *Santísima Trinidad*, botado en La Habana, en 1769, diseñado por los irlandeses Mateo e Ignacio Mullan.

Entre 1749 y 1754, fruto del esfuerzo de Ensenada y Jorge Juan, entraron en servicio 2 navíos de 64 cañones, 5 de 68, 1 de 70, 15 de 74 y 2 de 80. En 1754, la destitución del marqués supuso una bajada en la producción, aún así, hasta 1759, año en que murió Fernando VI, que había conseguido mantener la paz, aún se construyeron otros 2 navíos de 60 cañones, 4 de 68 y 12 de 74.

La caída de Ensenada se atribuyó siempre al difícil equilibrio político que tenía que mantener el rey con Inglaterra y Francia, de la que el marqués era un rendido admirador.

Como en tantos otros casos sus esfuerzos se vieron recompensados de forma original: hasta su muerte en 1781, vivió desterrado de la corte entre Granada, el Puerto de Santa María y Medina del Campo.

6.9 La ocupación de La Habana y Manila

Cuando Carlos III fue recogido en Nápoles por la Real Armada, para ocupar el trono que había dejado su hermano, podía embarcar tranquilo: la escuadra no tenía nada que envidiar a ninguna de las inglesas.

Entre el 17 de octubre de 1759, día de la llegada del rey a España, y la firma con Francia del Tercer Pacto de Familia, toda la política exterior del rey y su gobierno estuvo enfocada a conseguir una alianza permanente que permitiera a España renacer como potencia en América y el Atlántico.

España había pasado a ser considerada en el concierto de las naciones, como de segundo orden, pero rodeada de precauciones diplomáticas

114 Patricio Lahgi, Eduardo Bryant, Guillermo Richards, Ricardo Rooth, Juan de Graaf, David Howell, Juan Hughs, Guillermo Turner, Diego Pepper o Juan Loughnan son algunos de los hombres que trajo de Inglaterra. Cada uno tenía experiencia en una determinada fase de construcción del navío.

Estado de la flota de guerra española en 1759*

Nota de los navíos y fragatas que se hallan enteramente armados en los tres departamentos.

Navíos	Cañones	Comandantes
Fénix	80	Don Juan de Lángara
Princesa (N)	70	Don Francisco María Spínola
San Felipe (N)	70	Don Francisco Garganta
Galicia	70	Don Juan Antonio de la Colina
Firme	68	Don Joseph Sapiain
Dichoso (N)	68	Don Manuel de Guinion
Monarca	68	Don Joachin Gutiérrez
Guerrero	68	Don Bernabé Urcullu
Glorioso	68	Don Joseph de San Vicente
Soberbio	68	Don Juan Ygnacio Salaberria
Serio	68	Don Juan de las Planas
Arrogante	68	Don Pedro Bermúdez
Diligente	68	Don Luis de Córdova
Atlante (N)	68	Don Francisco Tilly
Soberano (N)	68	Don Isidoro García del Postigo
Vencedor (N)	68	Don Antonio Rodríguez Valcárcel
Terrible	68	Don Juan Ygnacio Ponce
Europa (N)	60	El marqués de Casinas
Castilla (N)	60	Don Pedro Castejón
Conquistador (N)	60	Don Juan de Soto

Fragatas	Cañones	Comandantes
Venus	30	Don Joseph de la Somaglia
Palas	30	Don Martin de Lastarria
Liebre	30	Don Alexo de Rubalcaba
Juno (N)	30	Don Juan de Bustamante

Nota: Que de los navíos que van señalados con la letra N, están navegando sobre las costas y una fragata, y se han despachado las órdenes para que lo executen los otros 4; y se mantienen en Cartagena promptos a la boca del puerto el *Galicia* y el *Terrible*; en Cádiz, en la bahía, el Fénix, Firme y la fragata Venus; y en el Ferrol, los demás, en igual disposición.

El jefe de escuadra conde de Vegaflorida sale con los últimos 4 navíos que se ha mandado subsistan entre cabo de San Vicente y Cádiz: no están nombrados los demás generales. Abril 2 de 59.

*A.G.S., Estado, Legajo 6.090. Correspondencia de Wall con Tanucci.

como consecuencia de su anterior hegemonía. La neutralidad en que se había mantenido Fernando VI durante la guerra entre Francia e Inglaterra por el mantenimiento de las rutas comerciales y América del norte[115], en la que los franceses habían perdido Quebec, y la rotunda negativa del rey en diciembre de 1758 a enviar una flota de 20 navíos para la defensa de Canadá, situaban ahora a Carlos III en una buena posición para poder intentar poner algunas condiciones. Al borrador francés, presentado el 3 de marzo de 1761 por Choiseul, secretario de estado de Guerra y Marina, ofreciendo un tratado comercial, contestó su homólogo, Ricardo Wall, días después, exigiendo una alianza marítima para la defensa de América y solicitando, en caso de entrar en guerra, la devolución de Menorca, desde 1756 ahora en manos francesas.

Ambos sabían que era un juego y que Francia solo buscaba apoyos para conseguir una posición fuerte en las negociaciones de paz con Inglaterra, pero no contaron con un elemento que precipitó todas las decisiones: la muerte de Jorge II. El nuevo rey, Jorge III, tenía unas ideas muy claras sobre el poder y su ejercicio, y se negó a firmar la paz con Francia.

El 15 de agosto se firmó el pacto de familia que había ofrecido Wall. Su consecuencia inmediata fue la entrada de España en la guerra.

El 2 de enero de 1762, la declaró Inglaterra y, el día 16, España contestó de forma análoga. Dos meses después, el 16 de marzo, Carlos III y Luis XV solicitaron a José I, rey de Portugal, su unión a la alianza. Su negativa fue rotunda. Si bien mantenía unos vínculos muy estrechos con España por estar casado con Mariana Victoria de Borbón, hija de Felipe V e Isabel de Farnesio, y ser el hermano de Bárbara de Braganza, viuda de Fernando VI, no estaba dispuesto de ninguna manera a perder su amistad con Inglaterra.

Las operaciones contra Portugal comenzaron inmediatamente. En abril, Carlos III llamó a la corte al conde de Aranda para que se hiciera cargo de la dirección de la campaña y, en mayo, se situaron tres ejércitos en la frontera: uno en Galicia, otro en Extremadura y el tercero, como ejército de operaciones a las órdenes del conde de Maceda, en Castilla. Éste último tenía como bases el fuerte de la Concepción y Ciudad Rodrigo y su objetivo era tomar Almeida. Aunque la ciudad cayó, el desembarco de un cuerpo expedicionario británico hizo que unos días más tarde las tropas anglo-portuguesas obtuvieran algunas pequeñas victorias y lograran parar el avance español, que tan solo

[115] La denominada Guerra de los Siete Años, que empezó en 1757.

consiguió la toma de Villavella antes de que las operaciones se detuvieran por la firma de la paz entre los dos gobiernos.

El 6 de enero, aunque España no había contestado todavía a la declaración de guerra, el Consejo de Ministros británico dirigido por el conde de Bute, decidió atacar La Habana, y aprobó también el plan del coronel William Draper del 79.° de infantería, que estaba de guarnición en Madrás, la India, para intentar tomar Manila, probablemente la ciudad comercial más importante de Asia.

El plan de Draper lo autorizó el rey el 21 de enero y nombró para acompañarle al contraalmirante Samuel Cornish, que trasladaría a los hombres necesarios en una escuadra de la Compañía de las Indias Orientales, lo que, si acompañaba el éxito, permitiría a la empresa extender su influencia en el archipiélago.

La mañana del 6 de junio, la escuadra británica, al mando del recién nombrado vicealmirante George Pocock, un marino que había hecho toda su carrera en la India, apareció con todo el trapo desplegado ante la ciudad de La Habana y le puso cerco. Estaba compuesta por 23 navíos, 24 fragatas y 150 barcos menores y de transporte que alojaban al ejército al mando del teniente general George Keppel, tercer conde de Albemarle, formado por 12 200 soldados y 2000 negros para los trabajos de fortificación.

La flota comenzó por batir el castillo de Cojimar, defendido por cuatrocientos hombres al mando del general Caro. Resistieron todo lo posible y se retiraron, dejando el campo libre para que los ingleses comenzaran el desembarco.

El castillo de los Tres Reyes del Morro, que cerraba el puerto de La Habana, resistiría dos meses más. A su mando se encontraba el capitán de navío Luís Vicente de Velasco e Isla, que había llegado con el *Reina* antes de que empezaran las operaciones. Tenía a sus órdenes como segundo al también capitán de navío Vicente González de Bassecourt, marqués de González, y caballero de la orden de Santiago.

La feroz resistencia terminó cuando Bassecourt murió acribillado y Velasco fue abatido por un balazo en el pecho. Aunque se permitió su traslado a La Habana y médicos ingleses y españoles intentaron salvarlo la vida, fue inútil. Murió a consecuencia de la herida el 31 de julio[116]. El 12 de agosto El Morro se entregaba y La Habana se rendía.

---

[116] Por Real Orden se dispuso que perpetuamente la Armada española tuviese un barco con el nombre de Velasco.

Luis Vicente de Velasco e Isla con uniforme de capitán de navío. Nacido en Noja, Cantabria, el 9 de febrero de 1711, participó en los ataques a Gibraltar en 1727, la reconquista de Orán en 1732 y varias campañas contra el corso berberisco. Obra de José Nicolás de Escalera realizada en el siglo XVIII. Museo Naval, Madrid.

Al día siguiente de la capitulación la lista de las bajas inglesas acusaba 1800 muertos, sin contar miles de enfermos y de heridos, muchos de los cuales continuaron muriendo diariamente durante todo el otoño. Las pérdidas españolas eran de 380 muertos, 1500 heridos y algo más de 500 prisioneros entre marineros, soldados y milicianos.

El botín obtenido era enorme, además de la ciudad, los ingleses apresaban nueve buques de línea intactos, había otros tres hundidos a la entrada del puerto que podían intentar reflotar, y dos que estaban a punto de terminarse en el astillero. Casi la quinta parte de toda la fuerza naval española. Además, debían añadirse seis fragatas reales y varios barcos correos capturados, otro buque de sesenta y ocho cañones y seis fragatas armadas pertenecientes a la Real Compañía de Comercio y más de cien mercantes. A las pérdidas había que sumar cien cañones de bronce, grandes cantidades de efectos militares y una cuantía enorme de mercancías. La suma total superaba las setecientas cincuenta mil libras esterlinas, que convertían a Pocock y Albemarle, con ciento veintidós mil libras cada uno, en hombres ricos. No sería lo único que se llevase Albemarle. Cuando salió para Inglaterra el 15 de noviembre en el navío *Rippon*, dejando en su lugar a su hermano, el mariscal de campo *sir* August Keppel, le acompañaban, a su nombre, los dos navíos recién acabados.

El 24 de septiembre Draper y Cornish, con ocho buques de línea, tres fragatas, y cuatro transportes llegaban a la bahía de Manila. La fuerza expedicionaria que desembarcaron estaba compuesta por 1000 soldados de los regimientos 69 y 70 de infantería, 4330 marineros e infantes de marina y 2000 auxiliares.

«La mayor fortaleza española en el Pacífico occidental» cayó el 6 de octubre. La derrota no fue realmente sorprendente. El anterior gobernador general de Filipinas, Pedro Manuel de Arandia, había muerto en 1759 y su reemplazo, el brigadier Francisco de la Torre, no había llegado aún a causa del ataque a La Habana. La defensa la dirigía el arzobispo de Manila, Manuel Rojo del Río y Vieyra, como temporal vicegobernador. La noche anterior a la capitulación, con un persistente fuego de artillería de más de 5000 bombas y 20 000 «bolas», los británicos habían destrozado las paredes del baluarte de San Diego y los dos baluartes contiguos: San Andrés y San Eugenio y, durante la madrugada, sus tropas habían asaltado las fortificaciones sin encontrar resistencia.

Durante el asedio se contabilizaron por parte española 50 muertos entre los soldados de los regimientos de línea, 30 civiles de la milicia y 300 nativos. Los sitiadores perdieron cerca de 1000 hombres y, como habían hecho siempre, saquearon las iglesias y oficinas públicas, el astillero naval de Cavite, el palacio del gobernador general y las posesiones de la mayoría de las casas ricas. El 2 de noviembre, Dawsonne Drake, de la Compañía de las Indias Orientales, asumió el cargo como gobernador. Por mucho que lo intentó el capitán general de Filipinas, Simón de Anda y Salazar, que organizó guerrillas con los 965 soldados regulares y los 9000 indígenas de la milicia de que disponía, la ciudad no se entregó hasta el final de la guerra.

España aprovechó la guerra con Portugal para recuperar los territorios de la colonia de Sacramento, en el Uruguay actual. Para ello, el gobernador de Buenos Aires, el general Pedro de Ceballos organizó una columna que ocupó Sacramento, sin mucha resistencia, el 30 de octubre. En el puerto lo esperaba una sorpresa que inmediatamente apresó y envió a Buenos Aires: 27 buques ingleses cargados de pertrechos, que se preparaban para que una expedición anglo-portuguesa se apoderase del territorio del Río de la Plata.

Desde mediados de 1762 se hablaba de negociaciones. Francia, visiblemente derrotada las buscaba abiertamente, España no terminaba de estar convencida, e Inglaterra se dividía en dos corrientes: la popular, que exigía continuar la guerra, y la del rey Jorge III y su Gobierno, que se inclinaban por detener las hostilidades. Finalmente fue el rey quien decidió, como no podía ser de otra forma, y el 3 de noviembre se firmaron los preliminares de paz.

Los términos del tratado definitivo, corroborado en París el 10 de febrero de 1763 serían los desencadenantes de nuevos conflictos. Hasta

William Pitt[117], el futuro primer ministro lo reconoció y profetizó que volvería la guerra. Para la todopoderosa Francia de Luis XIV era un desastre. Cedía a Inglaterra el Canadá, la isla de Cap Bretón, la mayor parte de sus posesiones en la India, el Senegal y Menorca. Gran Bretaña restituía a España todo el territorio ocupado de la isla de Cuba, incluyendo La Habana, y Manila. A cambio, España debía dejar todas las resoluciones sobre las presas marítimas a juicio de los tribunales del almirantazgo británico, permitir a los ingleses seguir cortando palo en Honduras si demolían todas las fortificaciones de sus factorías, renunciar a todas sus pretensiones de pescar en Terranova, devolver a Portugal Almeida y Sacramento, y ceder La Florida, con el fuerte de San Agustín y la bahía de Pensacola, y todas sus posesiones al este y sureste del río Misisipí.

Aunque un ano después, Francia compensaba a España por sus pérdidas con el inmenso y despoblado territorio de la Luisiana, la cesión de La Florida era un perjuicio incalculable. Se daban a Inglaterra unos puestos en el golfo de México, de enorme importancia estratégica, que constituían una amenaza para la seguridad del Virreinato de Nueva España, para el comercio, y para el transporte de caudales por sus aguas. Su recuperación era imprescindible.

6.10 En América y el norte de África

A los tres años de firmada la paz ocurrió el denominado «incidente de las islas Malvinas», que estuvo a punto de desencadenar una nueva guerra entre Carlos III y Jorge III.

Las Malvinas, situadas frente a las costas de Sudamérica, a unas ochenta leguas al este del estrecho de Magallanes, habían sido descubiertas en el siglo XVI por los primeros marinos españoles que pasaron al Pacífico y, durante los siguientes años, visitadas por diferentes navegantes ingleses, franceses y holandeses.

El piloto español Santos Mathei las recorrió de nuevo a mediados del siglo XVII y, en 1763, propuso al rey Carlos III realizar en ellas nuevos actos de soberanía para España. Pero se le adelantó una expedición francesa que en 1764 fundó un pueblo en la isla mayor del archipiélago. Conocido el hecho por el gobierno español, hizo una reclamación al francés, quien atendió la solicitud española y reconoció la soberanía de

[117] William Pitt padre, primer ministro entre 1766 y 1768.

esta sobre las islas, si bien el Tesoro español tuvo que pagar en calidad de indemnización 618 108 libras a la compañía de mercaderes de Saint Maló, dueña del asentamiento. Como consecuencia, el 1 de abril de 1766 los franceses hicieron entrega del pueblo al capitán de navío Felipe Ruiz Puente, como gobernador de las islas.

Un poco antes de que los franceses finalizaran su evacuación, llegó al archipiélago una escuadra británica de tres fragatas. Los ingleses desembarcaron en una de las islas y construyeron una serie de casas, un fuerte y una batería de 24 cañones. Ruiz Puente protestó ante el jefe del destacamento inglés, pero este contestó que las islas pertenecían a su soberano Jorge III, y le exigió que los españoles las abandonasen en un plazo de seis meses. Comunicada la noticia al gobierno español, se ordenó en febrero de 1768 al capitán general de Buenos Aires, Francisco Bucareli, que expulsase por la fuerza a los ingleses. Simultáneamente, se presentaron reclamaciones ante la corte británica, que había comenzado a denunciar los propósitos belicosos de los españoles por el incidente. Ambas potencias iniciaron sus preparativos de guerra, mientras daban comienzo duras discusiones diplomáticas sobre el derecho de soberanía de las Malvinas.

Mientras España trataba de recabar el auxilio de Francia invocando el Pacto de Familia, Bucareli organizó una expedición para liberar las islas. La guarnición inglesa se rindió el 10 de junio de 1770, fue embarcada en la chalupa de guerra *Favorita* y devuelta a su país en septiembre de ese año. El hecho produjo una enorme conmoción en Inglaterra, donde se consideró como un insulto y se pidió la inmediata declaración de guerra.

La situación entre España e Inglaterra se deterioró hasta el extremo de llegar a la retirada de embajadores, pero en diciembre, Luis XV comunicó a su primo Carlos III que no deseaba llegar a la ruptura de hostilidades y le recomendó al español que hiciese un pequeño sacrificio en beneficio de la paz. Carlos III se vio solo y renunció a la guerra. Reanudó las negociaciones y sufrió una nueva humillación por parte de los británicos. España fue obligada a devolver la isla de donde habían sido expulsados los soldados ingleses y a reprobar el acto del capitán general Bucareli, aunque no se ponía en cuestión el derecho anterior de soberanía sobre las islas. Cumplido el acuerdo, ambas potencias desmovilizaron a las fuerzas navales que tenían preparadas.

Las islas Malvinas estuvieron poco tiempo en poder británico, las abandonaron en 1774 y los españoles volvieron a establecerse en ellas de forma permanente.

El 8 de julio del año siguiente, basándose en la idea de que para España era imprescindible el control de las dos orillas del Mediterráneo y, sobre todo, las de África, un ejército de 18 827 hombres y una flota de guerra compuesta de seis navíos, doce fragatas, nueve jabeques, cuatro bombardas y dieciocho naves diversas, junto a una flota mercante de 331 embarcaciones de distintas nacionalidades, iniciaba, tras meses de preparación, una campaña absurda, costosa, e infructuosa, contra Argel, sede de un gobierno que había instigado al emperador de Marruecos para que se apoderase de Ceuta, Melilla y el Peñón de Vélez. Parecía que, como en tiempos de Felipe V, cuando los enemigos escaseaban había que salir a buscarlos.

6.11 Un rey vengativo

La rebelión de las trece colonias norteamericanas contra el gobierno inglés en 1774 fue el detonante para volver a la guerra abierta. Francia la apoyó desde el principio con tropas y España financió armas y equipo a fondo perdido. Era la gran oportunidad de vengarse de Inglaterra. El 12 de abril de 1779 España y Francia firmaron en Aranjuez el Tercer Pacto de Familia y, el 16 de julio, España entró en guerra.

Los objetivos del primer ministro, José Moñino Redondo, conde de Floridablanca, eran, cuanto menos, optimistas. Desde crear una flota y un ejército conjunto para invadir Inglaterra, hasta la recuperación de Gibraltar, Menorca, Florida y la Honduras británica, incluyendo, por supuesto, la supresión de todos los derechos comerciales en el Caribe que habían arrancado los ingleses.

En aguas del canal de la Mancha, a las órdenes del conde de Orvilliers y del teniente general Luis de Córdoba, se desplegó una escuadra franco-española de setenta y seis navíos —cuarenta franceses y treinta y seis españoles— bajo la atenta mirada de una británica de treinta y cinco, dirigida por el almirante de la escuadra blanca Charles Hardy. Al mismo tiempo, se inició el asedio de Gibraltar, se movilizaron tropas en el Caribe y se continuó enviando oro, armas y pertrechos a los rebeldes americanos.

El 14 de agosto, la flota, incrementada por ocho navíos y dos fragatas de la escuadra de Ferrol, a las órdenes del teniente general Antonio Arce, avistó las costas de Inglaterra, se aproximó a Plymouth y apresó un navío de 64 cañones. La alarma se extendió como la pólvora. Las poblaciones costeras se despoblaron y la Bolsa de Londres cerró sus puertas, pero no pasó nada más. Vientos adversos comenzaron a soplar en el Canal y, los aliados, obligados a esperar, se vieron arrastrados fuera. Luego, comenzó el escorbuto.

El 25, un consejo de guerra a bordo del navío *Bretagne*, decidió que había que retirarse para, de camino a Brest, buscar la escuadra de Hardy. La descubrieron la mañana del 31 y, el 1, los cañones disparaban ya sobre su retaguardia. Eran 36 navíos, ocho fragatas y algunos buques ligeros. La flota aliada estaba concentrada en la persecución cuando los barcos de cola comenzaron a izar las señales de convoy a sotavento. Era lo que ambicionaban, un magnífico botín que venía de América. Probablemente el que esperaban desde hacía días los comerciantes ingleses, cargado de objetos de valor. Orvillers no lo dudó, ordenó virar y salió tras él abandonando la persecución. Se equivocó. Al llegar a su altura se encontró con una flota holandesa que se dirigía a puerto. Muy atrás se alejaba le escuadra británica, ya sin posibilidad alguna de alcanzarla y destrozarla.

Mientras, como lo que había comenzado en Gibraltar como un sitio estaba convertido en un simple bloqueo, Floridablanca decidió atacar Menorca, y le encargó al marqués de Sollerich, que preparase un plan de campaña. Abrir un segundo frente en el Mediterráneo, además de útil para recuperar la isla, no dejaba también de ser una forma indirecta de ayudar a los rebeldes americanos y perjudicar a Gran Bretaña.

Los británicos tampoco estaban inactivos en su guerra particular contra España. El 3 de febrero de 1780 partió de Jamaica una expedición inglesa, idea de John Dalling, gobernador y comandante en jefe de la isla. Su objetivo era capturar Granada, en Nicaragua, para cortar las posesiones españolas y conseguir un acceso directo al Pacífico. Entraría navegando por el río San Juan y continuaría por su cauce hasta el lago Cocibolca. El mando de la misión se le entregó al capitán John Polson del regimiento 60.º, y el de las operaciones navales a un joven que parecía prometedor, Horacio Nelson, capitán del *Hinchinbroke*.

Contaban con trescientos o cuatrocientos soldados regulares de los regimientos de infantería 60.º y 79.º, 300 hombres del Cuerpo Leal Irlandés levantado por Dalling en Jamaica, y varios cientos de reclutas locales —mulatos, negros e indios misquitos—. A mediados de marzo llegaron a la desembocadura del San Juan y, el día 17, comenzaron a navegar aguas arriba. El primer contacto con las sorprendidas tropas españolas lo tuvieron el 9 de abril, en la isla de Bartola, cuando tomaron la batería que la defendía. Cuatro días después, pusieron sitio a la fortaleza de San Juan, con una guarnición de 236 hombres.

San Juan, sin posibilidad de recibir refuerzos, resistió hasta el día 27, pero, para entonces, los combates y las enfermedades tropicales habían diezmado a la fuerza atacante, que se encontraba ya sin municiones ni pertrechos. De nada sirvió que el 15 de mayo llegaran 450 soldados británicos de refuerzo, los indios, los mulatos y los negros abandonaron la expedición y dejaron solos a los ingleses. Aguantaron en San Juan sin hacer ningún avance seis meses. El 8 de noviembre recogieron lo poco que les quedaba, volaron la fortaleza y se marcharon. Dejaban atrás 2500 muertos sin haber conseguido nada, probablemente el mayor desastre británico en toda la campaña.

A partir de 1781, todos los esfuerzos españoles se centraron en Florida, Menorca y Gibraltar, con la seguridad de que la flota británica que no estaba en los puertos de Nueva York y Newport, vigilada por la francesa, estaba ocupada en proteger el comercio en el mar del Norte, ahora que a los aliados se habían unido también los Países Bajos. Las operaciones contra Pensacola, en Florida, tras dos intentos frustrados en 1780, comenzaron en febrero y marzo bajo el mando de Bernardo de Gálvez y, contra Menorca en agosto. En ambas participó la Real Armada de forma activa. En la primera, a las órdenes del jefe de escuadra José Calvo Irizabal, reemplazado el 20 de abril por el teniente general José Solano y Bote, que llegó con 15 navíos, tres fragatas, varias embarcaciones menores y 1600 hombres para reforzar a Gálvez. Y en la segunda, formando parte de una escuadra franco-española, mandada por el duque de Crillon, en la que el conde de O'Reilly y el teniente general Buenaventura Moreno, dirigían las fuerzas españolas de mar y tierra respectivamente. Pensacola cayó el 8 de mayo de 1781 y Menorca el 5 de febrero de 1782.

En enero de ese mismo año partió de Cuba otra expedición para tomar Nassau, en Nueva Providencia, las actuales Bahamas, como paso intermedio para una campaña contra Jamaica. Estaba dirigida por Gálvez y la formaban tropas enviadas desde La Habana a las órdenes del teniente general Juan Manuel de Cajigal, embarcadas en transportes españoles, pero escoltadas por una fragata y ocho bergantines bajo el mando del comodoro estadounidense Alexander Guillon.

Nassau y todo el archipiélago cayeron el 8 de mayo de 1782 sin una sola baja. Se tomaron 12 buques de guerra, 5 goletas, 2 balandras, alrededor de 65 embarcaciones menores, 159 cañones, 6 obuses y 1412 prisioneros. El inicio de las negociaciones de paz interrumpió los preparativos contra Jamaica.

Cuando se firmaron en Versalles los tratados que ponían fin a la guerra con Inglaterra, en enero y septiembre de 1783, el asedio a Gibraltar aun continuaba.

Relación de las escuadras utilizadas en las campañas de Argel, Pensacola y Menorca

Argel, 8 de julio de 1775
Teniente general Pedro González de Castejón

Buque de guerra

Navíos

Velasco
San Francisco de Paula
Oriente
San Rafael
San José
Diligente

Fragatas

Nuestra Señora del Carmen
La Liebre
La Esmeralda
Las Palas
Santa Margarita
Santa Dorotea
Santa María
Santa Lucía
Santa Clara
Santa Teresa
Santa Rosa
Santa Bárbara
1 de Malta
2 de Toscana

Jabeques

El Lebrel
El Gamo
La Garzota
El Andaluz
San Luis
San Sebastián
San Antonio
El Atrevido
El Pilar

Urcas

La Anunciación
La Presentación
Santa Inés
Santa Polonia

Paquebotes

El Guarnizo
El Marte

Bombardas

Santa Eulalia
Santa Casilda
Santa Rosa de Lima
Santa Úrsula

Galeotas

San Antonio
San Carlos
La Brillante
La Golondrina
La Concepción
San Francisco
San José

Galeón *El Carmen*, a cuenta del brigadier Antonio Barceló

2 Lanchas cañoneras

2 Escampavías

Barcos mercantes

161 españoles
93 franceses
35 ingleses
25 napolitanos
11 holandeses
5 suecos
1 portugués

Pensacola, 28 de febrero de 1781
Capitán de Navío José Calvo de Irizabal

Buques de guerra

Navíos

San Ramón

Fragatas

Santa Clara
Santa Cecilia

Chambequines

Cayman

Paquebotes

San Pío

Buques de transporte

Fragatas

La Victoria
Santa Rosalía
El Vizcayno
Nuestra Señora del Carmen
Nuestra Sra. de la Merced
Western Norland (hospital)

Paquebotes

San José y San Joaquín
Nuestra Sra. del Camino
San Juan Bautista
Santa Cathalina
Jesús Nazareno
El conde de Aranda

Polacras
El conde de Aranda
La Concepción
San José
Virgo Potens

Saetías
Nuestra Sra. de la Merced

Bergantines
La Pura y Limpia
San José y las Ánimas
Marqués de Narros

Balandras
Nuestra Sra. del Carmen
La Begoña
Nuestra Sra. del Carmen (otra)
Nuestra Señora del Toro
El Rosario
Prudencia

Goletas
La Concepción

ESCUADRA COMBINADA DE REFUERZO PARA PENSACOLA.
8 DE ABRIL DE 1781
Jefe de escuadra José Solano y Bote

1.ª División
Navíos
San Luis
La Destin (francés)
Guerrero
Le Triton (francés)
Magnánimo
Le Serpent (cúter francés)
L'Andromaque (fragata francesa)
Pájaro (bergantín)

2.ª División
Navíos
San Nicolás
L'Intrepid (francés)
Astuto
Asis
Paula
La Licorne (fragata francesa)
Renombrado (bergantín)

3.ª División
Navíos
Le Palmier (francés)
Gallardo
San Gabriel
Dragón
Arrogante
Levrette (bergantín francés)

Fragatas
Nuestra Señora de la O
Mexicana (hospital)

MENORCA, 19 DE AGOSTO DE 1781
Brigadier Buenaventura Moreno

1.ª División
Diego Quevedo
Puerto de Mahón

2.ª División
Pedro Cañaveral
Puerto de Fornells

3.ª División
Antonio Orteaga
Puerto de Ciudadela

Buques de guerra
Navíos
San Pascual
Atlante

Fragatas
Juno
Rufina
Jabeques
Rosario
Santa Gertrudis
Bruno
Gamo

Galeón
Español

Bombardas
Santa Eulalia
Santa Casilda

Balandras
Paloma
Amistad
Fortuna

Brulotes
Santa Eulalia
Santa Gertrudis

Otras unidades
6 lanchas cañoneras
4 barcas para desembarco
73 transportes

7

Solo con honor

Cosme Damián Churruca. Nacido en Motrico, Guipuzcoa, en 1761, su carrera científica y militar lo convirtieron en un hombre muy apreciado. En Trafalgar mandó clavar la bandera de su navío, el San Juan Nepomuceno, para evitar su rendición. Cuando murió sobre la cubierta de su barco, el navío fue apresado y trasladado a Gibraltar sin que pudiera recuperarse.
Museo Naval, Madrid.

Ya deseo ver La Gaceta *para leer en ella la carta de Cisneros que me dices y tus respuestas; y por las noticias que nos van viniendo es un glorioso combate. Solo las pérdidas de tantas gentes y tan buenas es lo sensible, y veremos que los ingleses han pasado mucho, lo que no suelen tenerlo de costumbre, y lo disfrazarán cuanto puedan…*

Carta de la reina a Godoy tras el combate de Trafalgar.
Archivo de Palacio. Papeles reservados. Tomo 96.

7.1 Comienza la decadencia

La muerte de Carlos III, ocurrida el 14 de diciembre de 1788 y el inicio de la Revolución francesa durante los primeros días de mayo de 1789, trastocaron el equilibrio europeo forjado a través de todo el siglo XVIII. Aunque al ocupar el trono Carlos IV, decidió mantener en el poder a Floridablanca, el artífice del nuevo resurgimiento español, en 1792 lo sustituyó por el aragonés Pedro Pablo Abarca de Bolea y Ximenez de Urrea, conde de Aranda, que, tras solo unos meses, dio paso a Manuel Godoy.

En 1793, con él al frente del gobierno, la ejecución de Luis XVI en la guillotina provocó que España declarara la guerra a Francia entrando en la coalición antirrevolucionaria, una guerra que fue favorable en sus inicios a los intereses españoles, cuando se invadió el Rosellón y se ocupó temporalmente la base naval francesa de Tolón y en la que, un año después, se hizo evidente que la coalición era incapaz de doblegar la resistencia de la Francia de la Convención, por lo que algunos gobiernos, entre ellos España, creyeron prudente poner fin al conflicto.

La firma en 1795 de la paz de Basilea permitió a España recuperar todos los territorios perdidos durante la contienda excepto la zona oriental de la isla de Santo Domingo[118], pero Gran Bretaña, todavía en guerra con Francia, disconforme con las condiciones del tratado presionó a España para que se aliara con ella. España respondió renovando los compromisos nacidos de los viejos Pactos de Familia, y firmó con Francia, el 18 de agosto de 1796, el tratado de San Ildefonso, que la llevaría finalmente a declarar la guerra a Gran Bretaña y a ponerse vergonzosamente a las órdenes de Francia.

El abandono de la neutralidad defendida por Floridablanca, no pudo ser peor para las Armas Españolas. La alianza, arrastró al país a una guerra inútil que durante cinco años produciría enormes gastos e incalculables perjuicios al comercio —al arruinar por completo la navegación mercantil—, y destruiría progresivamente los 117 buques, entre navíos y fragatas, con los que contaba, al comenzar la última década del siglo, la Armada Española.

---

[118] Es llamativo el hecho de que, en la paz, España cediera a Francia la parte oriental de La Española, hoy República Dominicana, el único territorio en el que llevaba ventaja, pues a la firma del tratado de Basilea el ejército español ocupaba extensas áreas del actual Haití.

7.1.1 La Real Armada durante la época napoleónica

En 1790, la complejísima organización de la Armada mantenía, salvo pequeños cambios, el esquema realizado, a semejanza de la francesa, durante el ya lejano reinado de Felipe V. Sería la misma existente hasta el final de la Guerra de Independencia, formada por los siguientes estamentos:

- Consejo Supremo del Almirantazgo.
- Secretaría de Estado y Despacho Universal de Marina.
- Estado Mayor.
- Capitanes Generales.
- Tenientes Generales.
- Jefes de Escuadra.
- Brigadieres de Marina.
- Capitanes de Navío.
- Capitanes de Fragata.
- Estado Mayor de la Armada.
- Estado Mayor de los Departamentos.
- Juntas de los Departamentos.
- Señores Comandantes Generales de Arsenales.
- Capitanes de Puertos.
- Compañías de Guardias Marinas.
- Infantería de Marina.
- Real Cuerpo de Artillería de Marina.
- Ingenieros de Marina.
- Cuerpo de Pilotos.
- Señores Comandantes de los Tercios Navales.
- Señores Intendentes de Marina.
- Señores Veedores de Marina.
- Señores Contadores Principales.
- Señores Tesoreros.
- Señores Comisarios Ordenadores graduados.
- Señores Comisarios de Guerra.
- Señores Comisarios de Provincia.
- Señores Ministros de Real Hacienda de Marina en los Puertos de Indias.
- Estado Eclesiástico.
- Señores Auditores de las Capitales de los Departamentos.
- Señores Auditores de las Provincias.

- Hospitales y Cuerpo de Profesores Medico-Cirujanos.
- Encomiendas de las Cuatro Ordenes Militares.

El almirante general de la Armada tenía la máxima responsabilidad y respondía ante el rey sobre los asuntos de esta. Los capitanes generales, tenientes generales y jefes de escuadra tenían la responsabilidad del mando de una o varias flotas y solían embarcarse en los navíos más grandes y potentes, los de 112 cañones, aunque en momentos de necesidad o falta de disponibilidad de los navíos de tres puentes, podían enarbolar su insignia en cualquier otro. Los brigadieres, a semejanza de los comodoros británicos, ejercían el mando temporal de una pequeña escuadra de varios navíos o fragatas, o incluso un solo navío, aunque esta labor recaía, sobre todo, en el capitán de navío, que se rodeaba de una docena de oficiales de guerra subalternos: capitán de fragata, teniente de navío, teniente de fragata, alférez de navío y alférez de fragata, siendo normalmente un capitán de fragata el segundo en el escalafón.

Un capitán de navío, que equivalía a coronel en el Ejército, podía mandar también un batallón de Infantería de Marina, mientras que un teniente de navío podía ejercer las labores de mando de solo una compañía, que era lo que normalmente llevaba un navío como guarnición.

Los oficiales de guerra procedían de las clases aristocráticas, sin que pudiesen ascender a más de alférez de fragata, salvo expreso nombramiento del rey, los que no tuviesen esa condición.

Los guardiamarinas durante este periodo solían ser jóvenes de entre 16 y 18 años, también de familias aristocráticas o hidalgas, que estudiaban en la Academia para llegar a ser oficiales de guerra. Posteriormente, embarcados, y en manos de sus superiores que ejercían de tutores, ponían en práctica sus conocimientos antes de pasar una prueba para poder ascender a oficial, si la suspendían repetidamente, eran expulsados de la Armada. Junto a estos estaban los «aventureros», que prestaban servicio como meritorios, sin uniforme y sin cobrar paga alguna. Vivían sometidos a un régimen académico semejante al de un alumno libre, embarcaban sin graduación para adquirir experiencia militar y naval y, cuando se consideraban preparados, se presentaban a examen para alcanzar el grado de alférez de fragata si no lo habían conseguido antes por méritos en campaña.

La dotación de un barco la formaban la tripulación y la guarnición. Los primeros eran la gente de mar que llevaba una embarcación para la maniobra y servicio del mismo sin contar a los oficiales. Los segundos, la unidad de infantes de marina que embarcaba en el navío para realizar los servicios de armas y vigilancia, y que a su vez constituían la fuerza de desembarco. La guarnición estaba compuesta de fusileros, más numerosos y dedicados a apoyar con su fuego los abordajes y combates navales, y granaderos, que igual que en el ejército, tenían como misión lanzar granadas o bombas al buque contrario.

La tripulación era variable, pero de acuerdo con la ordenanza de 1793, en un buque tipo podía ser la siguiente: oficiales mayores, entre los que se encontraban contadores, pilotos[119], cirujanos y capellanes; oficiales de mar, entre los que estaban contramaestres, guardianes y cabos de guardia[120]; marinería y, según el tamaño del navío, un sangrador, enfermeros y asistentes de convalecencia.

La marinería era muy diversa. Estaban los encargados de las gavias, —los gavieros— que debían sumar al menos 12, de los cuales 5 debían ser artilleros de preferencia y otros 5 artilleros o marineros comunes. Entre ellos se distinguían los de mayor, los de proa y los de sobremesana. Los bodegueros y pañoleros, que se elegían entre los artilleros y marineros comunes, cuya misión consistía en velar por la colocación, aseo y custodia de los pertrechos a su cargo. Los timoneles y guarda- banderas, que custodiaban el timón, las banderas y los faroles de señales. Los marineros aplicados. Los meritorios de pilotaje y los pajes y grumetes.

Solían ir también embarcados, los reposteros del comandante —elegidos entre los grumetes— los esquifazones de falúa, bote, lancha y serení, que eran los marineros encargados de preparar y remar los cuatro tipos de botes auxiliares que tenía un navío, y los penados.

A los anteriores se añadía el personal de Maestranza, que podía prestar servicio tanto a bordo como en los arsenales, y que estaba formado por un conjunto de obreros cualificados: despenseros, carpinteros, calafates, armeros, maestro de velas, farolero, buzo, cocinero, rancheros, maestres de víveres y mayordomos.

---

119 El Cuerpo de Pilotos, oficiales mayores formados en escuelas de náutica con gran preparación, eran los encargados de dirigir la derrota del barco y la navegación del mismo, desde 1770 su uniformidad era distinta a la de la marinería.

120 Los oficiales de mar por excelencia eran los contramaestres. Hábiles y experimentados en las faenas marineras, ejercían el mando de la marinería a las órdenes directas de los oficiales. Los guardianes estaban a las órdenes de los contramaestres, y al igual que ellos, se encargaban de hacer cumplir la rígida disciplina del barco. Los cabos de guardia se elegían entre los artilleros.

Según la ordenanza de 1799 los marineros debían de tener entre 14 y 60 años y podían ser voluntarios o de leva.

Los voluntarios eran profesionales, se los denominaba marineros de matrícula, y debían estar registrados en un libro realizado por orden alfabético, donde constaban los apellidos, nombre, padre, madre, lugar de nacimiento, edad, estado, color de los ojos, del pelo, y las señales de rostro y cuerpo que distinguieran al matriculado.

A los quince años de servicio tenían derecho a una paga, a la consideración de inválido si sufrían algún tipo de daño o amputación, o a continuar en la Armada sin embarcarse. Con la ordenanza de 1802 consiguieron tener los mismos privilegios e igual trato que los batallones de infantería de marina y el Real Cuerpo de sus brigadas de artillería.

A la leva, el enrolamiento forzoso para cubrir las plazas vacantes, se recurría siempre que no había dinero para pagar a los marineros matriculados o cuando simplemente había escasez de ellos. Podía ser «honrada», denominada así para distinguirlas de la de maleantes y vagos, pero a finales del siglo XVIII la más común era esta última, puesto que los alcaldes y autoridades municipales podían declarar una leva unilateralmente cuando fuera necesario, y la utilizaban sin ningún escrúpulo para obligar a embarcar a todo vago, maleante, gitano, desertor o vagabundo que se encontrara en sus terrenos, sin posibilidad de reclamación por parte de los afectados.

La mala calidad de la gente de leva, y el nulo aprovechamiento que de ellos se hacía, obligó por Real Orden de 25 de febrero de 1802, a que, en teoría, se prohibiese enviar a delincuentes o reos a los barcos del rey. No ocurrió así. En la práctica, se siguió empleando el mismo sistema en tiempos de guerra, puesto que, por ejemplo, un navío de 112 cañones, que en tiempo de paz tenía una tripulación y guarnición de 745 hombres, en periodos de guerra ascendía hasta 1048.

Para intentar mejorar la calidad de la marinería, en las citadas ordenanzas de 1793 se regularon unos planes de adiestramiento a bordo mediante los cuales se pretendía alcanzar la operatividad deseada. En ellos se ordenaba a la tripulación al menos en cuatro brigadas, al mando de un oficial, un contramaestre o un guardián, que tomaban la denominación de estribor de popa, estribor de proa, babor de popa y babor de proa.

Cada brigada estaba a su vez dividida en dos trozos, asignados cada uno a un cabo de guardia, para las distintas tareas de a bordo, como, por ejemplo, el trozo de abordaje o el de contraincendios, y en

DOTACIÓN DE UN NAVÍO DE LÍNEA ESPAÑOL DE 74 CAÑONES, SEGÚN EL *REGLAMENTO GENERAL DE GUARNICIONES Y TRIPULACIONES* DE 1 DE ENERO DE 1788

La tripulación, gente de mar encargada del manejo del buque y su artillería, y la guarnición, infantería de marina embarcada, sumaban 510 hombres, a los que había que añadir 24 oficiales de marina y oficiales mayores.

OFICIALES DE GUERRA

1 Brigadier o capitán de navío
1 Capitán de fragata
2 Tenientes de navío
2 Tenientes de fragata
2 Alférez de navío.
3 Alférez de fragata.

Total: 11 Oficiales mayores.

1 Contador.
2 Capellanes
1 Cirujano de 1.ª
1 Cirujano de 2.ª
1 Piloto de 1.ª
1 Piloto de 2.ª
2 Pilotines
4 Guardiamarinas

Total: 13 Oficiales

OFICIALES DE MAR

1 Primer contramaestres
1 Segundo contramaestres
1 Primer guardián
2 Segundos guardianes
1 Primer calafate
3 Segundos calafates
1 Mozo
1 Primer carpintero
2 Segundos carpinteros
1 Tercer carpintero
1 Cocinero de equipaje
1 Buzo
1 Armero
1 Farolero
2 Maestros de velas
1 Patrón de Bote

Total: 21

- Tropa de infantería de marina: 112
- Tropa de artillería: 38
- Artilleros de Preferencia: 15
- Artilleros Ordinarios: 80
- Marineros: 100
- Grumetes: 120
- Pajes: 24

ranchos, de 8 a 12 hombres cada uno, que comían juntos al mando del cabo de guardia y a cuyo ranchero o encargado de la comida se le habían entregado los perolos y marmitones necesarios.

Los ranchos agrupaban también a la dotación de un mismo cañón y debían situarse atendiendo a la numeración de las baterías. Los cañones pares, a estribor, y los impares a babor. Para el cumplimiento del servicio, la tripulación se ordenaba en «guardias», a las que se denominaban de igual forma que las brigadas.

La vida a bordo era dura tanto en la paz como en tiempos de guerra, se regía por las ordenanzas en turnos de cuatro horas, y cada comandante debía tener dispuesto un «plan de puestos», que normalmente se completaba con instrucciones o advertencias dictadas por cada general de la escuadra o comandante de navío.

Entre las normas más importante estaban:

- Que en la cubierta del alcázar y castillo permaneciese solo el personal de guardia para evitar que el trasiego de los desocupados estorbara las maniobras.
- Que por la noche se dejaran alistados los cañones de la batería alta para evitar los ataques por sorpresa.
- Que desde la puesta de sol se cerraran las seis escotillas de la bodega —dos de la santabárbara, la de la despensa, la escotilla mayor, la de proa y la del pañol del contramaestre— quedando las llaves en poder de tres oficiales que eran responsables personales de su apertura en caso de combate o cualquier otra necesidad, y que la escotilla de la santabárbara tuviera siempre un centinela armado, escogido «entre los de mayor firmeza y buena razón», con la consigna de dar muerte a cualquiera que intentase bajar a ella sin orden expresa de uno de los oficiales de la batería o del ayudante del comandante.

El armar y preparar un buque de guerra era tan costoso que, en los años finales del reinado de Carlos III, aunque la Real Armada contaba con una magnifica flota de 78 navíos de línea, más de 50 fragatas y un sin fin de buques menores, muchos de ellos se encontraban en reserva, fondeados en sus bases, sin armamento, arboladura, ni provisiones, a la espera de que algún día se los necesitase y se los acondicionase para el servicio.

Los uniformes y el armamento de la Real Armada

La uniformidad de los oficiales y soldados de los batallones de marina y artillería estaba regulada por la ordenanza, la ultima de 9 de julio de 1802, obligándoles a vestir el uniforme reglamentario bajo cualquier circunstancia. Los oficiales tenían dos tipos de uniformes, uno pequeño utilizado cuando se encontraban a bordo del buque para el uso diario, y otro grande para gala, fiestas y ceremonias.

La marinería no tuvo una verdadera uniformidad hasta principios del XIX, aunque se tendía a que los tripulantes de cada barco se vistiesen más o menos igual. Como les sucedía a los británicos, la ropa de faena era muy similar a la que se utilizaba en la vida civil, tanto, que al entrar en combate había necesidad de prenderse en el gorro o la camisa una escarapela encarnada o blanca para diferenciarse del enemigo si se llegaba al abordaje.

La infantería de marina vestía de forma muy parecida a sus homólogos de tierra, salvo que la casaca era de color azul marino y las bocamangas y el cuello encarnados, con un ancla bordada, como distintivo de su función naval. Esta uniformidad era parecida en la tropa de artillería, pero sustituyendo el ancla por una granada o bomba que hiciera distinción a su arma. También se procuró uniformar a los capellanes, los contramaestres y los guardianes.

Los oficiales iban armados con una espada y una pistola reglamentaria del modelo de 1802. Para la marinería se repartían, antes de iniciar el combate, armas blancas como picas, sables y hachas para abordaje. Aunque algunos marineros podían utilizar los trabucos, armas de poca efectividad a larga distancia pero mortales en distancias cortas por la dispersión del tiro, por regla general los mosquetes eran armas casi exclusivas de la guarnición de infantería de marina y de los tiradores, que con especial puntería se apostaban como francotiradores en la arboladura del buque para disparar a los oficiales enemigos.

Como armamento especial se utilizaban los frascos de fuego, vasijas de vidrio que llenas de pólvora de fusil, flor de azufre u otro mixto incendiario, se arrojaban al navío enemigo durante un abordaje, habiendo encendido previamente la mecha de que iban provistas, impregnada de azufre. Por reglamento, los navíos llevaban dos frasqueras de a 15 frascos de fuego cada una, cuatro las fragatas, ocho las galeotas y doce los jabeques.

Los navíos disponían de cañones largos de diferentes calibres que iban desde los de 8 libras de los más pequeños, hasta las 36 libras de los más grandes, que se cargaban por la boca y se disparaban mediante tirafrictor, una llave de fuego con cordones que había sustituido a finales del siglo XVIII a la clásica mecha para mejorar su rapidez y seguridad; carronadas, un cañón que debía su nombre a haber sido fundido en sus inicios en Carron, Escocia, y que pese a tener un menor alcance, en comparación con los cañones normales era de fácil manejo, tenía menor riesgo para los sirvientes en combate y se podía hacer con él disparos más rápidos y mejor dirigidos; obuses, piezas ligeras para lanzar granadas con tiro directo y aumentar los fuegos altos de los buques y esmeriles, pequeñas piezas de retrocarga, de 4 a 5 cm de calibre, que, cargadas con metralla, se emplazaban sobre las bordas, en alcázares, castillos y cofas para batir las cubiertas enemigas antes de los abordajes.

En los cañones había un jefe de pieza, el cabo de cañón, que generalmente pertenecía al cuerpo de Artillería de Marina y que era responsable de la puntería y el disparo, junto a él se encontraban los sirvientes, artilleros de preferencia o artilleros ordinarios, que formaban parte de la marinería, y que estaban enumerados en combate como primero, segundo, tercero, y así sucesivamente, para una mejor coordinación y brevedad en las órdenes.

El tipo de proyectil, ya fuese bala normal, palanqueta o metralla y la forma del tiro variaba según la táctica empleada. Este último podían hacerlo para desarbolar, destruyendo los aparejos del enemigo imposibilitando su maniobra, pero sin reducir su capacidad de fuego. Tirando al casco, para destruir la artillería del otro navío. Tirando bajo la línea de flotación, o tirando en hilera, la maniobra más deseada en el combate naval, consistente en pasar por la proa o la popa del adversario, y de fulminarlo con toda la artillería sin que este pudiera replicar.

7.2 Inglaterra una vez más

En la segunda mitad de 1796 se encontraban operando en el Mediterráneo, la escuadra combinada del teniente general, Juan de Lángara —formada por unidades españolas y francesas, con su insignia en el *Santísima Trinidad*—, y la flota británica del Mediterráneo al mando de John Jervis. Al tener Lángara noticias de que sin haber mediado declaración de guerra, Inglaterra había ordenado el apresamiento de cualquier barco español que se encontrara en sus aguas, adoptó la misma postura y, en varios enfrentamientos con la escuadra del contralmirante inglés Man, le capturó alguno de sus barcos.

Ante la gran amenaza de la flota combinada, Man, que tenía que incorporar sus fuerzas a las de Jervis, prefirió salir al Atlántico, dejándolo en una situación muy comprometida, ya que, al no poder contar con refuerzos, quedaba en franca inferioridad ante un posible encuentro con las fuerzas españolas y francesas que, juntas, eran tres veces superiores a las suyas.

Por otra parte, los éxitos de Napoleón habían dejado a los ingleses prácticamente sin bases en el Mediterráneo. Por eso, cuando el 5 de octubre España declaró la guerra a Inglaterra, Jervis recibió la orden de abandonarlo en cuanto le fuera posible. Lángara se encontraba entonces relativamente cerca, de hecho, el 15 de octubre llegó a avistar algunos barcos exploradores ingleses de la escuadra del comodoro Horatio Nelson próximos a Córcega, a los que, con sus fuerzas, muy superiores, podía haber atacado y posiblemente aniquilado. En lugar de hacerlo, se dirigió a Tolón de acuerdo con las instrucciones recibidas, para entrar en el puerto a principios de noviembre.

Jervis aceleró sus preparativos para salir hacia el Atlántico en cuanto se incorporara Nelson a la flota con el navío *Minerve* y algunas fragatas. El comodoro llegó el 2 de noviembre, y pocos días después, la escuadra inglesa, compuesta por 15 navíos, varias fragatas y otros buques diversos, partió hacia el Estrecho y llegó a Gibraltar el 1 de diciembre. Con su apresurada salida, Inglaterra perdía el dominio naval en el Mediterráneo.

Mientras tanto, la escuadra española había zarpado de Tolón el 30 de noviembre para dar escolta a la división francesa mandada por el contralmirante Villeneuve, que se dirigía a Brest. En diciembre, fondeó en Cartagena, donde Lángara fue relevado por el teniente general José de Córdoba y Ramos.

A finales de 1796, los franceses, que continuaban con los antiguos planes de invasión del territorio británico, habían tratado de llevar a cabo un desembarco en las costas irlandesas que había resultado un rotundo fracaso a causa de la niebla y los temporales. Los mismos fenómenos, al llegar al Canal de la Mancha, habían provocado también pérdidas de barcos a los ingleses, y en el sur, se habían cebado con Jervis, al que parecía que la suerte le había abandonado por completo. En poco tiempo había perdido 3 navíos por temporales en el estrecho, otro en el viaje hacia Lisboa, emprendido el 16 de diciembre ante la amenaza que representaba la flota aliada, y uno más, de tres puentes, que había encallado en el estuario del Tajo. El gobierno de Madrid, que conocía los problemas de Jervis, al que solo le quedaban 10 navíos y pedía con insistencia refuerzos a su gobierno, decidió trasladar las fuerzas navales de Cartagena a Cádiz, sin prestar atención a la falta de personal, pertrechos y repuestos que padecían los barcos, al considerar, que en tan corto trayecto no iban a ser necesarios y que, en aquellos momentos, la escuadra inglesa no representaba una seria amenaza.

El 1 de febrero de 1797, José de Córdoba salió de Cartagena al mando de una escuadra compuesta por 27 navíos. Además del *Santísima Trinidad*, que por entonces ya montaba 130 cañones, llevaba 6 navíos de tres puentes y 112 cañones, y otros 20 de dos puentes: uno de 80 cañones, 18 de 74 y uno de 68. Junto a ellos, navegaban 8 fragatas, 4 urcas, 1 bergantín y 28 lanchas cañoneras y bombarderas. Al pasar cerca de Málaga se le unió un convoy de mercantes con destino a Cádiz.

La escuadra navegó con buen tiempo y llegó al estrecho el 5 de febrero. A la altura de Algeciras, Córdoba dejó las lanchas acompañadas de 3 navíos, el *Bahama*, *Neptuno* y *Terrible*, y continuó hacia Cádiz, donde dejó el convoy de mercantes. En Cádiz se produjo un brusco cambio de tiempo. Comenzó a soplar un fuerte viento de levante y, mientras los mercantes entraban en puerto, los 24 navíos de la escuadra se desplazaron a sotavento y fueron arrastrados hacia el oeste.

Jervis, con su insignia en el *Victory*, conocedor de los movimientos españoles, esperaba en mar abierto, en las inmediaciones de San Vicente. Había recibido por fin la confirmación de que se le enviaban los refuerzos solicitados y podría disponer de 5 navíos más de las escuadras del Canal —2 de 98 cañones y 3 de 74—, lo único que podía enviar en esos momentos el gobierno británico, que continuaba amenazado por nuevos intentos de desembarco francés en sus costas o en las costas irlandesas.

El almirante John Jervis ocho años después del combate de San Vicente. Jervis, conocido por la estricta disciplina con la que trataba a los hombres bajo su mando había ingresado en la armada como grumete en 1748, a la edad de 13 años. La abandonó poco después, pero reingresó como marinero bajo la protección del almirante George Townshend. El 2 de enero de 1755 pasó su examen de teniente. Desde entonces realizaría una fulgurante carrera en campañas y despachos que lo llevaría al cargo de almirante de la escuadra azul el 1 de junio de 1795. Obra realizada por Domenico Pellegrini en 1806. National Maritime Museum. Greenwich, Londres.

Los refuerzos se incorporaron a la escuadra el 6 de febrero, por lo que ahora, la fuerza de Jervis era en realidad mucho mayor de lo que Córdoba creía. Estaba formada por 15 navíos: 6 de tres puentes —2 de 100 cañones, 3 de 98 y 1 de 90—, y 9 de dos puentes —8 de 74 cañones y 1 de 64—. Además, disponía de 4 fragatas, 2 corbetas y 1 balandra.

El temporal continuó zarandeando a la flota española durante varios días, y la empujó cada vez más cerca de San Vicente, a donde llegó totalmente desorganizada el 13 de febrero. Por la tarde, cuando el viento rolaba al sudoeste y Córdoba trataba de poner orden y arrumbar hacia Cádiz, sus barcos exploradores señalaron la presencia de velas sospechosas hacia el oeste, lo que no le preocupó excesivamente, consciente de su superioridad, si la flota inglesa se dejaba ver. Estaba convencido de que Jervis, como mucho, contaba con 10 navíos. Eso era lo que le habían informado desde Madrid y le había confirmado algún barco neutral durante su navegación de Cartagena a Cádiz.

Sin tomar medidas preventivas, y con exceso de confianza, dejó que sus barcos se mantuvieran esparcidos, entretenidos en dar caza a los mercantes que avistaban, de los que ya habían apresado cuatro, sin tratar en ningún momento de reunirlos en formación de combate.

El mismo día 13, Nelson se incorporó con las fragatas *Minerve* y *Blanche* procedente de Gibraltar, tras haber efectuado un reconocimiento de la fuerza española. Por el camino, había capturado el 19 de diciembre a la fragata *Sabina*, cuando se hallaba descolgada del grupo principal, para perderla unas horas más tarde a manos de la *Matilde*. Había contado los barcos españoles, que navegaban en bastante desorden, e informó a Jervis sobre su situación y movimientos. En conclusión, consideraba que era una buena ocasión para tratar de interceptar alguno.

Ante la gran diferencia de fuerzas, 15 navíos ingleses contra 24 españoles, la opinión de Nelson podía parecer descabellada, pero él tenía un pobre concepto de la armada española por su penuria de medios, y, sobre todo, por su escasez de personal, desorganización y falta de adiestramiento. Tanto es así, que había llegado a escribir: «los españoles construyen los más hermosos navíos, pero no tienen la misma habilidad para formar hombres de mar para tripularlos». Puede que tuviera razón. De cualquier manera, al almirante Jervis la propuesta de Nelson le pareció buena idea. Consideró que podría acercarse a la flota española, actuar con certeras maniobras según se presentase la situación, y tratar de dar caza a alguno de los barcos más rezagados. Para ello organizó a sus navíos en dos columnas cerradas, adoptó una formación compacta para la noche, con órdenes estrictas a los barcos de conservar los puestos, y arrumbó hacia el sur de San Vicente con las fragatas en vanguardia.

7.2.1 San Vicente. Un desastre en alta mar

El 14 de febrero amaneció con niebla, muy poca visibilidad, vientos del oeste y con la flota española situada hacia el suroeste de San Vicente. La inglesa, que había mantenido el orden del día anterior, continuó navegando a rumbos de componente sur, mientras las fragatas de avanzada, *Lively* y *Niger*, señalaban la presencia de navíos españoles, confirmados más tarde por el navío Culloden en cabeza de la formación.

Ante sus ojos, el número de barcos españoles aumentaba conforme se despejaba la niebla y disminuía la distancia. Sobre las siete y media de la mañana la escuadra española continuaba totalmente dispersa. Córdoba trató de reagruparla ordenando a los barcos, mediante señales, formar en tres columnas y navegar al sudeste, rumbo a Cádiz. Media hora después envió al sur a los navíos *Pelayo* y *San Pablo* a reconocer unas velas que aparecían en el horizonte.

Con sus barcos muy desordenados, sobre las nueve, los españoles empezaron a ver velas sospechosas al noroeste y, al poco tiempo, Córdoba repitió las órdenes de adoptar la formación.

Ya cerca de las nueve y veinte, Jervis mandó comenzar la caza. Formó a sus barcos en línea de batalla y situó al *Victory* en el centro. Cuando la neblina acabó de disiparse, aparecieron ante los españoles los 15 navíos de la escuadra inglesa, a unas 3 o 4 millas, muy próximos entre sí, perfectamente colocados y navegando hacia el sur con todo su aparejo desplegado.

Sin tener en cuenta las urcas ni las presas, la escuadra española estaba repartida en tres grupos. Uno, de 17 navíos, que en aquel momento componían el centro y la retaguardia en la marcha hacia Cádiz, en el que se encontraba Córdoba con el *Santísima Trinidad*, estaba hacia poniente y por ello a barlovento4, con los barcos apelotonados en grupos de dos, tres y cuatro, navegando hacia el este. Otro de 5 navíos, correspondientes a la vanguardia, estaba más al este aún, a sotavento5, adelantado en su movimiento hacia Cádiz. Y el tercero, al sur, lo formaban los 2 navíos que Córdoba había destacado por la mañana.

Sobre las 9 y media, Jervis se dirigió resueltamente hacia el hueco que habían dejado los dos grandes grupos de barcos españoles, para impedir que se reunieran y alcanzaran una superioridad numérica que sería abrumadora. Eran ya casi las 10, cuando Córdoba, que con el grupo de poniente navegaba viento en popa para acercarse al grupo de levante, se dio cuenta de que los ingleses se acercaban demasiado deprisa y no le daría tiempo a pasar, por lo que mandó formar rápidamente en línea de combate, sin tener en cuenta los puestos que debía ocupar cada navío, y ordenó virar simultáneamente e invertir el rumbo para tratar de mantenerse a barlovento, pensando que los ingleses se dirigirían a atacar a la otra formación española, por ser más reducida y estar a sotavento. En la maniobra, los tres barcos españoles de cabeza —*Conde de Regla*, *Príncipe de Asturias* y *Oriente*— también lograron virar y pasar por delante de la línea inglesa, pero quedaron a sotavento, retrasados.

---

121 Dirección por la que llega el viento.

122 Al navegar con el viento a favor, los buques situados a barlovento podían elegir cuándo participar en la batalla o cuándo retirarse. Los situados a sotavento tardaban mucho más en maniobrar y, a menudo, no podían hacer otra cosa que combatir.

Jervis podía haber dirigido toda su fuerza contra los barcos de sotavento, que ahora eran 8, y acabar con ellos, pero los 14 navíos de barlovento representaban una gran amenaza. Se le podían echar encima y cogerlo entre dos fuegos, por lo que decidió caer con su columna a estribor, hacia poniente, para perseguir al grupo más numeroso, que seguía apelotonado, olvidándose del grupo menor, que al estar en sotavento no representaba una amenaza inmediata.

Los tres navíos que habían rebasado la línea inglesa quedando descolgados se encontraron próximos a la parte central británica que aun no había virado. Los dos primeros, sobre todo, el *Conde de Regla* y el *Príncipe de Asturias*, recibieron el fuego de los barcos enemigos que, siguiendo a su línea, desfilaban ante ellos. Comenzó el *Victory* y le siguieron el *Egmont*, el *Goliat* y el resto del centro y retaguardia inglesa. Solos, sin posibilidad de responder al fuego enemigo, los navíos españoles, como no pudieron continuar la maniobra para unirse a su grupo, se alejaron por sotavento para tratar de acercarse más tarde. Mientras tanto, la vanguardia inglesa empezó a intercambiar disparos con la cola española.

Sobre las once menos cuarto, José de Córdoba ordenó a su columna, o mejor dicho, a su deforme grupo, una maniobra brillante, al menos sobre el papel: debían virar por estribor y arrumbar en línea hacia el este, a sotavento, para intentar enfrentarse de vuelta encontrada, en igualdad de condiciones, con la línea de Jervis. Así podrían coger a la retaguardia inglesa entre dos fuegos al tiempo que, al unirse al otro grupo lograrían la superioridad de fuerzas.

La idea de Córdoba era acertada, y con sus barcos, de más andar que los ingleses, podía haber tenido éxito, pero la maniobra no salió bien. Hubo desorden, malos entendidos, el humo de los cañonazos no permitió ver las señales y, mientras unos barcos reaccionaron con prontitud, otros no lo hicieron. Su buque insignia, el *Santísima Trinidad*, en la zona más avanzada, hizo la virada más o menos seguido por los barcos cercanos, hasta formar un grupo de siete navíos que prácticamente completaron el giro: el *Santísima Trinidad*, *San Nicolás*, *San José*, *Salvador del Mundo*, *Mejicano*, *San Isidro* y *Soberano*, pero los barcos del centro, mandados por el general Morales de los Ríos con su insignia en el *Concepción*, siguieron su rumbo hasta que se dieron cuenta de la maniobra y reaccionaron, en algunos casos, con mucho retraso.

Nelson, que se percató de la maniobra de Córdoba, salió de la formación con su barco el *Captain* —tercero por la cola inglesa que todavía no había iniciado el viraje a estribor—, arrumbó directamente a la cabeza de la fuerza española, e informó de su maniobra a los dos barcos que le seguían por popa, el *Diadem* y el *Excellent*. Hacia el mediodía el *Captain* se enfrentó a los barcos de proa, entre ellos al *San Nicolás* y al *Santísima Trinidad*, al que atacó con furia, a pesar de que el español doblaba al inglés en todos los aspectos.

Córdoba frenó su marcha creyendo que la oposición en aquella zona era mucho mayor que la que realmente existía. El *Trinidad*, pesado y poco maniobrero, cayó hacia su propia retaguardia, y respondió con un vivo fuego que causó grandes destrozos al *Captain*. En ayuda de Nelson acudieron primero el *Culloden* y al poco tiempo el *Blenheim*, ambos de la vanguardia inglesa, que cayeron a sotavento, sacaron al *Captain* del apuro y cañonearon intensamente a los buques de la cabeza española, apoyados por el *Excellent*, de la cola inglesa, que mandado por Collingwood había ido directamente a la zona de acción.

Al poco tiempo entraron por barlovento el *Victory*, *Britannia*, *Barfleur*, *Namur* y *Diadem*, que terminaron de envolver al grupo de siete navíos españoles. Los ingleses se aproximaron abriendo un intenso fuego, con la seguridad de que si no hacían blanco en un barco lo harían en el vecino. En poco tiempo, el *San Nicolás* y el *San José*, tan próximos entre si que se tocaron y llegaron a enredar sus maniobras, quedaron desmantelados. Sus aparejos y velas cayeron por los costados delante de las baterías, y tuvieron que suspender el fuego.

El *Captain* abordó al *San Nicolás*, y tras una dura lucha cuerpo a cuerpo en la que murió su comandante, el brigadier Tomás Geraldino, el barco fue apresado y utilizado como plataforma para pasar al *San José*, en el que el general Winthuysen había sido despedazado por una bala de cañón. También fue apresado. Lo mismo les ocurrió al *Salvador*, con su comandante Antonio Yepes muerto por una bala de cañón que le dio en el pecho, y al *San Isidro*, con su comandante herido. Todos ellos con las cubiertas llenas de heridos y cadáveres.

Mientras tanto, el *Santísima Trinidad*, que desde el principio era uno de los objetivos preferentes de los ingleses, fue atacado de forma insistente por diferentes barcos, y en algún momento del combate se vio rodeado y cañoneado por el *Blenheim*, el *Orion*, el *Irresistible* y el propio *Captain*.

Tras casi 5 horas de lucha, totalmente desarbolado y destrozado, Córdoba informó a los otros buques que no podía aguantar por más tiempo el acoso de los británicos, y que iba a arriar la bandera en señal de rendición. Ya estaba a punto de ser apresado, cuando llegaron en su rescate, procedentes del sur, el *Pelayo* y el *San Pablo*, a los que al poco

El navío Pelayo, *a la izquierda, acude con todo el aparejo desplegado en ayuda del castigado* Santísima Trinidad *durante el combate del cabo de San Vicente. Obra de Antonio de Brugada realizada en 1858.* Museo Naval, Madrid.

tiempo se unieron, con grandes esfuerzos, los navíos *Príncipe de Asturias*, *Conde de Regla*, *Paula* y *San Fermín*, conducidos por el general Moreno, con su insignia en el *Príncipe de Asturias*. El primero en llegar fue el *Pelayo*, mandado por el capitán de navío Valdés, que encañonó al *Trinidad* y le instó a izar de nuevo la bandera si no quería ser tomado por enemigo y atacado como tal, lo que, unido a la aproximación de los demás barcos, obligó a los británicos a abandonar su presa.

La presencia de los navíos de Moreno sirvió para que el *Santísima Trinidad* volviera al combate, pero Jervis, que veía al grupo de sotavento y al grupo del centro español acercarse peligrosamente amenazando caer sobre él, lo dio por finalizado e inició la retirada, cuando ya algunos de sus barcos se estaban quedando sin municiones.

Los ingleses se fueron, llevando a remolque las cuatro presas que habían hecho: el *San Nicolás*, *San José*, *Salvador* y *San Isidro*, y efectuaron un rápido reconocimiento de sus navíos, de los que cuatro, el *Captain*, *Culloden*, *Excellent* y *Blenheim*, estaban muy dañados. Los españoles hicieron lo mismo. Córdoba pasó del desarbolado *Trinidad* a la fragata *Diana* y envió el navío a puerto navegando con aparejo de fortuna. Después, llevó a cabo un rápido reconocimiento de los restantes barcos para confirmar lo que suponía: que los dos que quedaban del grupo de los siete más castigados, el *Mejicano* y el *Soberano*, estaban muy averiados.

Al amanecer del día 15, ambas escuadras estaban de nuevo formadas en línea de batalla a la vista una de otra. La española, con 19 navíos, se encontraba a barlovento y, a pesar del descalabro sufrido, conservaba la superioridad, por lo que se le presentaba una buena ocasión para atacar de nuevo a los ingleses, que ya estaban escasos de munición, y tratar de recuperar alguna de sus presas —ante cuya posibilidad Jervis había previsto su destrucción— o apresar alguno de los barcos enemigos.

Córdoba preguntó por señales a los barcos si consideraban conveniente atacar, y solo el *Príncipe*, *Pelayo* y *Conquistador* dieron respuesta afirmativa. Sorprendentemente, desestimó el ataque, dio la vuelta, y se dirigió a Cádiz, donde fondeó el 3 de marzo.

Jervis, ante la retirada española, se fue. El día 16 desembarcó en Lagos unos 3000 prisioneros, y continuó hacia Lisboa, tras haber enviado varios barcos a la búsqueda del *Santísima Trinidad*, que fue avistado y atacado el día 28 por la fragata inglesa *Terpsichore*. Hacia las 10 de la noche la fragata abrió fuego sobre su popa, el navío respondió con el acertado fuego de los 4 cañones de guardatimones de a 36 y 24 libras, rechazó a la fragata, que se retiró con muchas averías y, tras una larga y penosa navegación, llegó a puerto también el 3 de marzo.

La flota española había perdido apresados cuatro navíos y otros quedaban en mal estado. Las bajas ascendían a 404 muertos y 880 heridos. El mayor número de muertos, 148, eran del *San Nicolás*, seguidos por los 69 del *Santísima Trinidad*. Los ingleses, según sus informes, solo habían tenido 73 muertos y 327 heridos.

De los 24 navíos españoles, solo 17 fueron capaces de formar en línea de batalla, muchos no llegaron a abrir fuego y otros lucharon a intervalos. Únicamente los siete del grupo de Córdoba llevaron todo el peso del combate y su peor parte. Fue, posiblemente, la más infamante de las derrotas sufridas por la armada a lo largo de su historia.

La superioridad española era abrumadora. Córdoba contaba con 24 navíos y 2060 cañones, contra los 15 navíos y 1240 cañones ingleses y, algunos de sus navíos, sobre todo los más modernos, eran más rápidos que los británicos, a los que también superaban en tonelaje y en peso de la andanada. En buena lógica, la escuadra española tenía que haber salido vencedora y, en cambio, sufrió un descalabro fruto de la escasez de personal, improvisación, descoordinación, falta de adiestramiento y poca iniciativa.

La despreocupación previa de Córdoba y su exceso de confianza, fueron determinantes para el resultado final. Realizó el tránsito de Cartagena a Cádiz como si fuera un simple paseo en lugar de una misión de guerra y su posterior actitud, cuando fue arrastrado a San Vicente, siguió en la misma línea, hasta que se dio cuenta de su error, cuando ya era demasiado tarde.

Su intento de enfrentarse de vuelta encontrada con Jervis, mientras se aproximaba al resto de su escuadra, fue una maniobra acertada que fracasó por la falta de entendimiento de las señales, el apelotonamiento de los barcos y la ineficacia artillera, lo que permitió la decisiva actuación de Nelson, seguido al poco tiempo por Collingwood[123]. Por último, la postura de Córdoba al día siguiente, cuando conservando la superioridad de fuerzas rehusó reiniciar el combate, fue clara muestra de, al menos, su falta de empuje.

La noticia de la victoria fue recibida con gran alegría en Londres, y casi de forma inmediata, a *sir* John Jervis, el rey le concedió una pensión vitalicia de 3000 libras esterlinas al año y los títulos de par del reino y conde de San Vicente. También Nelson, entre otros jefes y oficiales, fue recompensado.

Sin dejar de lado las responsabilidades personales, las penurias de la armada eran enormes. Cuando la escuadra zarpó de Cartagena, a los barcos les faltaba parte de la dotación, que en un cálculo global se cifró entre 3000 y 4000 hombres[124]. Lo mismo pasaba con los artilleros navales. Su falta se había tratado de remediar con artilleros del ejército, de los que en Cartagena habían embarcado cerca de 1000, totalmente inexpertos en el empleo de cañones navales —con sus aparejos de carga y retirada y con las piezas dando bandazos —. Muchos miembros de las dotaciones nunca habían disparado un cañón, por lo que no es de extrañar

123 Sobre esta actuación, tras el combate, Calder, comandante del *Victory*, comentó a Jervis que si la maniobra de Nelson y Collingwood no era desobediencia, al menos había sido una actuación contraria a las órdenes recibidas, a lo que Jervis contestó: «Desde luego que lo fue, y si alguna vez usted desobedece unas órdenes de esta forma, también a usted lo perdonaré».

124 Algunos autores apuntan que, como promedio, en cada navío español iban embarcados unos 80 hombres que eran verdaderos marinos de oficio, los demás eran de leva y sin el menor adiestramiento, cuando, según el reglamento de dotaciones vigente, para un navío de 112 cañones se fijaba una dotación de 878 hombres en tiempo de paz, que ascendía a 1018 hombres en tiempo de guerra.

su ineficacia, comentada por los oficiales británicos tras el combate, que habían observado como en algunos casos su ritmo de fuego llegó a ser ocho a diez veces superior al de los españoles.

Da una idea de la enorme escasez de repuestos y medios, y del nivel de penuria a bordo de los barcos españoles, el comentario de un periodista inglés, cuando escribió que un prisionero español que había perdido parte de un brazo en el combate, por vendaje solo llevaba un podrido saco de galleta.

San Vicente, al menos, podría haber servido de lección, y el desastroso combate de aviso para solucionar muchos problemas en el ámbito de la Armada. No ocurrió así. Las cosas no solo no mejoraron, sino que fueron a peor y, poco más de ocho años después, desembocaron en un descalabro aún mayor.

7.2.2 Trinidad. Una rendición indigna

Para atacar el Caribe español, los ingleses organizaron una poderosa flota al mando del vicealmirante Henry Harvey con una gran fuerza de desembarco bajo las órdenes del teniente general *sir* Ralph Abercromby. Su objetivo era la creación de un gran triángulo de influencia que tuviera sus vértices en las islas de Jamaica, Trinidad, —considerada la llave del tráfico entre España y el Caribe, al estar situada en la boca del Caño de la Ymbernada—, y Puerto Rico, —la llave de las Antillas—. Jamaica estaba en sus manos desde el siglo XVII, por lo tanto, tenían que conquistar las dos restantes.

La situación de Trinidad era excepcional entre los territorios de la Corona. En 1776, su gobernador, Manuel Fálquez, había promulgado un reglamente de repoblación, que facilitaba el establecimiento de colonos de cualquier nacionalidad para aumentar las plantaciones y el valor total de la producción de las cosechas. A su llamada, habían acudido gentes de las Antillas francesas e inglesas, que ni siquiera hablaban español, pero que habían multiplicado la población y las rentas de la isla, alterando también la forma de establecer su defensa. Una decisión que acabaría por pesarle a España veinte años después, cuando fue necesaria la ayuda de todos los residentes para enfrentarse a la invasión.

Enterado de los planes británicos, el gobierno organizó rápidamente en El Ferrol y Cádiz una escuadra compuesta de siete navíos y cuatro fragatas. El mando se le dio al teniente general José Solano y

Bote, ya marqués del Socorro. A esas unidades habrían de agregarse las divisiones del teniente general Gabriel de Aristizábal y del jefe de escuadra Sebastián Ruíz de Apodaca. La flota al completo zarpó del puerto andaluz el 4 de agosto de 1796, y con vientos favorables, puso rumbo a La Habana.

Tres días después de su salida, y de acuerdo con las instrucciones secretas contenidas en un pliego cerrado que le había sido entregado al marqués en puerto, la división de Ruiz de Apodaca, formada por los navíos *San Vicente*, de 80 cañones —como buque insignia—, *San Dámaso*, *Arrogante* y *Gallardo*, de 74, la fragata *Santa Cecilia*, de 34, y dos bergantines, se separó de la flota principal para llevar un batallón de infantería, una brigada de artillería y pertrechos navales, a Trinidad.

Llegó sin novedad el 14 de septiembre y fue recibida con gran alivio por el entonces gobernador de la isla, el brigadier de la armada José María Chacón, que veía en esos mínimos refuerzos —unos 1100 hombres— una posible solución para la situación de absoluta indefensión en la que se encontraba Trinidad ante un ataque que se consideraba inminente. Sus fortificaciones, terminadas en 1791, consistían en una batería de tierra y fagina, revestida de mampostería, que estaba situada a dos leguas al oeste de Puerto España. Una batería igual, situada cerca de la capital, y un almacén de pólvora para 500 quintales, con un cuerpo de guardia y una garita, a media milla de Puerto España. Eso era todo para una isla que podía controlar las costas de Cumaná o Cartagena de Indias, e incluso Mobile, Pensacola y San Agustín.

Pronto se declaró entre la tropa y la marinería recién llegadas una epidemia de fiebre amarilla que redujo un tercio los escasos efectivos. Eso, unido a la lentitud con que avanzaban las obras de nuevos baluartes por la falta de dinero con que pagar a los trabajadores, y la imposibilidad de recibir ayuda de La Habana o Puerto Rico, a donde había sido enviado en busca de ayuda el bergantín *Galgo*, que fue apresado a su regreso, dejaban la isla totalmente en manos de la providencia. Y la providencia no ayudó.

El 16 de febrero de 1797, a las once y media de la mañana, los vigías situados en la costa avisaron de la proximidad de una numerosa flota que se dirigía hacia la isla. Era la de Harvey —como no podía ser de otra manera—, que llevaba su insignia en el navío de 98 cañones *Prince of Wales*, y estaba formada por otros ocho navíos de línea, tres fragatas, tres corbetas, tres bergantines, una bombarda con mortero y cuarenta transportes, que albergaban a los 6210 soldados, 35 cañones y 11 morteros de Abercromby[125].

Tres meses antes, según se cuenta en los documentos de la época[126] Chacón había protagonizado un extraño incidente: sabiendo que ya se había declarado la guerra y teniendo en su poder ejemplares de las gacetas inglesas en las que el gobernador de la isla de San Vicente ordenaba la busca y captura de cualquier embarcación española, recibió en el puerto de Chaguaramas al capitán George Vaughan, de la fragata *Alarm*, que con grandes muestras de mutua amistad, aprovechó para reconocer la situación del puerto, sus fortificaciones y número de hombres que contaba para su defensa. Lo mismo que permitió que realizase el 27 de noviembre el bergantín *Victorious*.

Nada más avistarse la flota enemiga, los voluntarios reclutados para reforzar a las tropas regulares que se encontraban de guarnición, desertaron en masa. Esa misma tarde, los navíos ingleses quedaron fondeados a pocas leguas de las dos bocas de la bahía de Chaguaramas, donde se encontraba la división de Apodaca, dejándola bloqueada y sin ninguna posibilidad de salir a mar abierto.

Inmediatamente se ordenó la evacuación de la capital y la retirada hacia Puerto España de los 132 hombres del cuerpo veterano que estaban a las órdenes del capitán Santiago Lemer, defendiendo la isla de Gaspar Grande. Mientras, los 280 ciudadanos franceses que vivían en la isla se reunieron en casa de su cónsul y, organizados en dos compañías, pidieron que se les permitiera tomar las armas. A la 1.ª compañía, el gobernador accedió, a la 2.ª se lo negó.

A última hora de la tarde, Apodaca reunió a sus capitanes en consejo de guerra a bordo del *San Vicente* y, entre todos, decidieron que era imposible enfrentarse a los buques ingleses y que la mejor solución era quemar los navíos para evitar su apresamiento y dirigirse por tierra a Puerto España, para reforzar sus defensas.

---

125 Los efectivos que se citan de tropas españolas o inglesas están referidas al 15 de enero de 1797. Es imposible saber las bajas que pudieron producirse por enfermedad, en cualquiera de los dos ejércitos, entre esa fecha y el 17 de febrero.

126 *Relación que hace la colonia de Trinidad de Barlovento de todo lo que ha pasado desde las primeras apariencias de Guerra con la Inglaterra, hasta la declaración en los días 16, 17 y 18 de febrero de 1797, que fue ella bergonsosamente entregada por su Governador don Jph. Mª. Chacon*. El documento fue redactado por los españoles que quedaron en la isla y enviado a la Corte.

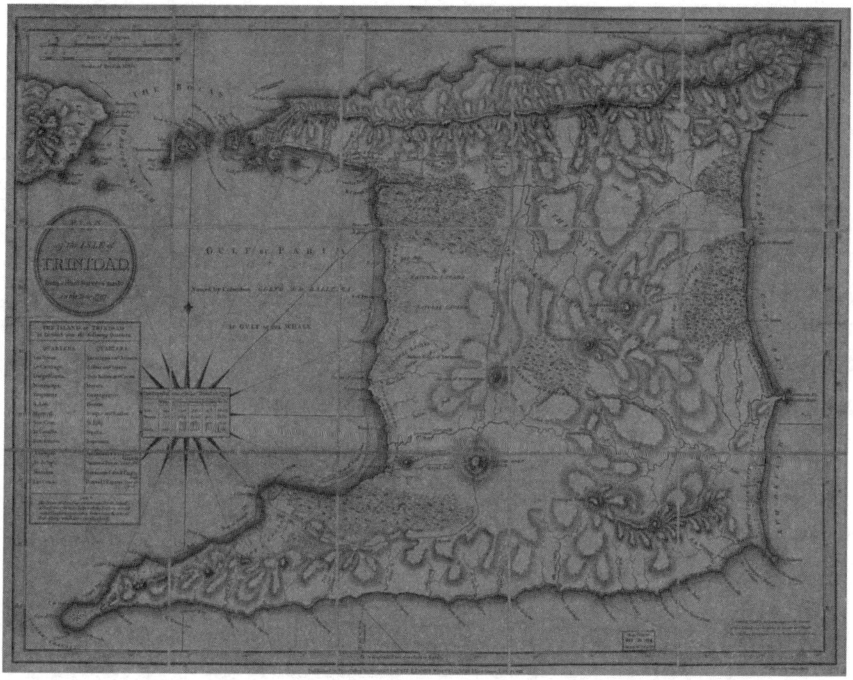

La isla de Trinidad. Arriba, a la derecha, Puerto España, la bahía de Chaguaramas y la isla de Gaspar Grande. Los únicos puntos que ocuparon los ingleses antes de la rendición. Mapa realizado en 1797 por Laurie y Whittle, Londres.

Sobre las 12 de la noche los incendiaron. Inmediatamente, los ingleses, a la vista del fuego, enviaron sus chalupas para intentar rescatarlos. Consiguieron sin oposición apresar el *San Dámaso* que apenas estaba afectado por las llamas, incorporándolo a su escuadra.

Aprovechando la confusión, las dotaciones españolas, más de 2000 hombres en teoría, se dispersaron y, solo los infantes de marina y una pequeña parte de la marinería, pudieron enlazar con las tropas terrestres que se disponían a hacer frente a los ingleses.

Las tropas de Abercromby desembarcaron por la mañana con total tranquilidad en tres lugares diferentes y avanzaron por el camino real hacia Puerto España. A lo largo del día hicieron retroceder sin luchar a los españoles en todos los puntos, de manera que, a media tarde, habían tomado sin entablar ningún combate las alturas próximas a la ciudad.

Sobre las seis de la tarde, antes de entrar de manera oficial en la capital, Abercromby ordenó el cese de hostilidades y envió a su ayudante a casa del gobernador para pedirle la rendición, pero Chacón no estaba.

Organización del ejército español y británico durante la toma de Trinidad

Ejército británico

Armada
Mando: Vicealmirante de la escuadra roja Henry Harvey

Navíos de línea
Prince of Wales (98 cañones)
Belona (74)
Revenge (74)
Invincible 74
Alfred (74)
Dictator (68)
Scipion (68)
Surate (58)
Ulises (44)

Fragatas
Arethusa (38)
Alarm (40)
Anna (40)

Corbetas
John (20)
Favorite (20)
Zebra (20)

Bergantines
Zafiro (20)
Pelican (18)
Victorious (16)

Una bombarda (2)

Transportes
8 fragatas (14)
30 goletas (12)
2 bergatines

Ejército de tierra
Mando: Teniente general *sir* Ralph Abercromby

- 2.º Queen's Royal. 2.º batallón. (700 hombres)
- 3.º The Buffs. Compañía ligera y de granaderos del 1.º batallón (300)
- 14.º Bukinghamshire. 1.º B. (654)
- 38.º South Staffordshire. 1.º B. (730)
- 53.º Shropshire. 1.º batallón (680)
- 60.º Royal American. 5.º B. (640)
- Artillería (500)
- Infantería ligera de Hompesch (933)
- Cazadores de Loewenstein (373)
- Cazadores de Soter (200)
- Cuerpo de negros de Tobago (500)

Total: 6210

Ejército español

Armada
Mando: Jefe de escuadra Sebastián Ruiz de Apodaca

Navíos de línea
San Vicente (80 cañones)
San Dámaso (74)
Arrogante (74)
Gallardo (74)

Fragatas
Santa Cecilia (34)

Ejército de tierra
Mando: Brigadier de la armada José María Chacón. Gobernador

- Brigada de artillería (430 hombres)
- Batallón de Inf. peninsular (584)
- Milicias de Infantería (350)
- Milicias de Dragones (30)
- Veteranos (60)
- Gente de armas (672)
- Indios (130)
- Republicanos franceses (280)
- Gente de color para trabajos (400)

Total : 2906

Había huido hacia el interior, a casa del francés La Forest, en el Canton de Aricagua, dejando la defensa en manos de su segundo, el brigadier de ingenieros Esteban Aymerich.

A las nueve, junto a un oficial inglés que le había llevado un comunicado en el que reconocía el valor mostrado por el ejército español y se le ofrecía una rendición con honores, apareció Chacón y, apoyándose en que la población se negaba también a participar en la defensa, por miedo a que resultasen dañados sus bienes, aceptó la capitulación. No la firmaron, ni el brigadier Aymerich, ni los oficiales franceses.

Durante los dos días que habían pasado desde la llegada de los ingleses, sus bajas habían sido de siete muertos y las de los españoles de un herido. No podía decirse que la entrega de la isla, realizada definitivamente el día 18, hubiese sido muy honrosa.

Las primeras noticias de la rendición fueron conocidas por las autoridades españolas en Cumaná, en la actual Venezuela, el mismo día 17, a través de tres marineros de la fragata *Santa Cecilia* que habían podido escapar en la falúa del propio Ruiz de Apocada.

En España, anonadada todavía por la derrota de San Vicente, la noticia de que Trinidad había caído en poder de los ingleses y de que la división de Ruiz de Apodaca se había autodestruido sin combatir, fue muy mal recibida. Todos los mandos españoles fueron sometidos a consejo de guerra al llegar a Cádiz. El 26 de junio de 1798, el tribunal, formado por miembros de la armada y el ejército, los consideró inocentes de toda culpa, debido a la superioridad inglesa y a la falta de medios. El rey no admitió la sentencia y, el 20 de mayo de 1801 ordenó que se revisara[127]. Chacón fue desterrado, Ruiz de Apodaca, privado de empleo de forma permanente, y los capitanes de los navíos y de la fragata, suspendidos por cuatro años[128].

7.2.3 Puerto Rico. La huida de Abercromby

Tras la fácil conquista de Trinidad, los ingleses se dirigieron hacia Puerto Rico. Allí, el gobernador y capitán general de la isla, el brigadier

---

127 Probablemente ordenó que se cambiara la sentencia cuando tuvo conocimiento del documento antes citado y que hoy se conserva en el Servicio Histórico Militar de Madrid.

128 La causa fue revisada de nuevo en 1809 por orden de Antonio Escaño. Por entonces José María Chacón ya había fallecido en el destierro. Ruiz de Apodaca fue rehabilitado con el grado de teniente general de la Armada, pero sin destino.

Ramón de Castro, que ya tenía noticias de lo sucedido, llevaba desde septiembre de 1796 adoptando medidas para la defensa de la isla y de su capital, por si era atacado. Desafortunadamente, aunque disponía en San Juan de 376 cañones, 35 morteros, 4 obuses, 3 pedreros, 10 209 quintales de pólvora, 189 000 cartuchos y 3367 fusiles, no tenía ni un solo navío de la armada española para apoyarle. Todo quedaba en manos de su guarnición y de las fortificaciones, recién terminadas y artilladas.

El 17 de abril de 1797, a las seis de la mañana, se divisó un convoy de buques de guerra y transporte, que se mantenía sin enarbolar pabellón en las cercanías del litoral de Loíza procedente de Barbados. Su llegada no causó sorpresa. Ya se conocían las noticias del descalabro de Trinidad y se habían apostado vigías por toda la costa para que avisaran de la posible llegada de los ingleses.

Inmediatamente, se convocó un consejo de guerra en el Castillo del Morro, se armó a todos los paisanos alistados, a los pueblos se les pidieron sus compañías urbanas de infantería y caballería, los hombres de las maestranzas de artillería e ingenieros ocuparon sus destinos y los puestos del recinto, obras exteriores y avanzadas se reforzaron con armas y municiones. Al mismo tiempo se publicó un bando para que las mujeres, niños y ancianos abandonaran la plaza y se refugiasen en el interior.

Las escasas fuerzas navales disponibles, a las órdenes del capitán de fragata Francisco de Paula, se desplegaron en los lugares que se habían establecido previamente: dos pontones a la entrada del puerto, dos gánguiles en el caño de Martín Peña para defender el paso del puente y, otros dos, defendiendo el puente de San Antonio. Cada una de las embarcaciones llevaba dos cañones de a 16. Las cañoneras se dejaron para auxiliar a los gánguiles y a los pontones y para acudir a cualquier sitio donde fueran necesarias.

En la madrugada del 18, la escuadra de Harvey comenzó un intenso bombardeo que se supuso, como así sucedió, que era para proteger el desembarco del ejército. Al amanecer, partió de San Juan, hacia la boca de la ensenada de Cangrejos, un cuerpo volante al mando del teniente coronel Isidoro Linares para intentar retrasarlo todo lo posible, y darle tiempo al ingeniero Ignacio Mascaró de organizar una línea de defensa y una batería que obstaculizara el paso por el puente de Martin Peña.

Junto a él, iban los también tenientes coroneles José Vizcarrondo y Teodomiro del Toro. Linares se apostó con 100 hombres junto a una de las playas de Cangrejos. Vizcarrondo, con otros 100, en la playa de San

Mateo y, Toro, con otros tantos, en la Torrecilla. Situaron los cuatro cañones de campaña y se atrincheraron para intentar rechazar al enemigo, de forma que los tres grupos se mantuviesen en contacto, por si alguno de ellos era superado.

Pronto, los disparos de los buques ingleses se dirigieron hacia el grupo de la Torrecilla, que era el que tenían más próximo. Lo mismo que hizo el de Toro contra las lanchas que transportaban a los ingleses a tierra, que se vieron obligados a retroceder.

Fue solo un espejismo, no tardaron en regresar en más cantidad y pisaron tierra en las playas de Loisa, obligando a los hombres de Toro a replegarse hacia el lugar que ocupaban los de Linares y, ambos, junto a los de Vizcarrondo. Era imposible detener el avance inglés, muy superior en número, por lo que Linares y Toro se replegaron al puente de Martin Peña y, Vizcarrondo, encargado de sostener la retirada, al de San Antonio.

Cuando el enemigo continuó su avance, todos regresaron al cobijo de los fuertes de la primera línea de defensa, donde los ingleses ya no se atrevieron a continuar su ataque.

A las tres de la tarde, tres cañoneras acudieron en apoyo de los dos gánguiles que estaban en Martín Peña para proteger la retirada de Mascaró y sus trabajadores. Intentaron atacarlas desde su flanco y por retaguardia con una partida de unos 200 hombres, pero apoyándose mutuamente, cañoneras y gánguiles los rechazaron.

Poco después, desde uno de los navíos, enviaron un emisario para solicitar la rendición de la ciudad. La negativa española aceleró las actividades inglesas y, al llegar la noche, el ejército de Abercromby controlaba la costa y había establecido ya su cuartel general en tierra, aunque la escuadra sutil mantenía su fuego sobre ellos para evitar que pudieran construir fortificaciones.

Al día siguiente los ingleses comenzaron el ataque ocupando definitivamente el puente de Martín Peña y, para su sorpresa, se vieron detenidos de nuevo por las baterías de los fuertes San Jerónimo, Escambrón y San Antonio, situados en la primera línea de defensa. De uno de los heridos que habían atacado el puente, Mascaró pudo obtener las primeras informaciones sobre las fuerzas inglesas: era alemán al servicio de Inglaterra, habían desembarcado unos 3000 hombres y quedaban otros tantos por bajar a tierra.

Sin posibilidad de avanzar, no tardó mucho en aparecer una fragata por el litoral de Punta Salinas que lanzó una lancha al agua para reconocer la isla de Cabras, intentando localizar nuevos puntos de desembarco.

Se retiró en cuanto las baterías del Morro y el castillo de San Cristóbal comenzaron a disparar sobre ella. Hacia allí salió de nuevo Linares con 50 hombres para contener cualquier ataque por aquella zona cuando se hiciera de noche. Organizó un campamento, y se dispuso a ir recogiendo a parte de los milicianos que llegaran de los pueblos de la isla.

El día 21, en un audaz golpe de mano desde las líneas españolas, apoyado por los ganguiles y el pontón, se recuperó el puente, generalizándose los combates en ese sector. Abercromby, que no podía enviar a sus tropas a desembarcar en otros puntos, sin asegurar su retaguardia, decidió emplazar sus baterías para centrar su fuego sobre los defensores de la primera línea.

El 22 se supo que Hervey había apremiado a Abercromby para que atacase definitivamente la plaza, por lo que, temiendo que intentasen tomar de nuevo el puente al llegar la noche, Castro envío refuerzos y ordenó fortificarlo todo lo posible. Al caer la tarde se ocuparon las posiciones: la compañía de caballería se repartió en los flancos para reforzar la trinchera y cubrir la retirada si era necesario, y los ganguiles y las lanchas cañoneras se situaron para auxiliar en la defensa.

En el resto de la costa próxima a San Juan, por donde podía realizarse algún desembarco en lanchas, se destinaron patrullas de caballería y se apostó un cuerpo de infantería con dos piezas de campaña. Además, las lanchas cañoneras restantes, se situaron en el caño de San Antonio y respondieron con intensidad a la artillería inglesa.

El ataque masivo esperado no se produjo y, el 23, Harvey, temeroso de que la marea y los vientos del norte y noroeste, que empezaban a soplar, empujaran a la flota contra los arrecifes del litoral, ordenó que la escuadra se retirara a mar abierto, privando a las tropas del fuego de apoyo de su artillería. Sin él, Abercromby ya no tenía tanta superioridad, por lo que Linares aprovechó para hacer una salida y enterarse de la posición y fuerza con que contaban los británicos.

Ya se había preparado por entonces una pequeña goleta corsaria francesa para que llevase un mensaje a La Habana informando de la situación, pero como se observó que algunos de los buques del bloqueo se acercaban demasiado a Punta Salinas con lanchas y, por la noche, parecían más vigilantes, se pensó que podían haber sido informados y se decidió que era mejor enviarlo desde Aguadilla a Cuba, pasando por Santo Domingo.

La escuadra regresó el 24 a sus posiciones iniciales. Ese mismo día, se organizó una operación anfibia desde las líneas españolas. A las órdenes del sargento de milicias Francisco Díaz, una partida de 20 milicianos y 50 presidiarios, todos voluntarios, se embarcaron de madrugada en piraguas apoyadas por dos cañoneras. Entraron por el caño de San Antonio y desembarcaron por la parte más próxima a las trincheras y baterías de sus compañeros. Toda la línea había sido avisada para iniciar un fuego de cobertura y se encontraba preparada para cubrir su retirada en cuanto fuera necesario. Díaz y su tropa avanzaron con cautela hacia la trinchera enemiga y realizaron una descarga cerrada, después, sable en mano, se lanzaron contra la tropa que la guarnecía y, aunque era muy superior en número la pusieron en fuga a la carrera. Los hombres de Díaz, que vieron enseguida que volvía un gran número de ingleses repuestos de la sorpresa, se retiraron sin poder clavar los cañones de la batería, pero llevándose a un capitán y trece soldados prisioneros, mientras las cañoneras les cubrían la retirada.

Durante los días siguientes, se sucedieron los duelos artilleros y las ofensivas y contraofensivas a lo largo de todas las líneas.

Sobre las cuatro de la mañana del 28, los ingleses comenzaron un intenso fuego desde la batería de Miraflores arrojando granadas y balas incendiarias. La mayor parte de los proyectiles reventaron en el aire o quedaron cortos en su alcance y, a las nueve de la mañana, todas las baterías españolas, los dos gánguiles y uno de los pontones, respondieron de forma tan densa que, poco después, el enemigo redujo el suyo. Continuó durante todo el día y toda la noche y, no solo destruyó las baterías inglesas, si no que impidió que se repararan, por lo que, poco a poco, contestaron con menos intensidad.

El 29, animados por los resultados del día anterior, y para conseguir romper el frente, que se acercaba peligrosamente a los muros de la ciudad, Castro ordenó un ataque, más o menos generalizado. El plan consistía en un asalto coordinado contra las líneas inglesas. Por el sur, atacaría el cuerpo volante del subteniente de granaderos del fijo Luis de Lara, comandante del cuartel de Río-Piedras; por el este, las fuerzas del teniente de milicias Miguel Canales, con dos piezas de artillería de campaña para batir la casa del Obispo, donde estaba alojado Abercombry; por el noroeste se cerraría el paso del Boquerón, con el propósito de impedir la retirada de la flota en la bahía y, finalmente, el sargento de milicias Felipe Cleimpaux, con su partida, atacaría las playas del Condado. Todos quedarían cubiertos por el fuego de los puestos de la línea avanzada, que distraerían mientras a las posiciones de los sitiadores.

ORGANIZACIÓN DEL EJÉRCITO ESPAÑOL Y BRITÁNICO DURANTE LA DEFENSA DE PUERTO RICO

EJÉRCITO BRITÁNICO

ARMADA

Mando: Vicealmirante de la escuadra roja Henry Harvey

Navíos de línea	Fragatas	Bergantines
Prince of Wales (98 cañones)	*Arethusa* (38)	*Fury* (16)
Belona (74)	*Tamar* (38)	*Pelican* (18)
Revenge (74)	*Babet* (20)	*Beaver* (14)
Alfred (74)	*Roebuck* (20)	4 Indiamen (16)
Ulises (44)	18 goletas corsarias (12)	1 Urca
		28 Transportes

EJÉRCITO DE TIERRA

Mando: Teniente general *sir* Ralph Abercromby

14.° Buckinhamshire. 1.° batallón.(650)
38.° South Staffordshire. Compañía de granaderos y compañía ligera. (200)
42.° Royal Highlanders. Black Watch. 5 compañías. (500)
53.° Shropshire. 1.° batallón. (650)
60.° Royal American. 3.° batallón. (600)
87.° Royal Irish Fusiliers. 1.° B (600)
26.° de dragones ligeros. Desmon. (100)
Artillería Real. 2 compañías (200)
Ingenieros Reales (50)
Gastadores del 1.° Regimiento de las indias occidentales (78)
Infantería de Marina (300)
Fusileros de Lowenstein (800)
Cazadores de Lowenstein (370)
Cuerpo de negros de Tobago (150)
Pardos de Martinica (500)
Negros y pardos de Barbados (500)
Realistas franceses (200)
Emigrados franceses (400)
Republicanos franceses prisioneros (200)

EJÉRCITO ESPAÑOL

Brigadier Ramón de Castro

ARMADA

Capitán de fragata Francisco de Paula Castro

4 gánguiles
2 pontones
11 lanchas cañoneras
7 lanchas de auxilio
4 botes auxiliares
1 falucho
1 guairo
18 piraguas
Of. y marinería (688)

EJÉRCITO DE TIERRA

Oficiales y Estado Mayor (15)
Rgto. Inf. Fijo de Puerto Rico (998)
Milicias disciplinadas de infantería. 2 batallones (1647)
Compañías urbanas vecinos del país (354)
Compañía urbana de catalanes (200)
Compañía urbana de blancos (205)
Compañía urbana de pardos (100)
Compañía urbana de negros libres (150)
Compañía urbana de esclavos (100)
Artilleros veteranos (73)
Milicias agregadas al Real cuerpo de artillería (200)
Rgto. Fijo de caballería (1 compañía)
Milicias disciplinadas de caballería (200)
Zapadores veteranos (21)
Presidiarios voluntarios (180)
Ciudadanos franceses (300)

El brigadier Ramón de Castro, ya con el uniforme de mariscal de campo, ascenso obtenido por su defensa de Puerto Rico. Óleo realizado por José Campeche y Jordán en 1800. Colección del Museo de Arte e Historia de San Juan. Puerto Rico.

Al anochecer, se aproximaron tres fragatas y tres buques menores a punta Salinas. Por si intentaban organizar un desembarco, que finalmente no se realizó, se desplazaron hacia allí las cañoneras y se avisó a las tropas de infantería que la defendían para que estuviesen prevenidas.

El ataque previsto se llevó a cabo la noche del 30, pero sus resultados se malograron cuando las tropas de Lara, que no había comprendido bien las órdenes, se adelantaron al atacar el puente de Martín Peña, y los ingleses, sospechando que formaban parte de un ataque masivo que les iba a cortar la retirada, se replegaron hacia la playa, buscando el fuego de cobertura de sus barcos y abandonando las posiciones que ocupaban.

Desde la media noche del 30 cesó el fuego en las líneas inglesas. Solo se mantenía un incendio, observado ya a última hora de la tarde, que se extendía por los manglares y toda la línea norte del campo enemigo. Se atribuyó a que se había prendido con el fin de descubrir o impedir cualquier ataque, pero de madrugada, los vigías y los prácticos del puerto advirtieron que las tropas reembarcaban con mucha precipitación. Pronto las noticias fueron corroboradas por los primeros desertores que se acercaron a las líneas españolas. Inmediatamente Castro se dirigió con tres compañías de caballería a atacar la retirada. Por el camino encontraron las baterías destruidas y los cañones clavados, pero cuando llegaron a la playa, los ingleses ya habían subido a las lanchas

Sir *Ralph Abercromby y un acompañante, probablemente un asesor político, preparan la campaña británica en el Caribe. Oleo de Jhon Downman realizado entre 1795 y 1800.* Tate Gallery, Londres.

que los llevaban a los transportes, dejando abandonada toda su artillería, municiones, víveres y pertrechos.

A las siete de la mañana embarcaron las últimas tropas y, sobre las diez, cuando empezó a soplar la brisa, los buques de transporte ganaron barlovento y comenzaron a salir de la ensenada donde se habían mantenido anclados. A las cuatro de la tarde solo quedaban fondeados los navíos de guerra.

En la mañana del 2, en cuanto sopló el viento, partieron también en dirección norte. A las once y media ya se habían marchado todos y, al anochecer, los buques más atrasados de la derrotada expedición se hallaban ya muy lejos de Puerto Rico. Dejaban atrás 225 muertos y heridos y 290 prisioneros. Los españoles habían tenido 42 muertos, 156 heridos, 2 desertores y 1 prisionero.

Abercromby lo justificaría más tarde diciendo que, probablemente debido a lo que ocurrió en Trinidad, todo se había emprendido muy a la ligera. No dejaba de ser una curiosa disculpa.

7.2.4 Cádiz, Tenerife y Menorca. Suertes adversas

Las derrotas de San Vicente y Trinidad habían dejado a la armada española en una situación precaria que fue aprovechada por los ingleses para un ataque generalizado. Se necesitaban barcos en La Habana y El Ferrol y quedaban pocos para la defensa del resto de los puertos.

Los restos de la escuadra vencida el 14 de febrero, entraron en Cádiz el 3 de marzo entre la irritación de sus habitantes, que pronto crearon coplillas que ridiculizaban el poco espíritu bélico de los jefes y oficiales responsables de la derrota.

Córdoba y gran parte de sus capitanes fueron sometidos a un consejo de guerra presidido por el capitán general Antonio Valdés, actuando como fiscal el jefe de escuadra Manuel Núñez Gaona, en el que algunos generales, varios comandantes de barcos, segundos comandantes y oficiales, resultaron condenados a suspensiones temporales de empleo. Entre ellos, José de Córdoba, lo que cayó muy bien en la opinión pública, que achacó el desastre a los errores del general[129].

Para sustituirlo se pensó en el anciano Francisco de Borja, capitán general del departamento de Cartagena, que por entonces tenía 74 años, pero finalmente, se decidió llamar al teniente general José de Mazarredo, que había sido desterrado de la Corte de Madrid y enviado al Ferrol en 1795, por discrepancias con el ministro de marina Pedro Varela.

A primeros de abril, se presentó ante Cádiz para bloquear el puerto la vanguardia de la flota de Jervis, que había reparado sus buques y recibido refuerzos en Lisboa y, poco a poco, se fueron incorporando hasta 23 navíos de línea, con la intención de destruir por completo a la escuadra española. Sus primeras víctimas fueron las fragatas *Elena* y *Ninfa*. La *Elena*, perseguida, varó en la costa y la *Ninfa* fue apresada.

El día 8 llegó Mazarredo, y enarboló su insignia en el *Concepción*. Disponía de veinticinco navíos, cuatro de ellos de tres puentes, once fragatas y tres bergantines, en una situación tan lamentable, que se vio obligado a desarmar parte de los navíos para completar las tripulaciones y los pertrechos de los restantes.

En consejo de guerra con sus nuevos oficiales, Gravina, Escaño, Churruca y Villavicencio, decidieron, —por supuesto sin salir del puerto como pretendía Jervis—, organizar una fuerza sutil para rechazar los posibles ataques. Lo mismo que ya se había hecho en Puerto Rico y, años antes, con los piratas argelinos, Como elemento básico disponía de siete cañoneras en desuso que se encontraban en el puerto. Se repararon y reforzaron con otras veintitrés, procedentes de los navíos de la escuadra, que también aportaron las piezas de artillería necesarias y, posteriormente, se añadieron otras tantas, requisando y modificando embarcaciones civiles.

---

[129] Pese a la resolución, en 1806 fue rehabilitado, restablecido en su puesto de teniente general y, poco después, jubilado con su correspondiente sueldo.

Ninguna llevaba aparejo, iban servidas a golpe de remo, provistas de un solo cañón a proa de 24 libras, o de obuses. Su mayor ventaja era la movilidad. Podían operar con falta de viento, eran difíciles de alcanzar y, sobre todo, podían abrir fuego a popa o en los ángulos muertos de los navíos enemigos. Su único defecto era una enorme vulnerabilidad en mar abierto y que su cañón, casi a ras de agua, no tenía ángulo para poder disparar sobre las cubiertas, los palos o las velas. Finalmente se consiguió disponer también de diez faluchos y ocho tartanas. Las tartanas, que eran más grandes, permitían llevar dos cañones y un hornillo, para calentar las balas al rojo vivo antes de dispararlas, pero eran demasiado lentas.

A finales de mayo, la reducida y variopinta fuerza naval española formada por navíos, faluchos, cañoneras, botes y sereníes, se repartió en cuatro divisiones establecidas en La Caleta, Rota, Puerta de Sevilla y Sancti Petri. Estaba preparada para la lucha.

A las nueve de la noche del tres de julio, la bombarda *Thunder*, cubierta por varias cañoneras, lanchas y barcazas, comenzó a disparar sus obuses y granadas sobre el castillo de San Sebastián y la Caleta, alterando el caluroso verano gaditano y sembrando el pánico entre los vecinos. Su mortero quedó pronto inutilizado y, para ayudarla en su retirada, pues se encontraba bajo el fuego de las cañoneras de la división de Gravina, pusieron proa hacia el puerto el navío *Goliat*, la fragata *Tersichore* y el cúter *Fox*.

La retirada de la *Thunder* fue la señal para que acudieran en apoyo de sus compañeras un gran número de cañoneras y lanchas españolas. Al verlo, Nelson, que se encontraba al mando de las inglesas, se dispuso a impedirlo interceptándolas con las suyas.

La defensa de una flota contra una flotilla de cañoneras era botar a su vez lanchas con infantes de marina, que intentaban alejarlas o matar a sus dotaciones. Mazarredo, consciente de ese riesgo, ordenó embarcar en las suyas algunos tiradores y añadió en las bordas falconetes y pedreros cargados con metralla, que disparados a bocajarro, eran muy efectivos contra las tripulaciones de los botes enemigos.

Pero habíamos dejado a Nelson escribiéndose su propia leyenda, a veces con mucha imaginación. Su bote chocó con el del teniente Miguel Tyrason y todos los tripulantes se enfrentaron en un sangriento combate cuerpo a cuerpo. Cierto es que el bote de Nelson apresó al de Tyrason, pero no estamos muy seguros de que, como contaron las crónicas inglesas, don Horatio contase con 15 escasos marineros y don Miguel con 26, de los que los ingleses mataron a 18.

El teniente general José de Mazarredo, defensor de Cádiz, nació en Bilbao en 1745. Ingresó en la Armada con 15 años y dedicó toda su vida al servicio de su patria en la forma que él consideró más apropiada. En 1808 acató al rey José, lo que demuestra que no todos los que estaban en contra de la monarquía de los Borbones eran traidores y afrancesados. Obra de Jean François-Marie Bellier realizada en 1799. Museo Naval, Madrid.

Incapaz de apresar al *Thunder*, y enzarzada en un combate en el que ya había caído, entre otros, el teniente de navío Juan Cavalieri, la flotilla española, para evitar males mayores, se retiró al abrigo de las baterías de la muralla, perseguida por las unidades británicas, que apresaron dos cañoneras más. Después viraron y regresaron junto a sus barcos. Tampoco se iban bien librados, tuvieron que reparar la lancha del navío *Ville de Paris* y se llevaban un muerto y una veintena de heridos, entre ellos el marinero John Sykes, el timonel de Nelson, que le había salvado la vida[130].

El día 5, viendo que Mazarredo no estaba dispuesto a abandonar la seguridad del puerto, los británicos organizaron un nuevo ataque. Era lo habitual, los bloqueos se acompañaban con incursiones nocturnas, golpes de mano, desembarcos, bombardeos a distancia con obuses y asaltos por sorpresa, lo que permitía minar la moral enemiga, acabar con sus baterías o fortificaciones, e incluso apresar o destruir algún navío.

Esta vez eran tres las bombardas: *Thunder*, *Terror* y *Stromboli*, e iban protegidas por el navío *Theseus*, las fragatas *Terpsichore* y *Esmerald*

130 Se habla a veces de la destrucción de la lancha del *Victory*, pero el *Victory* no intervino en la acción.

131 Los oficiales de Mazarredo dijeron haber hundido 4 lanchas británicas, pero los informes de la *Royal Navy* no lo reconocieron. Es imposible saber quien dice la verdad

y cerca de 30 botes y lanchas de la flota. Las esperaban en la Caleta 16 cañoneras españolas, mientras otras 15, quedaban en reserva en la boca del puerto.

A las diez de la noche las cañoneras de la Caleta abrieron fuego y sus disparos se entrecruzaron con el bombardeo, que produjo algunos destrozos en la ciudad. Según el testimonio del capitán de un mercante neutral, ocasionó tres incendios, parte de la población huyó asustada y diez navíos, incluyendo el *Concepción*, tuvieron que levar anclas y adentrarse en la bahía para evitar que les alcanzasen las balas británicas.

El combate se prolongó durante varias horas y, finalmente, sin conseguir nada, los ingleses se retiraron con la *Thunder* destrozada. Habían tenido tres muertos y diecisiete heridos, entre ellos cuatro oficiales. Las bajas españolas, si se produjeron, fueron tan escasas que no llegaron a contabilizarse[131].

La situación en Cádiz obligaba a Jervis a buscar un nuevo objetivo y, el siguiente lugar en recibir la visita de los buques de su flota, mientras el continuaba con el bloqueo, sería Santa Cruz de Tenerife.

Sus espías le habían comunicado que los buques que realizaban la travesía desde América, dejaban ahora allí todos sus tesoros, en vez de llevarlos a Cádiz, como ya había hecho el *Príncipe de Asturias* cargado de especias. Para confirmarlo, envió dos fragatas, la *Lively* y la *Minerve*, que, en abril, apresaron una de la Compañía de Filipinas que se encontraba de regreso a España y a la corbeta corsaria francesa *La Mutine*. El botín obtenido le decidió a preparar un ataque bien organizado. Si no había tesoros, bien se podrían quedar la isla como base. Ya lo habían hecho en Trinidad y el resultado había sido perfecto.

¿Qué mejor que nombrar a Nelson, que acababa de recibir su acenso por antigüedad a contraalmirante de la escuadra azul, para la misión[132]?

El 14 de julio, enarbolando su insignia en el *Theseus*, de 74 cañones, y acompañado por el *Culloden* y el *Zealous*, ambos también de 74, el

---

132 La organización por divisiones, ya citada, de Robert Blake, que se mantuvo hasta 1864, amplió sus cargos en el siglo XVIII. Cada una de las divisiones, roja, blanca o azul, tenían ahora un almirante, un vicealmirante y un contraalmirante. Frecuentemente se lee que Nelson fue ascendido a contraalmirante por la acción de San Vicente. No es cierto. Su conducta en San Vicente no fue incluida en el informe oficial enviado al almirantazgo por haber desobedecido las órdenes de Jervis. Por su intervención, fue nombrado caballero de la, por entonces muy restringida, Orden del Baño.

Leander, de 50, las fragatas *Seahorse* de 38, *Esmerald* de 36, *Tersichore* de 32, el cutter *Fox* y la bombarda *Rayo*, se puso en camino. No era una gran expedición, llevaba solo 3700 hombres, pero, tal y como respondían los españoles ante los ataques, podían ser más que suficientes.

La noticia llegó al teniente general Antonio Gutiérrez de Otero, capitán general de Canarias, que rápidamente se dispuso a organizar la defensa. Contaba con 1669 hombres[133] y una ciudad, Santa Cruz, que estaba muy fortificada. Los castillos y reductos, unidos por una muralla, disponían de varias baterías con 91 cañones de calidad más que aceptable, y de una docena de morteros, lo que la convertían en una plaza casi inexpugnable.

El día 17 Nelson convocó a sus capitanes en el buque insignia para preparar el plan de asalto. Consistía en acercar las tres fragatas a la costa lo más posible y desembarcar en las lanchas a la infantería de marina y a los marineros aprovechando la oscuridad. Una vez en tierra, al mando del capitán de navío Troubridge, del *Culloden*, atacarían las baterías al nordeste de la ciudad, para hacerse con las más elevadas, mientras la bombarda *Rayo* les apoyaba con el fuego de sus morteros sobre el castillo y las baterías restantes. El resto sería sencillo, si no se entregaba la ciudad cuando tomaran Paso Alto, se dirigirían al muelle para ocuparlo hasta que, con las primeras luces del día, llegasen los navíos de línea para continuar el bombardeo, y los españoles, con todos sus tesoros, se rindiesen. Nadie iba a preferir lingotes de oro y plata, por muchos que fueran, antes que una ciudad destruida.

A las 10 de la mañana del 22, después de cuatro días de preparativos, y de haber perdido la sorpresa del ataque nocturno al no poder acercarse las fragatas la noche anterior por causa de las corrientes, desembarcaron unos 1000 hombres —200 de cada navío, 100 por fragata y 80 artilleros— en la playa de Valle Seco, bajo el fuego de la batería de Paso Alto. Muchos botes zozobraron y el resto, que no conocían la zona, quedaron muy alejados unos de otros. Desde el risco de la Altura, mientras los marineros se reagrupaban y transportaban los cañones a fuerza de brazo, los 165 tiradores enviados por Gutiérrez a la zona dispararon sus fusiles sin descanso hasta detenerlos y hacerlos retroceder.

133 Según las cifras oficiales eran: batallón de Canarias (247), cazadores provinciales (110), milicias de La Laguna y La Orotava (330), rozadores de La Laguna (245), bandera de Cuba (60), artilleros veteranos y de milicias (387), pilotos auxiliares paisanos (180) y marineros franceses de la goleta capturada *La Mutine* (110).

Mientras, había sido avisado el jefe del batallón Canarias para que se desplazase a La Laguna y consiguiese milicianos para cortar en Valle Seco el posible avance británico si desembarcaban más hombres.

El 23, sin ninguna posibilidad de avanzar, los ingleses reembarcaron y las tres fragatas se retiraron. Vigiladas de cerca por las tropas de Gutiérrez, costearon por barranco Hondo y La Candelaria en busca de otro lugar de desembarco. Ese mismo día Nelson convocó a sus capitanes y les comunicó su cambio de planes: atacarían Santa Cruz y asaltarían directamente el castillo de San Cristóbal. La fuerza de desembarco de 700 hombres se dividiría en seis grupos. Él dirigiría uno de ellos, y los otros cinco, los capitanes Troubridge, Miller, Hood, Waller y Thompson.

A las 10.30 de la noche del 24 de julio, las lanchas de desembarco se encontraron alrededor del navío *Zealous*. Las acompañaba el cúter *Fox*, con 180 hombres escogidos y una goleta canaria, con otros 80, apresada días antes. Con los remos envueltos en telas, en completo silencio, avanzaron hacia la playa. Fueron descubiertos por la fragata *San José*, a 500 metros del muelle.

Consiguieron llegar a tierra en cinco puntos: el principal, el área alrededor de la plaza de la Pila, la reguera de Santos, la playa de las Carnicerías, y el monasterio de Santo Domingo, pero con la mayoría de la munición mojada e inservible, y sin escalas, perdidas durante el camino.

El fuego de las cuatro baterías situadas desde Paso Alto hasta el castillo de San Telmo, convirtió el desembarco en un infierno y hundió el *Fox*, que perdió gran parte de los tripulantes y soldados embarcados.

Uno de los disparos realizados con metralla hirió a Nelson[134], que iba en los botes del primer grupo, en el codo derecho. Recogido por su hijastro, el teniente Josiah Nisbet, que lo acompañaba, su lancha regresó a la fragata *Seahorse*, donde le practicaron una primera cura y, desde allí, fue trasladado al navío *Theseus*. Mientras, el resto de los botes encallaron. Una parte de los pocos hombres que pisaron tierra lograron llegar al muelle y clavar los cañones que encontraron y, otros, al mando del capitán Troubridge, lo hicieron en la playa de las Carnicerías. Antes del amanecer, aunque se les había intentado reforzar con otros 15 botes desde la escuadra, todos se habían rendido y estaban prisioneros.

134 La tradición cuenta que fue hecho desde el cañón de 24 libras Tigre, situado en una tronera del muro del castillo de San Cristóbal, pero evidentemente, no puede saberse con certeza, si todas las baterías disparaban al unísono.

Nelson herido en Tenerife el 24 de julio de 1797. La actitud de Nelson hacia España era claramente despreciativa, como la de tantos de sus paisanos. En Cádiz lamentó, según sus propias palabras, que la oscuridad le hubiese impedido la captura de la flotilla española al completo. El cuadro, pintado por Richard Westall en 1806, es uno de los cinco que se le encargaron al autor para ilustrar el libro Vida de Nelson, su primera biografía. Una obra que hoy es reconocida, incluso en Gran Bretaña, como pura propaganda. National Maritime Museum, Greenwich.

En la mañana del 25, Gutiérrez cometió su único error al permitir que los ingleses capitularan indicando ellos mismos las condiciones. Las redactó Troubridge y eran las siguientes:

> Las tropas pertenecientes a S. M. británica serán embarcadas con todas sus armas de toda especie, y llevarán sus botes si se han salvado; y se les franquearán los demás que se necesiten, en consideración de lo cual se obligan por su parte a que no molestarán el pueblo de modo alguno los navíos de la escuadra británica que están delante de él, ni a ninguna de las islas en las Canarias, y los prisioneros se devolverán de ambas partes.

Habían tenido 228 muertos, 128 heridos y 5 desaparecidos. Las bajas de la guarnición no habían sido muchas: 30 muertos y 40 heridos.

Lejos quedaban las palabras del mensaje que Nelson había enviado a Jervis antes del ataque: «Tomaré el mando de todas las fuerzas destinadas a desembarcar bajo fuego de las baterías de la ciudad y mañana probablemente será coronada mi cabeza con laureles o con cipreses». Una más de sus fanfarronadas.

No todo iba a ser positivo. El bloqueo de Cádiz continuó, aunque la presión que ejercía la fuerza sutil hizo que se retirara tanto a mar abierto, que los mercantes y los pesqueros entraban y salían con relativa facilidad y, el 7 de noviembre de 1798, como Trinidad, sin disparar un solo tiro, se rindió a los ingleses toda Menorca menos Ciudadela, que lo haría el día 15 después de ser sitiada. Solo la paz firmada en Amiens el 25 de marzo de 1802 se la devolvería a España.

7.2.5 La paz de Amiens. En tablas

En el *Hotel de la Ville* de Amiens, la delegación francesa dirigida por José Bonaparte, el hermano mayor de Napoleón, que era muy querido personalmente por los representantes ingleses, aunque desalentadoramente propenso a ofrecer concesiones en privado un día y descartarlas en público al siguiente, llegó a un acuerdo con *lord* Cornwallis, exgobernador general de la India, conocido sobre todo por haberse rendido a los rebeldes americanos en Yorktown, que había sido nombrado embajador extraordinario de la Corona británica.

En lo referente a España, Londres devolvía Menorca, pero continuaba reteniendo Gibraltar y, ahora también, la isla de Trinidad. Por lo demás, el tratado, que apenas duró un año, permitía que retornaran a sus países los prisioneros de guerra; establecía que el Reino Unido devolviera la colonia de El Cabo y la mayor parte de las Indias Orientales holandesas a la República de Batavia; la retirada francesa y británica de Egipto y su devolución a Turquía; la restitución por parte de Gran Bretaña de todas las conquistas de Francia y sus países aliados, excepto Ceilán —actual Sri Lanka— y Tobago; la evacuación de Nápoles y los Estados Pontificios por parte de Francia; la fijación de las fronteras de la Guayana francesa y la devolución de las islas de Malta, Gozo y Comino, que fueron declaradas neutrales, a los Caballeros Hospitalarios. Pero no solucionaba ninguno de los problemas previos: las rutas comerciales que mantenían Francia, España y Gran Bretaña seguían siendo concurrentes y la rivalidad en el Mediterráneo, las Indias Occidentales o en el sureste de Europa mayor aun.

Conocidos los diversos puntos del pacto, Godoy, que nunca lo había dudado, mantuvo el convencimiento de que era imposible enfrentarse a las ambiciones británicas sin estar respaldado por una alianza con Francia. Toda la política que desarrolló desde ese momento hasta su caída en 1808 giró en ese sentido.

Pronto volvieron a resurgir las tensiones entre Gran Bretaña y Francia al negarse Bonaparte, bajo presión de los manufactureros pero también por convicción mercantilista, a entablar negociaciones comerciales directas entre los dos países: el recuerdo del tratado de 1786 que había arruinado a la industria textil al abrir Francia a la libre circulación de los productos ingleses estaba todavía demasiado cercano. Eso, sumado al problema de la evacuación inglesa de Malta, fue lo que provocó finalmente la ruptura. Ante las usurpaciones europeas de Francia, que se abría paso en Génova, la Toscana, Bélgica y la Confedración Helvética, Inglaterra no tenía ninguna intención de soltar una prenda tan importante. Por su parte, Bonaparte replicaba que había retirado sus tropas de los puertos napolitanos en conformidad con los acuerdos firmados, y que se mostraría intransigente en los temas mediterráneos y, más concretamente, acerca de la isla, si los británicos los incumplían.

El tono agresivo subió rápidamente; el 13 de marzo de 1803, Napoleón tuvo un altercado —calculado— con el embajador de Inglaterra. Londres, respondió con un ultimátum en el que exigía la evacuación de Holanda y de Suiza, y luego únicamente de Holanda, mediante la retirada, en un plazo de diez años, de las fuerzas inglesas establecidas en Malta, exceptuada la base de Lampedusa.

A principios de mayo, Bonaparte propuso un arbitraje de las potencias neutrales sobre la isla en litigio. Malta sería ocupada provisionalmente por los rusos. Pero los ingleses no pensaban deshacerse de ninguna manera de un bastión que dominaba en el Mediterráneo la ruta de Egipto sobre la que los franceses no disimulaban sus intenciones. El día 16 se produjo la ruptura. Todos los barcos franceses anclados en los puertos británicos fueron capturados. Napoleón, por su parte, hizo inmediatamente detener a los ingleses que residían en Francia, a pesar de que sus tropas ocupaban Hanover y varios puertos del sur de Italia. La guerra contra Francia, declarada unilateralmente por Inglaterra, se reanudaba.

No tardaría en abrirse el camino para la formación de una Tercera Coalición que uniría a Gran Bretaña, Austria y Rusia contra su enemigo común, Napoleón, que el 2 de diciembre de 1804 olvidaba sus ansias de república y se coronoba a sí mismo emperador de Francia en la catedral de Notre-Dame de Paris.

7.3 La neutralidad imposible

El enfrentamiento, casi personal, de Napoleón con Inglaterra, un «país de tenderos» según sus propias palabras, por el que sentía un odio acérrimo que se veía correspondido, lo llevó a concebir un plan que le permitiría invadir sin ningún problema las costas británicas y colocar un ejército de enormes proporciones en la isla, para dominarla como un nuevo Julio César.

Su idea incluía el envío de una escuadra franco-española a las Indias Occidentales para amenazar las bases navales británicas, de forma, que cuando la armada inglesa, que cubría el bloqueo de los puertos franceses del Canal de la Mancha, fuese enviada en su socorro, desguarneciéndolo, la escuadra combinada debería volver inmediatamente para unirse con otros barcos, que partiendo del Ferrol, Rochefort y Brest, controlarían el Canal y apoyarían el desembarco en la isla de cerca de 160 000 hombres[135].

España intentó permanecer neutral, pero la actitud hostil británica contra el comercio marítimo, a causa del convenio de neutralidad firmado con Napoleón y, sobre todo, el cobarde acto de piratería en el que un navío rebajado y tres fragatas interceptaron y atacaron sin previo aviso, el 5 de octubre de 1804, frente al cabo de Santa María, a cuatro fragatas al mando de José Joaquín Bustamante, procedentes de Lima y Buenos Aires, con más de cuatro millones de pesos a bordo, obligaron al Gobierno a aliarse con Francia, y a declararle de nuevo la guerra a Gran Bretaña[136].

La primera fase de la misión, encomendada por el emperador al vicealmirante Jean-Baptiste-Silvestre de Villeneuve, se cumplió sin problemas. El 30 de marzo de 1805, al mando de la flota francesa, consiguió burlar el bloqueo al que la escuadra británica del Mediterráneo había sometido Tolón, y llegó a Cartagena, donde se reunió con el teniente general Federico Gravina, que se encontraba al mando de la escuadra española.

Entre ambos juntaban dieciséis navíos y, siguiendo las órdenes de Godoy, Gravina debía subordinarse a Villeneuve. Sin mayores incidencias partieron para las Antillas dispuestos a cumplir las órdenes de Napoleón: en cuanto Nelson saliese en su búsqueda, deberían cruzar el Atlántico de vuelta para levantar el bloqueo de Brest, rodear Escocia

---

135 Desde el otoño de 1803 estaban acuartelados en los grandes campamentos de Moulin- Hubert, Etaples, Ambleteuse, Saint Omer y Brujas. Dispuestos a cruzar desde Francia en las 2000 gabarras, lanchas cañoneras y barcazas que llenaban los puertos frente a Inglaterra.

136 Eran la *Medea, Fama, Nuestra Señora de las Mercedes* y *Santa Clara.* Transportaban 4 733 153 pesos de plata y mercancías de gran valor, aunque eran buques de guerra, porque España había firmado la paz.

para unirse a la flota holandesa en el rio Texel y asegurar el paso del ejército hacia la bahía de Pegwel, en el condado de Kent, punto elegido para la invasión.

Como estaba previsto, Nelson salió con el grueso de la flota, sin conseguir localizarlos. Villeneuve llegó a Martinica, esperó un mes y, el 11 de junio, cuando supo con certeza que los ingleses habían llegado a Antigua, puso rumbo a Europa para seguir con la segunda parte del plan. A 251 leguas del cabo Finisterre, la escuadra franco-española se encontró con parte de la flota del Canal, al mando de *sir* Robert Calder, que avisada de su presencia por un navío que les había divisado días antes los esperaba.

A pesar de la superioridad numérica, la evidente ineficacia en el mando de Villeneuve, permitió a los ingleses capturar dos navíos españoles, el *Firme* y el *San Rafael*, obligando al resto a dirigirse a Vigo para buscar refugio, reparar los barcos y atender a los heridos.

Desde allí se encaminaron al Ferrol con sus fuerzas mucho mas mermadas, pues a los dos navíos perdidos había que añadir ahora otros tres, el *España*, *América* y *Atlas* que, debido a los daños que habían recibido, no podían seguirlos y estaban obligados a quedarse definitivamente en Vigo.

En El Ferrol la flota se reforzó con el resto de los navíos españoles que la estaban esperando para la invasión y, el 4 de agosto, partió hacia Brest para cumplir el plan previsto. Nada más iniciar el viaje, Villeneuve y Gravina se encontraron con un navío comercial de bandera neutral que les informó, erróneamente, que una flota británica estaba desplegada en el horizonte cerrándoles el paso. Villeneuve, de forma asombrosa, desatendiendo las órdenes de Bonaparte, decidió que era demasiado peligroso continuar. Viró en redondo, y se dirigió a Cádiz con la flota, a donde llegó el día 20.

La entrada del almirante en puerto se transmitió por telégrafo visual al castillo de Pont de Briques, en Boulogne, cuartel general del emperador. Napoleón montó en cólera al recibir la noticia que alteraba todos sus planes, culpó a Villeneuve de hacer imposible la invasión de Inglaterra y, el día 25, levantó el campamento donde estaban las tropas que debían protagonizar el desembarco y las ordenó dirigirse a Austria.

Junto a esa orden general, dictó otra para Villeneuve en la que le decía que saliese de Cádiz y se dirigiese a Cartagena en busca de refuerzos, para desde allí partir hacia Nápoles.

La orden le obligaba a pasar por Gibraltar y adentrarse en el Mediterráneo, dominado de nuevo por la armada británica, pero era imposible de cumplir. Los ingleses ya habían bloqueado con sus barcos la salida de Cádiz.

El 28 de septiembre, Nelson, que regresaba con su escuadra de las Indias Occidentales, recibió la orden de unirse a la flota del bloqueo, y tomó el mando, cedido por Cuthbert Collingwood.

En los días siguientes invitó a cenar de forma informal a todos sus capitanes y aprovechó para exponerles su plan de ataque, al que el mismo denominaba el «toque de Nelson»: si salían, dividiría su flota en dos divisiones. La primera, bajo su mando, atravesaría la línea enemiga entre la retaguardia y el centro, para concentrarse en el tercio de la retaguardia. La segunda, a las órdenes de Collingwood, cortaría la línea entre el centro y la vanguardia, y se concentraría en los barcos del centro, para que la vanguardia enemiga tuviese que girar en redondo y volver en auxilio del resto de la flota. En ambos casos, los principales ataques debían realizarse sobre los navíos de los comandantes en jefe de la escuadra franco-española.

Mientras, en Cádiz, un vacilante Villeneuve continuaba indeciso sobre salir, o quedarse en el puerto. El 8 de octubre celebró una reunión de oficiales a bordo de su buque insignia, el *Bucentaure*, a la que acudieron, por parte francesa, los contra-almirantes Dumanoir y Magon, y los capitanes de navío Cosmao, Maistral, Villegris y Prigny y, por parte española, los tenientes generales Gravina y Álava, los jefes de escuadra Escaño e Hidalgo de Cisneros, y los brigadieres Alcalá Galiano y Churruca.

El consejo se abrió con la idea de Villeneuve de que la escuadra combinada saliera de Cádiz, a lo que se opuso Gravina, aconsejando lo contrario, como puede leerse en su informe:

> No apruebo, la salida del puerto de la escuadra combinada, porque está muy avanzada la estación, y los barómetros anuncian mal tiempo. No tardaremos en tener vendaval duro y, por mi parte, creo que la escuadra combinada haría mejor la guerra a los ingleses, fondeada en Cádiz, que presentando una batalla decisiva. Ellos tienen con que reponer las naves que les destrocemos en un combate, pero ni España ni Francia cuentan con los recursos marítimos de guerra que la Inglaterra posee. Además, el reciente combate sobre cabo Finisterre ha hecho ver que la escuadra francesa es espectadora pasiva de las desgracias de la nuestra: sus buques han visto que nos apresaban los navíos *San Rafael* y *Firme*, y no hicieron ni un movimiento para represarlos, no pudiendo hacerlo los nuestros por las muchas averías que sufrieron de resultas del

encuentro y, me temo mucho que en la acción que vamos a tener suceda otro tanto. ¿Por que salir el almirante francés de la bahía de Cádiz? Aquí obligaríamos a los ingleses a sostener un estrecho bloqueo, otro en Cartagena, donde hay armadas fuerzas navales, y sobre Tolón también otro. Para estos bloqueos tendrían que hacer grandes sacrificios con el sostenimiento de tres escuadras en un invierno que esta próximo y, con las averías que forzosamente han de tener, conseguiríamos ventajas equivalentes a un combate.

La razonada exposición de Gravina les convenció y se acordó permanecer en puerto hasta que las fuerzas inglesas disminuyeran[137].

Gravina tenía razón. Los ingleses no podían esperar y Nelson, impaciente, ordenó atacar todos los barcos de avituallamiento que se dirigiesen a Cádiz, agravando así los problemas de aprovisionamiento de españoles y franceses, que no podían hacerlo por tierra, al estar recuperándose Andalucía de una epidemia de fiebre amarilla que había matado a miles de personas y gran parte del ganado.

La flota de Nelson continuaba preparándose minuciosamente para el combate. Las tripulaciones diariamente hacían prácticas de tiro, y la comida, de momento, era abundante. Sus fragatas, situadas a pocas leguas del puerto, controlaban todos los movimientos de la escuadra combinada, y el resto de sus navíos se mantenían alejados para evitar que los vigías pudiesen determinar el número de barcos que la componían.

El 17 de octubre, Villeneuve recibió una información de sus espías en Gibraltar que le hicieron concebir la idea de que había llegado su momento: dos buques se encontraban en el Peñón aprovisionándose y en reparaciones y, otros cuatro, saldrían desde allí para el Mediterráneo escoltando un convoy. Al día siguiente, pensando que la flota británica se había debilitado se dispuso a dar las órdenes oportunas para partir.

7.3.1 Trafalgar. La hora final

A las seis de la mañana del 19, en el mástil del *Bucentaure*, apareció la señal «izad velas y adelante». La orden obligaba a toda la escuadra combinada,

---

137 Las relaciones entre los oficiales españoles y franceses eran pésimas. En la reunión, el contraalmirante Magon dejó entrever la posible cobardía de los españoles y Alcalá Galiano le respondió de forma tan acalorada que llegó a temerse que se batieran en duelo.

compuesta por 33 navíos, cinco fragatas y otras unidades menores, a hacerse a la mar. Entre los españoles cundió la decepción.

Al mediodía, con solo 7 barcos fuera del puerto, cesó el viento. Fueron necesarias veinticuatro horas de trabajo para remolcar, mediante botes a remo, al resto de la escuadra hasta mar abierto. Los navíos, con la premura de la partida, no salían suficientemente equipados y las tripulaciones, ya de por si medianamente preparadas, habían perdido sus escasas habilidades durante todo el tiempo que llevaban desocupadas en Cádiz.

En frente esperaban los 27 navíos ingleses, con sus tripulaciones perfectamente adiestradas durante los más de tres meses que llevaban realizando el bloqueo.

A las nueve y media del 19, en el mástil del *Mars*, destacado por Nelson como observador, apareció la primera línea de banderas de señales: «el enemigo empieza a salir del puerto», contestada inmediatamente desde el *Victory* con un: «persecución general sudoeste», que se transmitió a toda la escuadra.

Los británicos se pusieron en movimiento mientras las dos fragatas enviadas por delante se situaron cerca de la flota combinada para tenerla localizada en todo momento, de día o de noche. Debían comunicar todos los movimientos, con banderas o luces, al *Defence*, este al *Colossus*, que a su vez lo hacía al *Mars* y, por fin, desde el *Mars* al *Victory*.

Durante todo el día 20, la escuadra se dirigió al sur, hacia el estrecho de Gibraltar, alejándose del cabo de Trafalgar en tres columnas. Como había pasado en San Vicente, muy irregulares, debido a la poca experiencia de las tripulaciones. A última hora de la tarde el viento sopló del oeste, lo que permitió dar la orden para que los barcos virasen y se encaminasen directamente al estrecho. Una vez más, la maniobra terminó de desordenar la formación. A las 19:00 horas, desde el *Redoutable*, ya se veían las luces de señales de los barcos de Nelson. Se le informó a Villeneuve, pero las comunicaciones se realizaban mediante altavoz y hasta las 20:30 horas no recibió el mensaje. Inmediatamente ordenó que la escuadra se colocara en línea de batalla.

Al amanecer del 21, las dos flotas se distinguían claramente. A las 5:45, desde el *Victory*, se ordenó a su línea dividirse en dos columnas. Gravina, que seguía sus movimientos, pidió a Villeneuve permiso para obrar independientemente con la escuadra de observación que estaba a sus órdenes. Le fue denegado, previniéndole para que permaneciera en la línea, subordinado a los movimientos generales.

Con el fin de tener Cádiz a barlovento en el caso de una derrota, Villeneuve ordenó, sobre las siete de la mañana, una virada por redondo a un tiempo en toda la línea, convirtiendo a la vanguardia de la flota en retaguardia, donde quedó la escuadra de Gravina. La maniobra se realizó con tanto desajuste, que la línea se rompió dejando grandes claros al enemigo. Durante las horas siguientes, toda la escuadra combinada, con la orden de seguir al navío de cabeza, se dedicó a estrechar distancias y restablecer el orden, ya con el enemigo a la vista.

Muy cerca, Nelson, que desde el alcázar del *Victory* observaba las maniobras franco españolas junto a sus oficiales, ordenó que se transmitieran dos mensajes a toda la flota: «Inglaterra espera que todo hombre cumplirá su deber», y a continuación: «Atacad al enemigo de cerca». El combate de Trafalgar estaba a punto de comenzar.

En el *San Juan Nepomuceno*, Churruca miró por el catalejo el mástil del *Bucentaure* a la espera de una respuesta. Como no se producía, sacudió la cabeza y le dijo a su segundo al mando:

> Nuestra vanguardia quedará aislada del cuerpo principal y nuestra retaguardia se verá abrumada. La mitad de la línea estará obligada a permanecer inactiva. El almirante francés no lo entiende. Se ha de actuar con osadía, se ha de ordenar que los barcos de la vanguardia viren de nuevo a sotavento y se sitúen detrás de la escuadra de retaguardia. Eso colocaría al enemigo entre dos fuegos. De no hacerse, estamos perdidos.

A las doce menos cuarto, el *San Agustín* disparó un primer cañonazo, al que siguió otro del *Monarca*. A las doce menos ocho minutos el *Royal Sovereing*, que mandaba la columna inglesa de sotavento, la primera en tomar contacto con la escuadra combinada, descubrió un hueco en la formación entre el *Santa Ana* y el *Fougueux* y se introdujo por él a toda vela, descargándoles una andanada simultanea a babor y a estribor.

Ambos se repusieron, maniobraron y respondieron al fuego. El *Santa Ana*, al mando de Álava advirtió rápidamente que su enemigo quería pasar a sotavento y, tras ordenar a todos sus hombres que se situaran a estribor, entabló combate pañol a pañol con el *Royal Sovereing*. El resto de los navíos enemigos hicieron lo mismo. Uno dobló la retaguardia de la mitad de la flota franco-española, otro pasó entre el *Aquiles* y el *San Ildefonso*, y así sucesivamente. Desde ese momento la acción en esa parte se limitó a sangrientos combates particulares.

Mientras, el *Victory*, utilizando la misma estrategia, se lanzó entre los navíos *Santísima Trinidad* y *Bucentaure*. Hidalgo de Cisneros, que capitaneaba el navío español, comprendiendo la intención de Nelson, se juntó todo lo posible al *Bucentaure* y le cerró el paso. El *Victory*, obligado a maniobrar se dirigió entonces contra el *Bucentaure* y el barco que tenía a popa, el *Redoutable*.

Villeneuve izó las banderas de señales y comunicó a Dumanoir, en el *Formidable*, al mando de la división de vanguardia, que virase y fuera a reforzar el centro de la línea de batalla, pero Dumanoir no viró. ¿Por qué? La respuesta es el mayor misterio del combate de Trafalgar y solo él podría contestarla. ¿No vio la orden? ¿No la comprendió? ¿No se dio por enterado y actuó como un cobarde? Sus excusas en el consejo de guerra al que se le sometió en 1809, fueron tan lamentables, que evidentemente eran falsas[138].

El *Redoutable* se quedó solo con el *Victory*, Desde su cubierta intentó lanzar los garfios de sujeción para abordarlo, pero el *Victory* era

138 Argumentó la falta de viento, la marejada existente, y las posibles averías que se hubiesen producido en los cuatro navíos que comandaba si hubiese virado.

Combate de Trafalgar. Vista de la acción entre el Santa Ana *y el* Royal Sovereign. *Ambos navíos se enfrentaron durante dos horas y media, quedando desmantelados. El* Santa Ana, *del teniente general Álava, se rindió poco después, al ser atacado por más navíos británicos. Óleo de Ángel Cortellini Sánchez pintado en 1903.* Museo Naval, Madrid.

más alto y no consiguieron engancharlos. Mientras, desde las cofas del navío francés, los tiradores con mejor puntería barrían con sus disparos la cubierta británica en busca de los oficiales. Uno de ellos vio una chaqueta azul con condecoraciones y disparó. Eran las 13:25. La bala le entró a Nelson por el costado izquierdo, afectándole a los pulmones y a la columna vertebral. Gravemente herido fue bajado a la cubierta del sollado, donde le atendió su cirujano, William Beatty.

Cuando el *Victory* estaba a punto de ser tomado, llegó en su ayuda, por popa, el costado desprotegido del *Redoutable*, el *Temeraire*. La descarga al unísono de todos los cañones de una banda le destrozaron el palo mayor, el de mesana, su castillo de popa y produjeron un enorme número de bajas entre la tripulación. El *Fougueux*, maltrecho tras su primer encuentro con el *Royal Sovereing*, acudió a socorrerlo.

Los cuatro barcos se juntaron y quedaron enganchados por los costados. En el *Redoutable*, perdidas cinco sextas partes de su tripulación, la lucha se hizo insostenible y, sobre las dos del mediodía, arrió su bandera y se rindió. Con la tripulación de presa y, remolcado por el *Swiftburne*, abandonó definitivamente el combate. Se cuenta que los marineros británicos, enfurecidos por la muerte de su almirante, pasaron a cuchillo a todos los supervivientes, pero no hay que hacer mucho caso a esas afirmaciones, se han dicho y escrito demasiadas mentiras sobre lo ocurrido en Trafalgar.

El *Bucentaure* se quedó junto al *Santísima Trinidad*, acorralados por los barcos enemigos, con más de la mitad de sus oficiales y tripulación muertos o heridos. Villeneuve, presa de los nervios, ordenó arriar la bandera y se rindió.

El *Santísima Trinidad* estaba rodeado de siete navíos ingleses, y todavía sostenía el fuego. El capitán del *África* le envió un oficial para aceptar su rendición que, cortésmente, fue escoltado de vuelta a su bote antes de reanudar los disparos. Una hora más tarde, totalmente destrozado, sin hombres que pudieran disparar los cañones o utilizar las bombas de achique, manteniéndose a flote con dificultad, se rindió.

La columna de Gravina, que cubría la retaguardia de la escuadra, se vio envuelta por los navíos que siguieron a Collingwood, cuyo objetivo principal era el apresamiento del *Príncipe de Asturias*, el buque insignia español. Contra él se dirigieron los navíos *Defiance* y *Revenge*. El *San Ildefonso*, que se encontraba delante de Gravina, viró en redondo para equilibrar la pelea, pero al percatarse, los navíos ingleses *Dreadnought*, *Poliphemus* y *Thunderer* se dirigieron a toda vela a interceptarle. Después de una defensa desesperada, el *San Ildefonso* se vio obligado a arriar su bandera.

Solo también ante el enemigo, el *Príncipe de Asturias*, con las jarcias cortadas, sin estays para poder utilizar sus velas y con los palos de mesana y mayor amenazando con venirse abajo, resistió. En su cubierta aguantaba Gravina, con un brazo arrancado de un cañonazo.

El *San Justo* y el *Neptune* consiguieron llegar hasta él y socorrerlo alejando a los navíos británicos. Poco después, se unían al grupo el *Rayo*, *Montañés*, *Asís*, *San Leandro* y algunos navíos franceses. Juntos y en desventaja, mantuvieron el combate hasta el anochecer.

Cuando cesó el fuego por ambas partes, Gravina indicó a la fragata *Themis* que lo remolcase y dio instrucciones a los demás barcos que pudiesen navegar para que lo siguiesen. Una columna de 11 navíos casi destrozados puso rumbo a la bahía de Cádiz. Atrás había quedado sin poder unirse a Gravina, el *San Juan Nepomuceno*, que después de luchar contra seis navíos enemigos, con Churruca muerto sobre la cubierta, acribillado y desarbolado, caía apresado.

Nelson había muerto aproximadamente a las 16:30 a consecuencia de la herida, y la flota británica quedó en manos de Collingwood.

Su primera decisión fue no hacer caso de la última orden de su almirante, que le indicó que anclara todos los buques ante el temporal que se avecinaba, y pagó las consecuencias. Durante una semana, la tempestad que azotó la costa gaditana fue casi peor que el combate. El *Santísima Trinidad*, remolcado por las fragatas *Naiade* y *Phoebe*, se hundió, el *Redoutable*, remolcado por el *Swiftsure*, se hundió también con muchos de los heridos todavía abordo y el *Bucentaure*, sin mástiles, encalló en la playa cercana al puerto, y sus tripulantes británicos, que conducían la presa hacia Gibraltar, hechos prisioneros.

En el peñón terminó también el *Victory*, muy dañado. A bordo, iba el cuerpo de Nelson, amortajado con unas vestiduras de algodón, y envuelto de pies a cabeza con vendas arrolladas según el método antiguo de embalsamamiento. Lo había conservado el doctor Beatty sumergiéndolo en un ataúd de plomo lleno de brandy, al que había añadido una fuerte solución de mirra alcanforada. El brandy fue sustituido, una vez llegado el navío a Gibraltar, donde se pudo disponer de suficiente cantidad de vino, y el ataúd de plomo fue introducido a su vez en uno de madera, y colocado en la cámara del extinto almirante.

A los navíos españoles no les fue mejor que a los británicos. Desde Cádiz salieron el *Asís*, *Montañes*, *San Justo* y *Rayo* en busca del *Santa Ana*, el San Juan Nepomuceno y el resto de los navíos apresados uniéndoseles mas adelante dos navíos franceses. El Santa Ana fue recuperado, pero tuvo que ser remolcado a causa del mal estado del casco por la fragata *Themis*. *El Rayo*, *San Francisco*, *Monarca* y *Neptuno*, arrastrados a la costa por la tempestad, embarrancaron. Y el *San Juan Nepomuceno* fue llevado definitivamente a Gibraltar.

Las perdidas españolas eran de 1022 muertos y 1383 heridos, las francesas de más de 3000 muertos y 1000 heridos y las británicas de 1609, entre muertos y heridos. El numero total de capturados, entre franceses y españoles, sumaba unos 8000.

La victoria sobre el combinado franco-español permitiría a Inglaterra obtener la supremacía naval en los siguientes cien años. Francia recogía así los frutos de las sangrientas purgas revolucionarias; a pesar de que todos los estamentos de la sociedad francesa se vieron afectados por ellas, uno de los que más sufrió las persecuciones del gobierno fue el militar y, más concretamente, la Armada, que se vio perseguida después de que una parte de sus oficiales superiores —realistas que querían que la revolución fuese aplastada—, entregaran la base de Tolón a los británicos.

Entre unas y otras vicisitudes, Napoleón, al que no le interesaba la armada salvo para transportar a sus soldados, no conseguiría volver a tener una escuadra capaz de asegurar un desembarco en Inglaterra, y su objetivo jamás se realizaría.

7.4 Nuevos tiempos, nuevas espectativas

España, en contra de lo que se cree habitualmente, no perdió su armada en Trafalgar, solo 10 navíos, que quedaron contrarrestados con los 6 que se capturaron a Francia en el inicio de la guerra de la independencia[139], pero económicamente el desastre fue absoluto. Para poder dotar a todos los barcos que participaron en el combate se habían tenido que utilizar los fondos de amortización —un tanto sobre las fincas pertenecientes a la Iglesia concedido al rey por el papa— un empréstito de cien millones de reales en acciones, transmisibles por endoso, y toda la recaudación de algunas contribuciones nuevas, que habían empobrecido aun más a la nación.

Aunque en 1805 la armada podía haberse repuesto de las pérdidas sufridas en el combate y aún poseía una fuerza respetable de 44 navíos de línea y 37 fragatas, las circunstancias posteriores de la Guerra de la Independencia, la falta de una política nacional, el desgobierno y la desmoralización reinantes en las postrimerías del reinado de Carlos IV, hicieron imposible su resurgimiento.

Sin dinero, oficiales, ni tripulaciones, las provincias americanas se veían amenazadas y quedaban en manos de los movimientos estratégicos del imperialismo británico que auxiliaba impunemente a los

[139] Cuando se hizo oficial la declaración de guerra a Francia se atacó de forma inmediata a la escuadra francesa que se encontraba en Cádiz desde octubre de 1805 a las órdenes del vicealmirante Rosilly. El 13 de junio rindió sus barcos y, quedaron en manos españolas, los navíos *Héros*, de 84 cañones, *Plutón*, de 74, *Neptuno*, de 92, *Algeciras*, de 86 y *Vainqueur*, de 78. Además, la fragata *Cornelia*, de 42, y otras naves menores, carenadas en el arsenal de La Carraca a costa del erario español y completadas sus dotaciones con los supervivientes de Trafalgar. Era un gran impulso para la escasa flota española, pero la alegría duró poco. La alianza firmada con Gran Bretaña estipuló que gran parte de la escuadra rendida pasase a poder de la *Royal Navy*.

independentistas desde el Caribe hasta Chile. Incluso en 1806 y 1807, se enviaron dos expediciones inglesas, que sabían que la Península no podía enviar refuerzos, con escuadras al mando de Popham y Murray, y ejércitos a las órdenes de los generales Beresford y Whitetelocke, para intentar tomar Montevideo y Buenos Aires respectivamente, y que fracasaron, por la obstinada resistencia de los criollos.

El colapso casi por completo del tráfico marítimo entre España y América, producido por el bloqueo británico a todos los puertos, logró que se dejaran de recibir los caudales americanos por primera vez en cuatro siglos. Sin dinero, se empezaron a desguazar barcos para poder equipar otros, e incluso para leña.

Al comienzo de la Guerra de Independencia, en 1808, después de años de desidia, de los 232 buques efectivos, 149 estaban inservibles en su mayor parte. En teoría quedaban 42 navíos, 21 fragatas, 32 corbetas y un número reducido de bergantines y buques menores. De los cuarenta y dos navíos, al menos diecisiete, estaban desarmados y en puerto, lo que da una idea de su precariedad si pensamos que se encontraban repartidos por diversos puertos peninsulares y ultramarinos.

No es extraño por tanto, que al carecer de barcos, no existir un plan naval para la guerra y, al mismo tiempo, necesitarse combatientes y mandos para la campaña de tierra, gran parte de los oficiales de la armada se integrasen, como medida de urgencia, en los cuadros del ejército sin abandonar su empleo en la armada, o saliesen al mando de los batallones de marina y brigadas de artillería de marina, que entraron en combate desde el primer momento y no disponían de un cuerpo de oficiales propio.

A principios de 1809, la situación de la armada empeoró aún más cuando se rindió Ferrol, entregando 16 bajeles que no pudieron ser recuperados hasta que se reconquistó la plaza en mayo del mismo año. Pese a todo, el esfuerzo naval era formidable y, en cuanto se dejo de tener a Inglaterra como enemiga, se lograron mantener las comunicaciones con América, aunque se desguazara la escuadra de Cartagena.

Un año después, los franceses sitiaron Cádiz por mar y tierra. Allí se encontraba la escuadra española al mando del capitán general Ignacio María de Álava, formada por los navíos *Príncipe de Asturias*, *Santa Ana* y *Concepción*, los tres de 112 cañones, el *Neptuno*, de 80, y el *Montañés*, *San Pedro*, *San Justo* y *Glorioso*, de 74 cada uno.

Eran las reliquias de la escuadra de Gravina y Villeneuve, con un poder militar tan escaso que el *Neptuno*, *Montañés* y *San Pedro* se encontraban desarmados y, con una falta de hombres tal, que de los 10 000 que debían conformar las dotaciones solo había 3000.

Cuando en julio, se consiguió romper el bloqueo, dos de los navíos de tres puentes, el *Santa Ana* y el *Príncipe de Asturias*, partieron hacia La Habana con su dotación reducida a la mitad, y los otros dos, el *Fernando VII* y el *San Carlos*, junto al *Neptuno*, *San Justo*, *Paula* y *Glorioso*, fueron enviados a Mahón.

A partir de entonces, la alianza hispano-inglesa obtendría el dominio del mar, lo que permitiría a los británicos mantener bloqueada al resto de la flota francesa en Tolón, mientras los barcos españoles transportaban hombres de una zona a otra de la Península, tanto para llevar tropas al combate, como para retirarlas cuando el ejército imperial presentaba una aplastante superioridad. O bien, se dedicaban a abastecer la línea de operaciones de Wellington, desde Lisboa a Santander, y en la desembocadura del Ebro, obligando con el fuego de sus cañones, o con el desembarco de sus escasas dotaciones en apoyo de las fuerzas terrestres, a la retirada francesa de las ciudades costeras.

Durante esos años las cifras siguieron bajando. En 1811, los navíos se habían reducido a 26, en 1820 a 17 y, en 1835 a 3, para poder asegurar las costas españolas en el Mediterráneo, el Atlántico y el Pacífico.

El abandono en que llegó a encontrarse la armada en el periodo de 1808 a 1835 exigía una completa reconstrucción. Había que volver a empezar de cero, pero ya era tarde para los navíos empujados solo con la fuerza del viento. Nuevas máquinas de vapor —producto de la industrialización nacida en Gran Bretaña—, utilizadas como forma de propulsión en modernos barcos recién construidos, y cañones mucho más potentes y efectivos, habían destrozado a la escuadra turca en 1827, durante el combate de Navarino[140].

La armada española, descendiente de aquella que había introducido las naves mancas en todos los mares del mundo, convirtiéndose en su dueña y señora, fiel a su tradición y a su época, se disponía a resurgir de sus cenizas y a adaptarse cuanto antes a los nuevos tiempos.

Aún le quedaba por escribir muchas páginas en la Historia.

[140] Ver nuestra obra *De Salamina a las Malvinas* (EDAF, 2017).

CRONOLOGÍA

1598 Felipe III ocupa el trono de España.

1601 La capital de España se traslada a Valladolid.

1604 Agosto. España e Inglaterra firman en Londres el Tratado de Paz.

1606 Madrid vuelve a convertirse en la capital de España.

1607 25 de abril. La flota española y la de las Provincia Unidas se enfrentan junto a Gibraltar.

1609 España y las Provincias Unidas firman la, mal llamada[1], tregua de los doce años.

1615 Mayo. Derrota española en el combate de Cañete, frente a Lima, contra los holandeses.

1616 14, 15 y 16 de julio. Francisco de Ribera derrota a la flota turca en el combate de cabo Celidonia, Chipre.

1617 20 de noviembre. La flota del duque de Osuna derrota a la veneciana en la entrada del mar Adriático.

1618 Comienza la Guerra de los Treinta Años.

1621 Enero. España se implica definitivamente en la guerra de los Treinta Años y arma una flota corsaria en Dunkerque.

31 de marzo. Fallece Felipe III y ocupa el trono de España su hijo y heredero, Felipe IV.

10 de agosto. La Armada de la Mar Océano apresa frente a Cádiz un convoy de la Compañía Holandesa de las Indias Orientales.

1622 Gaspar de Guzmán, conde-duque de Olivares, es nombrado valido.

1623 Una flota de las Provincias Unidas toma Pernambuco, en Brasil.

1624 Las Provincias Unidas toman San Salvador, en Brasil.

---

[1] A los 9 años de tregua comenzaron los ataques de la armada y el ejército de la Provincias Unidas, a los doce, la guerra abierta.

24 de septiembre. El duque de Osuna, caído en desgracia ante el conde-duque de Olivares, muere en prisión.

1625 1 de mayo. Una expedición española recupera San Salvador.

Noviembre. La flota anglo-holandesa ataca Cádiz.

1626 Enero. La flota holandesa se retira derrotada de Puerto Rico tras intentar, durante meses, tomar San Juan.

1628 8 de septiembre. La flota holandesa de Piet Heyn captura a la flota de Indias en la bahía de Matanzas.

1634 Ingleses, franceses y holandeses se instalan en las pequeñas Antillas atraídos por el oro y el comercio español de América.

1635 Francia declara la guerra a España.

1639 21 de octubre. Combate de Las Dunas. La flota holandesa derrota a la española.

1640 Portugal inicia la guerra para separarse de España.

1643 19 de mayo. Francia derrota a España en la batalla de Rocroi.

1647 Sublevaciones en Nápoles y Sicilia.

10 de junio. La flota española derrota a la de las Provincias Unidas en el combate del puerto de Cavite, Filipinas.

1648 15 de mayo. Se firma la Paz de Westfalia, que pone fin a la guerra de los Treinta Años. España continúa en guerra contra Francia y, en Portugal, los Países Bajos y Cataluña.

1655 12 de mayo. Las tropas españolas expulsan a una expedición inglesa de la isla de La Española, la actual Santo Domingo.

18 de mayo. La flota expulsada de La Española toma la isla de Jamaica. Septiembre. La Inglaterra de Oliver Cromwell declara la guerra a España.

29 de septiembre y 1 de octubre. Las flotas española y francesa se enfrentan ante Barcelona. Al finalizar el combate ambas se proclaman vencedoras.

1656 Una flota británica al mando del almirante Blake bloquea a la española en Cádiz. Sin oposición ataca todas las poblaciones costeras hasta Málaga y captura la flota de Costa Firme.

Fallece el rey de Portugal, Juan IV. Le sucede su hijo, Alfonso VI, de madre española.

1657 30 de abril. La flota de Blake ataca Tenerife para llevarse el cargamento traído por la flota de la plata de México, pero es rechazado.

La Corona española decide conceder patentes de corso a españoles y holandeses. Los resultados son espectaculares y cerca de 1500 barcos ingleses son apresados.

Mayo. Inglaterra y Francia firman el tratado de París, para actuar de forma conjunta contra españoles y holandeses.

1658 14 de junio. Francia derrota a España en la batalla de Las Dunas[2] y ocupa Dunkerque.

1659 14 de enero. En un último intento por recuperar Portugal el ejército español es derrotado en Elvás.

7 de noviembre. Se firma con Francia la Paz de los Pirineos.

1661 6 de noviembre. Nace Carlos II, heredero de Felipe IV.

1665 15 de junio. Batalla de Villaviciosa, la última de la guerra con Portugal. El ejército español es derrotado

17 de septiembre. Fallece Felipe IV. Su esposa Mariana de Austria ocupa la regencia hasta que pueda hacerlo Carlos II.

1667 26 de mayo. Comienza con la denominada Guerra de Devolución.

1668 Febrero. Por el Tratado de Lisboa, España y Portugal se separan.

29 de marzo. Henry Morgan saquea Puerto Príncipe.

2 de mayo. España, derrotada, firma con Francia la Paz de Aquisgrán.

Julio. Morgan saquea Portobelo.

1669 Morgan saquea Maracaibo. En su huida consigue eludir a la escuadra de Alonso del Campo y Espinoza.

1670 28 de enero. Con patente de corso firmada por el gobernador inglés de Jamaica, Morgan saquea Panamá.

---

2 Batalla en tierra entre españoles y franceses en las dunas de Dunquerke. No hay que confundirlo con el combate naval entre españoles y holandeses, citado anteriormente.

18 de julio. España firma el tratado de Madrid y reconoce la soberanía inglesa sobre Jamaica.

1671 17 de diciembre. España y las Provincias Unidas firman un tratado de ayuda mutua.

1672 12 de febrero. Inglaterra y Francia firman un tratado de alianza.

1673 30 de agosto. A la alianza hispano-holandesa se suman el Imperio austriaco y el ducado de Lorena.

1675 Carlos II ocupa el trono a la edad de 14 años.

Agosto. La flota francesa levanta el bloqueo español del puerto de Mesina, Sicilia.

1676 6 de enero. La flota francesa y la hispano-holandesa se enfrentan en Stromboli. Ambas se retiran sin un resultado definitivo.

23 de abril. La flota francesa y la hispano-holandesa se enfrentan de nuevo en Agosta.

2 de junio. Una vez más se enfrentan las flotas hispano-holandesa y francesa. La victoria de la flota francesa les permite el dominio del Mediterráneo hasta el final de la guerra.

1678 Agosto. Francia firma la Paz de Nimega con España y las Provincias Unidas.

1681 30 de septiembre. La armada española derrota a la de Brandenburgo en el combate del cabo de San Vicente.

1683 Noviembre. España declara la guerra a Francia.

1697 16 de abril. Una flota francesa ocupa Cartagena de Indias.

20 de septiembre. España y Francia firman la paz de Rijswijk.

1700 1 de noviembre. Carlos II de España, hijo único de Felipe IV, muere sin descendencia.

1702 Mayo. Comienza la Guerra de Sucesión Española. España y Francia se alían contra Austria, Inglaterra y las Provincias Unidas.

23 de Octubre. Derrota de Vigo. La flota de Indias, junto con otra francesa, son sorprendidas y destruidas por la escuadra del almirante Rooke en la ría de Vigo. Se pierden gran parte de los caudales que traía.

1704 Agosto. Día 5. Gibraltar capitula ante una fuerza combinada anglo-holandesa.

Día 24. Combate de Vélez-Málaga.

1708 8 de junio. Combate de Barú, junto a Cartagena de Indias, entre ingleses y españoles. Se hundo con su tesoro el galeón *San José*.

19 de septiembre. Inglaterra ocupa Menorca.

1713 13 de julio. Se firma el Tratado de Utrech que pone fin a la guerra de sucesión española. El nuevo rey, Felipe V, pierde todos los territorios europeos del Imperio español. La guerra continúa en la Península, pero con carácter de guerra civil.

1714 11 de septiembre. Felipe V ocupa Barcelona.

1715 2 de junio. Felipe V recupera Mallorca. Acaba la guerra de sucesión en la Península.

1716 18 de agosto. La escuadra española de Esteban de Marí, junto con otra veneciana, expulsan a los turcos de Corfú.

1717 9 de agosto. Las tropas españolas ocupan Cerdeña.

1718 1 de julio. España ocupa Sicilia.

2 de agosto. Inglaterra, Francia, Austria y Saboya se alían contra España.

11 de agosto. Combate de cabo Passaro, Sicilia. La escuadra española de Antonio Gaztañeta es destruida por la inglesa, al mando del almirante Byng sin previa declaración de guerra.

1722 Tratado de Cambrai. España devuelve Cerdeña y Sicilia.

1724 15 de enero. Felipe V abdica en su hijo mayor Luis I.

31 de agosto. Luis I fallece de viruela. Felipe V vuelve al trono.

1732 15 de junio. Parte de Alicante la flota de Francisco Cornejo con el ejército del duque de Montemar para la campaña de Orán. Tomaran la plaza el 2 de julio.

1733 Octubre. España, aliada de Francia, declara la guerra a Austria para recuperar los territorios italianos perdidos tras la guerra de sucesión española.

1734 La escuadra de Miguel Reggio colabora en la toma de Nápoles.

1739 23 de octubre. Inglaterra declara la guerra a España por los derechos comerciales en América.

21 de noviembre. La flota inglesa del almirante Vernon toma Portobelo.

1741 Marzo-mayo. Vernon es derrotado en Cartagena de Indias tras mantener durante dos meses el sitio de la ciudad.

23 de julio. Vernon es expulsado de Cuba, donde había desembarcado para intentar tomar Santiago.

1742 Marzo. Vernon es derrotado en Panamá y regresa a Inglaterra.

1743 20 de junio. El comodoro Anson captura el galeón de Manila *Nuestra Señora de Covadonga.*

1744 22 de febrero. Combate de cabo Sicié entre la escuadra franco española en la que se encuentra el teniente general Navarro y la inglesa del almirante Mathews. La inglesa se retira y permite a Navarro abastecer al ejército de Italia.

1746 9 de julio. Fernando VI sucede a Felipe V en el trono de España.

1747 12 de octubre. Combate de La Habana. El almirante Knowles derrota a la escuadra de Andres Reggio.

1748 20 de octubre. España firma la paz con Inglaterra.

1759 10 de agosto. Fallece sin descendencia Fernando VI. Durante su reinado, de una paz relativa, el marqués de la Ensenada, podrá modernizar la armada española.

17 de octubre. Carlos III, hermano de Fernando VI, llega a España para ocupar el trono.

1762 12 de agosto. Capitulación de la Habana.

6 de octubre. Manila capitula ante una expedición inglesa.

30 de octubre. España ocupa la colonia portuguesa de Sacramento.

1763 10 de febrero. El Tratado de París pone fin a la Guerra de los Siete Años. A cambio de La Habana y Manila, España pierde Florida.

1770 10 de junio. Crisis de las Malvinas. Una expedición española expulsa a una guarnición inglesa que había ocupado las islas. Se las devolvería en 1771, para evitar la guerra y volvería a recuperarlas en 1774, cuando los británicos las abandonaron.

1775 19 de abril. Comienza la guerra de independencia de las trece colonias norteamericanas contra el dominio inglés.

8 de julio. Fracasa la expedición española que pretendía ocupar Argel.

1777 Febrero-junio. Una expedición española ocupa las posesiones portuguesas en la isla de Santa Catalina y, de nuevo, la colonia de Sacramento.

1779 Julio, agosto. La escuadra hispano-francesa de Cordoba y Orvilliers, situadas ante Plymouth, en el Canal de la Mancha, se retira sin poder invadir Inglaterra.

1780 16 de enero. La escuadra inglesa del almirante Rodney derrota a la de Juan de Lángara en el combate del cabo de Santa María.

1781 11 de mayo. Bernardo de Gálvez toma los fuertes ingleses de Pensacola, en La Florida.

19 de agosto. Un ejército combinado hispano-francés comienza la campaña para recuperar Menorca.

1782 5 de Febrero. Los ingleses rinden el castillo de Mahón. España recupera la isla de Menorca.

13 de septiembre. Durante el sitio en que España mantiene a Gibraltar, fracasa el ataque que realizan la flotilla de Antonio Barceló, los ingenieros y las baterías flotantes.

20 de octubre. Las escuadras de Córdoba y *lord* Howe se enfrentan junto al cabo Espartel, frente a Tánger, con un resultado indeciso.

1783 10 de agosto. La escuadra de Antonio Barceló bombardea Argel.

3 de septiembre. Se firma el Tratado de París que pone fin a la guerra con Inglaterra. España recuperaba la Florida oriental y occidental, Menorca, Campeche, Costa de los Mosquitos y la costa perdida de la actual Nicaragua. Devolvía Bahamas a cambio de la colonia de Providencia, pero no recuperaba Gibraltar.

1784 12 de julio. Nuevo bombardeo de Argel.

1788 14 de diciembre. Fallece Carlos III. Sube al trono su hijo, Carlos IV.

1789 14 de julio. Comienza la revolución francesa.

1793 Enero. Tras la ejecución de Luis XVI, España e Inglaterra firman la primera coalición contra Francia.

7 de marzo. España declara la guerra a Francia.

25 de mayo. La escuadra del teniente general Francisco de Borja, con 24 navíos y 9 fragatas ocupa las islas de San Pedro y San Antioco, en Cerdeña.

29 de agosto. La escuadra conjunta hispano-inglesa ocupa Tolón, Francia, en apoyo de los monárquicos franceses. La forman 21 navíos ingleses y 16 fragatas y 22 navíos españoles y 10 fragatas.

1795 22 de julio. España, derrotada, firma por separado la paz con Francia. Pierde la parte que aún poseía de la isla de La Española, actual Santo Domingo, a cambio de la devolución del País Vasco.

1796 18 de agosto. España y Francia firman el Tratado de San Ildefonso. Una alianza militar ofensiva y defensiva.

1797 14 de febrero. Combate de cabo San Vicente. La flota inglesa de Jervis derrota a la española de José de Córdoba.

18 de febrero. La isla de Trinidad capitula ante una expedición británica al mando de *sir* Ralph Abercromby.

Abril. La flota de Jervis bloquea Cádiz.

2 de mayo. Tras un mes de asedio, la expedición de Abercromby se retira derrotada de Puerto Rico.

25 de julio. La escuadra de Horatio Nelson, perteneciente a la flota de Jervis, se retira derrotada de Tenerife.

1798 7 de noviembre. Menorca capitula ante los ingleses.

1802 25 de marzo. España, Francia e Inglaterra firman la paz de Amiens. A cambio de Menorca, España pierde Trinidad.

1805 21 de octubre. Combate de Trafalgar. La flota de Nelson derrota a la hispano-francesa de Gravina y Villeneuve.

Principales batallas y combates navales (1605-1805)

Siglo XVII

Cabo San Vicente (Portugal)
19 de junio de 1606
Victoria española sobre los holandeses

Gibraltar
25 de abril de 1607
Victoria holandesa sobre los españoles

Combate del Cañete (Perú)
22 de julio de 1615
Victoria holandesa sobre los españoles

La Goleta
29 de junio de 1609
Victoria franco-española sobre los tunecinos

Cabo Celidonia
14-16 de julio de 1616
Victoria decisiva española sobre los turcos

Combate de Playa Honda (Filipinas)
14 al 15 de abril de 1617
Victoria española sobre los holandeses

Ragusa
22 de noviembre de 1617
Victoria de España sobre los venecianos

Cabo San Vicente (Portugal)
10 de agosto de 1621
Victoria española sobre holandeses y daneses

Cádiz
1 al 7 de noviembre de 1625
Victoria española sobre los anglo-holandeses

Bahía de Matanzas (Cuba)
8 de septiembre de 1628
Victoria holandesa sobre los españoles

Abrolhos (Brasil)
12 de septiembre de 1631
Victoria hispano-portuguesa sobre los holandeses

Cabo Lizard (Ingalterra)
18 de febrero de 1637
Victoria española sobre los holandeses

Guetaria
22 de agosto de 1638
Victoria francesa sobre los españoles

Cabañas (Cuba)
30 de agosto-3 de septiembre de 1638
Victoria española sobre los holandeses

Vado (Italia)
1 de septiembre de 1638
Victoria francesa sobre los españoles

Combate de Dunkerque (Francia)
14 de agosto de 1639
Victoria española sobre los franceses

Las Dunas (Holanda)
31 de octubre de 1639
Victoria decisiva holandesa sobre los españoles

Cádiz
22-23 de julio de 1640
Victoria francesa sobre los españoles

Tarragona
4 de julio de 1641
Victoria española sobre los franceses

Tarragona
20-25 de agosto de 1641
Victoria española sobre los franceses

Cabo San Vicente (Portugal)
4 de noviembre de 1641
Victoria española sobre los holandeses

BARCELONA
30 de junio al 1 de junio de 1642
Victoria española sobre los franceses

BARCELONA
9 de agosto de 1643
Victoria francesa sobre los españoles

CARTAGENA
3 de septiembre de 1643
Victoria francesa sobre los españoles

ORBETELO (ITALIA)
14 de junio de 1646
Victoria española sobre los franceses

CAVITE (FILIPINAS)
10 de junio de 1647
Victoria española sobre los holandeses

COMBATE DE TORTOSA
23 de noviembre de 1650
Victoria española sobre los franceses

CÁDIZ
20 de abril de 1656
Victoria inglesa sobre los españoles

SANTA CRUZ DE TENERIFE
20 de abril de 1657
Victoria inglesa sobre los españoles,
si bien no lograron tomar la ciudad

STRÓMBOLI O ISLAS LIPARI (ITALIA)
11 de febrero de 1675
Victoria francesa sobre los españoles y holandeses

COMBATE DE REGGIO (ITALIA)
28 de junio de 1675
Victoria francesa sobre los españoles

ALICUDI (ITALIA)
8 de enero de 1676
Victoria francesa sobre los españoles y holandeses

Agosta (Italia)
22 de abril de 1676
Victoria francesa sobre los españoles y holandeses

Palermo (Italia)
2 de junio de 1676
Victoria francesa sobre los españoles y holandeses

Cabo San Vicente (Portugal)
30 de septiembre de 1681
Victoria española sobre los brandenburgueses

Siglo xviii

Vigo
23 de octubre de 1702
Victoria anglo-holandesa sobre españoles y franceses

Combate de Lisboa (Portugal)
22 de marzo de 1704
Victoria inglesa sobre los españoles

Baru (Colombia)
8 al 9 de junio de 1708
Victoria británica sobre los españoles y franceses

Cabo Passaro (Italia)
11 de agosto de 1718
Victoria británica sobre los españoles

Cabo San Vicente (Portugal)
21 de diciembre de 1719
Victoria española sobre los británicos

Cartagena de Indias (Colombia)
Marzo a mayo de 1741
Victoria decisiva española sobre los británicos

Cabo Scie (Francia)
22 de febrero de 1744
Victoria de españoles y franceses sobre los británicos

COMBATE DE LA HABANA
1 de octubre de 1748
Victoria británica sobre los españoles

LA HABANA
6 de junio al 13 de agosto de 1762
Victoria británica sobre los españoles

MANILA (FILIPINAS)
24 de septiembre al 6 de octubre de 1762
Victoria británica sobre los españoles

CABO SAN VICENTE (PORTUGAL)
16 de enero de 1780
Victoria británica sobre los españoles

CABO SAN VICENTE (PORTUGAL)
9 de agosto de 1780
Victoria española sobre los británicos

CABO ESPARTEL
12 de octubre de 1782
Batalla indecisa entre franco-españoles y británicos

CABO SAN VICENTE (PORTUGAL)
4 de febrero de 1797
Victoria británica sobre los españoles

TRINIDAD (TRINIDAD Y TOBAGO)
16 de febrero de 1797
Victoria británica sobre los españoles

SAN JUAN (PUERTO RICO)
17 al 19 de abril de 1797
Victoria española sobre los británicos

SANTA CRUZ DE TENERIFE
22 al 25 de agosto de 1797
Victoria española sobre los británicos

CAYO ST GEORGE (BELIZE)
10 de septiembre de 1798
Victoria británica sobre los españoles

Siglo xix

Primer combate de Algeciras
6 de julio de 1801
Victoria de españoles y franceses sobre los británicos

Segundo combate de Algeciras
12 de julio de 1801
Victoria británica sobre españoles y franceses

Combate del Cabo Santa María
5 de octubre de 1804
Victoria británica sobre los españoles

Combate de Finisterre
22 de julio de 1805
Victoria británica sobre españoles y franceses

Trafalgar
21 de octubre de 1805
Victoria decisiva británica sobre españoles y franceses

BIBLIOGRAFÍA

ANÓNIMO: *Extracto de lo acaecido en el Sitio de la Plaza de Cartagena de Yndias cuando fue atacada por los franceses en el año de 1697*. Servicio Histórico Militar, Madrid.

APESTEGUI, Cruz: *La construcción naval y la navegación. Navegantes y naufragios.* Lunwerg Editores. Barcelona, 1996.

—*Los ladrones del mar. Piratas en el Caribe. Corsarios, filibusteros y bucaneros (1493 1700)*. Lunwerg Editores. Barcelona, 2000.

ARMERO, Álvaro: *Piratas, corsarios y bucaneros*. Editorial Libsa, Madrid, 2003.

BLANCA CARLIER, José María: *La marina del tercer duque de Osuna*. Academia de San Romualdo de Ciencias, Letras y Artes. San Fernando, 1991.

BELADIEZ NAVARRO, Emilio: *Osuna el Grande. El duque de las Empresas*. Alhambra, Madrid, 1950.

BERMÚDEZ PLATA, Cristóbal: *Narración de la defensa de Cartagena de Indias contra el ataque de los ingleses en 1741*. Sevilla, 1912.

BOADO Y GONZÁLEZ-LLANOS, Leopoldo: *Reglamento General de Marina*. Revista de Historia naval, n.º 3, Madrid,1983.

CASADO SOTO, José Luis y otros: *Barcos y astilleros. La construcción naval en Cantabria*. Autoridad Portuaria de Santander, 1993.

CAYUELA FERNÁNDEZ, Juan: *Hombres y naves entre dos épocas*. Ariel. Barcelona, 2004.

CERVERA PERY, José: *La estrategia naval del Imperio*. Editorial San Martín. Madrid, 1982.

—*La Casa de Contratación y el Consejo de Indias (Las razones de un superministerio)*. Ministerio de Defensa. Madrid, 1997.

—*La marina de la Ilustración*. Editorial San Martín. Madrid, 1986.

CIPOLLA, Carlo M.: *Las máquinas del tiempo y de la guerra*. Crítica. Barcelona, 1999.

COLL Y TOSTE, Cayetano: *Boletín histórico de Puerto Rico* (14 vols.). Tipografía Cantero. San Juan, 1914-1927.

DE BORDEJE Y MORENCOS. F. Fernando: *Crónica de la Marina Española en el siglo XIX, 1800-1868*, (Tomo 1). Ministerio de Defensa. Madrid, 1999.

DIARIO PUNTUAL. Servicio Histórico Militar, Madrid. Signatura 6.941; 5-2-11-6.

DICKIE, Ian y DOUGUERTY, Martín J: *Técnicas bélicas de la guerra naval 1190 a.C.-Presente: Equipamiento, técnicas de combate, comandantes y barcos*. Editorial Libsa. Madrid, 2009.

ESCRIBANO Páez, J. M. y CASTILLO LARRIBA, R. : *Argel Delenda Est. El Nuevo aspecto de la topografía de la ciudad y regencia de Argel de Fray Alonso Cano y Nieto*. Archivo de la Frontera. Colección Grandes Fuentes. 2010.

FERNÁNDEZ DURO, Cesáreo: *Armada española, desde la unión de los reinos de Castilla y Aragón*. Museo Naval. Madrid, 1972.

—*El Gran Duque de Osuna y su Marina*. Sucesores de Rivadeneyra. Madrid. 1885.

FERREIRA PRIEGUE, E.: «Las rutas marítimas y comerciales del flanco ibérico, desde Galicia hasta Flandes». *El Fuero de San Sebastián y su época*, pp. 217-234. San Sebastián, 1982.

FERRER DE COUTO. J: *Historia del combate naval de Trafalgar*. Librerías París-Valencia. 1851.

GONZÁLEZ, J.: *Origen de la Marina Real de Castilla*. Madrid 1948.

GONZÁLEZ-ALLER HIERRO, José Ignacio: *España en la Mar. Una historia milenaria*. Lunwerg Editores. Barcelona, 1998.

GONZÁLEZ DE VEGA, Gerardo: *Mar brava. Historias de piratas, corsarios y negreros españoles*. Ediciones B. Madrid, 1999.

GOODMAN, Daniel: *El poderío naval español. Historia de la Armada española del siglo XVIII*. Península. Barcelona, 2001.

HERNÁNDEZ, José: *Piratas y corsarios*. Ediciones Temas de Hoy, 1995

HOLDEN MACKENZIE, Robert: *The Trafalgar Roll: The Ships and the Officers*. Naval Institute Press. Londres, 1912.

HOYT, Edward: *A history of the harbor defenses of San Juan, Puerto Rico, under Spain, 1509-1898*. Mando de Artillería de Costa de Puerto Rico. San Juan, 1943.

KENNEDY, Paul: *Auge y caída de las grandes potencias.* Plaza & Janes. Barcelona, 1989.

KNIGHT, Frank: *Captain Anson and the treasure of Spain*. Editorial Macmillan. Londres 1959.

LANDSTRÖM, Björk: *El buque*. Editorial Juventud. Barcelona, 1964.

LINDE, Luis M: *Don Pedro Girón, duque de Osuna, la hegemonía española en Europa a comienzos del siglo XVII.* Encuentro, Madrid, 2005.

LUCENA SALMORAL, Manuel: *Piratas, bucaneros, filibusteros y corsarios en América*. Mapfre. Madrid, 1994.

MARQUÉS DE LOZOYA: *Historia de España.* Seis volúmenes. Salvat Editores. Barcelona, 1967.

MARTÍNEZ VALVERDE, Carlos: «Análisis estratégico y táctico de las operaciones de ataque y defensa de Cartagena de Indias de 1741». *Revista General de Marina*. Madrid, abril 1961.

ORTEGA Y MEDINA, Juan Antonio: *El conflicto anglo-español por el dominio oceánico (siglos XVI y XVII)*. Editorial Algazara. Málaga, 1992.

PARKER, Geoffrey: *La Revolución Militar. Innovación militar y apogeo de Occidente 1500- 1800*. Alianza Editorial. Madrid, 2002.

PÉREZ MALLÁINA, Pablo Emilio: «Oficiales y marineros en la Carrera de Indias (siglo XVI)», en las *Actas del Congreso de Historia del Descubrimiento*, T. III. Real Academia de la Historia. Madrid, 1992.

PERONA TOMAS, D. A.: *Los orígenes del Ministerio de Marina. La Secretaría de Estado y de Despacho de Marina*. 1714-1808. Instituto de Historia y Cultura Naval. Madrid, 1998.

RODRÍGUEZ GONZÁLEZ, Agustín Ramón: *Revista General de Marina.* Cuaderno de julio de 2000, pp. 85-92.

SAN JUAN, Víctor: *La batalla naval de las Dunas. La Holanda comercial contra la España del siglo de Oro*. Silex. Madrid, 2007.

SÁNCHEZ BAENA, J. J., FONDEVILA SILVA, P. y CHAIN NAVARRO, C.: «Los libros generales de la escuadra de galeras de España: una fuente de gran interés para la Historia Moderna». *Mediterranea Ricerchestoriche*, 26 , pp. 577-602. 2012.

STORRS, Christopher: *La pervivencia de la monarquía española bajo el reinado de Carlos II (1665-1700)*. Universidad de Dundee. Departamento de Historia.

VARIOS AUTORES: *El buque en la Armada Española*. Silex. Madrid, 1999.

ZAPATERO, Juan Manuel: *La guerra del Caribe en el siglo XVIII*. Servicio Histórico Militar y Museo del Ejército. Madrid, 1990.

Nada queda fuera de mi alcance con diez dedos en las manos
y ciento cincuenta españoles.

Discurso de mi vida
Capitán Alonso de Contreras